माटी कहे कुम्हार से

माटी कहे कुम्हार से

डॉ. नरेश

वाणी प्रकाशन

वाणी प्रकाशन

4695, 21-ए, दरियागंज, नयी दिल्ली 110 002

शाखा

अशोक राजपथ, पटना 800 004

फ़ोन: +91 11 23273167 फ़ैक्स: +91 11 23275710

www.vaniprakashan.in
vaniprakashan@gmail.com

MAATI KAHE KUMHAR SE
by Dr. Naresh

ISBN : 978-93-5072-561-0
Novel

प्रथम संस्करण

मूल्य : ₹ 375

न्यू कृष्णा ऑफ़सेट, दिल्ली-110093 में मुद्रित

वाणी प्रकाशन का लोगो मक़बूल फ़िदा हुसेन की कूची से

एक

सारी उम्र दिनेश ने कहीं प्लॉट खरीदने या घर बनाने की इसलिए नहीं सोची थी, क्योंकि बाप-दादा की बहुत बड़ी हवेली मौजूद थी। घर बनाने की चिन्ता तो उनको होती है, रिटायरमेंट के बाद जिनके सिर पर छत नहीं होती। दिनेश को पता था कि वह रिटायर होगा तो आराम से हवेली में जा बसेगा लेकिन उसने यह नहीं सोचा था कि जब तक वह रिटायर होगा, तब तक हवेली में रह रहे भाइयों के बच्चे बड़े हो चुके होंगे और बच्चों के परिवार भी उसी हवेली में बस चुके होंगे। खाली-खाली-सी लगने वाली हवेली में पहले से रह रहे लोगों के लिए ही जगह कम पड़ रही होगी, तो उसके हिस्से की छत कहाँ से निकाली जा सकेगी।

रिटायरमेंट से छह महीने पहले उसने बड़े भाई को पत्र लिखकर अपनी हवेली में लौटने की इच्छा व्यक्त की थी तो भाई ने दुखी मन से लिखा था कि 'तुम शौक से चले आओ। नीचे वाले भाग में तो दोनों छोटे भाइयों के परिवार रह रहे हैं। ऊपर वाले भाग में उनके दोनों बच्चों के परिवार बसे हैं और तीसरी मंज़िल के डेढ़ कमरे में वे स्वयं भाभी के साथ रह रहे हैं। तुम्हारे लिए भी कहीं न कहीं से जगह निकाल ली जाएगी। थोड़ी तंगी तो होगी तुम्हें क्योंकि तुम सारी उम्र चण्डीगढ़ के खुले-खुले मकानों में रहे हो लेकिन सब भाई साथ-साथ रहें, इससे अच्छा क्या हो सकता है।'

तभी उसने निर्णय कर लिया था कि वह रिटायर होकर रहेगा तो मालेरकोटला में ही लेकिन अपने हिस्से की छत बाप-दादा की हवेली में तलाश नहीं करेगा। प्राविडेंट फण्ड में जमा राशि से वह शहर में कोई मकान अपने लिए खरीद लेगा। मालेरकोटला जाकर रहने का निर्णय भी उसे बेटों के कड़े विरोध के बीच में ही लेना पड़ा था। बड़े बेटे की ज़िद थी कि डैडी उसके पास दिल्ली आकर रहें ताकि बुढ़ापे में उन्हें किसी प्रकार की दिक्कत का सामना न करना पड़े। छोटे बेटे का माँ के साथ ऐसा मोह था कि न माँ उसके बिना सहज रहती थी और न उसे ही माँ के बिना अच्छा लगता था। उसका आग्रह था कि माता-पिता उसके पास लुधियाना आकर रहें, जहाँ उसका अच्छा-खासा कारोबार था और उसने जोधेवाल चौक पर अच्छी बड़ी कोठी बना ली थी।

मालेरकोटला जाने का निर्णय उसने इसलिए लिया था क्योंकि उसकी जड़ें वहाँ थीं। वह वहाँ पैदा हुआ था, पला-बढ़ा था। वहाँ की मिट्टी के कण-कण से उसका

प्रगाढ़ परिचय था। वहाँ के गलियाँ-मुहल्ले उसके चिर-परिचित थे। वहाँ के हाट-बाजार उसके जाने-पहचाने थे। और सबसे ऊपर यह कि वह पंजाब का एक मात्र शहर था, जहाँ आधी के करीब आबादी मुसलमानों की थी। उसके स्कूल-कॉलेज के दिनों में मित्रों की जितनी संख्या हिन्दू मित्रों की थी, उतने ही मुसलमान मित्र थे उसके। नौकरी के लिए चण्डीगढ़ आने के बाद से लेकर रिटायर होने तक उसे चण्डीगढ़ केवल इसलिए कभी बाँध नहीं सका था क्योंकि यहाँ उसे मुसलमान मित्रों की कमी हमेशा खटकती रही थी।

चण्डीगढ़ में भी उसे कम प्यार नहीं मिला था। अच्छे-अच्छे मित्र मिले थे। लेकिन यहाँ कभी भी उसको न वह वातावरण मिल सका था, जिसमें साँस लेना उसको रुचिकर लगता था; न वैसा खाना मिल सका था, जिसका चटखारा उसकी ज़बान को प्रिय था और न वह भाषा मिल सकी थी, जो उसकी सहज-स्वाभाविक बोली थी। जो माहौल उसे पसन्द था उसमें इदरीस के घर की गर्मियों की शाम शामिल थी, जहाँ पूरा परिवार कच्चे आँगन को गीला करके बिना बिस्तर की चारपाइयाँ डालकर बैठता था। सबके हाथों में पंखे होते थे। बनियान और लुंगी पहने उसके अब्बा एक खाट पर गाव तकिये के सहारे बैठे हुक्का गुड़गुड़ाते थे। दूसरी खाट पर बैठी उसकी अम्माँ सिरौते से छालियाँ काटकर सामने खुले पड़े पानदान में डालती रहती थीं। एक कोने में पानी से भरी सुराही स्टूल पर रखी रहती थी, जिसके गले में पड़ी मोतिये की माला पूरे आँगन को मंहका रही होती थी। खाने के चटखारे में उसे आबिद के घर के भुने हुए गोश्त या ताबिश की बहन के बनाए शामी कबाबों का स्वाद ही याद नहीं आता था, हनीफ़ के घर की मिस्सी रोटी भी याद आती थी, जिसे सब्ज़ी-सालन के अभाव को सिलबाट पर घिसी लाल मिर्च और डालडा घी के एक चम्मच से पूरा करके, हाथ की प्लेट पर रखकर खाया जाता था। भाषा के साथ बड़ी दिक्कत यह आई थी कि उसकी बोली में पचास प्रतिशत से अधिक शब्द फ़ारसी-अरबी के होते थे और चण्डीगढ़ में बने नये मित्र लगभग हर दूसरे-तीसरे वाक्य पर इस प्रकार उसका मुँह ताका करते थे जैसे उसने लातीनी बोल दी हो। तब वह अरबी-फ़ारसी शब्दों को उनके अंग्रेज़ी या हिन्दी पर्यायों से बदलकर उनकी प्रश्नवाचक निगाहों को सामान्य बनाया करता था।

भाषा के विषय में तो उसने निश्चय ही कर लिया था कि चण्डीगढ़ में रहते हुए वह मालेरकोटला की भाषा कदापि नहीं बोलेगा। हुआ यह था कि शाम को वह अपने मित्र सुशील के साथ बाईस सेक्टर की मार्किट में टहल रहा था कि सामने से आकर एक अधेड़ उम्र के आदमी ने, हाथ का थैला पत्नी को थमाकर, सुशील को गले से लगा लिया। वो दोनों शिमला के दिनों के मित्र थे, जो कई वर्ष बाद मिले थे। दम्पति के प्रति सुशील का प्रेम स्वतः स्पष्ट था और वह सचमुच ही गद्गद हो उठा था। उसने दम्पति का परिचय दिनेश से कराया। शिमला की अनेक स्मृतियों

की अगरबत्तियों-सी महक सुशील के होंठों से उठकर सीधे दिनेश के नथुनों तक आ रही थी। दिनेश के परिचय में उसकी शैली अतिशयोक्तिपूर्ण लग रही थी। दिनेश को अजीब-सा कम्पलेक्स हुआ तो उसने दम्पति से कहा, ''आप इनकी शहादत पर मेरे बारे में कोई राय कायम करेंगे तो ये आपका हुस्नेज़न होगा।''

एकदम आगन्तुक के चेहरे का रंग बदल गया। उसकी आँखें उसके भीतर का उद्वेलन छिपाने में सर्वथा असमर्थ थीं। शिष्टता एवं शालीनतावश भरपूर संयम से काम लेते हुए उसने कहा, ''परमात्मा न करे सुशील जी शहीद हों और फिर यह तो आपकी भाभी हैं, कुछ भी कह लीजिए।''

सिर से पाँव तक कँपकँपा गया दिनेश। ऐसा क्या कह दिया था उसने कि सामने वाला इस प्रकार उद्वेलित हो रहा था। सुशील ने बड़ी चतुराई से बात को टाला और दम्पति से अगले दिन घर पर आने का वादा लेकर उन्हें विदा कर दिया।

''क्या बर्क़ गिर पड़ी थी इन हज़रत पर नागहाँ?'' अभी तक भीतर से झिंझोड़े हुए दिनेश ने पूछा सुशील से।

''दिनेश! एक बात कहूँ,'' शान्त, गम्भीर सुशील बोला, ''जो ज़बान तुम बोलते हो ना, इसे समझने वाली पीढ़ी समाप्त हो चुकी है। मैं भी उनके रवैये पर तुम्हारे जितना ही परेशान हूँ लेकिन मैं वजह समझ गया हूँ, तुम नहीं समझ पाये हो। कल वो घर पर आएँगे तो उनको भी समझा दूँगा। तुम समझ लो। ये हज़रत जितनी उर्दू जानते हैं, उसके हिसाब से इन्होंने शहादत यानी गवाही का अर्थ शहीदी पाना समझा। हुस्न मानी सुन्दरता और ज़न मानी औरत। कल आएँगे तो समझाऊँगा कि हुस्ने-ज़न में ज़न के हिज्जे मुख्तलिफ़ हैं और हुस्ने-ज़न शुभाशंका को कहते हैं। तब शायद तुमसे मुआफी माँगना चाहेंगे वो।''

ठहाका मारकर हँस दिया दिनेश।

''लाहौल विला कूवत....।'' लेकिन उसने उसी क्षण निर्णय कर लिया कि इस शहर में वह आज के बाद अपनी स्वाभाविक भाषा नहीं बोलेगा। तब से वह हिन्दी-अंग्रेजी-मिश्रित चालू भाषा बोलने लगा था।

फलतः उसने प्राविडेंट फण्ड के बीस लाख में से आठ लाख खर्च करके रेलवे रोड पर एक अच्छा-खासा मकान खरीद लिया। चण्डीगढ़ का किराए का मकान खाली करने के लिए दोनों बेटे आ गये थे। पिता के हठ के सामने विवश लेकिन पूरी तरह से दुखी बेटे ट्रक में डालकर सामान मालेरकोटला ले आये थे। दोनों की पत्नियों ने मिलकर नये घर में सारा सामान सैट कर दिया था। दिनेश और बच्चों की माँ ने यह कहकर उनको आश्वस्त कर दिया था कि ''हम आते-जाते रहेंगे तुम लोगों के पास। तुम भी छुट्टी-उट्टी में आओ। जब तक हाथ-पाँव चलते हैं, कोई दिक्कत नहीं। जब हाथ-पाँव जवाब दे देंगे, तुम लोगों के पास जा रहेंगे। हम कोई तुमसे अलग थोड़े हैं।''

तीन-चार दिन रहकर बच्चे चले गये थे तो दिनेश को घर सूना-सूना नहीं लगा था, खुला-खुला, शान्त, इच्छानुकूल प्रतीत हुआ था। छोटे बेटे ने अपनी जान-पहचान का लाभ उठाकर पिता के घर में आउट ऑफ टर्न टेलीफोन लगवा दिया था लेकिन अभी दिनेश ने सिवाय अपने भाइयों के किसी को अपने आने की सूचना नहीं दी थी। एकमात्र अपवाद थे आबिद अली खाँ, जिनको दिनेश भाइयों में शामिल समझता था। दोपहर का खाना उसने बच्चों के साथ बैठकर खाया था। खाना खाकर बच्चे अपनी-अपनी गाड़ी में बैठ चले गये थे और दिनेश ने दो घण्टे की आरामदेह नींद भोग ली थी। इस बीच उसकी पत्नी ने बहुओं द्वारा रखे गये सामान में अपनी इच्छा के अनुसार परिवर्तन कर लिया था।

दिनेश जागा तो शाम के चार बज रहे थे। पत्नी ने चाय बनाई। बाहर वाले लॉन में कुर्सियाँ डालकर दोनों बैठ गये। दिनेश बोला

"रजनी! कभी कोई सोच भी नहीं सकता था कि आज जहाँ हम रह रहे हैं, यहाँ कभी घर बनेंगे और इतनी घनी आबादी होगी कभी यहाँ। मेरे ज़माने का मालेरकोटला तो बहुत ही छोटा-सा मालेरकोटला था, बल्कि मेरा तो कोटला ही था, मालेर तो एक अलग-सा शहर प्रतीत होता था। 1901 से पहले तो सचमुच ही मालेर और कोटला दो अलग-अलग बस्तियाँ थीं। कोटला के गन्दे पानी का नाला और एक लम्बा-चौड़ा क़ब्रिस्तान दोनों बस्तियों के बीच में फैला हुआ था। 1901 में नवाब लोहारू ने क़ब्रिस्तान पर मोती बाज़ार बनवाकर इन दोनों बस्तियों को जोड़ा था। जो क़ब्रें दूकानों के पिछले कमरों में आ गयी थीं, उन्हें सुरक्षित छोड़ दिया गया था, शेष सब धराशायी कर दी गयी थीं। अभी भी कुछेक दूकानों के अन्दर क़ब्रें सुरक्षित हैं।"

"ये नवाब लोहारू कहाँ से आ गये बीच में? लोहारू तो कहीं दिल्ली के आसपास है।" उत्सुकता से सुन रही पत्नी ने पूछा।

"बड़ी रोचक कहानी है यह भी। मालेरकोटला के नवाब इब्राहीम अली ख़ाँ को अपने बड़े बेटे इस्हाक़ अली ख़ाँ से बेहद प्यार था। 1884 में बेटा, बारह वर्ष की अल्पायु में, अचानक मर गया। नवाब इस दुख को सहन न कर सका और अपना मानसिक सन्तुलन खो बैठा। अंग्रेज़ों ने लोहारू के नवाब अमीरुद्दीन ख़ाँ को मालेरकोटला का अधीक्षक बनाकर भेजा, जो नौ वर्ष, इब्राहीम अली ख़ाँ के नाम पर मालेरकोटला की रियासत का राजकाज चलाता रहा।"

"कोई दूसरा बेटा नहीं था उसके?" पत्नी ने पूछा।

"बेटे तो दो और थे लेकिन दोनों नाबालिग़ थे। अमीरुद्दीन ख़ाँ के समय में ही जींद और मालेरकोटला ने मिलकर रेलवे लाइन बिछाई थी।"

"कब्ज़ा क्यों नहीं कर लिया नवाब लोहारू ने इस रियासत पर इतने सालों में?" पूछा पत्नी ने।

"उस ज़माने में यह सम्भव नहीं था। तमाम रियासतें अंग्रेज़ सरकार के हाथों

की कठपुतलियाँ थीं। किसी में साहस न था अंग्रेज़ सरकार की इच्छा के विरुद्ध चलने का।''

बाहर का गेट खोलकर, बिना घण्टी बजाये, सीधे अन्दर चले आये आबिद अली ख़ाँ और उनकी पत्नी। उठकर गले मिला दिनेश आबिद से और रजनी सकीना से।

''कोई तारीख़ी खुत्बा पिला रहे थे आप भाभी को शायद!''

''अरे नहीं आबिद, अपने शहर के माज़ी का दरवाज़ा खोल रहा था ताकि बेगम को पता तो चले ये किस अज़ीम शहर की बहू हैं।''

''ये काम शादी के वक़्त से रिटायरमेंट पर उठा रखा था क्या?''

''बस कुछ ऐसा ही समझ लो। चण्डीगढ़ में थे तो यहाँ की बातें तो अक्सर होती रहती थीं लेकिन तारीख़ की यह खिड़की आज ही खुली है।''

''क्या तारीख़ है हमारे मालेरकोटला की, ज़रा हम भी तो सुनें भाईजान।'' सकीना ने सिर का दुपट्टा दुरुस्त करते हुए कहा।

''अरे भाभी! आप तो यहीं पैदा हुईं, यहीं पली-बढ़ीं, यहीं ब्याही गयीं, आपसे बेहतर कौन जानता होगा यहाँ की तारीख़?''

''तारीख़ तो उसी को मालूम होती है भाईजान, जो अपनी जड़ों की तलाश में दिलचस्पी रखता हो। हम ठहरे अनपढ़ लोग।''

''ठीक कह रही हो सकीना।'' एकदम गम्भीर हो गये आबिद अली।

''हममें से कितने हैं जिनको परदादा-नकड़दादा का नाम मालूम होगा? कितने हैं जिनको नवाब अहमद अली ख़ाँ के बाप-दादा के बारे में कुछ पता होगा? हम यहाँ के हैं, बस इतने से ही काम चला लिया हमने सारी ज़िन्दगी। कभी जानना ही नहीं चाहा, कौन हैं, क्या हैं।''

''हम बता देते हैं आपको आबिद साहिब कि आप हमारे बचपन के दोस्त हैं और यहाँ की म्यूनिसिपल कमेटी के रिटायर्ड एग्ज़ेक्टिव अफ़सर हैं।'' चुटकी लेते हुए दिनेश ने कहा।

''मैं मज़ाक़ नहीं कर रहा हूँ दिनेश, सीरियसली कह रहा हूँ। जाए-अफ़सोस है कि अपनी तारीख़ से हमारा कोई रिश्ता ही नहीं है। सचमुच इस वक़्त मुझे याद नहीं है कि अहमद अली ख़ाँ के वालिद का नाम क्या था। बस इतना याद है कि अहमद अली ख़ाँ अभी बालिग़ भी नहीं हुए थे, जब तख़्त पर बैठ गये थे।''

''ना ना ना, तख़्त पर नहीं बैठे थे। इब्राहीम अली ख़ाँ अभी ज़िन्दा थे। ये वली-अहद थे। 1903 में, जब वो बाईस बरस के थे तब उनको रियासत का एडमिनिस्ट्रेटर और रीजेंट बनाया गया। नवाब लोहारू उनके एडवाइज़र बनाये गये। दो साल तक यही इन्तिज़ाम चलता रहा। 1905 में अमीरुद्दीन ख़ाँ वापिस लोहारू चले गये और अहमद अली ख़ाँ रीजेंट की हैसियत से अकेले रियासत चलाने लगे। 22 अगस्त, 1908 को इब्राहीम अली ख़ाँ का इन्तिक़ाल हुआ। 24 सितम्बर, 1908

को अहमद अली ख़ाँ की दस्तारबंदी हुई। 5 जनवरी, 1909 को उनकी ताजपोशी हुई और पंजाब के गवर्नर सर लूइस विलियम डेन ने उनको नवाबी के इख़्तियारात दे दिए।''

''भाईजान, आप एक किताब लिखिए रियासत की तारीख़ पर। आपको तो तारीख़ें तक ज़बानी याद हैं।'' विस्मयमुग्ध सकीना ने कहा।

''आपको क्या मालूम बेगम, इन हज़रत के दिमाग़ में कम्प्यूटर लगा हुआ है।'' आबिद अली बोले।

''अब रहने भी दो आबिद, क्यों हमको ज़िच कर रहे हो। ये तो, जैसे भाभी कह रही थीं, दिलचस्पी की बात है। अब हमारी बचपन से ही दिलचस्पी रही है अपने विरसे को जानने की तो यह सब पढ़-सुन रखा हैं। हाँ, इतना ज़रूर है कि बुढ़ापे में क़दम रख लिया है मगर याददाश्त अभी भी पूरी तरह जवान है।''

''बूढ़े हों आपके दुश्मन। आप तो अभी माशाअल्ला जवान हैं भाईजान।'' सकीना ने मुस्कुराकर रजनी की ओर देखते हुए कहा।

''हाँ भाभी, जी के खुश रखने को ग़ालिब ये ख़्याल अच्छा है, मगर हक़ीक़त तो यही है कि अब ज़ईफ़ी शुरू हो गयी। हमारे यहाँ इस उम्र को बानप्रस्थ की उम्र कहा जाता है। पुराने ज़माने में, लोग जब बच्चों की शादियाँ-वादियाँ कर देते थे तो घ़रबार छोड़कर जंगलों में चले जाते थे ताकि बच्चे आज़ादाना तौर पर अपनी ज़िन्दगी गुज़ारें और मियाँ-बीवी एकान्त में बैठकर हरिभजन करें। अब ज़माना बदल गया। बड़े होते ही बच्चे आशियाने से परवाज़ लगा देते हैं और माँ-बाप को घर में ही बानप्रस्थ मिल जाता है।''

''ये तो है।'' समर्थन में बोले आबिद अली।

''हाँ, तो आप बता रहे थे अहमद अली ख़ाँ के बारे में भाईजान।'' सकीना की उत्सुकता बराबर बनी हुई थी और वह दिनेश को पुनः उसी विषय की ओर लौटाना चाह रही थी।

''अरे भाभी! अहमद अली ख़ाँ के क्या कहने हैं। बला के ज़हीन नवाब थे। बीसवीं पीढ़ी में थे हज़रत शेख़ सदरुद्दीन सद्रे-जहाँ की।''

''किसकी? ये नाम तो पहली बार सुन रहे हैं।'' टोका आबिद अली ने।

''अरे वाह आबिद मियाँ! आपकी अक्ल का भी जवाब नहीं। अरे, इस रियासत के बानी का नाम तुम नहीं जानते?''

''वो तो हदर शेख़ थे।''

''ये हदर क्या हुआ मियाँ? कोई लफ़्ज़ है उर्दू में हदर?''

''हैदर शेख़ का हदर शेख़ बन गया होगा बोलचाल में।''

''हाँ, बोलचाल में ही बना है लेकिन हैदर का हदर नहीं बना, हज़रत का हदर हो गया है। हज़रत शेख़ को लोकमुख ने हदर शेख़ बना दिया। उनका असली नाम

सदरुद्दीन ख़ाँ था और लक़ब मिला था सद्रे-जहाँ का उनको बहलोल लोधी से।''

''हाँ, वो दामाद थे बहलोल लोधी के। यहाँ के नवाब लोधियों के नाती ही तो थे।'' सकीना बोली।

''ना ना भाभी, ये ग़लत है। बहलोल लोधी के दामाद ज़रूर थे हज़रत शेख़ लेकिन यहाँ के नवाबीन लोधियों के नवासे नहीं थे।'' बात स्पष्ट की दिनेश ने।

''वो कैसे?'' सकीना ने पूछा।

''वो ऐसे कि बहलोल लोधी के बेटी ताज मुरस्सा बेगम, जो अभी भी खन्ना में ज़ेरे-ख़ाक सो रही हैं, बेऔलाद रहीं। हज़रत शेख़ ने एक हिन्दू राजपूत औरत से शादी कर ली। नवाबीन तो उसी राजपूतनी के पेट से थे।''

विस्मित आबिद अली और सकीना ने आँखें फाड़कर देखा दिनेश की ओर।

''भई, हुआ यह कि कुर्द पठानों का बेटा सदरुद्दीन बचपन से ही दरवेशी तबीयत का था। वो अफ़ग़ानिस्तान में दराबन के मक़ाम पर पैदा हुआ था। उसके पुरखे शेरवान से आकर दराबन में बस गये थे। बड़ा हुआ तो तलाशे-हक़ में हिन्दुस्तान आ गया। चलते-चलते भीमसी गाँव आ पहुँचा, जिसे तुम भुमसी कहते हो। गाँव के बाहर झोंपड़ी बनाकर दिन-रात इबादत में मग्न रहने लगा।''

''आप सुनिये ये दिलचस्प कहानी, मैंने सुन रखी है। मैं आप लोगों के लिए चाय बनाकर लाती हूँ।'' कहकर रजनी उठी और अन्दर चली गयी। दिनेश बताता रहा—

''सन् 1451 में, बहलोल लोधी की फौजें दिल्ली पर चढ़ाई करने जा रही थीं तो एक रात के लिए फौजों ने भीमसी के बाहर पड़ाव किया। उस रात बला की आँधी चली। आँधी क्या थी, तूफ़ान था। गश्त पर तैनात सिपाहियों ने देखा कि इस भयानक आँधी में भी एक झोंपड़ी के अन्दर दिया जल रहा है और उसकी लौ तक नहीं थर्रा रही है। वो हैरान रह गये। पास जाकर देखा कि दिये के सामने बैठा एक नौजवान दरवेश इबादत में मग्न है और दिये की लौ को आँधी छू तक नहीं रही है। उन्होंने यह मोजज़ा दूसरे सिपाहियों से बयान किया तो जंगल की आग की तरह फैलती यह हैरानकुन ख़बर बहलोल लोधी तक जा पहुँची। बहलोल को यक़ीन नहीं आ रहा था। सचाई जानने के लिए वो खुद चलकर फ़क़ीर की झोंपड़ी पर आया। अपनी आँखों से इस मोजज़े को देखकर बहलोल फ़कीर के क़दमों पर गिर पड़ा। मिन्नत-समाजत करके उसने फ़क़ीर को अपने साथ दिल्ली चलने पर राज़ी कर लिया।''

''हाँ, ये तो सुन रखा है।'' आबिद बोला।

''ईश्वर की करनी। फ़कीर के आशीर्वाद के साये में लड़ीं बहलोल की फौजों ने दिल्ली जीत ली। हिन्दुस्तान के तख़्त पर बैठकर बहलोल लोधी ने शुक्राने में अपनी बेटी ताज मुरसा बेगम का निकाह हज़रत से कर दिया और भीमसी समेत चालीस गाँव दहेज में दे दिए। हज़रत शेख़ के मुरीदों की तादाद बढ़ती गई और बहुत

से मुरीदों ने भीमसी के आसपास रहना शुरू कर दिया। यही नई आबादी मालेर बनी।''

"हूँ।'' कहकर आबिद अली ने दाहिने पैर का जूता उतारकर पाँव कुर्सी पर रखा और आधी पालथी मारकर दिनेश की ओर देखने लगा।

"हज़रत शेख़ का इन्तिक़ाल हुआ 1515 में। अगले कुछ सालों में हिन्दुस्तान की तारीख़ का नक़्शा ही बदल गया। पानीपत में बाबर ने लोधियों को शिकस्त दे दी। उसके बाद सरहिन्द में हुमायूँ ने सिकन्दर सूरी को मार गिराया। फिर अकबर ने माछीवाड़ा युद्ध में सूरी अफ़गानों को करारी हार दी। दिल्ली का तख़्त मुग़लों के हाथ आ गया। लेकिन क्योंकि ये हुकूमत मुग़लों ने अफ़ग़ान लोधियों से छीनी थी, इसलिए सदियों-सदियों मुग़लों और अफ़ग़ानों में दुश्मनी रही।''

"ये तो है, अफ़ग़ानों की औलाद आज भी मुग़लों को दोग़ले कहती है।'' आबिद अली ने कहा।

"वो इसलिए कि बाबर का बाप तुर्क था और माँ मंगोल थी।''

"मगर अफ़ग़ान तो हिक़ारत से दोग़ला कहते हैं मुग़लों को।'' आबिद अली ने बात स्पष्ट की।

"सही है। दोनों की दुश्मनी कभी ख़त्म नहीं हुई। हज़रत शेख़ के बाद उनकी चार नस्लें डरी-सहमी-सी निकल गयीं क्योंकि ये लोग अफ़ग़ान थे और हिन्दुस्तान पर मुग़लों की हुकूमत थी। 1604 में बायज़ीद अली ख़ाँ रियासत का मालिक बना तो उसने मुग़लों की ईन भर दी और मज़े से मालेर पर पचपन साल राज किया। बायज़ीद से पहले रियासत के मालिकों को ख़ान कहा जाता था। बायज़ीद पहला आदमी था जिसे औरंगज़ेब ने नवाब का ख़िताब अता किया।''

"यानी नवाबी हज़रत शेख़ सदरुद्दीन की पाँचवीं पुश्त से शुरू होती है?'' आबिद अली ने पूछा।

"हाँ, इससे पहले इन्हें ख़ान कहा जाता था। हज़रत शेख़ के दो बेटे थे, ईसा ख़ाँ और मूसा ख़ाँ। कहते हैं जब हज़रत शेख़ के आँखें बन्द करने का वक़्त आया तो विरासत को लेकर दोनों बेटों में ज़बरदस्त तकरार चल पड़ी। हज़रत ने अपने सामने एक तलवार रख दी और एक देग। दोनों बेटों को बुलाकर कहा कि तकरार मत करो, एक आदमी तेग़ उठा ले, दूसरा देग ले ले। दोनों मज़े में रहोगे। सुनते हैं कि यहाँ भी जोर-आज़माई हुई। अपने बाज़ुओं के ज़ोर से ईसा ख़ाँ ने तेग़ उठा ली और मूसा ख़ाँ को देग पर सब्र करना पड़ा।''

"तो ये मुजाविर भी हज़रत शेख़ की औलाद हैं?'' सकीना ने पूछा।

"हाँ, मूसा ख़ाँ के सिलसिले को बाद में देगिया पठान कहा गया और ईसा ख़ाँ के सिलसिले को तेग़िया पठान। तेग़िया पठानों को रियासत की हुकूमत मिली और देगिया पठानों को हज़रत शेख़ के मज़ार का चढ़ावा मालामाल करता रहा।''

''अलहम्दोलिल्लाह! तेग़ियों की रियासत तो हिन्दुस्तान की आज़ादी के साथ ख़त्म हो गयी लेकिन देगियों की रियासत तो आज तक फल-फूल रही है।'' आबिद बोला।

''सब्र का फल मीठा होता है आबिद भाई।'' चाय की ट्रे थामे अन्दर से आती हुई रजनी ने कहा।

दिनेश ने अपने सीधे हाथ पर पड़ी तिपाई खींचकर बीच में रख दी। रजनी ने तिपाई पर ट्रे रखी और चाय कपों में ढालकर तीनों को प्याले दे दिए।

''1515 से लेकर 1604 तक ईसा ख़ाँ और उसके वुरसा शाह मुहम्मद ख़ाँ, मौदूद ख़ाँ और फ़तह मुहम्मद ख़ाँ रियासत के ख़ान रहे। 1604 में बायज़ीद अली ख़ाँ रियासत के ख़ान बने, जिनको 1658 में औरंगज़ेब ने नवाब बना दिया। 1658 में ही बायज़ीद ने कोटला बसाया और रियासत का नाम 'कोटलामालेर' रखा।''

''तो यह मालेरकोटला बाद में बना?'' सकीना ने पूछा।

''बहुत बाद में। रियासत के पुराने रिकार्ड्स में इसका नाम कोटलामालेर ही लिखा हुआ है।''

''कुछ लीजिए न आप लोग।'' बिस्कुटों की तश्तरी उठाकर आबिद अली और सकीना की ओर बढ़ा दी रजनी ने।

बिस्कुट उठाते हुए आबिद अली बोला, ''भाभी! आज तो आपके मियाँ ने चौदह तबक़ रौशन कर दिए हमारे। इससे बढ़िया तारीख़ी ज़ियाफ़त कहाँ मिलेगी।''

''अरे हटाओ न मियाँ, क्यों बेकार मेरी तारीफ़ कर रहे हो, तुम्हारी भाभी को शक होने लगेगा कि मैं शायद सचमुच ही ज़हीन हूँ।''

ठहाका मारकर हँस पड़ी सकीना।

''वाह भाई जान, यह भी एक ही कही। रजनी बहन ने उम्र गुज़ारी है आपके साथ। आपकी ज़िहानत से तो खूब फ़ैज़याब हुई होंगी।''

''अरे भाभी, कहाँ, ये तो अपने शौहर को अहमक़ समझती हैं।''

''अब रहने भी दीजिए।'' लजाई-सी रजनी ने कहा, ''अहमक़ तो न हमने कभी समझा, न कहा। हाँ, अलबत्ता किताबी कीड़ा ज़रूर कहती थीं, कहती हैं और कहती रहेंगी। भाभी, आप यकीन करेंगी कि जो किताबें ये पढ़ते हैं, उनकी बदबू पूरे घर में फैलती है। ऐसी-ऐसी पुरानी से पुरानी किताबें ढूँढ़कर लाते हैं, जिनमें से हमक आ रही होती है।''

''अजी बेगम, उन्हीं किताबों में तो इल्म मौजूद है। आज की किताबों में लेखकों की वो जाँ-फ़िशानी नहीं मिलती, जो पहले के लेखकों में होती थी। अब तो कट-एंड-पेस्ट स्टाइल पर किताबें बनायी जाती हैं, लिखता कौन है। लिखने के लिए दिमाग़ को क़तरा-क़तरा निचोड़ना पड़ता है पन्नों पर। जिगर के ख़ून में डुबोना पड़ता है क़लम को।''

आबिद अली और सकीना आये तो यह सोचकर थे कि शाम का टहलना भी

हो जाएगा और दिनेश का हालचाल भी पूछ आएँगे लेकिन ऐसा रोचक अध्याय खुल गया था कि वे अपना घरबार भूलकर वहीं जम गये थे। उठने का मन ही नहीं हो रहा था वहाँ से। दोनों चाहते थे कि दिनेश बोलता रहे, बताता रहे उनके शहर का इतिहास, खोलता रहे अतीत के गवाक्ष और दिखाता रहे वे सब चित्र जो शताब्दियों-शताब्दियों बनते-बिगड़ते रहे थे और अन्ततः स्वतन्त्र भारत में एक रियासत से सब-डिवीज़न में परिवर्तित होकर रह गये थे।

दिनेश ने उन दोनों की जिज्ञासा भाँप ली थी। आबिद से घण्टों बतियाना उसकी बचपन की आदत थी लेकिन तब ये बातें इतनी गम्भीर, इतनी ज्ञानवर्धक नहीं होती थीं। आज उसके अध्ययन और उसकी स्मरण-शक्ति की परीक्षा हो रही थी। उसने फिर से अपनी बात का सिरा टटोला।

"आबिद अली! इस रियासत को एक बढ़िया नवाब मिला शेर मुहम्मद ख़ाँ के रूप में। बायज़ीद अली ख़ाँ की वफ़ात पर 1659 में कोटलामालेर के तख़्त पर बैठा शेर ख़ाँ का बाप फ़िरोज अली ख़ाँ। 1672 तक हुकूमत की उसने। 1672 में रियासत की बागडोर सँभाली शेर मुहम्मद ख़ाँ ने।"

"सिखों का हिमायती था शेर मुहम्मद ख़ाँ।" आबिद ने टिप्पणी की।

"बहुत बड़ी ग़लतफ़हमी फैला दी गयी है शेर मुहम्मद ख़ाँ के बारे में। आबिद अली! वो सिखों का हिमायती कभी भी नहीं था, हक़ और इन्साफ़ का हिमायती था।"

"क्यों, उसने मुख़ालिफ़त नहीं की थी सरहिन्द दरबार में गोविन्द सिंह के बेटों को दीवार में चुनवाए जाने के फैसले की, जिसे उर्फ़े-आम में 'हाअ का नांअरा' कहते हैं?"

"हाँ, की थी मुख़ालिफ़त। मगर वो सिखों की हिमायत में नहीं, इस्लामी अहकामात की बरतरी क़ायम रखने के लिए की थी। इस्लाम में बाप के किए का बदला बच्चों से लेना जायज़ नहीं है। यही कहा था उसने सरहिन्द दरबार में। ये बात सिखों के हक़ में जा रही थी तो इससे क्या फ़र्क़ पड़ता है। सिखों का तो वो खुद भी बड़ा दुश्मन था। 1701 में वो उस महाज़ में शामिल था, जब लाहौर और सरहिन्द के सूबेदारों ने मिलकर गोविन्द सिंह को मक्खोवाल और चमकौर के किलों में घेरा था। चमकौर की लड़ाई में शेर ख़ाँ का भाई खिज़्र ख़ाँ और चचेरा भाई नाहर ख़ाँ मारे गये थे। रुको ज़रा...मेरी याददाश्त में एक किताब है..."

तीव्र गति से अपने अध्ययन कक्ष की ओर बढ़ गया दिनेश। तुरन्त ही भीतर के एक किताब उठाकर उसके पन्नों में कुछ ढूँढ़ता हुआ वह बाहर आ गया।

"हाँ, मिल गयी। ये 'सिख इतिहास' है, ठाकुर देशराज का लिखा हुआ, जिसे शिरोमणी गुरुद्वारा प्रबन्धक कमेटी की आर्थिक सहायता से छापा गया है। मैंने इसमें कुछ बातें अंडरलाइन कर रखी हैं..." किताब के पन्ने पलटते-पलटते कहता रहा दिनेश।

"यह देखो। हाँ, मिल गया। पूरा वाक़या है सरहिन्द का। वज़ीर ख़ाँ ने शेर मुहम्मद ख़ाँ से कहा 'आपके पिता को इन लोगों के पिता ने लड़ाई में मारा था और चमकौर में तुम्हारा भाई नाहर ख़ाँ भी मार दिया गया है। अब इनसे अपने सम्बन्धियों का बदला लेना चाहते हो तो ले लो।' शेर मुहम्मद ख़ाँ बोला 'मेरे बाप और भाई गोविन्द के हाथों मारे गये हैं। मैं उनका बदला गोविन्द से लूँगा लड़ाई में। बाप के कर्मों का बदला दुधमुँहे बच्चों से नहीं लेना चाहता। यह बात इस्लाम धर्म के भी विरुद्ध है। अतः मैं यह काम नहीं कर सकता।' यह कहकर शेर मुहम्मद ख़ाँ ने ठण्डा साँस लिया और एक गहरी आह भरी। साथ ही उन मासूम बच्चों पर हो रहे अत्याचार को न देखता हुआ दरबार से उठ गया....ये तो है वाक़या सरहिन्द दरबार का।"

कुछ और पन्ने पलटकर दिनेश ने अपनी बात आगे बढ़ाई—

"लेकिन वाक़या ये भी है कि सन् 1704 में, सिरसा नदी में आयी अचानक बाढ़ के दौरान शेर मुहम्मद ख़ाँ गोविन्द सिंह की एक टहलन अनूप कौर का अपहरण कर लाया था। उस खुद्दार औरत ने नवाब को अपना शरीर नहीं छूने दिया था और उसी की कटार से आत्महत्या कर ली थी। उसकी लाश को दफ़्ना दिया गया। बन्दा बहादुर के सिखों ने क़ब्र खोदकर अनूप कौर की लाश निकाली और उसका दाह-संस्कार किया। नवाब मालेरकोटला को उन्होंने इसलिए छोड़ दिया कि उसने सरहिन्द दरबार में गुरु के बच्चों के हक़ में हाय का नाअरा बुलन्द किया था।... फिर जब पटियाला राज्य के बानी आला सिंह के पिता रामचन्द ने रायकोट पर हमला किया तो शेर मुहम्मद ख़ाँ वहाँ के राय मुसलमान हाकिम के साथ हो गया। यहाँ तो सिखों की मालेरकोटला के साथ दुश्मनी खुलकर सामने आ गयी, जो सदियों तक चलती रही।"

"मगर सिख तो आज भी मालेरकोटला को इज़्ज़त की निगाह से देखते हैं और रियासत के अहसानमन्द हैं कि शेर मुहम्मद ख़ाँ नें उनका साथ दिया था।" आबिद अली ने कहा।

"ये दुरुस्त है कि सरहिन्द का वाक़या सुनकर गुरु गोविन्द सिंह ने नवाब और उसकी रियासत को आशीर्वाद दिया था लेकिन इस हक़ीक़त से कौन इनकार कर सकता है कि न शेर मुहम्मद ख़ाँ सिखों का हमदर्द था और न उसके बाद के नवाबों में से कोई सिखों के लिए हमदर्दी रखता था। काफी बड़ी रियासत थी कभी मालेरकोटला। सिखों ने बारबार इस पर हमले किए और हर हमले में रियासत का कोई न कोई इलाक़ा उनके हाथ लगता रहा। सिकुड़कर इतनी-सी रह गयी यह रियासत। बस डेढ़ शहर, एक मालेरकोटला, आधा अहमदगढ़ और साठ गाँव। 1757 में आला सिंह ने इसके शेरपुर और पोहीड़ के इलाकों पर क़ब्ज़ा कर लिया। उसके पोते अमर सिंह ने पायल और ईसड़ के इलाक़े छीन लिए। कुछ इलाक़ा जस्सा सिंह आहलूवालिया ने छीन लिया। चूहड़सिंह भदौड़िया कंगनवाल का ताल्लुक़ा छीन ले

गया। मान सिंह मलौद छीनकर ले गया। रणजीत सिंह ने मालेरकोटला पर धावा बोला और एक लाख रुपया नज़राना माँगा। नवाब ने सत्ताईस हज़ार रुपये नक़द देकर बाक़ी के लिए नाभा, जींद और कैथल की ज़मानत दिला दी। बाद में इन तीनों रियासतों की मदद से वह बड़ी मुश्किल से बाक़ी की रक़म मुआफ़ करा पाया रणजीत सिंह से।... अब तुम देख लो, कितने हमदर्द थे यहाँ के नवाब सिखों के।''

''यह सब इस किताब में लिखा है?'' निश्चय करना चाहा आबिद अली ने।

''नहीं तो क्या मैं अपने से बोल रहा हूँ। किताब ले जाओ मियाँ, घर पर बैठकर इत्मीनान से पढ़ना। कई ग़लतफ़हमियाँ दूर हो जाएँगी तुम्हारी।'' कहते हुए किताब आबिद अ़ली की ओर बढ़ा दी दिनेश ने।

''मियाँ, हिन्दी जानता तो ज़रूर ले जाता मगर यहाँ तो यह आलम है कि ज़बाने-यारे-मन हिन्दी वले हिन्दी न मी दानम।''

''ओह।'' कहकर किताब तिपाई पर रख दी दिनेश ने।

''चलो, हम बता ही तो रहे हैं तुम्हें रियासत की तारीख़।....औरंगज़ेब की वफ़ात के बाद, 1756 में जब दुर्रानी ने पंजाब पर क़ब्ज़ा कर लिया तो यहाँ के नवाब जमाल ख़ाँ ने रियासत की वफ़ादारी का रुख़ दुर्रानी की तरफ़ मोड़ दिया। उसने सिखों की सरकोबी में जमकर मदद की दुर्रानी की। उसने आला सिंह की सरकोबी के लिए जालंधर के फौजदार असद अली खाँ का साथ दिया। मराठों ने अदीना बेग को पंजाब का गवर्नर बनाया तो जमाल ख़ाँ ने दुर्रानी के हुक्म पर अदीना बेग को जा ललकारा। फिल्लौर के मक़ाम पर युद्ध हुआ, जिसमें जमाल ख़ाँ मारा गया। उसका बेटा भीखन ख़ाँ नवाब बना तो उसने दुर्रानी के सूबेदार-सरहिन्द ज़ैन ख़ाँ को भरपूर मदद दी। 1762 में जब सिखों ने सरहिन्द पर हमला किया तो भीखन ख़ाँ अपनी फौजें लेकर ज़ैन ख़ाँ की मदद को जा पहुँचा। इतने में दुर्रानी ख़ुद आ पहुँचा और उसने रोहीड़ा के मक़ाम पर सिखों को करारी शिकस्त दी। दुर्रानी की फौज के साथ भीखन ख़ाँ ख़ुद बरनाला गया और आला सिंह को गिरफ़्तार करने में कामयाब हुआ। दुर्रानी ने खुश होकर भीखन ख़ाँ को अपने नाम का सिक्का जारी करने की इजाज़त दे दी।''

''वो सिक्का मेरा देखा हुआ है। बड़े बेर जैसा होता था चाँदी का सिक्का। एक तरफ़ 'ला इलाह इल्लिल्लाह' खुदा हुआ था और दूसरी तरफ 'रियासत मालेरकोटला'।'' आबिद अली ने कहा।

''ज़रूर देखा होगा। हमारे घर में बहुत होते थे ये सिक्के। मेरी दादी बहुत सँभाल-सँभालकर रखती थी कि मेरी शादी के मौक़े पर दुल्हिन के लिए चाँदी के ज़ेवर बनेंगे इनके।''

''पहने आपने चाँदी के ज़ेवर भाभी?'' सकीना ने मुस्कुराकर रजनी से पूछा।

''हमारी शादी से तो पहले ही चल बसी थीं दादी। सिक्के भी शायद साथ ही ले गयी थीं जाते हुए।'' रजनी ने दिनेश की ओर देखकर कहा।

"तुम औरतें कभी ज़ेवरों की दुनिया से बाहर आकर भी देखो, बाक़ी की दुनिया कितनी ख़ूबसूरत है।"

"मैं तो मज़ाक़ कर रही थी, आप बुरा मान गये।" रजनी ने दिनेश के स्वर में आयी तल्ख़ी को भाँपते हुए कहा।

"एक क़िस्सा सुनाया करते थे हमारे वालिद मरहूम कि एक औरत ये रुपया लेकर नवाब शेर मुहम्मद ख़ाँ के पास गयी, और सिक्के पर अँगूठा घिसाकर बोली 'बेटा, देखना ये सिक्का खोटा है या खरा।' अँगूठा घिसाकर उसने सिक्के पर लिखा हुआ सब कुछ मिटा दिया था। शेर मुहम्मद ख़ाँ ने सिक्का उसके हाथ से लिया और बीच में से तोड़ते हुए कहा 'माई, देखने में तो ख़ालिस चाँदी दिखाई दे रही है'।" आबिद अली बोले।

"कुछ कह नहीं सकता ये वाक़या सही है या मनगढ़न्त। शेर मुहम्मद ख़ाँ की तस्वीर मैंने देखी है। तगड़ा तो बहुत था वो। मगर सिक्का उसके वक़्त में रायज था या नहीं, यह कहना मुश्किल है क्योंकि सिक्का जारी करने की इजाज़त भीखन ख़ाँ को मिली थी। हो सकता है सिक्का पहले से ही जारी हो और भीखन ख़ाँ को अपने नाम का सिक्का जारी करने की इजाज़त मिली हो।"

"चलो ख़ैर।" आबिद अली आगे की कहानी सुनने को उत्सुक थे।

"भीखन ख़ाँ को भी सिखों ने ही मारा था। भीखन ख़ाँ की वफ़ात पर नक़्शा ही बदल गया रियासत की हुकूमत का। भीखन ख़ाँ के दो बेटे थे वज़ीर ख़ाँ और फतह मुहम्मद ख़ाँ। भीखन ख़ाँ मरा तो दोनों नाबालिग़ थे। बड़े बेटे वज़ीर ख़ाँ के बालिग़ होने तक के लिए नवाब बना उसका चाचा बहादुर ख़ाँ लेकिन सालों-साल नवाबी हाथ नहीं आयी वज़ीर ख़ाँ के। बहादुर ख़ाँ मरा तो वज़ीर ख़ाँ के दूसरे चाचा उमर ख़ाँ ने गद्दी हथिया ली। वो मरा तो उससे छोटा असदुल्लाह ख़ाँ नवाब बन बैठा। असदुल्लाह मरा तो भीखन ख़ाँ के सबसे छोटे भाई अताउल्लाह ख़ाँ ने अपने को नवाब घोषित कर दिया। 1809 में अंग्रेज़ों की पंजाब पर पकड़ मज़बूत हो गयी तो रियासत ने अपनी वफ़ादारी सर डेविड आक्टरलोनी के हाथ पर बैत कर दी, जिसकी मदद से, 1810 में, अताउल्लाह ख़ाँ के मरने पर वज़ीर ख़ाँ को नवाबी नसीब हुई। ग्यारह साल नवाब रहा वज़ीर ख़ाँ। उसके बाद उसका बेटा अमीर ख़ाँ नवाब बना। अमीर ख़ाँ ने अकालियों के ख़िलाफ़ अंग्रेज़ों के अभियान में बढ़-चढ़कर अंग्रेज़ों की मदद की। उसने मुदकी की लड़ाई में भी सिखों के ख़िलाफ़ अंग्रेज़ों की भरपूर मदद की। उसके बाद उसका बेटा महबूब अली ख़ाँ तख़्त पर बैठा। महबूब अली की ताजपोशी पर लार्ड हार्डिंग खुद यहाँ आया था और नज़राने में महेरना, रसूलपुर और फतहपुर नाम के गाँव रियासत को दे गया था। 1857 की जंगे-आज़ादी के दौरान भी रियासत मालेरकोटला पूरी तरह अंग्रेज़ों की वफ़ादार रही। अंग्रेज़ों के हुक्म पर जी.टी. रोड और लुधियाना से निकलने वाले दूसरे रास्तों की हिफ़ाज़त मालेरकोटला

को सौंपी गयी। महबूब अली ने खुद लुधियाना में बैठकर अंग्रेज़ हाकिमों की ख़िदमत की और वहीं उसका इन्तिक़ाल हुआ।''

''रियासत काहे की थी, हर हाकिमे-वक़्त की पिट्ठू थी।'' सकीना ने टिप्पणी की।

''हाँ भाभी, नवाब इफ़्तिख़ार अली ख़ाँ ने ज़ब कांग्रेस छोड़कर अकाली दल के टिकट पर एम.एल.ए. का चुनाव लड़ा तो उन पर दल-बदली का इल्ज़ाम लगाया गया। एक जल्से में बोलते हुए उन्होंने कहा कि हम तो हमेशा से वक़्त के हाकिम का साथ देते आये हैं। पंजाब में जब तक कांग्रेस की सरकार थी, हम कांग्रेस में थे। अब अकालियों की सरकार है तो हम अकाली हैं।

''हाँ, मुझे याद है वो जल्सा, तपा मुहल्ले में हुआ था।'' आबिद अली ने अनुमोदन किया।

''तो महबूब अली 1857 में चल बसे और उनका बेटा सिकन्दर अली ख़ाँ नवाब बन गया। सिकन्दर अली के कोई औलाद न थी। मरने से पहले उसने इब्राहीम अली ख़ाँ को गोद ले लिया।''

''बेटा कोई नहीं था शायद, बेटी थी, मुत्बन्ना इब्राहीम अली ख़ाँ नवासा था शायद।'' आबिद बोला।

''हो सकता है।'' दिनेश को निश्चयपूर्वक नहीं पता था।

''1871 में सिकन्दर अली ख़ाँ मरा तो इब्राहीम अली ख़ाँ बच्चा था। लिहाज़ा उसके बालिग़ होने तक, यानी 1875 तक, अंग्रेज़ों के नुमायन्दे मिस्टर हीथ आई. सी.एस. रियासत चलाते रहे। बालिग़ होकर वो नवाब बना। और उसके बाद आये अहमद अली ख़ाँ, जिनके ज़िक्र ने यह सारी तारीख़ हमसे बयान करा दी है आज।''

''सुब्हानअल्ला दिनेश! यूँ तो मैं एक ज़माने से तुम्हारी इल्मियत का क़ायल हूँ, मगर आज तो तुमने मुझे अपना मुरीद बना लिया है।''

''मच्छर बहुत हो रहे हैं बाहर, अन्दर चलकर बैठें।'' रजनी ने कान में भीं-भीं करते मच्छरों को हाथ से हटाते हुए कहा।

''रजनी! मालेरकोटला के पहले अक्षर 'म' से ही इसकी पहचान क़ायम है। म से मच्छर, म से मक्खी, म से मेथी, म से मुसलमान। यही है पहचान मालेरकोटला की। मच्छरों से दोस्ती नहीं करोगी तो यहाँ रह नहीं पाओगी।'' दिनेश ने चुटकी ली।

''लो दिनेश, अब चलें।'' आबिद अली उठ खड़े हुए।

''अरे भाई, खाना-वाना खाकर जाइए न।''

''खाना फिर किसी दिन। अभी तो पेट तुम्हारी तारीख़दानी से ऊपर तक भरा पड़ा है। इसे हज़्म होने दो।''

''अच्छी बात है, जैसी तुम्हारी मर्ज़ी।''

''आप आइए ना। कल शाम़ का खाना हमारे साथ खाइए। क्यों भाभी?'' सकीना ने निमन्त्रण दिया रजनी की ओर देखकर।

"ज़रूर आ जाएँगे सकीना भाभी, मगर शर्त ये है कि आप कबाब अपने हाथ से बनाएँगी" दिनेश ने आग्रह किया।

"अरे भाई जान! आप बिल्क़ीस के हाथ के कबाब खाकर तो देखिए, हमारे कबाबों को भूल जाएँगे आप। अब इन बूढ़े हाथों में इतना दम नहीं कि सिल-बाट लेकर गोश्त का मलीदा बना दें। बिल्क़ीस मिक्सर-विक्सर में कर लेती है, मगर उसके हाथ में बरकत है अल्लाह के फ़ज़्ल से।" सकीना ने प्रशंसा की अपनी बेटी की।

"आयी हुई है क्या बिल्क़ीस ससुराल से?" पूछा रजनी ने।

"आना कहाँ से है भाभी। साथ वाले घर में ही तो है। इनके भतीजे को ही तो ब्याही हुई है।" सकीना ने बताया।

"चलिए, कल उसका इम्तिहान ही सही। मगर हम पहले से बता देते हैं कि आपके हाथों के बने कबाबों का मुक़ाबिला नहीं कर पाएँगे उसके हाथों के बने कबाब।" दिनेश को अभी तक उन कबाबों का स्वाद याद था, जो उसके कभी-कभार चण्डीगढ़ से आने पर सकीना खिलाया करती थी।

लजा-सी गयी सकीना। दरवाज़े तक पहुँचाया दोनों को दिनेश और रजनी ने और गेट बन्द करके अन्दर चले आये।

खाने से निवृत्त हुए ही थे दिनेश और रजनी कि बड़े भाई सपरिवार आ गए। उनकी दोनों पुत्रवधुओं ने दिनेश और रजनी के पाँव छुए। भाई साहिब और उनके दोनों बेटे तो दिनेश के पास ड्राइंग रूम में बैठ गए और भाभी, पुत्रवधुओं सहित, दूसरे कमरे में रजनी के पास जा बैठीं।

"कैसा लग रहा है दिनेश?" भाई साहिब ने पूछा।

"अच्छा लग रहा है भाई साहिब। बहुत दिनों तक अपनी धरती से दूर बेगानी धरती पर पड़ा हुआ था। हवा-पानी मिल रहा था वहाँ लेकिन वहाँ की मिट्टी ऐसी नम नहीं थी। अपने लोगों के साथ, अपनों में रहना हमेशा से ही मेरी आरज़ू थी लेकिन परमात्मा ने अन्नजल ही चण्डीगढ़ का लिख रखा था, सो वहाँ से चुनता रहा सारी उम्र।"

"चाचाजी, अब मालेरकोटला भी वह पुराना मालेरकोटला नहीं रहा। आप देख ही रहे हैं कैसी-कैसी इंडस्ट्रीज़ आ गयी हैं यहाँ। कितना एक्सपेंशन हो गया है शहर का। प्रास्पेरिटी आयी है तो सोशल एक्टीविटी भी बढ़ गयी है। अब यहाँ क्लब हैं, साइबर कैफे हैं, केसिनो हैं।" भाई साहिब के बड़े बेटे शिवदान ने कहा।

"अब यहाँ मुसलमानों का एकछत्र राज भी नहीं है चाचाजी।" छोटा बेटा मकरन्द बोला, "रियासत के ज़माने में तो उनका आतंक समझ में आता था क्योंकि रियासत ही मुसलमानों की थी लेकिन भारत की स्वतन्त्रता के बाद भी यहाँ पर उनका आतंक बना रहा क्योंकि वे बड़ी संख्या में थे। अब वे दबते हैं हमसे। संख्या में भी दो प्रतिशत कम हो गये हैं हिन्दुओं-सिखों से। इस बार यदि वोट अकालियों और

आज़ाद उम्मीदवार में न बँटा होता, तो कांग्रेस का मुसलमान प्रत्याशी चुनाव नहीं जीत सकता था।''

धक्का-सा लगा दिनेश को भतीजे की बात सुनकर। उसने कभी सोचा भी नहीं था कि मालेरकोटला के लोगों की सोच में इतना बड़ा अन्तर आ जाएगा कि वे जनसंख्या का सम्प्रदायगत गणित लगाकर निर्णय किया करेंगे कि उनका प्रतिनिधि कौन होगा। रियासत के इतिहास से नयी पीढ़ी ने यही सीखा है क्या कि यहाँ पर हिन्दू हमेशा द्वितीय श्रेणी का शहरी बनकर रहता रहा है? क्यों आ गया है इतना बड़ा परिवर्तन नयी पीढ़ी की सोच में?

''हाँ दिनेश, अब यहाँ का माहौल वो हमारे-तुम्हारे ज़माने वाला माहौल नहीं है कि हिन्दू और मुसलमान में कोई फ़र्क़ ही नहीं था। तुम्हें पता ही है कि हम लोग सनातन धर्म विद्यालय में भी मुसलमान अध्यापकों से पढ़े हैं। इस्लामिया स्कूल में भी एक सरदारजी पढ़ाते रहे सारी उम्र। हमने कभी सोचा ही नहीं था कि हिन्दू क्या होता है, मुसलमान क्या होता है। दोनों को एक-दूसरे का पूरा ध्यान रहता था। रामलीला के दिनों में अज़ान के समय लाउड स्पीकर बन्द करके सीन रोक लिया जाता था थोड़ी देर के लिए। किसी शादी-ब्याह का, जुलूस-जल्से का बैंड-बाजा मस्जिद के सामने से ख़ामोश होकर निकलता था। होली के दिनों में हम लोग हुल्लड़ मचाते हुए भी इस बात का ध्यान रखते थे कि अगर कोई मुसलमान पास से गुज़र रहा हो, तो उस पर रंग न पड़े।'' बड़े भाई भी शायद अभी तक बदली हुई सोच के साथ पूर्णतया सहमत नहीं थे।

''वह ठीक है पापा, आपने जितनी बातें बताई हैं, उनमें हिन्दुओं के सहिष्णु होने की बात की है आपने। मुसलमानों ने हिन्दुओं की भावनाओं के सम्मानार्थ क्या किया था कभी भी? मैं इसे हिन्दुओं की सहिष्णुता नहीं कहता, हिन्दुओं की कायरता कहता हूँ। रियासत के समय से ही शासित होने की जो धारणा उनकी जीवन-शैली में प्रवेश कर गयी थी, वही चलती रही स्वाधीनता के बाद भी। रियासत के समय में मालेर के अग्रवाल हिन्दुओं को मालेर छोड़कर कोटला में विस्थापित होना पड़ा था। कितने ही अग्रवाल परिवार लुधियाना और फ़िरोज़पुर जा बसे थे। वे अभी भी अपने को मालेरी लिखते हैं। फिर 1935 में यहाँ के हिन्दुओं को शहर छोड़कर भागना पड़ा मन्दिर-मस्जिद के झगड़े के कारण। ये लोग अभी तक अपने को मानकटाला कहते हैं मालेरकोटला के सम्बन्ध से।'' तनिक उत्तेजित हो रहा था शिवदान।

''ऐसा नहीं है बेटा।'' समझाना चाहा दिनेश ने। ''मालेर के अग्रवाल मुसलमानों के आतंक से नहीं भागे थे मालेर छोड़कर, सिखों के उपद्रवों से परेशान होकर भागे थे। सन् पैंतीस में भी उन्होंने इसलिए शहर छोड़ा था क्योंकि यहाँ दो महीने हड़ताल चली थी। उनका कारोबार तबाह हो रहा था, उसे बचाने के लिए वे कहीं-कहीं जा बसे थे।''

"सिखों के उपद्रवों से डरकर मालेर के मुसलमान क्यों नहीं भागे? हड़ताल से मुसलमानों का कारोबार क्यों आहत नहीं हुआ?" पूछा मकरन्द ने।

"मुसलमानों के पास पैसा था ही कहाँ, वे तो सर्वहारा वर्ग के थे, वर्किंग क्लास। धन तो हमेशा हिन्दुओं के पास रहा, इसलिए सुरक्षा की समस्या भी उनकी ही रही। रियासत को जब कभी पैसे की ज़रूरत पड़ती थी तो वह हिन्दुओं से ही क़र्ज़ लिया करती थी। मुसलमानों के पास था ही क्या देने को?" तर्क प्रस्तुत किया दिनेश ने।

"नहीं दिनेश, दबकर तो रहा यहाँ का हिन्दू हमेशा। अब मन्दिर-मस्जिद का मामला ही ले लो, जीत आख़िर मुसलमानों की ही हुई ना!" बड़े भाई बोले।

"आप भी कमाल करते हैं भाई साहिब। इसमें जीत-हार का सवाल ही कहाँ था, इन्साफ़ की बात थी, वह हो गयी।" दिनेश ने प्रतिवाद किया।

"तथ्य क्या थे उस घटना के चाचाजी?" पूछा मकरन्द ने।

"बेटा! जमालपुरा दरवाज़े के सामने जो मन्दिर है, कभी इसे 'चौधरियों की कुटी' कहते थे। इससे बिल्कुल सटकर मस्जिद बनी हुई है। इन दोनों की दीवार साँझा थी, आज भी है। एक पुजारी कहीं यू.पी.-सी.पी. से आ बसा इस मन्दिर में। सुबह-शाम नमाज़ की अज़ान होते ही शंख-घण्टा बजाकर आरती करने लगता। मुसलमानों ने इस पर एतराज़ किया कि नमाज़ में ख़लल पड़ता है। पुजारी और उसके भक्त अड़ गये कि तुम होते कौन हो हमें पूजा-आरती से मना करने वाले। मामला बढ़ गया। हिन्दुओं ने हड़ताल कर दी। नवाब तक बात पहुँची। नवाब ने सोचा कि अगर वह हिन्दुओं को मना करेगा तो वे नाराज़ होंगे, मुसलमानों को मना करेगा तो वे बिगड़ेंगे। इसलिए उसने लुधियाना से अंग्रेज़ मैजिस्ट्रेट को बुला लिया कि मुकद्दमा सुनकर फ़ैसला कर दे। अंग्रेज़ ने कहा, हम मौक़ा देखेंगे। सुबह दस बजे का समय दिया उसने मौक़ा-मुलाहिज़ा का। पुजारी ने बड़ी संख्या में हिन्दू जमा कर लिए। अंग्रेज़ ने कहा, चलिए आप नमाज़ पढ़िए और आप आरती कीजिए, देखते हैं क्या ख़लल पड़ता है। इतना सुनना था कि हिन्दुओं ने शंख-घण्टे गुँजा दिए। लेकिन मुसलमानों ने नमाज़ पढ़ने से इनकार कर दिया। उन्होंने कहा नमाज़ जब चाहे तब नहीं पढ़ी जाती, निश्चित वक़्त पर पढ़ी जाती है। अंग्रेज़ समझ गया कि नमाज़ का टाइम तो फिक्स्ड है, आरती जब चाहे तब हो सकती है। उसने फ़ैसला सुना दिया कि नमाज़ के समय आरती नहीं की जाएगी। अब बताओ, इसमें मुसलमानों की तरफ़दारी कहाँ से हो गयी? इन्साफ़ करने आया था अंग्रेज़, इन्साफ़ कर दिया उसने।"

"यही घटना नाभा या पटियाला में घटी होती तो?" पूछा शिवदान ने।

"तो शायद अंग्रेज़ को बुलाया ही न जाता। वहाँ का राजा ही फ़ैसला कर देता कि मुसलमान अपनी मस्जिद किसी दूसरी जगह पर ले जाएँ।"

"यहाँ यह फैसला इसीलिए नहीं हुआ ना, क्योंकि यह मुस्लिम रियासत थी?"

मकरन्द ने पूछा।

"यहाँ पर मुस्लिम शॉवनिज़्म नहीं था, नाभा-पटियाला में हिन्दू या सिख शॉवनिज़्म था।"

उत्तेजना के बावजूद चुप रहा शिवदान लेकिन उसने इस प्रकार से गर्दन घुमाई कि उसका मौन चाचा के प्रति अनादर की सीमा छू गया। बड़े भाई ने बात में आयी तल्ख़ी को भाँप लिया और तुरन्त बात का रुख़ बदलने की कोशिश की।

"हटाओ यार, किस पचड़े में पड़ गये तुम लोग। मर गये, मरा गये पुराने लोग ...बच्चे कब गये?"

"आज दोपहर में ही गये हैं।" दिनेश ने भी ब़ात का बदला जाना ही उचित समझा।

"जाते हुए मिलकर भी नहीं गये।"

"भाई साहिब, उनका प्रोग्राम तो हवेली होकर जाने का ही था लेकिन बहुओं ने तैयार होते-होते दोपहर कर दी। फिर रजनी ज़िद करने लगी कि खाने का समय है, खाना खाकर ही निकलो। इसी में दो बज गये। अखिलेश को दिल्ली पहुँचने में छह घण्टे तो लगेंगे ही। आठ-साढ़े आठ पहुँचा होगा।"

"अविनाश को तो लुधियाना ही जाना था। पचास मिनट का रास्ता है।"

"उसकी साली का फ़ोन आ गया था। वह परिवार समेत सुबह से लुधियाना पहुँची हुई थी।"

"अखिलेश के बच्चे कौन-कौन-सी क्लास में हैं?"

"बड़ा बेटा डब्बू तो आठवीं में है। गुड़िया छठी में है।"

"परले दर्जे का शरारती है डब्बू।" अपना मूड ठीक करके शिवदान ने कहा

"बच्चा और बन्दर अगर शरारत न कर रहे हों तो समझना चाहिए कि वे बीमार हैं।" भाई साहिब बोले।

"बच्चों को साथ नहीं लाया वह?"

"अब उनको साथ लाकर क्या करता। चण्डीगढ़ का घर खाली करना था। यहाँ सामान-आमान सैट करना था। बच्चे कुछ भी न करने देते माता-पिता को, अपना ही ऊधम मचाते रहते।"

"वो तो है। अकेले रह लेते हैं वे इनके बग़ैर?"

"वैसे तो रह भी सकते हैं, डब्बू ख़ासा समझदार और ज़िम्मेदार लड़का है मगर इस बार तो सुनन्दा आकर रह गई थी बच्चों की देखभाल के लिए।"

"सुनन्दा कौन?" मकरन्द ने पूछा।

"हमारी मौसी की बेटी है, वहीं दिल्ली में रहती है।"

चाय-वाय पीकर, घण्टा भर बतियाकर, भाई साहिब का परिवार हवेली लौट गया। दिनेश और रजनी भी गेट पर ताला डालकर सोने के लिए जा लेटे।

दो

बड़ी देर तक नींद नहीं आयी दिनेश को। लेटे-लेटे सोचता रहा वह। शिवदान और मकरन्द की बातें उसे परेशान कर रही थीं। उसका वह शहर, जो शताब्दियों-शताब्दियों से हिन्दू-मुस्लिम भाईचारे का अनुकरणीय उदाहरण बना हुआ था, उसमें रहते हुए उसके अपने भतीजों की सोच यदि साम्प्रदायिक हो गयी थी तो अन्य परिवारों के बच्चों के सोचने की दिशा क्या चल रही होगी। मुसलमान बच्चों की नयी पीढ़ी भी इसी प्रकार साम्प्रदायिक हो रही होगी। कहाँ बचा होगा वह सौहार्द्य, वह भावनात्मक बन्धन, वह घनीभूत अपनापन, जो एकमात्र आकर्षण था उसके यहाँ लौटकर आने का।

उसे विदित था कि बच्चों की बातें सर्वथा निराधार भी नहीं थीं। स्वाधीनता के बाद से, केवल एक चुनाव को छोड़कर, शेष सब चुनावों में, मुसलमानों को ही प्रत्येक महत्त्वपूर्ण राजनीतिक दल का टिकट दिया गया था। पहले पैप्सू और फिर पंजाब विधानसभा में मालेरकोटला का प्रतिनिधित्व मुसलमानों ने ही किया था लेकिन एक बार जब ग़ैर-मुस्लिम जीता था, उसका जीतना बड़ा महत्त्वपूर्ण था। कांग्रेस-प्रत्याशी के रूप में पर्चा दाख़िल किया था बड़ी बेगम यूसुफ़ ज़माँ ने। उसका कवरिंग कैंडीडेट था नत्थूमाजरा गाँव का चन्दा सिंह। दुर्भाग्यवश बेगम साहिबा के काग़ज़ ख़ारिज हो गये। अतः मजबूरी में चन्दा सिंह को कांग्रेस का प्रत्याशी बना लिया गया। चन्दा सिंह का मुक़ाबिला था निर्दलीय प्रत्याशी अब्दुल्शकूर ख़ाँ से, जो कभी रियासत के डिप्टी रहे थे। नवाब और बेगम ने जी-जान से चन्दा सिंह की सहायता की। मुस्लिम-ग़ैर-मुस्लिम का प्रश्न ही उत्पन्न नहीं हुआ पूरे चुनाव के दौरान। चन्दा सिंह ने अच्छे-ख़ासे फ़र्क के साथ डिप्टी शकूर ख़ाँ को पराजित किया था।

लेकिन यह सोच बदल रही थी, इसका अनुमान नहीं लगा पाया था दिनेश। चण्डीगढ़ में रहते हुए उसे पता चला था कि एक चुनाव में अहमदगढ़ का कोई हिन्दू निर्दलीय प्रत्याशी था। कांग्रेस और अकाली दल दोनों ने मुसलमानों को टिकट दिये थे। काँटे की टक्कर थी उन दोनों में और बीच में से हिन्दू निर्दलीय के जीतने की सम्भावना बन रही थी। मतदान से ठीक एक दिन पहले मुसलमान प्रतिनिधियों की

मीटिंग हुई। उसमें दोनों मुसलमान प्रत्याशियों की स्थिति का निष्पक्ष जायज़ा लिया गया। स्पष्ट दिखायी दे रहा था कि अकाली प्रत्याशी की स्थिति कांग्रेसी प्रत्याशी से बहुत बेहतर थी लेकिन हिन्दू मतदाताओं की एकजुटता के कारण हिन्दू प्रत्याशी के जीतने की सम्भावना भी साफ़ दिखाई दे रही थी। अतः निर्णय लिया गया कि कांग्रेसी प्रत्याशी चुपचाप अपने समर्थकों को अकाली दल की ओर मोड़ दे ताकि जीतने वाला ग़ैर-मुस्लिम न हो। रातों-रात नक़्शा बदल गया चुनाव का और अकाली दल का मुस्लिम प्रत्याशी मामूली से बहुमत से जीत गया।

तब इतनी गम्भीरता से नहीं लिया था इस बिवरण को दिनेश ने। उसका विश्वास था कि मालेरकोटला के लोग इस प्रकार से नहीं सोचते हैं। उसे न विवरण देने वाले पर किसी प्रकार का सन्देह था, न विवरण की सत्यता पर लेकिन उसका अन्तःकरण इसे इस रूप में स्वीकार करने को तैयार न था, इसलिए उसने इसे अधिक महत्त्व नहीं दिया था। आज उसके जवान भतीजों की परिवर्तित मनोवृत्ति ने उसके सामने एक बहुत बड़ा प्रश्नचिन्ह ला खड़ा किया था कि क्या उसका मालेरकोटला लौट आना उचित था?

अगले दिन नाश्ते के बाद उसका मन हुआ गिरीश से मिलने का। गिरीश उसका बचपन का मित्र तथा सहपाठी था। बी.ए. तक साथ-साथ पढ़े थे दोनों। बी.ए. करने के बाद दिनेश ने पंजाब विश्वविद्यालय, चण्डीगढ़, में एम.ए. में प्रवेश पा लिया था और गिरीश पिता-पुरखों के धन्धे में शामिल होकर खादी का व्यापार करने लगा था। दिनेश के चण्डीगढ़-प्रवास की चार दशकों की सुदीर्घ अवधि में जब भी कभी वह मालेरकोटला आया था, गिरीश से अवश्य मिला था। गिरीश का भी जब कभी चण्डीगढ़ जाना होता था, वह भी दिनेश से मिले बिना नहीं लौटता था।

दूर से ही दिनेश को अपनी दूकान की ओर आते देख गिरीश उठकर सड़क पर आ खड़ा हुआ। बहुत तपाक से गले मिला वह दिनेश से। ले जाकर गद्दी पर अपने बराबर बिठा लिया उसने दिनेश को। यह जानकर कि दिनेश अब यहीं रहेगा, गद्गद हो उठा गिरीश। इधर-उधर की, घर-परिवार की, बच्चों-पोतों-नातियों की बातें करते-करते दिनेश ने देखा कि गिरीश ने पुरानी दूकान का कायाकल्प करके बहुत बढ़िया शो-रूम बना लिया है। हठात् प्रशंसा करते हुए वह बोला—

"गिरीश! दूकान को तुमने बिल्कुल माडर्न बना लिया है। बहुत सुन्दर लग रही है।"

"क्या करते भैया।" एक लम्बी आह भरकर गिरीश ने कहा, "चार साल हुए दंगों में जला दी थी दूकान मुसलमानों ने। बाहर वाला बड़ा दरवाज़ा, ऊपर के रोशनदान, अन्दर का माल-असबाब सब जलकर राख हो गये थे। हैवी रिपेयर होनी ही थी, तो सोचा थोड़ा माडर्न ही कर लें।"

"दंगों में? दंगे कब हुए?" धक्का-सा लगा दिनेश को सुनकर।

"चार साल हो गये। बाबरी मस्जिद गिराये जाने के ख़िलाफ़ यहाँ के मुसलमानों ने मोती बाज़ार पर हमला कर दिया था। कई दूकानें जलीं। हमारी दूकान भी उनमें शामिल थी।"

"अरे...प्रोटेस्ट किया था मुसलमानों ने, यह तो सुना था लेकिन दंगा हुआ था, यह आज पहली बार सुन रहा हूँ।"

"भैया, आठ दिन तो कर्फ़्यू लगा रहा। मालेर के नौजवानों को ज़रा ज़्यादा ही इस्लाम चढ़ा हुआ है आजकल। इधर हमारे नये लड़के भी किसी से कम नहीं हैं। शिवसेना और बजरंग दल के लड़के डटकर मुकाबिला न करते तो यह सारा बाज़ार जलकर राख हो गया होता। ये तो भला हो इन लड़कों का। जवाबी कार्यवाही में वो पत्थर चलाये इन्होंने मालेर के दरवाज़े पर कि मुसलमानों की बोलती बन्द कर दी। नहीं तो, जाने क्या हाल हुआ होता हम लोगों का।"

इस बीच में चाय आ गयी थी। चाय का पहला घूँट ही बहुत कड़वा लगा था दिनेश को। शकर तो उससे पूछकर, उसके सामने ही मिलायी थी गिरीश ने उसके कपं में लेकिन घटना के ब्योरे में से छनकर विष की कुछ बूँदें स्वतः ही आ टपकी थीं कप में और चाय कड़वी हो गयी थी।

"क्या हो गया इस शहर को गिरीश! मालेरकोटला और हिन्दू-मुस्लिम फ़साद? हम लोग कभी सोच भी नहीं सकते थे। यहाँ तो सैंतालीस तक में शान्ति रही थी, जब सारा पंजाब साम्प्रदायिकता की आग में जल रहा था।"

"तब भी क्या शान्ति रही थी? हमारे माँ-बाप हमको लेकर भागे नहीं थे नाभा-पटियाला की ओर? जब हिन्दू ही यहाँ नहीं थे तो हिन्दू-मुस्लिम तनाव कहाँ से होना था।"

"लेकिन हमारे माँ-बाप का डर मिथ्या भी तो निकला था। कुछ ही दिनों में लौट आये थे सबके सब। पीछे से उनके घरों-दूकानों को किसी ने छुआ तक नहीं था। यहाँ तक कि नवाब अहमद अली ख़ाँ रो दिए थे उनके यहाँ से जाने का समाचार सुनकर।"

काउंटर पर से गिरीश के बेटे ने आवाज़ दी–

"पापा, एक मिनट इसका हिसाब देखना ज़रा।"

"अभी आया," कहकर गिरीश गद्दी पर से उठकर काउंटर पर चला गया।

सोचने लगा दिनेश।

उसे याद आया कि जब पाकिस्तान बना था तो मालेरकोटला में अशान्ति का माहौल नहीं था। आसपास के क्षेत्रों से खदेड़े गये मुसलमान भी मालेरकोटला आ गये थे। शहर के बाहर कितने ही कैम्प लगे थे मुसलमानों के। शहर के लोग वहाँ रोटी-पानी भेजते थे। इस जमाव को देखकर यहाँ के हिन्दू आशंकित हो उठे थे। अपने बीवी-बच्चों को लेकर सगे-सम्बन्धियों के यहाँ चले गये थे अपने घरों-दूकानों

पर ताले डालकर। उसे स्मरण था कि स्वयं उसके पिता बच्चों को लेकर नाभा चले गये थे उसकी बूआ के पास। तब वह दस-ग्यारह साल का रहा होगा। लेकिन उसे सब कुछ याद था, ऐसे जैसे कल की ही बात हो। बूआ के घर में तीसरी मंज़िल पर एक कमरे में ठहराये गये थे वे लोग। दिन में कई बार मुहल्ले के बच्चे इकट्ठे होकर 'आ गये मुसलमान' की अफ़वाह उड़ाते और लट्ठ लेकर मुहल्ले के सिरे पर जा खड़े होते जैसे मुसलमान आएँगे तो ये उनको धराशायी कर देंगे। रात में भी इसी प्रकार का शोर मचता दो-एक बार। सब घरों की छतों पर ईंट-पत्थर, चाकू-छुरी, लाठी-सोंटी लेकर लोग खड़े हो जाते।

आठ दिन रहे थे वे लोग बूआ के पास। एक बार भी कोई मुसलमान उस मुहल्ले में नहीं आया था। आता भी कहाँ से। जो भाग सकते थे, जान बचाकर भाग गये थे। जो नहीं भाग पाये थे, मौत के घाट उतार दिये गये थे। पूरे नाभा शहर में एक भी मुसलमान शेष न बचा था लेकिन उनका भय दिन में कई बार और रात में एकाध बार मुहल्ले का दौरा अवश्य करता था और आशंकित-आतंकित हिन्दुओं को उद्वेलित कर जाता था।

आठ दिन के बाद उसके पिता को समाचार मिला था कि मालेरकोटला में न केवल शान्ति थी बल्कि वहाँ के नवाब हिन्दुओं के पलायन पर अत्यन्त दुखी थे और बार-बार उनको लौट आने की अपील कर रहे थे। तब उन्होंने उसके फूफा जी से विचार-विमर्शोपरान्त लौट जाने का निश्चय किया था। नाभा-मालेरकोटला के बीच सीधी बस सेवा बन्द थी। पत्नी-बच्चों को लेकर पिता जी खचाखच भरी बस में खन्ना गये थे। खन्ना से ऐसी ही ओवर लोडिड बस में घुसकर लुधियाना पहुँचे थे। लुधियाना से मालेरकोटला के लिए बसें तो चल रही थीं लेकिन बच्चों के साथ किसी भी बस में घुस पाना सम्भव नहीं हो सका था उनसे। छतें तक अटी पड़ी थीं लोगों से।

कई घण्टे सड़क के किनारे खड़े रहे थे उसके पिताजी परिवार को साथ लेकर लेकिन बस नहीं मिल पायी थी। आख़िर अपने ही मुहल्ले का ढाबू दिखायी दे गया था उनको। वह ताँगा चलाता था। सवारियाँ लेकर लुधियाना आया था और अब मालेरकोटला लौट रहा था। ताँगे पर जाने में समय बहुत लगना था और असुरक्षा का भय भी था लेकिन उसके पिता जी ने जो कड़ा करके मन ही मन हनुमान जी का ध्यान किया और अपने परिवार को ताँगे में बिठा लिया। अढ़ाई घण्टे में ताँगा सुरक्षित मालेरकोटला पहुँच गया। दिनेश को बहुत अच्छी लगी थी ताँगे की यह यात्रा। नाभा से खन्ना और खन्ना से लुधियाना तक की यात्रा की दोनों बसों में उसका कचूमर-सा निकल गया था। बला की गर्मी थी और बस में तिल धरने की जगह न थी। ताँगे में खुली जगह थी और फर-फर हवा चल रही थी। जैसा मरियल-सा बनिया ख़ुद ढाबू था, वैसा ही मरियल-सा उसका घोड़ा था। थोड़ी दूर तक

घोड़ा भागता और फिर टिप-टिप चाल पर आ जाता। हर बार ढाबू घोड़े की बजाय ताँगे की छत पर चाबुक मारता और उसकी दुम को झकझोर कर कहता, "ओय चल घोड़्या, तेरा पद्द खा जाँ।"

जब तक काउंटर पर से काम निबटाकर गिरीश गद्दी पर लौटा, तब तक दिनेश मुँह में अनुभव किए विष के स्वाद को थूक में घुलाकर गले से नीचे उतार चुका था। उसने निश्चय किया कि वह इस विषय पर और आगे बात नहीं करेगा। इसलिए गिरीश के आते ही वह उठ खड़ा हुआ।

"अच्छा गिरीश, चलता हूँ।"

"अरे बैठो ना, क्या जल्दी है?"

"मुझे दो-एक ज़रूरी काम करने हैं अभी। फिर आऊँगा। तुम आओ न किसी दिन। मैंने रेलवे रोड पर दिलावर ख़ाँ वाली कोठी ख़रीद ली है। उसी में रह रहा हूँ।"

"अरे वाह! मगर हवेली ....?"

"हवेली पहले ही भाइयों-भतीजों को छोटी पड़ रही थी।"

"वो तो है। आऊँगा किसी इतवार को। तुम भाभी को लेकर आओ ना घर पर।"

"हाँ, आएँगे। दोनों ही आएँगे। अब तो यहीं हैं तुम्हारे पास।"

गिरीश की दूकान से निकला तो उसे लगा जैसे वह घुटन भरे वातावरण से निकलकर खुली हवा में आ गया हो। गिरीश के मुँह से सुनी दुर्घटना के बारे में और नहीं सोचना चाहता था वह। धीरे-धीरे चलते हुए मोती बाज़ार निकल गया दिनेश। अचानक उसके पाँव मालेर की ओर मुड़ गये।

मालेर और कोटला को जोड़कर मालेरकोटला बनाता था मोती बाज़ार अन्यथा मालेर और कोटला दो अलग-अलग बस्तियाँ ही थीं। बाज़ार ने भूमि पर तो जोड़ दिया था इन बस्तियों को लेकिन जीवन-शैली और सभ्यता-संस्कृति की दृष्टि से अभी भी दोनों बस्तियों के लोग अलग-थलग पड़े थे। दरवाज़े में घुसते ही दोनों ओर क़साइयों की दूकानों पर लटकते हुए बकरे और दूकानों के बराबर की मस्जिद में चल रहा मदरिसा अह्ले-हदीस, बाहर से आने वाले को यह अहसास दिलाने के लिए काफी था कि यहाँ से मुस्लिम मालेरकोटला शुरू होता है। बहुत बड़ी बस्ती है मालेर। बस्ती क्या, एक पूरा कस्बा है, जिसमें पठानों के खुले-खुले हवेलीनुमा मकान भी हैं, लोहारों के तंग मुहल्ले भी, कम्बो लोगों के कच्चे मकान भी, गूजरों की तंग गलियाँ भी और हज़रत शेख़ के मुजाविरों-ख़लीफ़ों के दुमंज़िलें-तिमंज़िले घर भी। घनी आबादी वाला मालेर चलते-चलते भीमसी या भुमसी से जा मिलता है, जो म्यूनिसिपल सीमा के अन्दर होने के बावजूद अभी तक एक गाँव है, जिसका अपना नम्बरदार भी है। भीमसी के अन्तिम छोर पर आचारजों का मुहल्ला है, जहाँ दस-पाँच घर आचारजों के हैं, शेष कम्बो रहते हैं।

मालेर का एक भाग गूजरों के मुहल्ले में से होकर हज़रत शेख़ की दरगाह के

आसपास बसे तंग मुहल्लों में बसा हुआ है, जो एक टीले पर बसी हुई बस्ती है। कहते हैं कि बहलोल लोधी से भी पहले, जब यहाँ राजपूत रहते थे, किसी युद्ध में यह पूरा नगर ध्वस्त हो गया था। उसी के मलबे के ऊपर उग आयी थी नयी आबादी, जो हज़रत शेख़ के वंशजों ने बसाई थी। टीले पर की इस बस्ती की तंग गलियाँ भुमसी और मालेर को दरगाह से जोड़ती थीं और पुरानी लुधियाना रोड पर भी कई बिन्दुओं से जा मिलती थीं।

रास्ते में एकाध पुराने आदमी ने दिनेश को पहचानकर सलाम-दुआ की और उसने नितान्त शालीनतापूर्वक अभिवादन स्वीकार किया लेकिन उसे अनुभव हुआ कि यह इतनी बड़ी बस्ती, जहाँ उसके अनेक परिचित, सहपाठी, जन-पहचान के लोग रहते थे, अब उसके लिए एक अजनबी बस्ती थी। उसकी चार दशक की लम्बी अनुपस्थिति में पूरी पीढ़ी बदल गयी थी।

गूजरों के मुहल्ले में से होकर वह हज़रत शेख़ की दरगाह के मुख्य द्वार पर जा पहुँचा और सीढ़ियाँ चढ़ गया। तंग गलियों में से निकलते हुए उसे याद आया कि यहाँ उसके दो-एक सहपाठी रहते थे लेकिन इस समय उसका किसी से मिलने का मन नहीं था। यह जानने का मन भी नहीं था कि वे जीवित हैं या संसार से कूच कर गये हैं। चुपचाप चलता गया वह। अन्दर का छोटा दरवाज़ा निकलकर क़ब्रों के बीचोंबीच बने रास्ते पर से होकर वह मज़ार के बाहरी दरवाज़े पर आ गया। दरवाज़ा बन्द था। उसने कुण्डी खोलकर दरवाज़े का एक पट अन्दर की ओर धकेला और काले पत्थर की दीवार के साथ-साथ चलते हुए वह मज़ार के भीतरी द्वार पर आ गया। यह द्वार भी बन्द था। ये दरवाज़े सपाट खुले रहते हैं जेठ महीने के प्रथम वृहस्पतिवार को, जब यहाँ आने वालों की संख्या लाखों में होती है। जेठ के अन्य वृहस्पतिवारों को भी वे लोग आते हैं, जो किसी कारणवश प्रथम वृहस्पतिवार को नहीं आ पाते लेकिन शेष दिनों में दरगाह सुनसान पड़ी रहती है। जेठ के प्रथम वृहस्पतिवार को तो मज़ार तक पहुँचना दुष्कर होता है। लाखों की भीड़, सिरों पर चढ़ावे की टोकरियाँ रखे, हाथों में हरे कपड़े लिए और कन्धों पर बकरे उठाये ठट्ठ के ठट्ठ बाँधकर आते हैं।

उसने द्वार खोला और भीतर घुस गया। सामने हज़रत शेख़ का मज़ारे-मुबारक था। बिना दीवारों के, थम्भों की छत के नीचे, हरी चादरें ओढ़कर सो रहे हैं हज़रत शेख़ इस क़ब्र में। उसने घुटनों के बल बैठकर, फ़ातेहा पढ़ी और मन ही मन हज़रत से कहा,

'आपके क़दमों के तुफ़ैल आपका यह शहर हिन्दू-मुस्लिम दोस्ती की मिसाल बना रहा है हमेशा। इसे नज़रे-बद से बचाइए हज़रत। मैं, आपकी मिट्टी से पैदा हुआ एक मामूली-सा पौधा, पूरी ज़िन्दगी बेगानी आबो-हवा में बिताकर लौटा हूँ पतझड़ का दरख़्त बनकर। मेरी बूढ़ी आँखों को कोई ऐसा मंज़र मत देखने देना हज़रत,

जिसकी वजह से इनको अश्कबार होना पड़े। मेरा सलाम क़ुबूल कीजिए और मुझे दुआए-ख़ैर से नवाज़िये कि ज़िन्दगी के बाक़ी बचे बरस आपके क़दमों में सुख-शान्ति से गुजरें।'

"आमीन" कहकर दिनेश उठा तो देखा पीछे आकर तीन-चार लड़के खड़े हो गये थे। ये मुजाविरों के लड़के थे, जो किसी भी आने वाले के क़दमों की आहट पाकर स्कूल से भाग आते थे कि आने वाला जो कुछ भी मज़ार पर चढ़ाएगा, ये चुपके से उठा लेंगे। दिनेश ने कुछ भी नहीं चढ़ाया तो वे निराश होकर लौट गये। दिनेश ने मज़ार की परिक्रमा की। परिक्रमा में बनी चिराग़ी के पास रुककर उसने देखा, हमेशा की तरह तेल से लथपथ दीवार के अन्दर बनी चिराग़ी में हमेशा की तरह दिया जल रहा था। 'अब की बार आऊँगा तो तेल लेकर आऊँगा चिराग़ी के लिए', उसने मन ही मन सोचा और बाहर आ गया। दायीं ओर मुड़कर उसी रास्ते से बाहर आने की बजाय वह बायें हाथ के रास्ते से होकर, क़ब्रों के बीचोंबीच चलते हुए, पायल गेट की तरफ लुधियाना रोड पर आ गया। वहाँ से मोती बाज़ार अपेक्षाकृत दूर पड़ता था लेकिन वह इसी रास्ते पर चल पड़ा। यह सड़क दरगाह की ऊँची फ़सील के बाहर-बाहर से निकलकर मोती बाज़ार के उस छोर तक जाती थी, जिसे पिछले कई सालों से बर्तन बाज़ार कहा जाता था।

आधा रास्ता चलकर उसके कदम पुनः मालेर की ओर मुड़ गये। फ़ैज़ ख़ाँ की हवेली निकलकर वह सीधा जाने की बजाय मालेर को मुड़ गया। अज़मत ख़ाँ की हवेली पहुँचकर वह फिर अन्दर की ओर मुड़ गया। पठानों के घरों के सामने से होता हुआ वह उस तंग गली में से होकर गोशाला जा पहुँचा, जो वास्तव में गन्दे पानी के निकास के लिए दो हवेलियों के बीच छोड़ा गया साँकरा रास्ता थी। गोशाला से सीधे हाथ की गली में से होकर वह बर्तन बाज़ार के मध्य में आ निकला और मोती बाज़ार की तरफ चल दिया।

कोई विशेष कारण नहीं था दिनेश का इन गलियों में घूमने का। वह सीधे रास्ते से चलकर भी दरगाह से लौट सकता था लेकिन अचानक उसका मन चाहा था कि मालेर के उस चिर-परिचित भाग को देखे, जहाँ सौ प्रतिशत मुस्लिम आबादी थी। दरगाह से निकलकर उसका मन तो था कि भंगियों की बस्ती अर्थात माजरी में से होता हुआ ईदगाह जाए और वहाँ से बाबा आत्माराम के डेरे में जाकर हनुमान जी के दर्शन करे लेकिन कुछ तो मन की उदासी के कारण और कुछ गर्मी की वजह से उसके क़दम मोती बाज़ार की ओर लौट पड़े थे। लेकिन मन था कि अभी भी डेरा जाने को ललचा रहा था।

मोती बाज़ार के चौक में पहुँचकर उसने घड़ी देखी। दोपहर के दो बज रहे थे। सवेरे दस बजे निकला था वह घर से। खाने का समय दरगाह आने-जाने में निकल गया था। कुछ ऐसी भूख भी महसूस नहीं हो रही थी। उसने पी.सी.ओ. से रजनी

को फ़ोन किया कि मैं शाम तक पहुँचूँगा और रिक्शा लेकर डेरा बाबा आत्माराम को चल दिया।

माजरी निकलकर रिक्शा ढलवाँ सड़क पर से निकली तो उसकी निगाह माजरी से आगे वाली मुसलमानों की बस्ती पर पड़ी। कच्चे मकानों के स्थान पर पक्के मकान बने हुए थे। सड़क के किनारे कुछ दूकानें भी बनी हुई थीं। उसे याद आया, यहाँ मुख़्तार अली शाह रहा करता था उसका मित्र, जो कुछ वर्ष पूर्व कैंसर से मर गया था। उसके बच्चे-अच्चे कहीं जगाधरी-अगाधरी में बसे हुए थे। कोई यहाँ होता तो वह अफ़सोस ही कर आता। इतने वर्षों के बाद अफ़सोस? उसे यह सोचना भी अद्भुत-सा लगा।

ईदगाह की बग़ल की सड़क पर से निकलते हुए उसने देखा, ईदगाह तो दर्शनीय स्थल बनी हुई थी। इधर कई वर्षों के बाद आया था वह। तब मालेरकोटला में रिक्शा भी नहीं चला करती थी। सिर्फ ताँगे चलते थे। ईदगाह शहर के बाहर एक साधारण-सा स्थान थी, जहाँ आकर लोग ईद की नमाज़ पढ़ते थे मगर अब तो भव्य रूप धारण कर लिया था इसने। चारों ओर बड़े-बड़े उद्यान, सलीक़े से लगाये गये पेड़-पौधे, सरू के पेड़ों के बीच बना लम्बा रास्ता, ऊँचे-ऊँचे मीनार और आकर्षक मिम्बर—सब कुछ दर्शनीय, चित्ताकर्षक, मनमोहक।

डेरे तक भी कोई सड़क कहाँ होती थी पहले। कच्चा रास्ता था रेतीला, जिस पर साइकिल चलानी भी मुश्किल होती थी। रास्ते के एक ओर खेतों की मेंड़ के बराबर से निकालनी पड़ती थी साइकिल। केवल बैलगाड़ियाँ या ताँगे चलते थे हिचकोले खाते हुए कच्चे रास्ते पर। खेतों के बीचोंबीच निकलता कच्चा रास्ता, जिस पर से कभी डेरे के हाथी-घोड़े निकला करते थे। शहर के बाहर बना बैरागी वैष्णवों का यह डेरा साल में एक बार, केवल दशहरे के दिन, रौनक देखता था। अन्य दिनों में तो इक्का-दुक्का श्रद्धालु आते थे यहाँ। दशहरे का मेला डेरे के सामने वाले मैदान में लगता था। रावण, कुम्भकर्ण, मेघनाद के लम्बे-ऊँचे पुतले गाड़े जाते थे मैदान में। एक कोने में सीता के लिए अशोक वाटिका बनाई जाती थी। शाम चार बजे के करीब एक लड़के को सीता बनाकर बिठा दिया जाता था अशोक वाटिका में। लोग-बाग जैसे-जैसे मेले में आते रहते थे, सीता जी के सामने घरों में उगाये जौ के पौधे और सिक्के चढ़ाते रहते थे। डेरे तक जाने वाले कच्चे रास्ते के दोनों ओर सफ़री दूकानें सज जाती थीं— जलेबी, ठण्डा शर्बत, गोल गप्पे, तुरत फोटोग्राफी इत्यादि।

दोनों समय मिलने से थोड़ा पहले पहुँचती थी राम-लक्ष्मण की सवारी। आगे-आगे हनुमान चलते थे गदा लेकर पैदल। इस बीच में लोग डेरे के मन्दिरों में प्रणाम करते थे और महन्तों की समाधियों पर जौ चढ़ाते थे। बाबा आत्माराम की समाधि के बाहर चाँदनी बिछाकर, गाव तकिया लगाकर, महन्त जी सज जाते थे। शहर के चार-छह गण्यमान्य व्यक्ति भी आकर उनकी बग़ल में बैठ जाते थे। महन्त

जी के सामने भी जौ रखते रहते थे लोग। दोनों समय मिलते ही राम-लक्ष्मण पुतलों पर तीरों की वर्षा करते थे और निश्चित समय पर पुतलों को आग लगा दी जाती थी। सहारनपुर के मुसलमान कारीगरों के बनाये तीनों पुतले धू-धूकर जलने लगते थे। उनके बीच में फिट किये हुए पटाखे, अनार, फुलझड़ियाँ, आतिशबाज़ी फूटकर एक दृश्य पैदा कर देती थी।

'अब भी ऐसा ही होता होगा दशहरे का मेला' सोचा दिनेश ने। 'अब की बार देखेंगे आकर।'

डेरे के सिंहद्वार पर पहुँचकर दिनेश ने रिक्शा वाले से पूछा–

''रुकना चाहोगे?''

''ना सा'ब। बहुत लोग आते हैं इधर मत्था टेकने। वापसी में आपको आराम से सवारी मिल जाएगी।'' रिक्शा वाले ने बताया।

पैसे देकर विदा कर दिया दिनेश ने रिक्शा वाले को और जूता खोलकर भीतर चला गया।

डेरा लगभग सुनसान पड़ा था। समाधियों को प्रणाम करता हुआ वह ड्योढ़ी लाँघकर प्रांगण में जा पहुँचा। ड्योढ़ी में बैठे दो साधुओं ने उचटती हुई दृष्टि से उसकी ओर देखा और अपनी बातों में लगे रहे। प्रांगण में जाकर उसने हाथ-पाँव धोये और हनुमान जी के मन्दिर में घुस गया। उसे इस मन्दिर के प्रति बड़ी श्रद्धा थी। बचपन-लड़कपन में वह बहुत आया करता था यहाँ। हनुमान जी की यह बिस्कुटी रंग की प्रस्तर प्रतिमा उसका इष्ट थी। उसने सुन रखा था कि इस मूर्ति की कृपा से ही यह डेरा बना था।

अपने गुरु बाबा श्याम दामोदर की आज्ञा पाकर युवा साधू आत्माराम इस स्थान पर झोंपड़ी बनाकर रहने लगे थे बहलोल लोधी के समय में। तब हज़रत शेख़ भी जीवित थे। दोनों में गहरी मित्रता भी थी। प्रायः हज़रत शेख़ उनसे मिलने आया करते थे। कच्चे तालाब के किनारे, पेड़ों के नीचे बैठकर, दोनों साधू चौपड़ खेला करते थे। दिनेश ने सुन रखा था कि एक दिन चौपड़ खेलते-खेलते बाबा आत्माराम का कुर्ता बाज़ू पर से पूरा भीग गया। हज़रत शेख़ ने पूछा, 'यह क्या है?' तो बाबा बोले 'कुछ नहीं, एक सेवक का जहाज़ समुद्र में डूब रहा था, निकाला है।' दिनेश को बताया गया था कि इसी श्रद्धालु व्यापारी ने आभार-प्रदर्शनार्थ कच्चे तालाब को बहुत बड़े पक्के तालाब में परिवर्तित कराया था। यह तालाब अभी भी विद्यमान था लेकिन पूरी तरह सूखा हुआ। तालाब के चारों ओर ड्योढ़ी-ईंट की सीढ़ियाँ बनाई गयी थीं। चारों किनारों पर चार बुर्जियाँ थीं और चारों दिशाओं में चार प्रवेश-द्वार दिये गये थे।

हनुमान जी की मूर्ति के सामने बैठकर उसने हनुमान-चालीसा का पाठ किया। मूर्ति के चरणों से मस्तक लगाया। फिर उठकर वह राधा-कृष्ण के मन्दिर में गया। यह मन्दिर डेरे का केन्द्रीय मन्दिर था, वैष्णवों के आराध्य लक्ष्मी-विष्णु का मन्दिर।

मस्जिद की आकृति पर बना यह विशाल मन्दिर मुस्लिम भवन-निर्माण कला का सुन्दर उदाहरण था। मन्दिर के बाहर चारों ओर टीन की छत डालकर बरामदा बनाया हुआ था। मन्दिर के सामने वाला बरामदा काफी बड़ा था, जहाँ बैठकर शहर से पैदल आने वाले श्रद्धालु आराम भी करते थे और साधुओं का धर्मोपदेश भी सुनते थे।

बरामदे में बैठे एक साधू से उसने पूछा–

"महन्त जी हैं?"

पूछना यह चाहा था उसने कि महन्त जी अभी जीवित हैं या नहीं लेकिन पूछा उसने इस ढंग से कि महन्त जी इस समय उपलब्ध हैं या नहीं।

"भीतर हैं।" साधू ने गुरुगद्दी के साथ वाले कमरे की ओर संकेत करते हुए बताया।

दिनेश सीधा चल दिया महन्त जी के कमरे को। मन्दिर का प्रांगण पार करके उसने कमरे में प्रवेश करने से पूर्व डेरे की मर्यादा अनुसार 'नारायण, महन्त जी' कहा तो भीतर से महन्त की थकी-सी आवाज़ आयी, "ना..रा...य...ण।"

वह अन्दर चला गया। एक बड़े-से पलँग पर महन्त जी लेटे हुए थे। उनके पाँव द्वार की ओर थे। सिर के नीचे बड़ा-सा सिरहाना रखा हुआ था। एक युवा साधू पैताने बैठा उनके पाँव दबा रहा था।

"कौन है?" महन्त जी ने पूछा।

"नारायण, महन्त जी, मैं दिनेश हूँ।" उसने आगे बढ़कर महन्त के पाँव छुए और फ़र्श पर बैठ गया।

"कौन? पहचाना नहीं सेवक।"

"दिनेश, महन्त जी, खतरम्मे के प्रभु दयाल का बेटा, चौधरी रला राम का पोता।"

खिल-सा गया बूढ़े महन्त जी का झुर्रियों भरा चेहरा।

"अरे, वो जो चण्डीगढ़ में रहवे है?"

"जी महन्त जी, रिटायर हो गया हूँ। यहीं लौट आया हूँ।"

"अच्छा कियौ। आपणा घर आपणा घर ही होवे है। बच्चे-बाले सब ठीकठाक हैं ना?"

"आपका आशीर्वाद है महन्तजी। आपकी सेहत कैसी है?"

"चल ई रई ऐ अब्बी। सौ कै ऊपर तीन बरस हो गये इस देह को लिये फिरतै, अब जाणा है।"

"एक सौ तीन बरस के हैं महन्त जी आप? लगते तो साठ-सत्तर के हैं।"

"क्यों मजाक करे है बेट्टा। अब जाण न रई सरीर में। तेरे दादा को अदालत करते देख्यै मैंन्ने। अचकन पहण कर पगड़ी बाँधतै थे वौ। क्या रुआब था उणका। डेरे की बड़ी सेवा करी उन्नने। तेरे पिताजी भी बड़े सेवक थे डेरे कै।....जा परसाद

लाकै दै इणको।'' युवा साधू को आदेश दिया महन्त जी ने।

''जी'' कहकर युवा साधू बाहर गया और मन्दिर में से प्रसाद की मुट्ठी भर लाया।

''दे दै इणको।'' महन्त जी ने कहा।

दोनों हाथ बढ़ाकर प्रसाद ले लिया दिनेश ने।

''यो बैरागियों का डेरा है बैस्णव वैरागियों का बेट्टा। यो किले जैसी इमारत बणाई थी बाबा आत्माराम कै सिस बाबा बालक राम नै। यो सारे मन्दर, कमरे, ड्योढ़ी, आँगण उनकै बणाए हुवे ई ऐं। उन्नै बाबा आत्माराम कै तप का भोरा भी सम्भाल कै राख्या। समाधी कै साथ वाला भोरा। देख्यै ना आपणै?''

''जी, महन्त जी।''

''नारायण, महैन्त जी।'' कहते हुए भीतर चले आये एक अन्य वयोवृद्ध साधू।

''नारायण, महाराज।'' दिनेश ने भी साधू का अभिवादन किया।

''नारायण। कौन है भाई?'' आगन्तुक ने पूछा।

''आपणै चौधरी रला राम का पोता ऐ, चौधरी परभ दयाल का बेट्टा।'' बताया महन्त जी ने।

''जीवौ। घणा सुख पावौ।'' आशीर्वाद देते हुये उसके निकट ही बैठ गये साधू महाराज।

''यौ बेट्टा, आणन्दी बाबा ऐं। आठ साल कै थे जब आये थे ह्याँ। अब सत्तर कै ऊपर कै ऐं। तेरे बाप-दादा सबकौ देख्यै इन्नोनै भी।''

''हाँ बेटा, बड़े सज्जन पुरुषों का घराणा सै थारा। क्या कहणे हैं बाबू परभ दयाल के, चौधरी रला राम के।....सहर की पंचायत बोली एक बार अक हनुमान जी का मन्दिर तोड़कर नया बणावेंगे। लट्ठ गाड़ दिया चौधरी रला राम नै अक बात ई मत करो मन्दिर को हाथ लगाणे की। मूरती जहाँ धरी है बाबा आतमा राम के हाथ की, उहाँ ई रवैगी। चूँ तक न कर सक्या कोई मिम्बर पंचायत का।''

''छोटा-सा मन्दिर है हनुमान जी का। बड़ा क्यों नहीं बनने दिया दादा जी ने?'' उत्सुकता जाग उठी दिनेश की यह जानने की।

''बेट्टा! बाबा आत्माराम जैसी परतिषठा अब कौण कर सके है? मूरती कौ उसकै अस्थाण सै छेड़ौ तो पुनः परतिषठा करणी पड़े ऐ।''

बात समझ में आ गयी दिनेश की लेकिन उत्सुकता अभी भी शेष थी।

''बाबा आत्माराम ने प्रतिष्ठा की थी, इसका मतलब है, यह मूर्ति इतनी प्राचीन है?''

''अरे भइए! इस डेरे की पराचीण निसाणी तो यो मूरती ई है। बाबा का भोरा तो आपनै देख्या है। वहाँ बैठे थे झोंपड़ी डालकर बाबा डेरा वणने से पहले। एक जाट गड्डे में डालकर यो मूरती ल्याया था जयपुर से। उसणे मन्नत माँगी थी अक बेट्टा होगा तो गाँव मैं हनुमान जी का मन्दिर वणवाऊँगा। बेट्टा हो गया, वो जयपुर से मूरती

वणवा ल्याया। यहाँ से निकल रह्या था तो बाबा की नजर पड़ गयी मूरती पर। बाबा नै उसको आवाज दे लई अक कड़े से ल्यायै मूरती। उसनै सारी बात बताई। बाबा बोले, थारी तपस्या पूरण हुई, मूरती इड़े धर दे। भला कब मान्ने था जाट। बोल्या, ना बाबा घणी दूर ते ल्याया हूँ, परण पूरा करूँगा गाँव मैं मन्दिर बणवाणे का। बाबा बोले, अच्छा भाई, जाती है मूरती त लै जा। इब जाट जो बैलों को हाँकै तो बैल नाम न लेवें चलणे का। छैंटा मार-मारकर हार गया जाट, पर बैलों नै पैर आग्गे न धरया। तब उसकी समझ मैं आ गयी बाबा की महिमा। आकै चरणों मैं गिर पड्या और मूरती सेवा मैं धर दी। बाबा ने जहाँ परतिषठा करी मूरती की, आज तक उहाँ की उहाँ धरी ऐ। बाबा बालक राम नै भी मन्दिर बणवाया तो मूरती को नहीं छेड्या।''

यह कहानी पहली बार सुन रहा था दिनेश। मूर्ति के प्रति उसकी श्रद्धा तो बचपन से ही थी लेकिन इतनी प्राचीन होगी, यह उसको पता नहीं था। आनन्दी बाबा के मुख से मूर्ति का इतिहास जानना उसे अच्छा लगा। वह और भी बहुत कुछ जानना चाहता था डेरे के बारे में। महन्त जी शायद अपनी अस्वस्थता के कारण बहुत कुछ बताने में संकोच करते, दैव ने ही भेज दिया है आनन्दी बाबा को इस समय यहाँ। उसने पहले ज़रा-सा मस्का लगाया—

''बड़ा गहन ज्ञान है आपका आनन्दी बाबा। अद्‌भुत स्मरण शक्ति पायी है आपने।''

मस्का सचमुच काम कर गया।

''पुराणे घी खाये हुए हैं भइए। दिमाग इब्बी फिरेश पड्या है।'' चमक-सी आ गयी आनन्दी बाबा की आँखों में। अंग्रेज़ी बोलने लगे बाबा।

''यह डेरा भी बहुत पुराना है।'' बात का सूत्र पुनः पकड़ते हुए दिनेश ने कहा।

''साड्ढे छै सौ साल पुराणा डेरा है यो। बाबा आतमाराम तो रहे झौंपड़ी मैं ई। उणके सिस बालक राम बाबा नै बणवाई यो सारी इमारतें। उनकौ रियासत नै पाँच हथियाराँ कै लिसैंस की माफी दे राक्खी थी। हाथी-घोड़े रहते थे डेरे मैं घणे।''

''क्या फौज थी साधुओं की यहाँ?'' विस्मित दिनेश ने पूछा।

''फौज ई समझौ। बरागी साधू जोधा होते थे। बुन्देलखण्ड कै राजे मुसीबत मैं पड़ते थे त बरागियों की मदद माँगते थे। ह्याँ बी तीण कमरे भरे रक्खे थे पराचीन हथियाराँ कै। पिछले साल बारिसाँ मैं गिर गये यो कमरे। मलबे माँ पड़े ऐं अब्बी बी हथियार—भाले, बरछे, तोड़े कियाँ बन्दूकाँ। आठ सौ बीघे जमीन सै डेरे के धोरे। रियासत नै भी दे राक्खी थी जमीन।''

''मुसलमानों की रियासत से जमीन परापत करना बड़ी बात थी डेरे की।'' महन्त के पाँव दबा रहे युवा साधू ने टिप्पणी की।

''सरकार त घणी इज्जत करै थी। रियासत कै मुसलमाण बी आदर करैं थे। बस एक घराणा था पठाणों का, जो खार खावे था बाबा आत्मा राम से। एक बार की

बात सै। इन पठाणों नै बिल्ली मारकर पकाई अर थाल मैं परोस कै भेज दी भोजण मैं बाबा के धोरे। थाल अबी पठाणों कै हाथ माँ ई था। बाबा बोले अक अच्छा भई पठाणो, आज सै बिल्ले ई जन्मेंगे थारे घराँ मैं। हटाओ कप्पडा। पठाणों ने जौ थाल पर ते कप्पड़ा हटाया, जिन्दा बिल्ली कूद कै नीचे उतर आयी। सरमिन्दा होके पठाण लौट गये। तब ते आज तलक उनकै घर माँ हर बच्चा बिल्ली आँखों वाला ई पैदा हो रियै। जिब ते इणकौ 'बिल्ले पठान' कहवे ऐं।''

''हमारे महन्त जी से पहले कितनी गद्दियाँ हो चुकी हैं यहाँ?'' दिनेश नहीं चाहता था कि बातचीत का क्रम स्थगित हो।

''हमारे महैन्त जी दसमी गद्दी पे ऐं। हम बताते ऐं बाबा आतमा राम, पुन बाबा बालक राम, पुन जै गोपाल, पुन राम सरण, पुन....'' दिमाग कुरेदने लगे आनन्दी बाबा।

''चरणदास।'' महन्त जी ने उनको सहारा दिया।

''हाँ, चरणदास बाबा। फिर राधा सरण, फिर बंसी लाल, फिर रघुनन्दन दास. ...''

''पुन गोमती दास, पुन हमारे यौ हरभजन दास बाबा।'' महन्त जी के मुँह से वाक्य छीन लिया आनन्दी बाबा ने।

''एक महन्त के गोलोकवास पर ही गद्दी मिलती है ना दूसरे महन्त को?'' पूछा दिनेश ने।

''परमपरा त यही ऐ भइए पनं इसकै दो अपवाद ऐं इस डेरे कै इतिहास माँ। एक तो गोमती दास बाबा। उन्नने सादी कर ली थी डेरे की परमपरा कै खिलाफ। उणकौ निकाल बाहर किया सहर की पंचायत नै अर गुरगद्दी पै हमारे महैन्त जी कौ बराजमान कर दिया। दूसरे हमारे यौ महैन्त जी, जिन्ननै आपणे जीते जी पिछले साल गुरगद्दी दे दी ऐ बाबा गिरराज दास कौ।''

शायद यह दुखती रग थी आनन्दी बाबा की। पंचायत महन्त के मरने के बाद गुरु-गद्दी का निर्णय करती तो निश्चय ही डेरे के पुराने, आयु में सबसे बड़े साधू होने के कारण उनका चुनाव होता लेकिन महन्त जी ने तो जीते-जी पंचायत बुलाकर पगड़ी रख दी गिरिराज के सिर पर।

महन्त ने अपनी छोटी-छोटी, बटन-सी आँखें उघाड़कर देखा आनन्दी बाबा की ओर और कहा–

''गद्दी अधिकारी कौ दी जावे है। उमर का ठेका को न होवे है।''

महन्त के स्वर में आयी कटुता तुरन्त भाँप गये आनन्दी बाबा और चुप हो रहे।

दिनेश पर डेरे के भीतर की राजनीति प्रकट न हो और वह कोई ग़लत प्रभाव लेकर यहाँ से न जाए, इसलिए महन्त जी ने स्वयं बातचीत का सिलसिला आगे बढ़ाना ठीक समझा। ऊपर की ओर उठकर तकिये पर अधलेटे-से हो गये महन्त जी। बोले–

"नवाब सिकन्दर अली खाँ नै लड़की की सादी में बुलावा भेज्या बाबा राम सरण कौ। बाबा नईं गये। गुस्से मैं आके उसणै डेरे की सारी जमीन जबत कर ली। सहर की पंचायत नै मुकद्दमा किया कम्पनी बहादर मैं और अंग्रेज रैजीडण्ट नै जमीन बहाल कर दी। यौ बात सत्तावन कै गदर कै तुरन्त बाद की है। तब सै लैकर आज तक हिम्मत नईं पड़ी किसी नवाब की कि डेरे की तरफ आँख उठाकै देखै।"

भीतर से आहत आनन्दी बाबा चुपके से उठकर बाहर चले गये। पाँव दबा रहे साधू से महन्त जी ने नहाने के लिए पानी भरकर रखने को कहा तो दिनेश को भी लगा कि अब चलना चाहिए। साधुओं की सन्ध्या-वन्दना का समय हो रहा था। उसे भी यहाँ आये बहुत देर हो चुकी थी। उसने घड़ी देखी। पाँच बज रहे थे। अतः वह उठा और महन्त जी को प्रणाम करके बाहर आ गया।

दसेक मिनट प्रतीक्षा करनी पड़ी दिनेश को रिक्शा के लिए। रिक्शा मिल गयी तो वह अपने घर लौट आया।

"कहाँ चले गये थे आप? पूरा दिन ही निकाल दिया।" रजनी ने पूछा।

"तुमसे बताया तो था फ़ोन पर। सवेरे तो हज़रत शेख़ की दरगाह पर गया था। दोपहर में बाबा आत्माराम के डेरे पर चला गया। वहाँ महन्त जी से बातें करते-करते पाँच बज गये। आधा घण्टा लौटने में लग गया।"

"चाय बनाऊँ?"

"हाँ, कुछ खाने को भी दो ज़रा-सा। दोपहर में तो भूख नहीं थी, अब महसूस हो रही है।"

दो टोस्ट गर्म करके ले आयी रजनी। तब तक कपड़े बदलकर हाथ-मुँह धो लिया दिनेश ने।

"क्या था डेरे में? इतनी देर लगा दी वहाँ।"

"कुछ नहीं, महन्त जी से डेरे की कहानी सुन रहा था। बहुत बूढ़े हो गये हैं वे। एक सौ तीन वर्ष के। पूरी एक सदी देखी है उनकी बूढ़ी आँखों ने।"

"बड़ा शान्त डेरा है। तुम ले गये थे ना कई साल हुए मुझे वहाँ।...कुछ दूसरे डेरे भी तो होते थे यहाँ?"

"डेरे तो कई थे शहर के बाहर-बाहर। कई छोटे-छोटे डेरे थे, जिनको कुटिया कहते थे। रेलवे लाइन के पार बोले बाबा की कुटिया होती थी। जमालपुरा के पास डेरा रोड़ी वाला, बाग़ के अन्दर डेरा फलाहियाँ वाला, जमालपुरा के बाहर रुक्खड़ों की कुटी, बस स्टैंड के पास कुटी नरसिंह दास, बाई पास और मोती बाज़ार के बीच दीवानों की कुटी, शहर के अन्दर कुटी अलख वग़ैरा-वग़ैरा मगर मठ यहाँ एक ही था और वह था डेरा बाबा आत्माराम। बैरागी वैष्णवों का डेरा।"

"दरगाह डेरे तक ही जाना था तो मुझे भी ले चलते।"

"प्रोग्राम बनाकर तो नहीं निकला था। ऐसे ही मन हो गया तो चला गया। तुम

चलना किसी दिन, बना लेंगे प्रोग्राम। अब तो रिक्शा-इक्शा चलते हैं ख़ूब। वह पहले वाला समय नहीं कि पैदल जाना पड़ता था।''

''शहर ही बहुत फैल गया है। इतना फैलेगा, इसकी कल्पना भी नहीं की जा सकती थी तब।''

''हाँ, आबादी भी बढ़ी है और इंडस्ट्री भी खूब आयी है यहाँ। संगरूर ज़िले को सरकार ने इंड्स्ट्रियली बैकवर्ड ज़िला घोषित कर दिया था। यहाँ उद्योग लगाने पर सब्सिडी मिलने लगी। इस लालच में ख़ूब विकास हुआ उद्योग का यहाँ पर। इंडस्ट्री बढ़ी तो लेबर की डिमांड भी बढ़ गयी और जाने कहाँ-कहाँ से आकर लोग यहाँ बस गये। वर्ना हमारे ज़माने का मालेरकोटला तो दो छोटे-छोटे क़स्बों पर आधारित था, जिनके बीच का मोती बाज़ार ही यहाँ का पौश बाज़ार होता था।''

''जयपुर के सूर्य बाज़ार की नक़्ल में बना था ना यह बाज़ार?''

''हाँ, सभी दूकानें एक ही शक्ल की बनायी गयी थीं। रियासत के ज़माने में तो दीवारों, दरवाज़ों और जंगलों के रंग में उन्नीस-बीस का फ़र्क भी एलाउड नहीं था। हर दूकान की बाहरी दीवार में लोहे के होल्डर्स गड़े हुए थे। एक ही रंग के शीशे के शमादान रखता था हर दूकानदार। जब कभी रियासत को कोई जश्न मनाना होता था, शमादानों को होल्डर्स में रखकर हर शमादान में एक मोमबत्ती जला दी जाती थी। पूरा बाज़ार दुल्हिन की तरह सज उठता था। मुझे याद है जब इफ़्तिख़ार अली ख़ाँ की ताजपोशी हुई थी 1948 में, तब मोती बाज़ार उसी रिवायती अन्दाज़ से सजा था। अब तो लोगों ने शो-रूम बना लिये हैं दूकानों के। ऊपरी रिहायशें भी मनमाने तरीक़े से बना ली गयी हैं। सब कुछ ही बदल गया है।''

''समय के साथ-साथ परिवर्तन तो कुदरत का नियम है।''

''हाँ, ठीक कहती हो तुम। हम कौन-सा नहीं बदले हैं। देखते-देखते बूढ़े हो गये हैं।''

''साठ की उम्र में ही क्या बूढ़े हो गये तुम?''

''अरे बुढ़िया, कब तक अपने को धोखा देती रहोगी, मान लो कि अब बुढ़ापा आ गया। अब थकावट होने लगती है जल्दी ही।''

''तभी तो सारा दिन घूम-फिरकर बिता आये हो।''

''अरे, अभी तो फिर जाना है नौ बजे।''

''अब कहाँ की तैयारी है?''

''आज मीटिंग है ना जागृति मंच की। कल बुलाने नहीं आये थे रोशन लाल चार आदमियों को साथ लेकर।''

''काहे की मीटिंग है?''

''कोई जन जागृति मंच बनाया हुआ है इन लोगों ने। बता रहे थे कि समाज सेवा के उद्देश्य से यह संगठन बनाया गया है। मुझे संरक्षकों में लिया है।''

"कहाँ पर है मीटिंग?"

"ढाब पर के हनुमान मन्दिर में है।"

"तब तो तुम देर से लौटोगे।"

"कह नहीं सकता कितनी देर चलेगी मीटिंग। मुझे तो एजण्डा तक भी मालूम नहीं।"

"ताला लगाकर चाबी ले जाना। मुझसे बाट जोहने को नहीं जागा जाएगा।"

'ठीक है, तुम सोवो आराम से। हम आ जाएँगे, जब फ्री होंगे।"

"खाना जब खाना हो, बता देना। दाल-सब्ज़ी बनी रखी है। जब कहोगे, चपाती उतार दूँगी।"

खा लेंगे आठ-साढ़े आठ बजे।"

खाना खाकर पैदल ही चल दिया दिनेश। नवाब गंज पार करके सीधे हाथ को मुड़ा तो उसे ध्यान आया कि कैसी सुनसान सड़क हुआ करती थी यह कभी। नवाब गंज में दिन में तो फिर भी थोड़ी-बहुत रौनक रहती थी लेकिन शाम को बिल्कुल सुनसान हो जाता था यहाँ। इसके आगे भी उजाड़ ही होता था पूरा रास्ता। सिवाय डिप्टी शकूर ख़ाँ की कोठी और स्टेट स्कूल के, कोई इमारत ही नहीं थी इस सड़क पर। बस दरवाज़ों के अन्दर चाय की, सिगरेट-पान की दूकानें होती थीं। उन पर रौनक भी होती थी। ऊँचे स्वर में रेडियो भी बजा करता था हर दूकान में। सुनामी गेट, दिल्ली गेट और फिर सरहिन्दी गेट। शहर की फ़सील के साथ-साथ घूमती जाती थी सुनसान सड़क। अब तो सड़क के दोनों ओर घर बने हुए हैं, दूकानें बनी हुई हैं, लम्बी-लम्बी गलियों वाली बस्तियाँ बनी हुई हैं। दिल्ली गेट से सरहिन्दी गेट के बीच का आधा रास्ता चलकर नवाब का महल आ जाता था—मुबारक मंज़िल। महल तो कोई नहीं कहता या इसे, कोठी कहते थे। पुराने लोग बाग़ कहा करते थे।

बहुत बड़े क्षेत्र में बनी हुई थी यह कोठी। मुख्य दरवाज़ा लुधियाना-धूरी सड़क पर खुलता था, जहाँ लोहे के बड़े दरवाज़े के दोनों ओर बन्दूकधारी सिपाही पहरा दिया करते थे। दरवाज़े के अन्दर विशिष्ट व्यक्तियों को ही सवारी ले जाने की आज्ञा थी। शेष लोग इस दरवाज़े पर सवारी छोड़ देते थे और पैदल चलकर पहुँचते थे नवाब साहिब के दफ़्तर। दफ़्तर के ऊपर रिहायश थी दूसरी बेगम की। बड़ी बेगम पहले अलग कोठी में रहती थीं, फिर महल चहारम में रहने लगी थीं। बहुत लम्बा-चौड़ा क्षेत्र चारदीवारी में घेर रखा था इस बाग़ ने। चारों ओर दूर-दूर तक फैले खेत थे लेकिन चारदीवारी में घिरे हुए।

इस मोड़ से घूमकर सड़क सरहिन्दी दरवाज़े की ओर जाती थी तो सड़क के एक ओर शहर की फ़सील होती थी, दूसरी ओर बाग़ की दीवार। बीच में सुनसान सड़क। सरहिन्दी गेट से आगे बायें हाथ पर तो वही फ़सील चलती थी, सीधे हाथ पर कौलाँ वाला पुख़्ता तालाब था और उसके आगे ग़न्दे पानी की खूब विस्तृत ढाब, जिस पर

सड़क के साथ-साथ रेलवे लाइन की रेलिंग लगी हुई थी। यह रेलिंग कम्बो स्कूल तक जाती थी।

कई वर्ष पूर्व म्यूनिसिपल कमेटी ने यह ढाब बेच दी थी। आधी कम्बो स्कूल को, आधी सनातन धर्म सभा को। शहर में सीवरेज पड़ जाने के कारण गन्दे पानी की आमद बन्द हो गयी थी, इसलिए ढाब को मल्बे-मिट्टी से भर दिया गया था। सनातन धर्म सभा ने यहाँ हनुमान मन्दिर बना दिया था और सड़क पर कई दूकानें बनाकर किराये पर चढ़ा दी थीं।

अब पूरा रास्ता, न कहीं फ़सील दिखायी देती थी, न बाग की दीवार। दीवार के पार जहाँ खेत होते थे, वहाँ तंग मुहल्ले आबाद हो गये थे। सड़क के दोनों ओर भारी संख्या में दूकानें बनी हुई थीं और यहाँ लोगों की चहल-पहल ही नहीं थी, हर समय भीड़ रहने लगी थी।

यही सब सोचते-सोचते वह हनुमान मन्दिर आ पहुँचा। मन्दिर के बाहर आमन्त्रितों की प्रतीक्षा कर रहे लड़कों में से एक ने दूसरे से कहा—

"मकरन्द के चाचाजी आ रहे हैं।"

आगे बढ़कर अभिवादन किया लड़कों ने और दिनेश को भीतर ले गये।

ड्योढ़ी में ही जूता खोलकर दिनेश ने हाथ-मुँह धोया और अन्दर जाकर मन्दिरों में प्रणाम किया। दो लड़के प्रांगण में खड़े उसकी प्रतीक्षा करते रहे। वह प्रणाम करके लौटा तो लड़के उसे मीटिंग हॉल में ले गये, जहाँ पहले से ही सात-आठ आदमी बैठे हुए थे। वह उनमें से किसी को नहीं जानता था। लड़कों ने उनसे दिनेश का परिचय कराया। धीरे धीरे और लोग भी आ गये। इनमें से कुछेक से उसका सरसरी-सा परिचय था। बस दो व्यक्ति ही थे पूरी सभा में उसकी आयु के, रोशन लाल और मुरारी लाल, जिनको वह अच्छे-से जानता था।

अभिषेक नाम के एक लड़के ने रोशन लाल जी से अध्यक्षता करने की प्रार्थना की। रोशन लाल उठकर खाली पड़े, गाव तकिये वाले, स्थान पर ज़ा बैठे। फिर उसने दिनेश का संरक्षक मण्डल में स्वागत किया और उससे भी मंच पर आने की प्रार्थना की। दिनेश अपनी जगह से उठकर मंच की ओर बढ़ा तो रोशन लाल जी ने खड़े होकर उसका स्वागत किया और उसे अपने बराबर बिठा लिया। अभी तक आपस में बतिया रहे सदस्य शान्त होकर बैठ गये।

अभिषेक ने पिछली मीटिंग की कार्यवाही पढ़ी, जिसे सदन ने यथारूप स्वीकार कर लिया। अभिषेक ने रजिस्टर में रोशन लाल के हस्ताक्षर लेकर कार्यवाही पर सत्यापन करा लिया। सबसे पहले अभिषेक ने रोशन लाल जी से प्रार्थना की कि वे संरक्षक मण्डल के नये सदस्य श्री दिनेश बेनिवाल का स्वागत करें। रोशन लाल ने कहा—

"मित्रो! मुझे बड़ी प्रसन्नता है कि हमारे अपने श्री दिनेश बेनिवाल, जो पिछले

चालीस वर्षों से चण्डीगढ़ में अंग्रेज़ी के प्रोफेसर थे, अब रिटायर होकर मातृभूमि मालेरकोटला लौट आये हैं। दिनेश जी का सम्बन्ध जिस परिवार से है, वह परिवार कई पीढ़ियों से समाज-सेवा के क्षेत्र में भरपूर योगदान देता रहा है। इनके पिता श्री प्रभु दयाल जी और दादा चौधरी रलाराम जी ने हिन्दू समाज की प्रतिष्ठा और मान-मर्यादा बढ़ाने के लिए अनेक चिरस्मरणीय कार्य किये हैं। सनातन धर्म स्कूल इनके दादा जी का ही स्वप्न था, जो उनके अथक श्रम से ही साकार हुआ था। इनके पिता जी भी श्री रामलीला कमेटी, श्री सनातन धर्म सभा, श्री बजरंगी सेवा दल, श्री गोशाला कमेटी जैसी सभी धार्मिक संस्थाओं से जुड़े रहे हैं। मैंने दिनेश जी से प्रार्थना की थी कि ये हमारे मंच के संरक्षक मण्डल की सदस्यता स्वीकार कर हमें अनुगृहीत करें। मुझे प्रसन्नता है कि इन्होंने हमारी प्रार्थना स्वीकार कर ली है। मुझे विश्वास है कि इनके जीवन भर के अनुभवों से, ज्ञान से, मनीषा से और हिन्दू जाति के प्रति इनकी निष्ठापूर्ण कटिबद्धता से हमें मार्ग-दर्शन भी प्राप्त होगा और बल भी मिलेगा।''

तालियों की गूँज में रोशन लाल जी अपने स्थान पर बैठ गये। दिनेश ने दोनों हाथ जोड़कर उनका धन्यवाद किया और तालियाँ बजा रहे सदस्यों का अभिवादन किया।

अभिषेक बोले—

''मित्रो! आज की मीटिंग एक बहुत ही गम्भीर समस्या पर विचार करने के लिए बुलाई गयी है। विश्वस्त सूत्रों से पता चला है कि नगर पालिका मोती बाज़ार के चौक का सदियों पुराना पीपल काटने जा रही है। आप जानते हैं कि पीपल को हमारे यहाँ ब्रह्मा देवता कहा जाता है। हिन्दू धर्म में अश्वत्थ अर्थात् पीपल की लकड़ी जलाना पाप समझा जाता है। इस प्राचीन पेड़ को काटने की बात जिस राजनीति से उभर रही है, वह राजनीति बड़ी भयानक है। इस पेड़ का तना बहुत मोटा है। जिस दूकान के अन्दर यह तना विद्यमान है, वह दूकान एक मुसलमान की है, जिसका भाई इस बार किला रहमतगढ़ से म्यूनिसिपल कमिश्नर चुना गया है। आप जानते ही हैं कि कमेटी में बहुसंख्या मुसलमान सदस्यों की है। अतः उसने इस्लाम के नाम पर बहुसंख्यकों को पटाकर पीपल कटवाने पर आमादा कर लिया है। हो सकता है कि इसे वे लोग आइटम बनाकर कमेटी में न लायें और एग्ज़ेक्टिव अफसर पर प्रेशर डालकर सीधे उसी से आर्डर करा दें। हमें सोचना है कि हम इस पवित्र वृक्ष की रक्षा कैसे करें। प्रश्न वृक्ष का ही नहीं, हिन्दू समाज की अस्मिता का प्रश्न भी है। यदि हमने चुपचाप यह हो जाने दिया तो एक ऐसे घातक अभियान की शुरुआत हो जाएगी जो अन्ततः हमें धूल चटाकर छोड़ेगी।''

इसके बाद एक-एक करके कई सदस्य बोले। विषयवस्तु सबके भाषणों की लगभग वही थी, जो अभिषेक के भाषण की थी। अन्तर केवल इतना था कि कुछ

लोगों ने बहुत उत्तेजनापूर्ण शब्दों का प्रयोग किया था जबकि कुछ ने अपेक्षाकृत संयम से काम लिया था।

दिनेश सोच रहा था कि अब उंससे भी कुछ कहने के लिए कहा जाएगा। क्या कहेगा वह? यह जन जागृति मंच है या हिन्दू जागृति मंच? कहाँ आ फँसा वह? क्या लेना है उसको यहाँ की राजनीति से? लेकिन पीपल तो निश्चय ही नहीं कटना चाहिए। कल्पना भी नहीं की जा सकती मोती बाज़ार के चौक की पीपल के बिना। इसे तो कहा ही पीपल वाला चौक जाता है। कैसी घनी छाया देता है यह वृक्ष और कैसी रक्षा करता है पर्यावरण की। लेकिन इसे धार्मिक रंगत क्यों दी जाए? मुसलमान कब चाहेंगे कि पीपल को काट दिया जाए। क्यों चाहेंगे वे? मात्र इसलिए कि एक मुसलमान की दूकान इसके तने के फैलाव के कारण जगह की तंगी महसूस करने लगी है? यह दूकान तो सालों-साल से यहाँ है। पीपल के तने को तो दूकानदार अलमारी की तरह बरत रहा है सालों-साल से। तने में दर्जनों कील गाड़-कर उसने कितनी चीज़ें लटका रखी हैं उन पर। जगह की कमी भी पड़ रही हो, तो कोई ऐसी बात क्यों की जाए, जो किसी दूसरे का दिल दुखाने वाली हो?

वह अभी यह सब सोच ही रहा था कि अभिषेक ने उसे कुछ कहने का निमन्त्रण दे दिया। असमंजस की-सी स्थिति में उसने कहा–

"मुझे यह जानकर खेद हुआ है कि म्यूनिसिपल कमेटी पीपल काटने की योजना बना रही है। धर्म की बात न भी करें...."

"क्यों न करें?" एक युवा सदस्य ने उसको बीच में ही टोक दिया।

"इसलिए न करें क्योंकि यह केवल धर्म का विषय नहीं है, पर्यावरण का विषय भी है।"

"धर्म सर्वोपरि है, बाकी सब कुछ बाद में आता है।" सदस्य की उत्तेजना कायम थी।

"आप ज़रा-सा शान्त होकर मेरा सुझाव सुनेंगे तो शायद आप मुझसे सहमत होंगे। ...कमेटी के प्रधान मीर अमानत अली मेरे सहपाठी रहे हैं। रोशन लाल जी भी उसी स्कूल में पढ़ते थे। एकाध क्लास आगे-पीछे थे शायद। वाइस प्रेसिडेंट कमाल ख़ाँ भी हमारे पुराने मित्र हैं। एग्ज़ेक्टिव ऑफिसर कृष्ण कुमार मेरे विद्यार्थी रहे हैं। मेरा ख़्याल है कि हम इसको इश्यू न बनाकर इन लोगों पर दबाव डालें तो यह मामला उठने से पहले ही दबाया जा सकता है।"

कुछ सदस्यों ने सहमति में सिर हिलाए लेकिन गर्मदलीय सदस्यों ने पीपल को लेकर शहर के हिन्दुओं को जाग्रत करने और एक ध्वज के नीचे एकत्र करने की दुहाई देनी शुरू कर दी। आगे कुछ और कहा जाए या न कहा जाये के अनिश्चय और असमंजस में ही दिनेश अपने स्थान पर आ बैठा।

अध्यक्षीय भाषण में रोशन लाल ने बड़ी चतुराई से गर्मदलीय सदस्यों की

भावनाओं की भूरि-भूरि सराहना करते हुए दिनेश के प्रस्ताव की उत्कृष्टता पर बल दिया और सुझाया कि आज की यह सभा कड़े शब्दों में पीपल काटने के प्रस्ताव की निन्दा करते हुए कमेटी को चेतावनी देती है कि यदि कमेटी ने यह कुकर्म करने का निर्णय लिया तो परिणाम अच्छा नहीं होगा। साथ ही दिनेश को, मंच की ओर से, प्रधान, उप प्रधान एवं कार्यकारी अधिकारी से बात करने का अधिकार सौंप दिया।

रोशन लाल का सुझाव स्वीकार कर लिया गया।

मीटिंग समाप्त हुई तो रोशन लाल ने पूछा—

"कैसे आये थे आप? रिक्शा से?"

"नहीं, टहलते हुए आ गया था।"

"तो हमारे सुधाकर जी पहुँचा देंगे आपको। ये रेलवे रोड पर ही रहते हैं।"

"अच्छी बात है।"

सुधाकर की गाड़ी में बैठा दिनेश सोच रहा था कि अब यदि उसे मालेरकोटला में ही रहना है तो क्या उसे केवल हिन्दू बनकर रहना होगा? क्या अन्य कोई विकल्प नहीं है? क्या वह उसी प्रकार से यहाँ नहीं रह सकता, जिस प्रकार से वह बचपन में, लड़कपन में रहता रहा है?

तीन

समझ में नहीं आ रहा था दिनेश की। इसलिए उसने बड़े भाई से बात की और पूछा, ''क्यों ले गये रोशन लाल मुझे वहाँ? क्यों रख लिया सीधे ही मुझको संरक्षक मण्डल में?''

''वैसे तो सारी दुनिया में 'घर का जोगी जोगड़ा आन गाँव का सिद्ध' चलता है लेकिन हमारे यहाँ इसका प्रभाव कुछ ज़्यादा ही हो रहा है। कोई भी नया आदमी बाहर से आता है, तुम तो ईश्वर की कृपा से पढ़े-लिखे हो, सारी उम्र पढ़ाते रहे हो, उसको ये लोग तुरन्त हीरो बना देते हैं। चार-छह महीने में इनका जोश ठण्डा पड़ने लगता है तो ये उससे डिस्-इल्यूज़्नड हो जाते हैं। पहले लकड़ी की टाँगें देकर उसका क़द बढ़ाते हैं। फिर जब देखते हैं कि यह तो बहुत बड़ा हो गया है, हम सबसे कहीं ऊँचा क़द निकल आया है इसका, तब ये आरी लेकर उन लकड़ी की टाँगों को काटने लगते हैं। फिर नये हीरो की तलाश शुरू हो जाती है। यही सिलसिला चलता आ रहा है यहाँ सालों-साल से।'' अनुभवी भाई साहिब ने उसे वस्तुस्थिति से परिचित कराया।

''अभी तुम देखना और कितने लोग आते हैं। कोई स्कूल के फंक्शन का इन्वीटेशन लेकर आएगा प्रिसाइड कराने के लिए, कोई किसी सभा -सोसाइटी की मीटिंग का दावतनामा लेकर आएगा, कोई किसी सांस्कृतिक-साहित्यिक प्रोग्राम में बुलाने आएगा। मत उलझना इनमें। इनसे दूर की साहब-सलामत रखना। ये लोग जब मिट्टी ख़राब करने पर आते हैं तो किसी को नहीं बख़्शते।'' भाई साहिब का सुदीर्घ अनुभव बोल रहा था।

''मगर मुझे तो उलझना है इन लोगों में। अन्दर घुसना है इनके। मैं तो अन्दर से बेहद दुखी हूँ यह देखकर कि मेरा मालेरकोटला साम्प्रदायिक सोच का शिकार हो गया है। यहाँ जहाँ कभी हिन्दू-मुसलमान घी-खिचड़ी होकर रहते थे, एक-दूसरे को फूटी आँख नहीं भा रहे हैं। मुझे यहाँ दोबारा वहीं माहौल पैदा करना है, जो हमारे ज़माने में होता था।'' भावुक हो गया दिनेश।

''शौक़ से करो, जो जी में आये करो। तुम ख़ाली हो, तुम्हारे पास वक़्त की कमी

नहीं है। शरीर में भी अभी जान है। कल मुँह की खाओगे तो समझ जाओगे।'' भाई साहिब के स्वर में रुखाई और व्यंग्य का समावेश हो गया।

''अपने ऊपर विश्वास होना चाहिए भाई साहिब। अपना संकल्प दृढ़ होना चाहिए। हालात को बदलना मुश्किल हो सकता है, नामुमकिन नहीं।'' दिनेश का निश्चय मुखरित हो रहा था।

''वक़्त के पहिये को पीछे की तरफ़ घुमाना मुमकिन नहीं है प्रोफ़ेसर साहिब। यहाँ बहुत कुछ बदल चुका है। पूरी मानसिकता बदल चुकी है। मालेर के एक भाग को इस्लामाबाद कहते हैं हम लोग। चौरासी में कितने ही ख़तरनाक सिख आतंकवादियों को पनाह मिली थी मालेर के घरों में। टेलीविज़न पर भारत-पाकिस्तान का क्रिकेट मैच चलता है तो बीस-बीस मुसलमान इकट्ठे होकर बैठ जाते हैं एक-एक टेलीविज़न सैट के सामने। पाकिस्तान जीत रहा होता है तो इनका उत्साह देखने लायक़ होता है। हार रहा होता है, तो इनके चेहरों पर पुता मातम साफ़ दिखाई देने लगता है। पाकिस्तान के मैच जीतने पर लड्डू बाँटते हैं ये मुसलमान। अब वो पुराना ज़माना नहीं रहा।''

''इसी मानसिकता से तो हमें लड़ना है भाई साहिब। इसी को तो बदलना है। अगर सैंतालीस में इन लोगों ने पाकिस्तान जाने की बजाय यहाँ रहना ठीक समझा, भारत को अपना देश माना तो अब ये अभारतीय क्यों हो रहे हैं? इनके अन्दर की राष्ट्रीयता को जगाकर इनको मेन-स्ट्रीम में लाना है।''

''कर देखो। शायद तुम कामयाब हो जाओ।'' भाई साहिब के स्वर में अभी भी व्यंग्य का पुट था।

दूसरों की जली हुई उँगलियाँ देखकर यह नहीं मानेगा कि आग में हाथ डालने से हाथ जलता है, अपनी उँगलियाँ जलाकर देखेगा—सोचा भाई साहिब ने और चुप लगा गये।

ग़लत नहीं कह रहे थे भाई साहिब। अगले ही दिन गवर्नमेंट कॉलेज के कुछ अध्यापक उसे आमन्त्रित करने आये मालेरकोटला क्लब के एक सेमिनार में भाग लेने के लिए। विषय था—'राष्ट्रीय भाषा-नीति और नयी पीढ़ी।' दिनेश ने सहर्ष निमन्त्रण स्वीकार कर लिया।

नवाब की कोठी के सामने, जहाँ कभी बस स्टैंड हुआ करता था, अब मालेरकोटला क्लब बना हुआ है। लम्बा-चौड़ा पब्लिक पार्क चारदीवारी के घेरे में लेकर एक सिरे पर कुछ कमरे बनाये गये हैं, जहाँ कुछ इन-डोर गेम्स का प्रबन्ध किया हुआ है। एक कमरे में 'बाहर' बनाई हुई है। लोगबाग शाम को कुर्सियाँ इधर-उधर डलवाकर कमरों के बारह या लाउन्स में बैठ जाते हैं। चाय-कॉफी-स्नैक्स सर्व करते रहते हैं वेटर्स। घण्टा-दो घण्टा गपशप करके दिन भर की थकान उतारते हैं ये लोग और घरों को लौट जाते हैं। सोशल कान्टेक्ट्स बनाने को भी आते हैं कुछ

लोग लेकिन अधिकतर सामाजिक प्रतिष्ठा के विचार से आते हैं। क्लब की सदस्यता लेने का अर्थ है सर्वहारा वर्ग से ऊपर के व्यक्ति होना, बड़े आदमी होना। हर साल चुनाव होता है प्रधान, सचिव, कोषाध्यक्ष और कार्यकारिणी के सदस्यों का। कुछ छोटे-मोटे आयोजन कर लिये जाते हैं, जैसे आज की विचार गोष्ठी।

कान्फ्रेंस हाल में बड़ी टेबल के इर्द-गिर्द बैठे थे बीसेक लोग। अधिकतर कॉलेज के अध्यापक थे। प्रो. कपूर ने गोष्ठी की विषयवस्तु पर थोड़ा-सा प्रकाश डाला और दिनेश से अध्यक्षता करने की प्रार्थना की। दिनेश अपने स्थान से उठकर अध्यक्ष के स्थान पर जा बैठा।

प्रो. वर्मा ने कड़ी आलोचना की भारत सरकार की शिक्षा-नीति को लेकर और आग्रह किया कि पूरे देश में प्राथमिक शिक्षा अंग्रेज़ी के माध्यम से दी जाए ताकि नयी पीढ़ी अन्तर-राष्ट्रीय मार्किट में नौकरियाँ प्राप्त कर सके।

उनके बाद बोले श्रुति प्रकाश। जमकर विरोध किया उन्होंने प्रो. वर्मा का। उपनिवेशवादी मानसिकता को लेकर तीखा प्रहार किया उन्होंने अंग्रेज़ी के समर्थकों पर और हिन्दी का वर्चस्व बनाने का आग्रह किया।

इन दो विपरीत पक्षों को लेकर ही बातचीत आगे बढ़ी। देखते ही देखते वक्ता और श्रोता दो खेमों में बँट गये, अंग्रेज़ी के पक्षधर और अंग्रेज़ी के विरोधी।

दो घण्टे तक चलता रहा अकादमिक वाद-विवाद। इसी बीच कॉफ़ी और बिस्कुट सर्व कर दिये गये। कटुता भी आयी कई बार बातचीत में लेकिन कुल मिलाकर बहस मर्यादित रही। समाहार करते हुए दिनेश ने कहा–

"यह एक दुर्भाग्यपूर्ण सत्य है कि स्वाधीनता की आधी शती में हम भाषाओं के प्रति अपने उत्तरदायित्व से विमुख ही नहीं चलते आ रहे हैं, हमने भाषाओं को कुत्सित राजनीति का आधार बनाकर, भाषाओं का अहित भी किया है। व्यक्ति और व्यक्ति के बीच संवाद का एकमात्र सशक्त माध्यम होने के कारण, भारत जैसे बहुभाषी देश में, हमें भाषा के पठन-पाठन पर जो ध्यान देना चाहिए था, वह हमने नहीं दिया और अब वस्तुस्थिति यह है कि भाषाएँ प्रादेशिकता की पहचान और धार्मिक समुदायों की प्रतीक बन गयी हैं। भाषा विशेष के प्रति साम्प्रदायिक मोह ने भाषाओं को विभिन्न धार्मिक वर्गों की बपौती बना दिया है और दूसरे लोग वितृष्णावश, उस भाषा से सम्बन्ध-विच्छेद करने लगे हैं। कारण चाहे कुछ भी रहे हों, लेकिन भाषाओं के साम्प्रदायिक स्वरूप ने ही उस अवस्था को जन्म दिया था, जिसमें पंजाब के अधिकतर हिन्दुओं ने मातृभाषा पंजाबी का परित्याग करके, जन-गणना के समय, हिन्दी को अपनी मातृभाषा घोषित किया था।

आज जब हम देश को सुदृढ़ बनाने की बात कर रहे हैं, भावनात्मक एकता और राष्ट्र की अखण्डता के प्रति कृतसंकल्प हो रहे हैं, देश के समस्त नागरिकों को प्रेम की माला में गूँथने पर विचार कर रहे हैं, तो यह आवश्यक है कि हम भाषाओं के

प्रति अपने रवैये को बदलें। भाषाओं को प्रादेशिक संकीर्णता के दायरे से बाहर निकालकर राष्ट्रीयता को खुली धूप में लाएँ। इसके लिए सब से पहले हमें अपने पाठ्यक्रमों में परिवर्तन लाना होगा। एक भाषा के पाठ्यक्रम को उसी भाषा में उपलब्ध साहित्य तक सीमित रखने की वृत्ति बदलनी होगी। हर भाषा के पाठ्यक्रम में देश की अन्य भाषाओं में रचित साहित्य के कुछ न कुछ अनुवाद देने होंगे ताकि अजनबीयत की वे दीवारें टूटें, जो देश की मुख्य सांस्कृतिक धारा के निर्माण में बाधक सिद्ध हो रही हैं।"

"बात तो पते की कर रहा है प्रोफेसर।" श्रोताओं में बैठे करुणेश ने अमीन ख़ाँ के कान में कहा।

"प्रोफेसर रहा है सारी उम्र। वह भी भाषा का।" अमीन ख़ाँ ने सहमति प्रकट की। दिनेश कह रहा था–

"भाषाओं को प्रदेशों के साथ जोड़ना ग़लत नहीं है लेकिन प्रादेशिकता की भावना का उदय होना देश के लिए घातक है। यदि हमारा समस्त गौरव हमारे पंजाबी, गुजराती या बंगाली होने में ही है तो राष्ट्र किसका है? भारतीय कौन है? सोचने के इस अन्दाज़ ने राष्ट्रीय स्तर पर बड़ी भारी समस्याओं को जन्म दिया है। प्रत्येक राज्य अपने प्राकृतिक स्रोतों पर एकाधिपत्य जमाने में लगा है। इसके लिए आन्दोलन हो रहे हैं। केन्द्र और राज्यों के बीच अधिकारों के पुनर्विभाजन की बात की जा रही है। इसके मूल में जवाहर लाल नेहरू द्वारा भाषायी आधार पर राज्यों का पुनर्गठन करने की ग़लती काम कर रही है। भाषा का मूल धर्म व्यक्ति और व्यक्ति को निकट लाना है। दो आदमियों की भावनाओं, अपेक्षाओं, आकांक्षाओं की अभिव्यक्ति का एकमात्र साधन बनकर दिलों को जोड़ना है, उनके बीच अजनबीयत की दीवारें खड़ी करना नहीं है। हम अपने विचारों की संकीर्णता और रोगग्रस्त मानसिकता के कारण यदि वर्गीय, साम्प्रदायिक या राजनीतिक हितों के मोह में पड़े रहे और इसी प्रकार भाषाओं का दुरुपयोग करते रहे तो शायद हम पहिये को इतना उलटा घुमा बैठेंगे कि फिर उसे सही लीक पर लाना असम्भव हो जाएगा।"

"सही फ़र्मा रहे हैं आप।" कुर्सी पर करवट बदलते हुए अमीन ख़ाँ ने कहा।

हिन्दी का समर्थन नहीं कर रहा था दिनेश, यह देखकर बुरा लगा श्रुति प्रकाश को, राम लाल को, देवकी नन्दन शर्मा को और विशेष रूप से प्रेम प्रकाश भारती को। प्रेम प्रकाश नगर भाजपा के अध्यक्ष थे। आँखों ही आँखों में और फिर फुसफुसाहट के स्वर में आपस में नकारते रहे वे दिनेश की स्थापनाओं को। दिनेश ने अपनी बात समाप्त करते हुए कहा–

"मैं सारी उम्र अंग्रेज़ी पढ़ाता रहा हूँ। यह मेरा व्यवसाय था। मैं उपनिवेशवादी सोच का विरोधी हूँ। जिनके बच्चों को देश के बाहर नौकरियाँ तलाश करनी हैं, वे अवश्य अंग्रेज़ी पढ़ें, खूब पढ़ें। अधिकार प्राप्त करें इस भाषा पर। लेकिन हज़ारों-लाखों

बच्चों को तो इसी देश में रहकर आजीविका कमानी है। वे अंग्रेज़ी के मोह में क्यों पड़े हुए हैं? राज्य सरकारों ने प्रादेशिक भाषाओं को राजकाज की भाषा बना लिया है। राज्य-स्तरीय नौकरियों के लिए न अंग्रेज़ी उनके काम आएगी, न हिन्दी। मातृभाषा पर अधिकार प्राप्त करना उनकी प्राथमिकता होनी चाहिए लेकिन हमारे देश के हर बच्चे को चार भाषाओं की वर्किंग नॉलेज अवश्य होनी चाहिए। ऐसा करना राष्ट्र-हित में भी है। इससे देश के प्रत्येक भाग में संवाद की सुविधा बनेगी। हिन्दी के साथ-साथ दूसरी जिस भाषा का ज्ञान स्कूलों में अनिवार्य रूप से दिया जाना चाहिए वह उर्दू है, जो इस देश की गंगा-जमनी संस्कृति की प्रतीक है और जिसे उत्तर से दक्षिण तक, पूर्व से पश्चिम तक करोड़ों लोग बोलते-समझते हैं। चौथी भाषा, जो निश्चित रूप से आनी चाहिए हमारे बच्चों को, वह अंग्रेज़ी है, जिसे हम अन्तर्राष्ट्रीय सम्पर्क भाषा भी कह सकते हैं और दक्षिण भारत के साथ हमारे संवाद की भाषा भी।''

थोड़ी देर के लिए हिन्दी के पक्षधरों के चेहरे पर मुस्कान आयी थी लेकिन वह तुरन्त ही लौट गयी। दिनेश ने अपनी बात समाप्त कर दी यह कहकर–

''प्रॉयर्टीज़ सेट करना परमावश्यक है। मातृभाषा पर अधिकार होना चाहिए प्रत्येक बच्चे का। हिन्दी-उर्दू का अच्छा ज्ञान होना चाहिए उसे। और अंग्रेज़ी की वर्किंग नॉलेज होनी चाहिए उसके प्रास। साहित्य और भाषा को अलग करना होगा। कम्यूनिकेशन की भाषा सिखाना ज़रूरी है, साहित्य पढ़ाना नहीं। साहित्य वही पढ़े, जिसकी साहित्य में रुचि है।''

अपनी बात कहकर अभी दिनेश अध्यक्ष के आसन पर लौटा भी नहीं था कि प्रेम प्रकाश चीख़कर बोले, ''आपने तो त्रिभाषी फार्मूले की धज्जियाँ उड़ा दीं बेनिवाल जी।''

अपनी कुर्सी पर आकर बैठ गया दिनेश और वहीं से बोला–

''प्रेम प्रकाश जी, असफल सिद्ध हुआ है ट्राइलिंगुअल फ़ार्मूला। इसे बदलना ही होगा।''

''ताकि हिन्दी को उसका उचित सम्मान न मिले।'' उत्तेजित राम लाल बोले।

''ऐसा मैंने कब कहा? अब आप देखिये, त्रिभाषी फ़ार्मूला उन राज्यों के लिए तो ठीक है, जहाँ मातृभाषा हिन्दी है लेकिन जहाँ की मातृभाषा हिन्दी नहीं है, वहाँ यह फेल हो रहा है।''

''कैसे फेल हो रहा है?'' उत्तेजित स्वर में पूछा श्रुति प्रकाश ने।

''मैं बताता हूँ। त्रिभाषी फ़ार्मूले में एक भाषा है मातृभाषा। दूसरी है राष्ट्रभाषा। तीसरी है अन्तर्राष्ट्रीय भाषा। मातृभाषा जो भी है किसी राज्य की, राष्ट्रभाषा हिन्दी और अन्तर्राष्ट्रीय भाषा अंग्रेज़ी। अब जहाँ हिन्दी ही मातृभाषा है, और ऐसे राज्य आठ हैं, वहाँ दो बार तो हिन्दी नहीं पढ़ाई जा सकती ना? होता क्या है इन राज्यों में?

किसी ऐसी भाषा का प्रावधान कर दिया जाता है, जिसमें न बच्चों को रुचि होती है, न उनके काम आने वाली होती है। उदाहरणार्थ हरियाणा में तेलुगु का प्रावधान किया हुआ है। अब बच्चे यदि तेलुगु न पढ़ना चाहें, जो निश्चित ही वे नहीं पढ़ते, तो फ़ार्मूले के तहत वे इसके स्थान पर कोई क्लासिकल लेंगुएज ले सकते हैं। फलतः उनको संस्कृत पढ़नी पड़ती है। यही ख़राबी है त्रिभाषी फ़ार्मूले में कि इसके माध्यम से संस्कृत को बैक डोर एंट्री देकर बच्चों पर लादा जा रहा है।''

''इसमें क्या बुराई है?'' उत्तेजित हो गये श्रुति प्रकाश। ''संस्कृत हमारा गौरव है, हमारी पहचान है, पढ़नी ही चाहिए संस्कृत प्रत्येक भारतीय को।''

''अपनी मर्ज़ी से पढ़े जिसको पढ़नी है। लादनी तो नहीं चाहिए कोई भी भाषा।'' अब तक शान्त बैठे गुरकीरत सिंह बोले।

''लाद कौन रहा है?'' राम लाल ने पूछा।

''जब दूसरा कोई विकल्प ही नहीं है तो लद ही गयी ना।'' प्रो. चोपड़ा ने उत्तर दिया।

''लद भी गयी तो क्या हो गया? अपनी संस्कृति से विमुख होकर आप जाएँगे कहाँ, क्या बनाएँगे अपने बच्चों को?'' प्रो. बंसल ने प्रतिवाद किया चोपड़ा का।

''और प्रो. बेनिवाल जो चार भाषी फार्मूला दे रहे हैं, उसके माध्यम से उर्दू लादी नहीं जाएगी सारे देश के विद्यार्थियों पर?'' पूछा श्रुति प्रकाश ने।

''आपको उर्दू से दुश्मनी क्यों है? उर्दू इस मुल्क की तहज़ीब की अलामत है।'' बीच में कूद पड़े विवाद के करामत अली।

''कौन-सी तहज़ीब की? जो विदेशी आक्रमणकर्त्ता हम पर थोप गये थे?'' उत्तेजना बढ़ गयी प्रेम प्रकाश की।

''आपने तारीख़ ही नहीं पढ़ी है शायद।'' जोश में आ गये करामत अली भी। ''किस हमलावर की ज़बान उर्दू थी? हमलावरों की ज़बान तुर्की थी, फ़ारसी थी। उर्दू तो यहीं पैदा हुई, यहीं पली-बढ़ी, यहीं की गंगा-जमनी तहज़ीब की ज़बान बनी।''

''तो उन गंगा-जमनियों ने देश के टुकड़े करा दिये, पाकिस्तान बनवा दिया, उर्दू को वहाँ की राज्यभाषा बना दिया, अब और क्या बाकी है?'' चमककर बोले गोरालाल गोयल।

अभी तक मर्यादित रूप से चल रही विचार गोष्ठी करारी बहस में बदल गयी। कोई संचालक न रहा, कोई अध्यक्ष न रहा। अपने-अपने स्थान पर बैठा हर व्यक्ति, जो मन में आया, बोलने लगा। शब्दों का संग्राम छिड़ गया।

''अब ये तो आपकी ज़्यादती है गोरालाल जी कि आप क़यामे-पाकिस्तान के लिए उर्दू को ज़िम्मेदार ठहराएँ। मुल्क के बँटवारे की ज़िम्मेदारी तो उन पर है जो मुसलमानों को साथ लेकर नहीं चल सके।'' अमीन ख़ाँ बोले।

''हाँ भाई, आपका तो कोई दोष ही नहीं है। आपने तो 'लेके रहेंगे पाकिस्तान'

कहा ही नहीं कभी। आपने तो मुस्लिम लीग की हिमायत ही नहीं की थी कभी। व्यंग्य तीखा भी था और कटु भी, जो श्रुति प्रकाश ने किया।

अपने शान्त स्वभाव के लिए जाने जाने वाले करार हुसैन उठ खड़े हुए।

"मुआफ़ कीजिए हज़रत, अगर आपको इसी रुख़ से बहस करना है तो मुझे इजाज़त दीजिए।"

"चलिए हम भी चलते हैं। हर जगह भाजपा का एजण्डा लेकर खड़े हो जाते हैं बाज़ लोग।" उठ खड़े हुए अमीन ख़ाँ भी।

"सच कड़वा होता है मियाँ जी। सच को गले में रखना नीलकण्ठ बनना होता है।" राम लाल बोले।

"सच तो वही है जो प्रो. बेनिवाल कह रहे थे।" गुरकीरत भी उठ खड़े हुए।

"क्या सच है, ज़रा बताएँगे हमें भी?" राम लाल ने पूछा।

"यही कि भाषाओं का काम दिलों को जोड़ना है, तोड़ना नहीं। तोड़ना तो सियासत का काम है।" गुरकीरत ने कहा और दरवाज़े की ओर बढ़ गये।

प्रो. कपूर ने वातावरण को बिगड़ते देखा और विचार गोष्ठी के समापन की घोषणा कर दी।

मुर्गों की तरह चोंचें लड़ाते हुए उठ खड़े हुए सबके सब और दो-दो, तीन-तीन की टोलियों में बहस करते हुए हॉल से बाहर निकल आये।

एक टोली श्रुति प्रकाश, राम लाल, देवकी नन्दन शर्मा और प्रेम प्रकाश भारती की।

"कॉन्सेप्ट ही क्लीयर नहीं है प्रोफेसर का। पहले कहता है अंग्रेज़ी वही पढ़ें, जिनको विदेश जाना हो। फिर कहता है सारे देश में अनिवार्य रूप से पढ़ाई जाए अंग्रेज़ी।" श्रुति प्रकाश की टिप्पणी।

"अंग्रेज़ी के तो मारो गोली, ये तो उर्दू के लिए त्रिभाषी फार्मूला बदलना चाहते हैं।" देवकी नन्दन की आपत्ति।

"मैं इसे बचपन से जानता हूँ। शुरू से ही उठना-बैठना रहा है इसका मुसलमानों में। आधा मुसलमान है यह।" फ़तवा प्रेम प्रकाश भारती का।

दूसरी टोली पतवन्त सिंह, गुरकीरत सिंह और सोहन लाल की।

"पते की बात कही है प्रोफेसर ने।" गुरकीरत का बयान।

"कान्सेप्ट क्लीयर है, फण्डे क्लीयर हैं, पढ़ा-लिखा आदमी है।" सोहन लाल की टिप्पणी।

"मातृ-भाषा मूल भाषा बने शिक्षा की। पंजाबी ही एकमात्र माध्यम हो शिक्षा का पंजाब में, तभी तो माँ-बोली की जय होगी। ठीक कहता है प्रोफेसर।" सहमति पतवन्त सिंह की।

तीसरी टोली चोपड़ा, बंसल और गोरालाल गोयल की।

''सालों-साल से चल रहा है थ्री-लेंगुवेज फार्मूला। प्रोफेसर साहिब ख़ामख़ाह नया शोशा छेड़ रहे हैं।'' चोपड़ा का अभिमत।

''उर्दू का मोह मार रहा है उनको।'' टिप्पणी गोरालाल गोयल की।

''अरे नहीं, ठीक ही तो कह रहा है। मुसलमानों को शामिल किये बिना कैसे बनेगी मुख्य धारा? यह ज़हर तो हमें पीना-पचाना ही पड़ेगा।'' निष्कर्ष बंसल का।

चौथी टोली करामत अली, करार हुसैन और बरकतुल्ला की।

''तुम कैसे आ गये सेमिनार में आज बरकतुल्ला?''

''मियाँ, हमने सोचा कभी-कभार पढ़े-लिखों में बैठना चाहिए ताकि कुछ रोशनी मिले।'' सब्ज़ी मण्डी के आढ़ती बरकतुल्ला बोले।

''रौशन-ख़्याली तो आईने की तरह साफ़ थी प्रोफेसर की मगर सुनने वालों को सुनने का शऊर भी तो हो। दिमाग़ों को ताला लगाकर बैठे हैं ये भाजपायी।'' करामत अली ने टिप्पणी की।

''जीना हराम कर रक्खा है इन तआसुबियों ने।'' उदास आलोचना करार हुसैन की।

प्रो. कपूर और प्रो. दिनेश साथ-साथ बाहर आये। कपूर ने धन्यवाद दिया दिनेश को आने के लिए और कहा—

''बुरा मत मानिये प्रोफेसर साहिब, आजकल शहर का माहौल कुछ ऐसा ही चल रहा है।''

''अरे नहीं कपूर, बुरा क्यों मानेंगे। प्रजातन्त्र में वाद-विवाद होना चाहिए। विचार टकराते हैं तो दधि-मंथन होता है और नवनीत निकलता है। इसी प्रकार की चर्चा-परिचर्चा से जनमत तैयार होता है। मुबारक देता हूँ आपको कि आपने इस विचार गोष्ठी का आयोजन किया। इस प्रकार का संवाद रचाते रहिये। और लोगों को इन्वॉल्व कीजिए।''

आशंकामुक्त कपूर। पक्के फर्श की सीमा तक पहुँचा आये दिनेश को।

दोनों ओर उगे सरू के पौधों के बीच में बने कच्चे ट्रैक पर धीरे-धीरे डग भरते हुए दिनेश ने देखा, क्लब में ख़ून रौनक़ हो रही थी। बार में से उभरकर ठहाके हवा में लहरा रहे थे। पक्के फर्श पर कुर्सियाँ डालकर बैठे लोग ऊँचे स्वर में बतिया रहे थे। टेनिस कोर्ट में बाज़ी चल रही थी। बेडमिंटन कोर्ट में तेज़ रोशनियों के बीच चिड़ी-छक्के उछल रहे थे। लाउन्स में छोटी-छोटी टेबलों के गिर्द बैठे लोग ताश खेल रहे थे। एक ओर शतरंज की बाज़ी बिछी थी। अच्छा लगा यह जीवन्त वातावरण दिनेश को।

''पैदल ही आये थे क्या?'' पीछे से आकर अमीन ख़ाँ ने पूछा।

मुड़कर देखा दिनेश ने।

''हाँ, ख़ाँ साहिब। रेलवे रोड पर तो रहता हूँ। चार क़दम पर तो है।''

"चार क़दम तो नहीं है। मगर अच्छा है, टहलना हो जाएगा। चलिए, सुनामी गेट तक हम चलते हैं आपके साथ।"

"आइए।" साथ-साथ हो लिए दोनों।

"नज़र लग गयी है किसी दुश्मन की हमारे शहर को, वर्ना यहाँ कभी हिन्दू-मुसलमान के तौर पर नहीं सोचता था कोई।" बता छेड़ी अमीन ख़ाँ ने।

"जब से यहाँ आया हूँ, यही कुछ देख रहा हूँ। बहुत तकलीफ़ होती है मुझे। कुछ करना होगा ख़ाँ साहिब।"

"हम क्या कर सकते हैं दिनेश साहिब? कुछ करने लगते हैं तो पाकिस्तानी कहकर दुत्कार दिये जाते हैं।"

"किसी के कहने से आप पाकिस्तानी हो जाएँगे क्या? कौन होते हैं ये लोग आपकी राष्ट्रीयता का इम्तिहान लेने वाले? फ़ख्र से कहिए कि आप हिन्दुस्तानी हैं और मुसलमान हैं।"

"मगर कोई कहने भी तो दे।"

"अपने अन्दर हिम्मत होनी चाहिए कहने की ख़ाँ साहिब। कौन है जो आपकी ज़बान पकड़ लेगा आकर? हिन्दुस्तान के मुसलमान की बदक़िस्मती यही रही है आज़ादी के बाद से कि वो कछुए की तरह अपने अन्दर सिमटकर बैठ गया है। उसने अपने को दो नम्बर का शहरी मान लिया है। यह ज़हनीयत ही उनके हर अज़ाब की तह में मौजूद पड़ी है।"

"शायद आप बजा फ़र्मा रहे हैं। चलिए, इस मौज़ू पर कभी खुलकर बात करेंगे आपसे। किसी दिन ग़रीबख़ाने पर तशरीफ़ लाइये ना।"

"आऊँगा ज़रूर। आप भी आइये ना किसी दिन।"

"इंशाअल्ला।"

सुनामी गेट पहुँचकर अमीन ख़ाँ ने कहा—

"अब इजाज़त दीजिए, खुदा हाफ़िज़।"

"खुदा हाफ़िज़।" हाथ मिलाकर नवाब गंज की ओर मुड़ गया दिनेश।

रास्ता भर सोचता रहा दिनेश। क्या कारण था कि पाकिस्तान बनने पर यहाँ के लोग पाकिस्तान नहीं गये? पूरे पंजाब में यही एकमात्र शहर है, जहाँ से मुसलमान नहीं निकले अन्यथा दूसरे शहरों, कस्बों, गाँवों में तो देखने को भी मुसलमान शेष नहीं बचा। इनके न जाने के पीछे क्या राष्ट्र-प्रेम की भावना काम कर रही थी? नहीं, राष्ट्रीयता की तो परिकल्पना ही भिन्न थी उन दिनों। रियासतों की प्रजा के लिए तो उनकी रियासत ही उनका देश थी। उनके पुरखों ने राजाओं-नवाबों को देवानांप्रिय, ज़िल्ले-सुब्हानी माना था। और यही संस्कार लेकर बड़ी हुई थी वह पीढ़ी, जिसे भारत या पाकिस्तान में से एक को चुनने का संताप झेलना पड़ा था।

जहाँ तक उसे याद पड़ता था, मालेरकोटला में आल इण्डिया मुस्लिम लीग की

शाखा भी नहीं थी विभाजन से पूव। यदि थी, तो उसने इसके बारे में कभी नहीं सुना था। लोहारू और मालेरकोटला मात्र दो ही मुस्लिम रियासतें थीं भारतीय पंजाब में। लोहारू मालेरकोटला से भी गयी-बीती थी। दोनों के नवाबों का भौगोलिक दृष्टि से पाकिस्तान के साथ जाना सम्भव नहीं था। सारा पंजाब साम्प्रदायिक दंगों की आग में जल रहा था । चारों ओर मारकाट हो रही थी। पंजाब का मुसलमान मृत्यु-भय से भागा था पाकिस्तान को। कई गाँवों में तो गाँव के हिन्दुओं-सिखों ने समझा-बुझाकर, दुखी मन के साथ, रोते-बिसूरते विवश किया था मुसलमान भाइयों को क्योंकि उनके घरों पर कहीं से भी, कभी भी आक्रमण हो सकता था और उन्हें प्राणों से हाथ धोने पड़ सकते थे। साम्प्रदायिकता की जो आग अमृतसर, जालंधर, लुधियाना, नाभा, पटियाला में धधक रही थी, उसकी लपटें कहीं भी पहुँच सकती थीं, पहुँच रही थीं।

मालेरकोटला के नवाब को अपनी हिन्दू प्रजा पर भी पूरा भरोसा था, अपनी फौज पर भी। अतः उसने अपनी पूरी शक्ति लगा दी थी यह सुनिश्चित करने में कि रियासत में शान्ति बनी रहे। नवाब के भाई-भतीजों ने पाकिस्तान जाने का निश्चय कर लिया था क्योंकि वे रियासत की सत्ता से अलग-थलग पड़े अनुजता का संताप भोग रहे थे। उन्हें आशा थी कि पाकिस्तान में उनको यहाँ की सम्पत्ति के बदले में इतनी सम्पत्ति मिल जाएगी कि वे वहाँ रईसों की तरह रहेंगे। कुछेक अन्य परिवार भी थे, उँगलियों पर गिने जाने लायक, जो बेहतर भविष्य की लालसा में पाकिस्तान चले गये थे। अन्य लाखों परिवार महीनों-महीनों इस दुश्चिन्ता में तो घिरे रहे थे कि कहीं भागना ही न पड़े, लेकिन भागे नहीं थे। उजड़-उखड़ कर कहाँ जाएँगे, कहाँ बसाएँगे अपने परिवारों को, कामकाज का क्या होगा, रास्ते में चल रही मारकाट का शिकार हो गये तो बीच सफ़र के ही अल्लाह को प्यारे हो जाएँगे– ये सभी प्रश्न उस समय उसके समक्ष थे। सुरक्षा का आश्वासन, यहाँ के हिन्दुओं का सद्भाव, रियासत के शासन-तन्त्र का पूर्ण सक्रिय सहयोग उन्हें आश्वस्त कर रहा था कि यहीं बने रहो, कहीं जाने की आवश्यकता नहीं।

कुछ लोग दंगों के समय किसी कामकाज़ से बाहर गये हुए थे। अचानक परिस्थितियाँ बिगड़ीं और वे जहाँ थे, वहीं घिर गये। जहाँ ठहरे हुए थे, उन लोगों के साथ ही सुरक्षा कैम्पों में धकेल दिये गये और अन्ततः पाकिस्तान जाने वाली गाड़ी में लाद दिये गये। ऐसे ही व्यक्तियों में दिनेश का बचपन का मित्र अल्ताफ़ बेग था, जो किसी काम से दिल्ली गया हुआ था। जिस सम्बन्धी के यहाँ ठहरा हुआ था, उसके मुहल्ले पर हिन्दुओं का आक्रमण हुआ। सुरक्षा बलों ने मुहल्ले को घेरे में लेकर आक्रमण को विफल कर दिया। सारे मुसलमानों को बन्दूकों की छाया में लाकर कैम्पों में रख दिया और फिर गाड़ियों में भरकर पाकिस्तान रवाना कर दिया। अल्ताफ़ बेग को भी उनके साथ लाहौर रेलवे स्टेशन पर उतार दिया गया। उसने बहुत चाहा कि किसी तरह रेलगाड़ी में से कूदकर उतर जाए और मालेरकोटला जा पहुँचे, लेकिन

यह सम्भव नहीं था।

दिनेश घर पहुँचा तो रजनी गेट पर ही खड़ी पड़ोस की किसी स्त्री से बातें कर रही थी।

आ गये आप?'' पूछा रजनी ने तो पड़ोस की स्त्री 'नमस्ते, भाई साहिब' कहकर बोली, ''चलती हूँ रजनी बहन।''

''कैसा रहा आपका सेमिनार?'' गेट बन्द करते हुए पूछा रजनी ने।

''अच्छा था।'' दिनेश ने उत्तर दिया।

''बहुत ढीले-से मुँह से कह रहे हैं अच्छा था। बोर हो गये क्या?''

''अरे नहीं, ख़ूब गर्मागर्म बहस हुई भाषा-नीति पर। काफ़ी लोग आये थे।''

''आपने अपना चार-भाषी फार्मूला बताया होगा वहाँ भी?''

''क्यों न बताता। मुझे इसके लिए जनमत तैयार करना है।''

''कीजिए। मगर भूखे पेट क्या होगा आपसे, पहले भोजन कर लीजिए। आंठ बज रहे हैं। दो बार दाल-सब्ज़ी गर्म कर चुकी हूँ कि अभी आते होंगे।''

''तुम ख़्वामख़्वाह परेशान होती हो रजनी। अपना खाना खाकर हमारे लिए तीन चपातियाँ रख दिया करो हॉट केस में। हमारा मामला तो ऐसा ही है।''

''यहाँ कौन बीस लोग रहते हैं। दो ही तो लोग हैं घर में। ताज़ा खाना बनाने में क्या दिक़्क़त है मुझको।''

''तो तुम्हारी मर्ज़ी। खामा लगाओ, मैं हाथ-मुँह धोकर आता हूँ।''

खाना खाते हुए रजनी ने कहा—

''यश का फ़ोन आया था।''

''क्या कह रहा था?'' छोटे भाई का सन्देश जानने को उत्सुक हुआ दिनेश।

''याद करा रहा था कि कल सुबह दस बजे हवन है उसके यहाँ।''

''हाँ, बता तो गया था वह उस दिन कि चौदह तारीख़ को हवन है। निशान्त आ गया क्या बेंगलोर से?''

छोटे भाई के बेटे निशान्त को इंजीनीयरिंग में प्रवेश मिला था बेंगलोर के कालेज में और वह पहली बार घर लौट रहा था। यश ने हवन का आयोजन किया था उसकी सफलता की प्रार्थना के उद्देश्य से।

''आज सुबह ही पहुँचा है।''

''लाओ, ज़रा फ़ोन दो इधर। उससे बात तो करें।''

''खाना तो खा लीजिए।''

''तो वे लोग कौन-सा कौर छीन लेंगे मुँह से।''

''आप भी....'' कहते हुए रजनी ने फ़ोन उसकी ओर धकेल दिया।

यश का नम्बर मिलाया दिनेश ने।

''हैलो।'' उधर से महिला स्वर उभरा।

"सुकेशनी, यश है घर पर?"

"नमस्ते भाई साहिब, अभी बुलाती हूँ।"

कुछ क्षण प्रतीक्षा की दिनेश ने।

"प्रणाम भाई साहिब।" यश की आवाज़ आयी।

"जीते रहिए। कल दस बजे है ना हवन?"

"जी भाई साहिब, शाम को फोन किया था तो आप कहीं गये हुए थे।"

"मैं क्लब के सेमिनार में गया हुआ था। कुछ मेरे करने का हो तो बताओ। मैं नौ बजे तक तो पहुँच ही जाऊँगा। पहले कहो तो और पहले आ जाऊँ।"

"मैंने तो भाभी जी से कहा था कि रात का खाना इधर खाइये आप दोनों और हमारे पास ही रहिये रात को।"

"यश, खाना तो खा रहे हैं इस समय। इसने इसलिए हाँ नहीं की होगी कि इसे मेरा भरोसा नहीं था कि मैं कब लौटता हूँ।"

"अपने घर ही तो आना था, जब भी आते।"

"अरे चलो, तुम कल खिला लेना, अभी तो खा रहे हैं। निशान्त कहाँ है?"

"यहीं है...निशान्त, ताया जी का फ़ोन है।"

"पैरी पैना ताया जी।"

"जीते रहो बेटा। कहो कैसे हो? कब पहुँचे?"

"सवेरे आ गया था ताया जी।"

"कैसा है तुम्हारा बेंगलोर का इन्स्टीट्यूट?"

"बढ़िया है तायाजी। अभी तो होम-सिक्नेस का शिकार हूँ। धीरे-धीरे सब ठीक हो जाएगा।"

"वह तो होता ही है बेटा, लेकिन मन तो लगाने से ही लगता है कहीं पर भी। ...चलो, सुबह मिलते हैं। तुम भी आराम कर लो, ख़ूब थके होगे।"

"अभी तो ट्रेन ही घूम रही है सिर में। बहुत लम्बा सफर था, तायाजी।"

"जमकर सो लोगे तो सुबह फ्रेश उठोगे। सुबह मिलते हैं।"

"गुड नाइट तायाजी।"

"जीते रहिए।"

अगले दिन सुबह-सुबह ही पहुँच गये दिनेश और रजनी हवेली में। बच्चे आँगन की साफ-सफाई करके चाँदनी बिछा रहे थे। आँगन के ठीक मध्य में हवन कुण्ड रखने के लिए जगह छोड़ दी गयी थी। यश दिनेश को भीतर ले गया ड्राइंग रूम में और रजनी जेठानी-देवरानियों का हाथ बँटाने लगी।

ड्राइंग रूम में यश के दो-तीन मित्र पहले से ही मौजूद थे। यश की बेटी सुधा ने चाय-नाश्ता लाकर दिया तायाजी को। दिनेश के बराबर ही सोफ़े पर बैठ गया यश।

"आपने बेकार में अलग मकान खरीदने की ज़िद पकड़ ली, भाई साहिब। हम सब मिलकर हवेली में रहते तो क्या मज़ा आता। आज देखिए, सब जमा हैं तो हवेली हवेली लग रही है, नहीं तो यह तीन परिवारों की पनाहगाह बन गयी है, हवेली नहीं रही।"

"तो मैं कौन-सा विलायत चला गया हूँ? चार क़दम पर तो रह रहा हूँ। उस मकान को भी हवेली की एक्सटेंशन ही समझो।"

अनायास आँखें भर आयीं यश की। चाय का कप मेज़ पर रखकर दिनेश ने उसे बाज़ू में भरकर छाती से लगा लिया।

"पागल है तू तो यश। इतनी सेंटीमेंटेलिटी अच्छी नहीं होती। प्रेगमेटिक होकर सोचो, हवेली चला आता मैं, तो रहता कहाँ? सारी ज़िन्दगी चण्डीगढ़ में था, उसकी निस्बत तो क़रीब रहने लगा हूँ।"

"तब की और बात है भाई साहिब, तब तो मजबूरी थी।"

"अरे भैया! दूरियाँ शरीरों के लिए होती हैं, आत्माओं के लिए नहीं। सुनो, तुम्हें फ़ारसी का एक शे'र सुनाता हूँ—

गर्चे दूरेम बयादे-तू क़दहा मी नोशेम,
बोअदे-मंज़िल न बवद दर सफ़रे-रूहानी।

मैं अगर्चे तुमसे दूर हूँ लेकिन तुम्हारी याद के साथ-साथ शराब पी रहा हूँ। जगहों की दूरी दूरी नहीं रहती अगर आत्माओं को सफ़र करना हो।"

बाहर से निशान्त ने आवाज़ दी यश को।

"चलो, शायद मेहमान आ गये हैं। मैं भी आता हूँ चाय पीकर।"

चाय पीकर दिनेश आँगन में आया तो मुहल्ले-बिरादरी के कई लोग आकर चाँदनी पर बैठ चुके थे। सबको प्यार से मिला वह। उनका हालचाल पूछकर वह ऊपर चला गया। ऊपर के कमरे में बड़े भाई तैयार हो रहे थे।

"नमस्कार, भाई साहिब।"

"नमस्कार। आओ दिनेश।"

"आप अभी तैयार ही हो रहे हैं?"

"यार, सुबह से घुटनों के दर्द ने परेशान कर रखा है। अभी भी उठने की हिम्मत नहीं थी, मगर उठना तो था ही।"

"घुटनों का दर्द कब से चल रहा है?"

"चार-पाँच साल हो गये। यूरिक एसिड बढ़ा हुआ है शरीर में। दवा-अवा भी रेगुलर ले रहा हूँ, मगर यह दर्द पीछा ही नहीं छोड़ रहा है।"

"आप सबसे बाद में उतरेंगे नीचे?" पटाक्-से दरवाज़ा खोलकर भीतर आ रही भाभी ने कहा।

"नमस्ते भाभी।"

दिनेश को वहाँ मौजूद देखकर तनिक सकुचाई भाभी अपने स्वर की तीव्रता के कारण।

"नमस्ते दिनेश! कैसे हो?"

"अच्छा हूँ भाभी।"

"चलिए, अब आप नीचे आ जाइए। मैं जा रही हूँ।" स्वर को तीक्ष्णतामुक्त करते हुए भाभी ने कहा और ज़ीने की ओर बढ़ गयी।

भाई साहिब और दिनेश भी नीचे आ गये। इस बीच जो अन्य लोग आ गये थे, दिनेश उनसे मिला। दीवार के साथ सटकर बैठे चाचा लब्भू राम ने नाक तक खिसक आयी ऐनक को ऊपर धकेलकर पास बैठे लछमन दास से पूछा–

"यह क्या दिनेश है?"

"जी।" लछमन दास ने उत्तर दिया।

"इसे बुलाना ज़रा।"

लछमन दास ने वहीं से आवाज़ दी–

"प्रोफेसर साहेब...ऐ प्रोफेसर साहेब..."

दिनेश ने मुड़कर उसकी ओर देखा।

"भई, चाचाजी याद कर रहे हैं।"

लपककर बढ़ा दिनेश चाचाजी की ओर और उनके पाँव छूकर बोला–

"माफ़ करना चाचाजी, मैंने देखा नहीं था आपको।"

"तुम चाचा को क्यों देखोगे, तुम ठहरे बड़े आदमी, चण्डीगढ़ के प्रोफेसर।"

"क्यों शर्मिंदा करते हैं चाचा जी। पहली बात तो ये कि मैं बड़ा आदमी नहीं हूँ, दूसरी बात, अगर बड़ा हूँ भी, तो आपके क़दमों के तुफ़ैल ही हूँ।"

"जीते रहो। बरखुर्दर, तुम हज़ार बरस जियो। हमारे लिए तो तुम बच्चे ही रहोगे। हमने तो प्रभ दयाल को गोद खिलाया हुआ है बेटा।"

"हमें तो कभी गोद में नहीं उठाया आपने।"

"अरे हट। पूछ इन बूढ़े कन्धों से।" अपने कन्धे पर हाथ मारकर चाचा ने कहा, "इन पर बिठा कर पीपल वाले चौक तक ले जाया करता था मैं। तुमको और रमेश को गोले वाली बोतल पिलाकर लाता था।"

दिनेश के पिता के दूर के चाचा लब्भू राम की आँखों में अतीत की चमक जाग उठी।

"चलिए, मान लिया चाचा जी। और कहिए, आपकी सेहत तो अच्छी है ना?"

"दो साल और यमराज ने न बुलाया तो सौ का होकर मरूँगा। अब इस उम्र में क्या सेहत और क्या ना-सेहत। फिर भी शुक्र है परवरदिगार का। अब चलना-फिरना नहीं होता मुझसे। मेरे लिए तो आज भी आना मुश्किल था लेकिन यश और उसकी घर वाली कसम दे गये कल रात आकर तो मैंने गिरधारी से कहा

कि बेटा, जैसे-कैसे कन्धे पर लादकर मुझे हवेली पहुँचा दे। सो, वो ले आया।"

"कहाँ है गिरधारी?"

"यहीं होगा कहीं।"

"मैं देखता हूँ।" कहकर दिनेश वहाँ से उठा और अन्य लोगों से मिलने लगा।

उधर पण्डित जी ने आँगन के बींचोंबीच छोड़े गये फर्श पर रेत बिछाकर उस पर आटे से नवग्रह बना दिये, सप्तजिह्वा अग्नि बनाई और हल्दी, सिन्दूर तथा राई लेकर उनमें रंग भर दिये।

जब से दिनेश यहाँ आया था, उसकी निगाहें कुलदीप को खोज रही थीं। उसकी पत्नी कमला तो आकर पाँव छू गयी थी लेकिन वह स्वयं कहीं दिखाई नहीं दे रहा था। उसने सोचा, नहा-वंहा रहा होगा, तैयार हो रहा होगा, लेकिन अब जबकि हवन शुरू होने वाला था, उसकी अनुपस्थिति अखरने लगी थी। इशारे से यश को पास बुलाकर उसने पूछा—

"कुलदीप कहाँ है?"

"कैम्पा कोला लेने गया हुआ है घण्टे भर से। आता ही होगा।"

इतने में भतीजों और उनके मित्रों ने मेहमानों को कैम्पा कोला की यख़ ठण्डी बोतलें पकड़ानी शुरू कर दीं तो यश ने कहा—

"इसका मतलब है, आ गया वह।"

चित्रकारी पूर्ण करके पंडित जी ने उचटती-सी निगाह से उपस्थिति को देखा ओर बोले, "आओ जजमान, ग्रह-पूजन करो।"

यश ने निशान्त को आवाज़ दी। निशान्त की माँ और सुधा को पुकारा।

पण्डित जी के सामने बैठ गया निशान्त। उसकी दायीं तरफ सुधा और घर की दूसरी लड़कियाँ बैठ गयीं। बायीं ओर यश और सुकेशनी बैठ गये। पण्डित जी ने मन्त्रों की झड़ी लगा दी। बीच-बीच में उनके आदेश पर निशान्त कभी दोनों हाथ जोड़ता, कभी कलेवे के सूत्र चढ़ाता, कभी तिलक अर्पण करता, कभी अक्षत चढ़ाता और कभी हाथ द्वारा धूप-दीप अर्पित करता जा रहा था। ग्रह-पूजन के बाद पण्डित जी सरस्वती-वन्दना करते-करते हवन की लकड़ियाँ चुनते रहे।

थाली में से उठा-उठाकर उन्होंने हवन-सामग्री परिवार के सभी लोगों में बाँटी। घी का कटोरा और लकड़ी का चम्मच उन्होंने निशान्त को दे दिया और गायत्री मन्त्र बोलने लगे। प्रचोदयात् के बाद उनके स्वाहा कहते ही निशान्त ने घी की आहुति अर्पित की और परिवार वालों ने बीच की दो उँगलियों और अंगूठे से पकड़कर चुटकी भर सामग्री हवन-अग्नि में डाल दी। यह क्रम बीस बार दोहराया गया।

'पूर्णाहुति के लिए उठिये।"

पण्डित जी का आदेश पाते ही, वयोवृद्ध चाचा जी को छोड़कर, वहाँ पर उपस्थित सभी लोग उठ खड़े हुए। पण्डित जी ने अंगोछे से माथे का पसीना पोंछते हुए मन्त्र

बोलना शुरू किया—

"ॐ पूर्णमदः पूर्णमिदं पूर्णात् पूर्णमदुच्यते
पूर्णस्य पूर्णमादाय पूर्णमेवावशिष्यते। ॐ स्वाहा।"

हवन-कुण्ड के पास रखे दीपक को थाली में रखकर उठाया पण्डित जी ने और एक-एक करके सभी उपस्थित लोगों के सामने ले गये। सबनें दीप से आरती ली। निशान्त ने उठकर ताऊ-चाचा, बड़े-बुजुर्गों को प्रणाम किया।

"नाश्ता लगा हुआ है बड़े कमरे में। काई भी बिना नाश्ता किये न जाये कृपा करके।" बड़े भाई ने ऐलान किया।

आँगन में खुलने वाले बड़े कमरे के दोनों द्वार खोल दिये गये। अन्दर मेज़ों पर चाय-नाश्ता सजा हुआ था।

अतिथियों को विदा करके दिनेश ऊपर आकर बैठ गया बड़े भाई के पास। अकेले ही थे भाई साहिब इस समय कमरे में।

"भाई साहिब! परमात्मा की कृपा है कि हमारा भाइयों का प्यार बना हुआ है वर्ना आज के ज़माने में तो बाप-बेटों में नहीं बनती, भाई तो किस खेत की मूली हैं।" दिनेश ने कहा।

"हममें से किसी के भी दिल में कभी मैल नहीं आया इसलिए यह रिश्ता मिसाली होकर निभ रहा है।"

"भाई साहिब! अब बच्चे बड़े हो गये हैं। उनकी शादियाँ भी हो गयी हैं। वैसे तो अपनी-अपनी ज़रूरत के मुताबिक़ सबने अपने रहने-सहने का इन्तज़ाम कर रखा है लेकिन हम अपने रहते जायदाद का बँटवारा कर लेंगे, तो अच्छा रहेगा। हमारे बाद जाने क्या हालात हों। कहीं बच्चे मुक़द्दमे ही न करें एक-दूसरे पर।" दिनेश ने बेबाकी से कहा।

बड़े भाई उससे दो वर्ष बड़े थे, इसलिए उनमें और दिनेश में मित्रों जैसा सम्बन्ध रहा सारी उम्र। दोनों निस्संकोच अपने मन की बात कह देते थे एक-दूसरे से। लेकिन आज दिनेश की बात पर तमक उठे भाई साहिब।

"क्यों मुक़द्दमे करेंगे बच्चे? क्या हमने उनको ख़राब संस्कार दिये हैं?"

"संस्कार तो किसी ने ख़राब नहीं दिये लेकिन दुनिया का दस्तूर है, पैत्रिक सम्पत्ति में से अपना हक़ कब छोड़ा है किसी ने।"

"मतलब, तुम अपना हिस्सा माँग रहे हो?" कटुता आ गयी भाई साहिब के स्वर में।

"मुझे तो ख़ैर, हिस्से की क्या ज़रूरत है। मैं तो जिस हाल में हूँ, मज़े में हूँ लेकिन अब हमें अपने इस फ़र्ज़ को और ज़्यादा देर नहीं टालना चाहिए।" दिनेश ने विनम्रतापूर्वक कहा।

"अब तुम मुझे फर्ज़ का पाठ तो मत पढ़ाओ। तुम यह बताओ कि हमारे पास

है क्या बाँटने के लिए। यह हवेली है। इसमें पहले से ही तीन परिवार रह रहे हैं। बाज़ार की चार दूकानें हैं, चारों की चारों किराएदारों के कब्ज़े में हैं। बीस-बीस रुपये महीना पर चढ़ी हुई हैं बाबू जी के समय से। हम न किराया बढ़ा सकते हैं, न ख़ाली करा सकते हैं। रही ज़मीन, तो उसे बेचकर ख़ानदान की नाक कटाने वाली बात होगी कि बाप-दादा की जायदाद में इज़ाफ़ा तो क्या करना था, चारों भाई मिलकर, जो है, उसको भी नहीं सँभाल सके।'' भाई साहिब ने दिनेश के प्रस्ताव को एक तरह से एकदम नकारते हुए कहा।

''फिर भी, आप कभी ठण्डे मन से सोच लीजिए मेरी बात को। मुनासिब लगे तो बात कर लीजिए।''

''सोचेंगे।'' उपेक्षा से कहा भाई साहिब ने।

''तो हम चलें?'' उठने को हुआ दिनेश।

''खाना खाकर जाना। क्या जल्दी है?'' औपचारिकता टपक रही थी भाई साहिब के स्वर से।

''अब खाने की भूख किसे है। इतना खिला दिया है यश ने कि शाम तक भूख नहीं लगेगी।''

''ऐसा क्या खा लिया तुमने।'' औपचारिकता जारी रही।

''पूछिए मत भाई साहिब, ठूँस-ठूँसकर भरा है पेट को मैंने।''

''अच्छी बात है।'' भाई साहिब औपचारिकता पूरी कर चुके थे इसलिए जाने की अनुमति दे दी।

उठकर नीचे उतर आया दिनेश। सामने हॉल कमरे में लब्भू चाचा दीवान पर लेटे हुए थे। गिरधारी को ज़रूरी काम से जाना था कहीं। यश ने कह दिया कि वह निश्चिन्त होकर जाए, चाचाजी को हम पहुँचा देंगे। सुकेशनी ने आग्रह किया था कि चाचाजी दोपहर का भोजन यहीं करें तो कई बार ना-ना करके मान गये थे वे। थक गये थे बैठे-बैठे, इसलिए उनको दीवान पर लिटा दिया था यश ने। दिनेश जाकर चाचाजी के पास बैठ गया। अपनी ऐनक दुरुस्त करते हुए चाचाजी ने कहा—

''कौन? दिनेश। आ जा बेटे, बैठ।''

खँखारकर गले में आयी बलग़म का घूँट-सा भरते हुए पूछा चाचाजी ने—

''बच्चे कहाँ हैं?''

''बड़ा बेटा तो दिल्ली में है चाचाजी। फ़ाइनेंस मिनिस्ट्री में सेक्शन आफ़िसर है। छोटा लुधियाना में है, हौज़री मिल है उसकी। बेटी लखनऊ में है, उसके पति सरकारी अस्पताल में डॉक्टर हैं।''

''सबकी शादियाँ हो लीं?'' चाचाजी ने पूछा।

''हाँ, चाचाजी। सबके बच्चे भी हैं।''

''शुक्र है खुदा का। सुखी रहें।'' आशीर्वाद दिया चाचाजी ने।

कुछ क्षण शान्त रहकर चाचाजी बोले—

"दिनेश! मैंने सुना है तुमने स्टेशन पर कोठी खरीदी है, वहाँ रह रहे हो।"

"जी, चाचाजी।"

"यह अच्छा नहीं किया तुमने बेटा। पिता-पुरखों की हवेली छोड़कर बाहर उजाड़ में बसना हमारे ख़ानदान को शोभा नहीं देता बेटा। मेरी मानो तो यहीं चले आओ। जो बरकत भाई-भतीजों के सांथ रहने में है, वो अकेले रहने में नहीं। ख़ुदानाख़्वास्ता अगर तुम भाइयों में कोई मन-मुटाव है तो उसे फौरन दूर करो और हवेली में आकर रहो।" समझाया चाचाजी ने।

"नहीं चाचाजी, आपके आशीर्वाद से मन-मुटाव का तो सवाल ही पैदा नहीं होता। रही बात उजाड़ की तो आपको शायद अन्दाज़ा नहीं है कि रेलवे रोड पर कितनी घनी आबादी हो चुकी है। एक इंच ज़मीन ख़ाली नहीं है वहाँ।"

"मगर बेटा, हवेली तो हवेली है, वो भी बाप-दादों की।"

"आप ठीक कहते हैं चाचाजी, मगर यहाँ पहले से ही तीन परिवार रह रहे हैं। भाई साहिब के बच्चे भी शादीशुदा हैं। उनके भी अपने-अपने परिवार हैं। अब जगह कहाँ है हवेली में?"

"जगह तो दिलों में होती है बेटा। कमरों में जगह कम ज़्यादा भी हो तो क्या फ़र्क पड़ता है।"

दिनेश शत-प्रतिशत सहमत था चाचाजी से। यही सोचकर तो उसने रिटायर होते ही मालेरकोटला लौटने की सोची थी। वह कब चाहता था हवेली के बाहर रहना? भाई साहिब ने एक प्रकार से मना ही तो कर दिया था। तब क्या करता वह? वहीं पड़ा रहता चण्डीगढ़ में? भाइयों-भतीजों का, सगे-सम्बन्धियों का, यार-दोस्तों का मोह ही तो खींच रहा था मालेरकोटला की ओर। अलग मकान न खरीदता, तो कहाँ रहता वह?

कोई उत्तर नहीं था दिनेश के पास चाचाजी की नसीहत का। उसने बात बदलनी ही बेहतर समझी और यश को आवाज़ दी।

साथ वाले कमरे से तुरन्त निकल आया यश।

"जी, भाई साहिब।"

"लो भाई, अब हम चलें। भाभी कहाँ हैं तुम्हारी, बुलाओ उनको।"

"ऐसी भी क्या जल्दी है भाई साहिब। शाम को चले जाना। खाना भी तो खाना है अभी।"

"खाना लो भाई सूँघ भी नहीं सकते अब, इतना खिला दिया है तुमने नाश्ते में। तुम निमट लो इधर से, आ जाना वहाँ।"

स्वयं ही आवाज़ लगा दी दिनेश ने पत्नी को।

कुलदीप के ड्राइंग रूम में उसकी पत्नी के साथ बैठी बतिया रही थी रजनी।

उठकर बाहर आ गयी आँगन में।

"चलो भई, अब चलें।"

"चलिए।" रजनी को क्या आपत्ति हो सकती थी।

सबके मना करते-करते, शाम तक रुकने का आग्रह करते-करते, वे दोनों हवेली के द्वार तक बढ़ आये। द्वार पर आकर, सबका अभिवादन स्वीकार कर, वे गली में आ गये और अपने घर की ओर चल दिये।

ताला खोलकर अभी घर में घुसे ही थे वे दोनों कि फ़ोन की घण्टी बज उठी। कुलदीप का फ़ोन था।

"कमाल कर दिया भाई साहिब आपने। मैं कैम्पा कोला के खाली क्रेट वापिस करने गया था कि आप पीछे से चल दिए।"

"तो क्या हो गया कुलदीप? हम कौन-सा विलायत चले गये हैं। यहीं तो हैं तुम्हारे पास।"

"आप थोड़ी देर इन्तज़ार तो कर लेते।"

"अरे, तुम तो बिगड़ने लगे। सॉरी भाई, ग़लती हो गयी। अबकी बार आएँगे तो सिर्फ़ और सिर्फ़ तुम्हारे पास बैठेंगे। ठीक है?"

"कब आ रहे हैं आप?"

"जब कहो।"

"आज शाम का खाना हमारे साथ खाइए।"

"अरे, ऐसी भी क्या जल्दी है। कल-वल आ जाएँगे।"

"चलिए, कल शाम का तय रहा।"

"अच्छी बात है। कल शाम का खाना तुम्हारे यहाँ खाएँगे। अब तो खुश हो?"

"मैं इन्तज़ार करूँगा। पैरी पौना।"

"जीते रहो, खुश रहो।"

भाई साहिब के रुख़ से मन में पैदा हुई उदासी तनिक-सी कम हो गयी दिनेश की कुलदीप के फ़ोन से।

चार

दिनेश ने फ़ोन पर पूछा आबिद अली ख़ाँ से,
''रजब अली शाह ज़िन्दा हैं अभी?''
''वो, तहसीलदार साहिब रियासत के?''
''हाँ।''
''माशाअल्ला अभी हयात भी हैं और चाक़-चौबन्द भी। क्यों उनसे क्या काम आ पड़ा?''
''यार, वो मेरे वालिद के दोस्तों में से हैं। मेरे वालिद के ख़ास दोस्तों में से अब तीन लोग ही ज़िन्दा हैं पण्डित खुशहाल चन्द, लाला हरजस राय और रजब अली।''
''फ़ौसिल्स हैं ये तीन्नों।''
''जो भी हैं यार, जी चाहता है शाह साहिब से मिलने को।''
''तो चलो, मिलवा लाते हैं। मैं उनके बेटे को फ़ोन कर देता हूँ। उनका बेटा एस. डी.एम. आफिस में असिस्टेंट है। मेरे पास भी बरसों काम किया है उसने।''
''शहबाज़ अली शाह ना? जानता हूँ मैं उसको। बस फ़ोन पर इतना पूछ लो कि शाह साहिब किस वक़्त फुर्सत से होते हैं?''
''यार, फ़ुर्सत ही फ़ुर्सत है उनको। हलुआ तो हो रहे हैं। मेरा ख़्याल है कि उनसे तो अब नमाज़ भी नहीं पढ़ी जाती होगी।''
''नमाज़ तो वो पहले भी ऐसी ही पढ़ते थे। सैयद हैं, बिना नमाज़ के भी काम चल जाएगा उनका।.....फ़ुर्सत से मेरा मतलब है, जिस वक़्त वो फ़िज़िकली ज़रा बेहतर होते हों।''
''पूछकर बताता हूँ, दोपहर तक।''
दोपहर में आबिद अली का फ़ोन आया।
''दफ़्तर से जाने के बाद शहबाज़ अली मर्दाने के आँगन में छिड़काव कराके उनका पलँग लगवा देते हैं। चार-छह कुर्सियाँ भी रखवा देते हैं। एक ख़िदमतगार भी दे रखा है शाह साहिब को। मगर कुर्सियाँ मिलने वालों का इन्तज़ार करती रहती हैं।''
''तो छह बजे चलें?''

''इंशाअल्लाह।''

''मैं आता हूँ तुम्हारे पास पौने छह बजे। इकट्ठे चलेंगे।''

''मैं आ जाता हूँ, गाड़ी ले आऊँगा।''

''क्यों, घुटने जवाब दे रहे हैं क्या? मियाँ, मालेरकोटला अभी इतना नहीं फैला है कि बग़ैर गाड़ी के किसी से मिलना मुश्किल हो। पा-प्यादा चलेंगे। सैर भी हो जाएगी।''

''जैसी तुम्हारी मर्ज़ी।''

पाँच बजते ही घर से चल दिया दिनेश। नवाब गंज से सीधे बारादरी जाने की बजाय वह कमल सिनेमा वाली सड़क से हो लिया। नवाब गंज से गोलाई लेकर घूमती थी सड़क फ़सील के साथ और आगे जाकर सीधी हो जाती थी। यह देखकर उसे बहुत अच्छा लगा कि गोलाई से लेकर थोड़ी दूर तक अभी फ़सील क़ायम थी। बहुत सुनसान हुआ करती थी यह सड़क कभी। लेकिन अब तो इसके दोनों ओर दूकानें बनी हुई थीं। खूब रौनक़ थी। कमल सिनेमा के सामने तो खाने-पीने की इतनी दूकानें थीं कि गोश्त के भुनने की महक गोलाई से ही आने लगती थी। धीरे-धीरे चलता हुआ शेरवानीकोट दरवाज़े पर पहुँचा तो बशीर अपनी दूकान पर बैठा तम्बाकू बेच रहा था। दूर से ही उसने दिनेश को आते देखा तो उठकर बीच सड़क के खड़ा हो गया।

''सुब्हानअल्ला! आप किधर रास्ता भूल गये प्रोफेसर साहिब?''

''भूल ही गया था तमाम रास्ते इन तमाम सालों में बशीर साहिब, अब याददाश्त ताज़ा कर रहा हूँ।''

''आइए, तशरीफ़ लाइए।''

हाथ मिलाया था दिनेश ने और बशीर ने अभी तक वह हाथ थामा हुआ था। उसी हाथ से लगभग खींचकर वह दिनेश को अपनी दूकान में ले गया। लड़के से चाय लाने को कहा उसने जाते ही और गल्ले में से सिगरेट की डिबिया निकालकर पेश की दिनेश को।

''नहीं बशीर साहिब। सिगरेट छोड़े तो कई साल हो गये।''

''अल्ला न करे, ख़ैरियत तो है?''

''खुदा ने जितना कोटा लिखा था, हमने तीस सिगरेट रोज़ के हिसाब से पीकर जल्दी-जल्दी ख़त्म कर दिया। अब हमारे कोर्ट में कोई सिगरेट बाक़ी ही नहीं रही।''

लड़का चाय ले आया। दिनेश और बशीर चाय पीते रहे, ख़ैर-ख़ैरियत की बातें करते रहे।

''मियाँ, अब बहुत हो लिया। काम लड़कों के हवाले करो और ज़िन्दगी को आराम दो।''

''आराम तो हम भी करना चाहते हैं प्रोफेसर मगर क्या करें, वारिसशाह न

आदताँ जांदियाँ ने भावें कट्टिये पोरियाँ-पोरियाँ जी।''

''वो तो है, मगर अब ख़ुदा के फ़ज़्ल से लड़के बड़े हो गये हैं, ज़िम्मेदार-समझदार भी हैं। करने दो ना इनको काम ख़ुदमुख़्ताराना।''

''भाई जान, जब तक हाथ-पैर चलते हैं तब तक तो अपने बस का नहीं घर पर ख़ाली बैठना। जब बदन में सकत नहीं रहेगी, तब मजबूरी होगी। जब की जव देखेंगे।''

''आप बनिये के बनिये रहेंगे सारी ज़िन्दगी।'' दिनेश ने चुटकी ली।

''अब आप कुछ समझ लीजिए। बनियों से दोस्ती का असर हो शायद।''

ठहाका मारकर हँस दिये दोनों।

सड़क पर उतरकर विदा किया दिनेश को बशीर ने।

सीधे जाना था दिनेश को लेकिन उसने सोचा कि बशीर को यह मालूम न पड़े कि वह राह चलते उसकी दूकान पर रुक गया था बल्कि रोक लिया गया था वर्ना वह उससे मिलने के इरादे से इधर नहीं आया था, इसलिए वह शेरवानीकोट गेट के अन्दर की तरफ़ चल दिया।

रास्ते में सलाम-दुआ हुई पंडित जय किशन और सादिक़ अली मोची से लेकिन वह उनके पास रुका नहीं। अन्दर ही अन्दर गलियों में घूमता हुआ वह जामा मस्जिद जा पहुँचा और वहाँ से सीधी सड़क चलकर बारादरी।

''क्या पाबन्दी है वक़्त की।'' घड़ी की ओर देखते हुए आबिद अली ने कहा—

''एग्ज़ेक्ट पौने छह।''

''क्या लोगे?'' बैठक में पहुँचकर आबिद ने पूछा।

''कुछ नहीं। रास्ते में चाय पीकर आया हूँ बशीर कम्बो से।''

''केलों-गेट कहाँ पहुँच गये तुम?''

''यूँ ही, चलते-चलते।''

''तुम्हारा भी जवाब नहीं। चलें क्या?''

''हाँ चलो। भाभी कहाँ हैं? एक मिनट, सलाम कर लूँ।''

''सकीना।'' पत्नी को आवाज़ दी आबिद ने।

''जी।'' अन्दर से सकीना की आवाज़ आयी।

''भई, दिनेश साहिब तशरीफ़ लाये हैं।''

''आ रही हूँ।'' कहते हुए सकीना बैठक में दाख़िल हुई।

''आदाब भाभी।''

''आदाब भाई जान। खड़े क्यों हैं आप? भाभी नहीं आयीं?''

''रजनी ने किसी सहेली को बुला रखा है शाम को घर पर। हम लोग थोड़ी देर के लिए कहीं जा रहे हैं।''

''कुछ चाय-पानी तो ले लीजिए।''

"नहीं भाभी, अभी तलब नहीं है।"

पहले से ही जूता-कपड़े पहनकर तैयार खड़े आबिद अली दिनेश के साथ चल दिये।

जामा मस्जिद वाली सीधी सड़क ढाबी दरवाज़े पर ख़त्म होती है। ढाबी दरवाज़े के बाहर वाली सड़क लोहा बाज़ार है, जो पीपल वाले चौक से लेकर इस्लामिया स्कूल तक चलता है। उसके आगे फिर दूकानों का सिलसिला है, जो नवाब गंज तक जारी रहता है। ढाबी दरवाज़े के सामने, सड़क के दूसरी ओर, गन्दे पानी का नाला बहता था कभी, काफी चौड़ा नाला। सीवरेज पड़ने के बाद से नाला शुष्क हो गया था और नाले के बीच में से रास्ता निकालकर सड़क बना दी थी म्यूनिसिपल कमेटी ने, जिससे ढाबी दरवाज़ा या लोहा बाज़ार सीधा भुमसी से जा जुड़ा था अन्यथा यहाँ से भुमसी जाने के लिए लोहा बाज़ार, पूरा मोती बाज़ार, सारा मालेर निकलना पड़ता था। नाले के पार के खेतों में भी अनेक मकान बन गये थे। इसी शार्ट कट से होकर वे आचारजों के मुहल्ले में से निकलकर भुमसी जा पहुँचे।

आबिद अली ख़ाँ ने रजब अली शाह के मर्दाने का द्वार खटखटाया तो लपककर निकले शहबाज़ शाह और गर्मजोशी से उनका स्वागत करके भीतर ले गये। आँगन में बिछे पलँग के पास जाकर दिनेश ने आदाब किया तो गाव तकिये के सहारे लेटे रजब अली सीधे होकर बैठ गये।

"दिनेश है? बताया था शहबाज़ ने, तुम आ रहे हो।" कहते-कहते रजब अली शाह ने बाँहें फैला दीं।

पलँग पर बैठकर रजब अली की छाती से लग गया दिनेश। शाह साहिब की आँखें छलछला गयीं।

"तू तो मेरे यार प्रभ दयाल की निशानी है दिनेश। मौला तुझे सलामत रखे, दौलत दे, बरकत दे, इज़्ज़त दे।" आशीर्वादों की झड़ी लगा दी उन्होंने।

दिनेश ने स्वयं अपने को धीरे-से मुक्त किया शाह साहिब की बाँहों से और उठकर कुर्सी पर बैठ गया।

"अस्सलामुलैकुम शाह साहिब।"

"वालैकुम.......कौन साहिब हैं?" आबिद अली की ओर घूरकर देखते हुए पूछा शाह साहिब ने।

"आबिद अली ख़ाँ साहिब हैं, बारादरी वाले।" शहबाज़ ने बताने में गौरव अनुभव किया।

"अल्हम्दोलिल्लाह! ज़हे-क़िस्मत। तशरीफ़ रखिए ख़ाँ साहिब।"

कुर्सी लेकर बैठ गये आबिद अली भी।

शहबाज़ का नौकर अन्दर से शर्बत के तीन गिलास ट्रे में रखकर लाया। शहबाज़ ने आगे बढ़कर ट्रे पकड़ ली और स्वयं उन दोनों के सामने ले गया।

"क्यों तकल्लुफ़ कर रहे हो शहबाज़, ये तो मेरा अपना घर है।" दिनेश ने कहा।

"दरीं चे शक। ये घर ही तुम्हारा नहीं, हम भी तुम्हारे हैं बरख़ुर्दार। तकल्लुफ़ काहे का। पानी पिलाना तो सवाब का काम है।" शाह साहिब बोले।

दिनेश ने देखा दीर्घायु के चिन्ह बहुत स्पष्ट थे शाह साहिब के शरीर पर। आँखों के नीचे का मांस लटककर दायरे बना रहा था। चेहरा झुर्रियों से भर गया था। सिर के बाल खोपड़ी को पूनम का चाँद बनाकर विदा हो चुके थे। लेकिन अभी भी उनकी नज़र ग़नीमत थी। जबड़ा तो ख़ैर नया ही लगा हुआ था। आवाज़ में भी अभी ख़ासी जान थी। हाँ, बलग़म की घरघराहट तनिक बढ़ गयी थी आवाज़ में। उँगलियों की हड्डियाँ उभरकर ऊपर को आ गयी थीं और उँगलियाँ आड़ी-टेढ़ी भी हो रही थीं।

"शहबाज़ ने बताया, तुम रिटायर कर गये हो।"

"जी शाह साहिब, अब हम बूढ़ों में शुमार हो गये।"

"अरे हट। बूढ़े हों तेरे दुश्मन। मियाँ, अभी कल ही की तो बात है, जब तू पैदा हुआ था। हमने ज़ियाफ़त कराई थी प्रभ दयाल से।.........तेरा पैदा होना क्या, तेरे बाप की शादी भी कल की बात लगती है। पहले काकू पैदा हुआ। क्या नाम है उसका .....?"

"रमेश।"

"हाँ, रमेश। फिर तू पैदा हुआ। तुझे छुटकू कहते थे। तूने और तेरे सारे भाई-बहनों ने वुज़ू तोड़ा हुआ है मेरा, कपड़ों पर पेशाब कर-करके।" ठहाका मारकर हँस पड़े शाह साहिब। ये तीनों भी मुस्कुरा दिये।

"चल ठीक है। नौकरी करके घर को लौट आया। अच्छा किया। वर्ना अब तो लोग जहाँ से रिटायर होते हैं, वहीं पर बस जाते हैं। चण्डीगढ़ की तो कुछ ख़ास ही कशिश है लोगों में। कहते हैं वहाँ की आबो-हवा लाजवाब है। मगर मियाँ, अपनी मिट्टी की महक में जो मज़ा है, वो शिवालक के पत्थरों में कहाँ होगा।"

"मैंने तो एक बार भी नहीं सोची वहाँ बसने की शाह साहिब।"

"शाबाश है तेरे बेटा। अपना मालेरकोटला पूरी दुनिया में लाजवाब है। यहाँ की मुहब्बतें, रवादारियाँ, अपनाइयत पूरी दुनिया में निराली है। अल्ला इसे नज़रे-बद से बचाये। रश्क करते हैं बाहर के लोग मालेरकोटला पर।"

एक कँपकँपी-सी अनुभव की दिनेश ने अपने भीतर। कैसे बताये वह शाह साहिब को कि जिस मालेरकोटला को वे लाजवाब कह रहे हैं, उसको नज़रे-बद तो लग चुकी है। यहाँ के लोगों की सोच में जो भयानक परिवर्तन उसने अनुभव किया है, उसके रहते कहाँ बाकी हैं मुहब्बतें, रवादारियाँ, अपनापन।

मगर अभी निर्मूल तो नहीं हुआ है यह सब। कितना प्यार है रजब अली शाह को दिनेश से, दिनेश के भाई-बहनों से।

किसी ख़ुशफ़हमी में नहीं जी रहे हैं रजब अली शाह भी। उनको भी मालूम है

कि अब बाहर का वातावरण वह नहीं है, जो कभी होता था। दुखी मन से बोले—

"काश! ये नयी नस्ल हमारी रिवायतों को ज़िन्दा रख सके। शहबाज़ तक की नस्ल तो हमारे ही नक़्शे-क़दम पर चल रही है मगर इनकी औलादें.....तौबा मेरे अल्लाह। न मालूम कहाँ-कहाँ की खुराफ़ात देखते हैं टी.वी. पर दिनभर। पी.टी.वी. से ही फ़ुर्सत नहीं मिलती इनको। और वो कमबख़्त पाकिस्तान रात-दिन ज़हर उगलता है हिन्दुस्तान के ख़िलाफ़। अल्ला ग़ारत करे उनको।" हाँफ-से गये उत्तेजना के कारण शाह साहिब।

"इसमें पाकिस्तान का क्या क़ुसूर है अब्बा? उनकी तो सियासत ही हिन्दुस्तान मुख़ालिफ़ बातों पर क़ायम है। हमारे अपने मुल्क में जो हालात तब्दील हुए हैं, उन्होंने बदज़न कर दिया है इन बच्चों को।" शहबाज़ बोले।

"अरे, अपने तो अपने हैं। लड़ेंगे तो सुलह भी कर लेंगे। उन कमबख़्तों ने तो मुस्तक़िल दुश्मनी पाल रखी है।" शाह साहिब ने प्रतिवाद किया।

"तो न बनाते पाकिस्तान। कहा किसने था पाकिस्तान बनाने को। क्या गोली चल जाती अगर एक बार वज़ीरे-आज़म बन जाने देते मुहम्मद अली जिन्ना को। जवाहर लाल और जिन्ना की अना भिड़ गयी और मुल्क के टुकड़े करा दिये।" शहबाज़ का क्रोध बोल रहा था।

"जिन्ना कहाँ चाहते थे पाकिस्तान शहबाज़ मियाँ? जब चौदह अगस्त की रात को उनको इत्तला मिली कि पाकिस्तान वुजूद में आ गया है तब उनका स्पान्टेनियस रियेक्शन था—'हू आस्कड फॉर इट'?" आबिद ने कहा।

"सही कह रहे हैं ये। गाँधी जी ने मौलाना आज़ाद से कहा था कि पाकिस्तान मेरी लाश पर बनेगा और वो अपने क़ौल पर क़ायम रहे। 21 मार्च को लार्ड माउँटबेटन से मिले थे गाँधी जी। उसी दिन जवाहर लाल और वल्लभ भाई उनसे मिले। गाँधी जी ने इसरार किया कि हुकूमत जिन्ना को सौंप दो और पटना चले गये। इस मुलाक़ात के बाद जवाहर लाल और वल्लभ भाई ने उनको ऐसा नज़र-अन्दाज़ किया कि कोई उनकी बात तक सुनने का रवादार न था।" ऐतिहासिक तथ्य बताया शाह साहिब ने।

"मगर शाह साहिब, सन् 46 के दिसम्बर महीने में कांजी द्वारकादास मिले थे जिन्ना से लन्दन में। जिन्ना ने उनसे कहा था कि मुल्क कहाँ है? हिन्दुस्तान में या हिन्दू हैं या मुसलमान हैं।" आबिद अली ने रहस्योद्‌घाटन किया।

"मगर इसकी वजह भी तो बताई है द्वारकादास ने अपनी किताब में कि चूँकि कांग्रेस वाले जिन्ना को गालियाँ देते थे, उसकी बेइज़्ज़ती करते थे, इसलिए वो पाकिस्तान माँग रहा था।" शहबाज़ ने भी पढ़ रखी थी वह किताब, जिसके हवाले से आबिद अली बोल रहे थे।

"कांग्रेस ने तो सर चिमन लाल की भी नहीं सुनी। उसने साफ़ लफ़्ज़ों में कहा

था कि तक्सीमे-मुल्क तनाज़ों और फ़सादों की वो फ़स्ल बोएगी, जिसे काटने का अज़ाब वो नस्लें झेलेंगी, जो अभी पैदा नहीं हुई हैं।" दिनेश ने आबिद अली के समर्थन में कहा।

"मैं उस वक्त लाहौर ही में पढ़ता था, जब सन् चालीस की ऑल इंडिया मुस्लिम लीग ने तजवीज़े-पाकिस्तान को पास किया था। बी.ए. में था मैं। मुझे भी ले गये थे यार-दोस्त जल्से में। मिंटो पार्क में हुई थी ये कान्फ्रेंस 23 मार्च को। सियाह शेरवानी में, टोपी पहने आये थे मुहम्मद अली जिन्ना। नवाब ममदोट ने आगे बढ़कर इस्तक़बाल किया था। एक लाख का मजमा था और 'नारा-ए-तकबीर—अल्लाह हू अकबर' के नारे फ़ज़ा में लहरा रहे थे। अल्लामा इक़बाल के तराने से शुरुआत हुई थी जल्से की :

चीनो-अरब हमारा हिन्दोस्ताँ हमारा।
मुस्लिम हैं हम वतन है सारा जहाँ हमारा।"

एक दौर खाँसी का आ धमका बीच में। शहबाज़ ने उठकर दो घूँट पानी पिलाया शाह साहिब को। थोड़ा और सीधे होकर बैठ गये शाह साहिब।

"फ़ज़्लुल्हक़ देर से आये थे जल्से में। उनके आते ही अवाम ने 'शेरे-बंगाल-ज़िन्दाबाद' के वो नारे लगाये कि जिन्ना को पसीना आ गया। जिन्ना से ज़्यादा मक़बूल थे फ़ज़्लुल्हक़ मुसलमानों में। क़यामे-पाकिस्तान का रेज़ुल्यूशन फ़ज़्लुल्हक़ ने ही पेश किया था। यू.पी. के चौधरी ख़लीक़ुज़्ज़माँ, पंजाब के ज़फ़र अली ख़ाँ, फ्रंटियर के औरंगज़ेब और सिंध के अब्दुल्ला हारून ने ताईद की थी।"

ख़िदमतगार चाय-नाश्ते की तश्तरियाँ ट्रे में रखकर ले आया। इस बार फिर उसके हाथ से ट्रे लेकर शहबाज़ ने ही मेहमानों को चाय पेश की। शामी कबाब की तश्तरी दिनेश की तरफ़ बढ़ाते हुए उसने पूछा—

"आपको परहेज़ तो नहीं ना गोश्त से?'

"मैं सिर्फ़ इन्सान के गोश्त से परहेज़ करता हूँ।" दिनेश ने कहा।

एक उन्मुक्त हँसी फैल गयी चारों ओर। चाय का कप शहबाज़ के हाथ से लेकर तिपाई पर रखते हुए दिनेश ने कहा—

"हाँ शाह साहिब, आप बता रहे थे कान्फ्रेंस के बारे में।"

"मैंने ख़ुद सुनी थी तक़रीर मुहम्मद अली जिन्ना की इन कानों से।" कानों की तरफ़ हाथ से इशारा करते हुए शाह साहिब बोले।

"उसने कहा था कि हिन्दू प्रेस ज़िम्मेदार है इस सबके लिए, जो हो रहा है। उस रेज़ुल्यूशन में पाकिस्तान लफ़्ज़ शामिल नहीं था। बाद में इसे पाकिस्तान रेज़ुल्यूशन कहा गया। जिन्ना तो तमाशबीनों की तरह बैठा देख रहा था, शो तो दूसरे लोगों का ही था।"

"बहुत लोगों का कहना है कि जिन्ना पाकिस्तान नहीं चाहते थे। उन्होंने तो

पाकिस्तान का हौआ इसलिए खड़ा किया था ताकि वो मुसलमानों के लिए ज़्यादा सहूलतें, ज़्यादा हुक़ूक़ फ़राहम कर सकें।'' दिनेश बोला।

''ये सही है।'' अनुमोदन किया शाह साहिब ने।''

''1937 की लखनऊ कान्फ्रेंस में दीवार खिंच गयी थी कांग्रेस और मुसलमानों के दरम्यान। उससे पहले ये ख़लीज ऐसी नहीं थी। इस कान्फ्रेंस में अगर्चे जिन्ना की नहीं चली थी, बागडोर पंजाब के सिकन्दर हयात ख़ाँ, बंगाल के फ़ज़्लुल्हक़ और आसाम के सादुल्ला के हाथ में थी लेकिन गाँधी जी ने कह दिया कि जिन्ना ने जंग का रास्ता इख़्तियार कर लिया है। यहाँ से दीवार खिंच गयी। सिकन्दर हयात भी तक़सीम के हक़ में नहीं थे। उन्होंने भी बड़ी दौड़-धूप की कि मसला किसी तरह सुलझ जाए। वो जवाहर लाल से मिले। वर्धा जाकर गाँधी जी से मिले। मगर नतीजा कुछ नहीं निकला। सन् 36 तक पंजाब से जिन्ना को कोई मदद नहीं मिली। बड़ी कोशिश की जिन्ना ने कि उनको सर फ़ज़्ले-हुसैन की मदद मिल जाए मगर फ़ज़्ले-हुसैन ने साफ़ कह दिया कि वो पाकिस्तान के ख़िलाफ़ हैं। सर फ़ज़्ले-हुसैन ने वायसराय लिन्लिथगो को लिखा कि जिन्ना को अपनी अना और ज़ाती मफ़ाद ज़्यादा अज़ीज़ है, वतन या क़ौम अज़ीज़ नहीं है। सन् चालीस में, पंजाब असेम्बली में, सिकन्दर हयात ने साफ़ लफ़्ज़ों में कहा कि पाकिस्तान रेज़ुल्यूशन ड्राफ़्ट करने में उनका क़तई हाथ नहीं है। सन् उन्तालीस तक सिकन्दर हयात की बड़ी कोशिश रही कि पंजाब में मुश्तरिका हुकूमत क़ायम हो। तुम अगर पाकिस्तान रेज़ुल्यूशन को ग़ौर से पढ़ो तो तुम देखोगे कि इसमें बड़ी ख़ामियाँ हैं। ये ख़ामियाँ जान-बूझकर रखी गयी थीं ताकि मज़ीद बातचीत हो सके और तक़सीम टल जाए। मगर कांग्रेस को लीग की नीयत पर ही शक रहा हमेशा। जिन्ना से ज़ाती तौर पर नफ़रत थी जवाहर लाल और वल्लभ भाई को। नतीजा हमारे सामने है।''

सचमुच थक गये रजब अली। 'अल्ला हु समद' कहकर लेट गये।

''जवाहर लाल और जिन्ना का क्या गया, मरे तो लाखों बेगुनाह हिन्दू-मुसलमान। जवाहर लाल यहाँ प्रधान मन्त्री हो गये, जिन्ना वहाँ क़ायदे-आज़म बन गये। ख़ून के आँसू तो अवाम ने रोये। क़ितने लोग हैं, जो अपनी मर्ज़ी से या शौक़ से पाकिस्तान गये थे? मजबूरी में, अपनी जान बचाने की ख़ातिर, जाना पड़ा उनको यहाँ से।'' दिनेश ने प्रतिक्रिया व्यक्त की।

''हमारे रिश्तेदार थे लुधियाना में। आख़िरी दम तक बज़िद रहे कि लुधियाना छोड़कर नहीं जाएँगे। रात को मुहल्ले पर हमला हुआ। हमारे ख़ालू और उनके दो भाई मार दिये गये। उसी रात सामान बाँधा सारे कुनबे ने और पाकिस्तान चले गये।'' आबिद अली ने बताया।

''यहाँ मालेरकोटला से क्यों नहीं गये मुसलमान? क्योंकि उसकी जान को ख़तरा नहीं था। जो दस-बीस लोग गये, वो भी बेहतर ज़िन्दगी की आरज़ू में चले गये,

पाकिस्तान की मुहब्बत में नहीं गये। नवाब साहिब के भाई चले गये क्योंकि यहाँ उनकी क्या तौक़ीर थी। उन्होंने सोचा, वहाँ रईसों की तरह रहेंगे इव्ज़ाने में प्रापर्टी लेकर।'' शहबाज़ बोले।

''यहाँ सियासी एक्टिविटी थी ही कहाँ रियासत में। कांग्रेस का ही क्या बेस था? तीन-चार लोग थे कांग्रेस के नामलेवा। वही प्रजामण्डल तहरीक के हिमायती थे। यही हालत लीग की थी। यहाँ तक कि यूनियनिस्ट पार्टी को भी जगह नहीं मिली यहाँ।'' आबिद अली ने कहा।

''मगर कुठाला केस से तो साबित होता है कि प्रजामण्डल तहरीक रियासत में ज़बरदस्त तरीक़े से चली थी।'' दिनेश ने कहा।

''अब मुश्किल ये है दिनेश कि जहाँ कहीं भी शख़्सी हुकूमतों के ख़िलाफ़ आवाज़ उठी, उसे जंगे-आज़ादी की तारीख़ में शामिल कर लिया गया है। हक़ीक़त में ये तहरीकें मुल्क को अंग्रेज़ों से आज़ाद कराने के लिए नहीं चली थीं, लोकल प्राबलम्स की पैदाकर्दा थीं। अब तुमने कुठाला केस की बात की है, तो क्या सूरते-हाल थी उस वक़्त? एक सौ तेरह गाँवों की जागीरदारी पर क़ायम थी रियासत उस वक़्त ....'' आबिद अली कुठाला केस पर रोशनी डालने लगे थे कि लेटे-लेटे ही बीच में टोक दिया रजब अली ने—

''ये भी भरम ही था। साठ गाँव थे कुल रियासत के पास। रियासत ने होश्यारी क्या कर रखी थी कि हर गाँव के दो-दो नाम रख रखे थे। दुल्लमा—अमीर नगर, चूँघाँ—मुबारकपुर....वग़ैरा-वग़ैरा।''

''चलिए, साठ ही सही।'' आबिद अली को संख्या स्थापित करने में कोई विशेष रुचि न थी।

''रियासत की माली हालत बेहद ख़राब थी। मुलाज़िमों को तन्ख़्वाहें देने के लिए पैसा नहीं था रियासत के पास। रियासत नम्बरदारियाँ और ज़ैलदारियाँ बेचने लगी। फ़ालतू ज़मीनों को कई बार जगह बदल-बदलकर बेचा गया। पाँच-पाँच कच्चे हलों वाली ज़मीनों पर तीन-तीन नम्बरदारियाँ बेची गयीं। मामूली ज़ैलदारी के ठेके का छब्बीस-छब्बीस सौ रुपया वसूल किया गया। काश्तकार मुज़ारे तो बेहाल थे ही, लगान और मालिया आसपास की रियासतों के मुक़ाबिले में बहुत ज़्यादा हो गया था, जद्दी-पुश्ती ज़मींदार भी ख़स्ताहाल हो रहे थे। अपनी ज़मीन रहन रखने या बै करने के लिए उनको भी उजरत देकर जागीरदारों से इजाज़त लेनी पड़ती थी।'' आबिद अली बता रहे थे।

''सही है।'' लेटे-लेटे अनुमोदन किया रजब अली ने।

''सट्टे की छूट भी इसी ख़स्ता माली हालत की वजह से दी गयी होगी?'' पूछा शहबाज़ ने।

''छूट नहीं दी गयी थी, सरकार सट्टा खिलवाती थी। सट्टे का अलग महकमा

खोल दिया था सरकार ने। नवाब गंज को इसीलिए तो आज तक सट्टा बाज़ार कहते हैं, यहीं पर खिलता था सट्टा।'' आबिद अली बोले।

''लाहौल विला कूवत! मुसलमान रियासत और जूआ-सट्टा! तौबा।'' कानों पर हाथ रख लिये शहबाज़ शाह ने। आबिद अली का बयान जारी था–

''सरकार की ज़ोर-ज़बरदस्ती से तंग आकर वापले के सेवा सिंह ने मज़लूमों को इकट्ठा किया और दसौंधा सिंह वकील के पास ले गये। दसौंधा सिंह ने नवाब को अर्ज़दाश्त भेजी, दूसरे अफ़सरों को दरख़्वास्तें भेजीं मगर कहीं पर कोई असर होता दिखाई न दिया। फिर पाखर सिंह इनका एक वफ़्द लेकर लाहौर गया और अंग्रेज़ एजेण्ट के सामने पेश हुआ। वहाँ पर भी सुनवाई न हुई तो 10 जनवरी, 1926 को सारे इलाक़े के ज़मींदार कुठाला में इकट्ठे हुए और उन्होंने 'ज़िमींदारा कमेटी' क़ायम कर ली। इनको नीचा दिखाने के लिए सरकार ने अपने खर्चे पर 'नेशनल ज़िमींदारा कमेटी' बनवा दी। ज़िमींदारा कमेटी ने एजेण्ट के ज़रिये वायसराय को मैमोरेण्डम पेश किया। इससे चिढ़कर रियासत ने दहशत की आँधी चला दी। 18 जुलाई, 1927 को कुठाला से एक वफ़्द रवाना होना था, शिमला जाकर एजेण्ट से मुलाक़ात के लिए। 17 जुलाई को रियासत ने कुठाला पर फ़ौज चढ़ा दी। पन्द्रह आदमी हलाक कर दिये फ़ौज ने। कई ज़ख़्मी हुए। बैल और कुत्ते तक गोलियों का शिकार हो गये। रियासत ने ज़िमींदारा कमेटी की मीटिंग को 'कुठाला साज़िश केस' का नाम दिया और बड़ी तादाद में गिरफ़्तारियाँ कीं। 169 लोगों को मुजरिम क़रार दिया गया, जिनमें कीकी नाम की एक औरत भी थी। अब इसे आप हिन्दुस्तान की जंगे-आज़ादी कह रहे हैं, कहते रहिए, मगर इनकी मुसलसल फ़रयादों का मर्कज़ तो अंग्रेज़ हुकूमत है। अंग्रेज़ से ही तो पनाह माँग रहे थे ज़िमींदार बराबर। अंग्रेज़ के ख़िलाफ़ कहाँ थे वो?'' पूछा आबिद अली ने।

''इस एतिबार से तो कूका मूवमेंट भी तहरीके-आज़ादी नहीं थी।'' दिनेश ने शंका व्यक्त की।

''मालेरकोटला के कॉन्टेक्सूट में तो नहीं थी। कूके, नामधारी, मस्ताने, सफ़ेदपोश कई नामों से जाने जाते थे बाबा राम सिंह भैणी वाले के फ़ाल्वर्स। उनका सरदार था हीरा सिंह। उसने मज़हबी तहरीक जारी की गौकुशी के ख़िलाफ़। एक सौ चालीस आदमी लेकर चला वो भैणी से। इनमें दो औरतें और एक बच्चा भी शामिल थे। धर्म के नाम पर इधर-उधर के देहात से आकर दूसरे कूके भी इनमें शामिल होते गये। रास्ते में उसने मलौद के सरदार से मदद माँगी। सरदार ने इनकार कर दिया तो कूकों ने मलौद पर हमला कर दिया। दोनों तरफ से कई जानें गयीं। मलौद का सरदार बदन सिंह भी ज़ख़्मी हुआ। मलौद से ये मालेरकोटला की तरफ बढ़े। नवाब इब्राहीम अली ख़ाँ ने भी फ़ौज भेज दी मुक़ाबिले के लिए। मुक़ाबिले में अगर्चे सरदार समद ख़ाँ मारा गया लेकिन रियासती फौज ने हीरा सिंह समेत 169 कूके गिरफ़्तार कर

लिए।'' आबिद अली ने बताया।

''क्या तकलीफ़ थी नवाब साहिब को? गौकुशी बन्द करा देते। मालेरकोटला का मुसलमान तो वैसे ही गाय के गोश्त का शौक़ीन नहीं रहा कभी।'' शहबाज़ बोला।

''नवाब के हाथ में क्या था। उधर हीरा सिंह कूकों की फ़ौज लेकर भैणी से रवाना हुआ, इधर नवाब साहिब दौड़े अंग्रेज़ हाकिमों से मदद माँगने। रियासती फ़ौज मुकाबिले के लिए भेजने का फ़ैसला भी तो अंग्रेज़ का ही था, रियासत कब भेजने वाली थी फ़ौज। कूकों को गिरफ़्तार करके नवाब ने फिर अंग्रेज़ों से पूछा कि इनका क्या किया जाए। अंग्रेज़ अफ़सरों ने कहा, पटियाला के हवाले कर दो। नवाब ने क़ैदी नायब नाज़िम पटियाला के हवाले कर दिये। उसने इनको ले जाकर अमरगढ़ के क़िले में क़ैद कर दिया।''

'कठपुतलियाँ ही थीं सारी रियासतें अंग्रेज़ के हाथ की।'' शहबाज़ ने टिप्पणी की।

''और क्या, हमें लगता है बड़े-बड़े राजे-नवाब थे ये लोग। हक़ीक़त में तो ये मुण्डू थे ब्रिटिश राज के।'' उत्तर दिया दिनेश ने।

बात जारी रखी आबिद अली ने—

''अंग्रेज़ों ने पटियाला से कहा, कूकों पर मुक़द्दमा चलाओ और इनको मौत की सज़ा सुना दो। थे तो कूके भी सिख ही आख़िर। उसे लगा कि उसकी सिख रियाया इस बात के लिए उसे कभी मुआफ़ नहीं करेगी। उसने अपना असर-रुसूख़ इस्तेमाल करके गोरों से नवाब मालेरकोटला को हुक्म दिलवा दिया कि इन पर मुक़द्दमा चलाओ और इनको ख़त्म करो। मरता क्या न करता, नवाब ने मुक़द्दमा चलाया। उनको बाग़ी क़रार देकर सज़ा-ए-मौत सुना दी। लुधियाना से गोरा मैजिस्ट्रेट कौविन आया। उसकी मेम साथ में आयी। दोनों की कुर्सियाँ लगवा दीं कल्लर में रियासत ने। नौ तोपें गाड़ी गयीं। सात-सात मुजरिम एक साथ उड़ाए गये।''

थोड़ी देर लेटकर जैसे ताज़ादम हो गये थे रजब अली। फिर से बैठ गये उठकर। बोले—

''उनमें एक कूका ठिगने क़द का था। उस पर तोप का गोला फ़िट नहीं बैठ रहा था। कौविन ने कहा, दफ़ा करो, छोड़ दो इसको। वो बदबख़्त दौड़कर चार ईंटें उठा लाया और उन पर खड़े होकर बोला, अब देखो, गोला फ़िट आएगा।.....एक बच्चा था बारह बरस का। उस पर मेम साहिब को तरस आ गया। उसने इशारे से बच्चे को पास बुलाकर कहा कि अगर रामसिंह का चेला होने से इनकार करो, तो हम तुम्हें छोड़ देंगे। बच्चे ने उचककर कौविन की दाढ़ी पकड़ ली दोनों हाथों से। बहुत अज़ीयतें दी गयीं बच्चे को, मगर क्या फ़ौलादी हाथ थे काफ़िर के, दाढ़ी न छोड़ी। गोरे सहिब की जान निकल रही थी। आख़िर हाथ ही काट दिये बच्चे के।

कटे हुए हाथों से भी बमुश्किल तमाम छुड़ाई गयी दाढ़ी।'' रजब अली ने बुजुर्गों से सुनी हुई घटना सुनाई।

''इस एतिबार से तो कूकों की जंग अंग्रेज़ के ख़िलाफ़ थी मगर अंग्रेज़ जंग में बराहे-रास्त न उतरकर, मालेरकोटला-पटियाला के ज़रिये लड़ रहा था।'' दिनेश ने कहा।

''हाँ।'' आबिद अली ने सहमति प्रकट की।

''तब तो इसे बिला शुबह जंगे-आज़ादी ही कहा जाएगा।'' दिनेश ने जैसे फ़त्वा दे दिया।

''जो हालात ख़ाँ साहिब ने बयान फ़र्माये हैं, उनकी रोशनी में तो ये कोई लोकल प्राबलम नहीं थी, अंग्रेज़ों के ख़िलाफ़ मुहिम थी।'' अनुमोदन किया शहबाज़ शाह ने।

सड़क से आँगन तक फट्-फट्-फट् मोटर साइकिल दौड़ाते हुए ही अन्दर आकर रुका एक नौजवान। दिनेश ने विस्मय से नवयुवक की ओर देखा। मोटर साइकिल को स्टैंड पर लगाकर उन लोगों की ओर बढ़ा नवयुवक।

''अस्सलामुलैकुम।''

''वा लैकुम अस्सलाम।''

''मियाँ, ये फिटफिटी बाहर ही बन्द कर लिया करो, अन्दर तक लाते हो घड़घड़ाते हुए।'' शहबाज़ ने कहा।

''अब कौन इसे मुर्दा बनाकर खींचे अब्बा।''

नवयुवक शहबाज़ का बेटा था, समझ में आ गया दिनेश की।

''इनको सलाम करो। ये तुम्हारे ताया जान हैं प्रोफेसर दिनेश। चण्डीगढ़ से रिटायर होकर आये हैं। इनके वालिद मरहूम तुम्हारे दादा अब्बा के गहरे दोस्त रहे हैं।''

''आदाब।'' नवयुवक ने बहुत शालीनता से दिनेश को सलाम किया।

''जीते रहिये।''

''आप ही प्रोफेसर बेनिवाल साहिब हैं ना? आपकी तक़रीर के बहुत चर्चे हैं आजकल हमारे स्कूल में। स्टाफ़ रूम में कई दिन से डिस्कस हो रही है आपकी क्लब वाली तक़रीर।''

''किस स्कूल में हैं आप?''

''जी, मैं इस्लामिया स्कूल में पढ़ाता हूँ।''

''ऐसा क्या था उस तक़रीर में?'' पूछा शहबाज़ ने।

''अब्बा! ग़ज़ब की बात कही है आपने। ट्राइलिंगुअल फ़ार्मूले को क्वाड्रिलिंगुअल करके उसमें उर्दू को शामिल किया जाए।''

अच्छा लगा दिनेश को यह जानकर कि लोग उसकी बात पर गम्भीरता से विचार कर रहे हैं। अपनी प्रशंसा भी सुखद लगी उसे।

“अंकल, आप मुहिम चलाइए इसके लिए। हम लोग पूरी तरह से आपका साथ देंगे।”

नवयुवक को भी अच्छा लग रहा था उस व्यक्ति से मिलना, जिसकी प्रशंसा वह अपने स्टाफ़ रूम में सुनता रहा था।

थोड़ी देर और इधर-उधर की बातें करके उठ खड़े हुए दिनेश और आबिद अली।

“अब इजाज़त दीजिए शाह साहब। फिर हाज़िर होंगे।” दिनेश ने कहा।

“आते रहना दिनेश। ये बूढ़ा अब पता नहीं कितने दिन का मेहमान है। जब तक ज़िन्दा हूँ, तुम दिखाई देते रहना। मर जाऊँगा तो अपने यार प्रभ दयाल के पास जा रहूँगा।”

“जी, हाज़िर होता रहूँगा।”

दरवाज़े तक पहुँचाने आये शहबाज़ और उसका बेटा।

जाने से पहले दिनेश ने नवयुवक से कहा, “आपका नाम नहीं पूछा हमने।”

“जी, ख़ाकसार को हिमायत अली शाह कहते हैं।”

सड़क पर निकलकर दिनेश बोला,

“मियाँ आबिद अली, तुम तो छुपे रुस्तम निकले। उस दिन हमसे रियासत की तारीख़ इस तरह सुनते रहे गोया मुत्लिक़ ला-इल्म हो।”

“मैं अगर बता देता कि थोड़ी-बहुत तारीख़ मुझे भी मालूम है तो तुमसे मालूम कर पाता वो सब, जो तुम्हारे बरसों के मुता’ले और मुशाहिदे का समरा है?”

“तुम नहीं बदलोगे आबिद अली ख़ाँ।” मुस्कुरा दिया दिनेश।

ढाबी गेट पहुँचकर दिनेश ने एक रिक्शा वाले को हाथ देकर रोका तो आबिद आली हैरान होकर बोला—

“ये क्या मज़ाक़ है मियाँ? सकीना इन्तज़ार कर रही होगी। भाभी को भी बुला लेते हैं फ़ोन करके। खाना इकट्ठे खाएँगे।”

“नहीं आबिद, खाना फिर किसी दिन खाएँगे। भाभी से मेरी तरफ़ से मआज़रत कर देना। रजनी को साथ लेकर कुलदीप के यहाँ जाना है खाने पर आज। बातों-बातें में वक़्त का अन्दाज़ा ही नहीं रहा। पहले ही ख़ासा लेट हो गया हूँ।”

“ये बात है, तो ठीक है। मेरा सलाम कहना भाभी से।”

दिनेश रिक्शा में बैठकर अपने घर की ओर चल दिया और आबिद अली पैद अपने घर की ओर।

रजनी को साथ लेकर दिनेश हवेली पहुँचा तो कुलदीप हवेली के बाहर वाले चबूतरे पर खड़ा था उनकी प्रतीक्षा में। इस बीच कई बार भीतर जाकर रजनी भाभी को फोन कर आया था वह। हर बार भाभी का एक ही उत्तर था कि तुम्हारे भाई सहिब आ जाएँ तो फ़ौरन चले आएँगे।

“कहाँ गुम हो गये थे आप, भाई साहिब?” प्रतीक्षा से बोर हुए कुलदीप ने पूछा।

"यार, रजब अली शाह से मिलने चला गया था। वहाँ ऐसी मज़ेदार गुफ़्तगू चल निकली कि वक़्त का पती ही नहीं चला।"

कहते-कहते ड्योढ़ी पार करके आँगन में आ गये वे तीनों।

"आप भी भाई साहब, कब्रों में से मुर्दे निकाल-निकालकर उनसे मिलते हैं।"

"अरे यार, बाबू जी के ख़ास दोस्तों में से हैं। अब पर्मानेंटली मालेरकोटला लौट आया हूँ तो सलाम करने तो जाना ही था।"

ड्राइंग रूम में ले जा बिठाया कुलदीप ने भैया-भाभी को। स्वयं किचन में काम कर रही पत्नी से खाना गर्म करने के लिए कहने चला गया। पत्नी ने पूछा–

"दही ले आये थे आप?"

"कमाल करती हो, मुझसे दही लाने को कब कहा तुमने?"

"कहा तो था, आपने सुना नहीं शायद। दिमाग भाई साहिब के इन्तज़ार में लगा हुआ था।"

"तो अब मैं क्या करूँ। अकुल को भेज दो।"

"अकुल तो अभी मैच से ही नहीं लौटा।"

"तुम भी कमाल करती हो कमला.......चलो, लाओ कटोरा दो। ये गैस धीमी करके भैया-भाभी के पास जाकर बैठो पाँच मिनट। मैं अभी आता हूँ।" कटोरा लेकर चल दिया कुलदीप बाज़ार की ओर।

बाज़ार घर से बहुत दूर नहीं था। मुहल्ले भर का ही फ़ासला था हवेली और बाज़ार के बीच।

कमला गैस को सिम पर करके ड्राइंग रूम जाने को मुड़ी तो पीछे से रजनी भाभी क़ी आवाज़ आयी–

"लाओ, मैं हाथ बँटा दूँ कुछ कमला।"

"पैरी पैन्नी आँ भाभीजी।" पाँव छुए कमला ने भाभी के।

"खाना तो कब से बना रखा है, गर्म ही करना है।"

देवरानी-जेठानी किचन में खड़े-खड़े ही बतियाने लगीं।

ड्राइंग रूम में अकेले बैठा हुआ दिनेश सोचने लगा।

क्या रिश्ता होता है आदमी का ईंट-मिट्टी से भी। कैसा मोह है उसके अन्दर इस हवेली के प्रति। कितने ही रूप बदल चुकी है यह हवेली लेकिन खड़ी तो उसी पुरानी बुनियाद पर है ना। यह कमरा, जहाँ वह इस समय बैठा हुआ है, दादी माँ का कमरा होता था कभी। स्कूल से आकर, बस्ता अपने कमरे में पटक, वह दादी माँ के पास आता था सीधा। दादी माँ रोज़ कुछ न कुछ छिपाकर रखती थी उसके खाने के लिए। कभी मिठाई, कभी फल, कभी सन्तरे की गोलियाँ। बहुत प्यार करती थी दादी माँ उससे। बड़े भाई ज़रा कड़क स्वभाव के थे। विलायती से भी थे। कपड़ों की साफ़-सफ़ाई पर बहुत ध्यान देते थे, इसलिए दादी माँ के छोटे-छोटे कामों को

मना कर देते थे। वह देसी आदमी था। बिना प्रेस किये कपड़े पहनकर भी स्कूल चला जाता था। दादी माँ के हाथ से झाड़ू छीनकर उसका कमरा भी साफ कर देता था, उसके मना करते-करते। पानी का घड़ा भरकर भी रख देता था।

जहाँ कुलदीप का किचन है अब, वहाँ कुआँ हुआ करता था। नल नहीं होते थे घरों में। खाते-पीते लोगों के घरों में उनका अपना कुआँ होता था। बाकी लोग गली-मुहल्ले के कुएँ से पानी भरकर लाते थे। उसे बड़ा मज़ा आता था कुएँ में से डोलची खींचने में। अभी वह छोटा ही था कि घरों में नल लग गये। कुआँ बेकार हो गया। उसे टीन की चादर से ढाँप दिया गया। फिर कई साल बाद उसे बन्द ही कर दिया गया।

ड्योढ़ी के ऊपर वाला कमरा होता था बाबू जी का। अम्माँ-बाबू जी उसी में रहते थे। एक कोने में चौकी बिछाकर उस पर रामायण रखी रहती थी रेहल पर। दोनों तरफ की दीवारों के साथ बड़े-बड़े चित्र थे देवी-देवताओं के। दीवारों पर कई तस्वीरें थीं दादा जी की, परदादा जी की, नवाबों के साथ, अंग्रेज़ों के साथ। सामने की दीवार पर ऊपर की ओर तीन तस्वीरें एक जैसे आकार और एक जैसे फ्रेम में थीं जवाहरलाल, गाँधी और सुभाषचन्द्र बोस की।

सवेरे मुँह-अँधेरे उठ जाते थे बाबूजी। घण्टा भर सैर करते थे। अपनी ज़मीन तक जाते थे। चकोते-बटाई पर काम करने वालों को भय बना रहता था। लौटकर गाय-भैंस का सानी-पानी करते। अम्माँ रसोईघर में बैठी दूध बिलोतीं। बाल्टी लेकर नीचे उतरतीं और बाबूजी गाय-भैंस दुहते। आँगन में ही बँधती थी एक ओर गाय, एक ओर भैंस। लकड़ी का फावड़ा लेकर दोनों का गोबर एक कोने में इकट्ठा कर देते बाबूजी। जमादारनी आती और हवेली के सामने वाले खंडहर पड़े मर्दाने की दीवारों पर उपले बना-बनाकर चिपका देती। नौ बजे वली मुहम्मद गूजर आता। गाय-भैंसों को खोलकर ले जाता। शाम तक उसी के झुण्ड में रहतीं ग़रीबनगरी के बाहर वाले जोहड़ पर। ज़ीने के पास ही ऊखल थी, फर्श के अन्दर गड़ी हुई। उसमें उबले हुए चने-गेहूँ सानी मिला-मिलाकर कूटते थे बाबूजी। हम लोग भी हाथ बँटाते थे। उधर दूसरी ओर बड़ी-सी अंगीठी थी मिट्टी की। उस पर गाय-भैंस के लिए काढ़े पकते रहते थे। कभी सोंठ पक रही है, कभी गुड़, कभी अजवायन। लोहे के टब में खली-बिनौले भिगोये जाते थे रात को। सवेरे उनमें रात की बची रोटी, दाल-सब्ज़ी डालकर सानी में मिला दिया जाता था।

दूध दुहते समय कभी किसी बच्चे को तो कभी किसी को आवाज़ देते बाबूजी। गोद में लेकर गाय-भैंस का थन सीधे उसके मुँह की ओर करते और धार निकालते। धार सीधे आकर मुँह में पड़ती। अजीब-सी झुनझुनी-सी होती थी मुँह में। बड़ा मज़ा आता था। बड़े भाई और मेरे लिए अम्माँ रात को दो बड़े कटोरों में अलग-अलग दही जमातीं। सवेरे उन कटोरों में सीधी धारें देते दूध की बाबूजी। इतने प्रेशर से आती

थीं धारें कि दही बिलोया जाता था कटोरों में। तब इसमें शहद मिलाया जाता। इसे त्योड़ कहते थे। यही होता था हम दोनों भाइयों का ब्रेक फास्ट, जो हम नहाने और स्कूल जाने से पहले कर लेते थे।

"आप अकेले बैठे हैं भाई साहिब?" तेज़ी से कमरे में घुसते हुए कुलदीप ने पूछा।

"तुम कहाँ चले गये थे?"

"मैं ज़रा रघुवीर की दूकान से दही लेने चला गया था।"

"रघुवीर अभी है?"

"हाँ, है। आता है नियम से दूकान पर। बूढ़ा हो गया है इसलिए कामकाज तो बच्चे ही करते हैं लेकिन कैश पर वही बैठता है।"

"हमारे बचपन से लेकर आज तक वैसे का वैसा ही पड़ा है वह।"

"यश भाई साहिब और रमेश भाई साहिब को पता नहीं चला आपके आने का?" कुलदीप को खेद था कि उसकी अनुपस्थिति में भाई साहिब अकेले बैठे रहे थे।

"शायद पता न चला हो।"

"आप अकेले बैठे रहे, यश भाई साहिब को ही आवाज़ दे लेते।"

"अकेला कहाँ था मैं कुलदीप? इन सभी क्षणों में तो मैं अम्माँ, बाबूजी और दादी माँ के साथ था। सच कुलदीप, यहाँ आता हूँ तो लगता है जैसे कल तक सब भरा-भरा था, आज अचानक ख़ाली-ख़ाली हो गया है। यह हवेली, जो हम सबके रहते हुए भी इतनी बड़ी थी कि इसके ख़ालीपन से भय लगने लगता था, आज खचाखच भरी पड़ी है लेकिन..." गला रुँध गया दिनेश का। जिह्वा भावनाओं का साथ देने में पिछड़ गयी।

"उनकी कमी तो हमेशा रहेगी भाई साहिब। मैं आपका दर्द समझ सकता हूँ। हमारे सिर पर तो आप हैं, रमेश भाई साहिब हैं, लेकिन आपके सिरों पर तो कोई नहीं ना।" कुलदीप ने संवेदना में कहा।

"आप चुपके से आकर अन्दर बन्द हो गये भाई साहिब, किसी को आवाज़ ही दे ली होती।" भीतर आकर पाँव छूते हुए यश ने कहा।

"हमारे आते ही यह बाज़ार को फूट लिया बिना बताये ही।" कुलदीप की ओर संकेत करके दिनेश ने कहा, "मैंने सोचा, तुम्हें बुलाने गया है। आओ, बैठो।"

सोफ़े पर उसके बराबर ही बैठ गया यश।

"भाई साहिब कहाँ हैं?"

"पूजा कर रहे हैं, बस और पाँच-दस मिनट में उठेंगे।"

"सुना है आपने क्लब में बड़ा ज़ोरदार भाषण दिया है।" यश ने कहा।

"तुमसे किसने कहा?"

"भाई साहिब, यह छोटा-सा शहर है। यहाँ होने वाली हर घटना की ख़बर पाँच मिनट में फैल जाती है एक कोने से दूसरे कोने तक।"

"भाषण तो ख़ैर नहीं दिया। एक सेमिनार प्रीज़ाइड किया था। प्रेज़िडेंशल रिमार्क्स ज़रूर दिये थे।" दिनेश ने बताया।

"चमन लाल बता रहा था कि आपने धमाका कर दिया कि उर्दू को फिर से स्कूलों में लागू किया जाए। बड़ी मुश्किल से तो जान छूटी थी इस माशाअल्ला-इंशाअल्ला ज़बान से।" कुलदीप ने भाजपा की प्रतिक्रिया को अपना मत बनाकर प्रस्तुत किया।

"ये जो तुम लोग बोल रहे हो, ये क्या है? उर्दू नहीं है ये? अभी तुमने कहा धमाका, लागू, मुश्किल, ज़बान—ये उर्दू के अल्फ़ाज़ नहीं हैं? कुलदीप! कोई भी ज़बान किसी मज़हब की ज़बान नहीं होती, लोगों की बोलचाल की ज़बान होती है। उर्दू के बारे में अगर तुम्हारी राय भी चमन लाल वाली है तो अफ़सोस की बात है। उर्दू सदियों तक हमारी तहज़ीब की ज़बान रही है। इसे खोकर क्या मिलेगा हमें?"

"मगर अब तो सब मानते हैं कि यह मुसलमानों की भाषा है।" कुलदीप ने कहा।

"किस मुसलमान की भाषा है? जम्मू-कश्मीर भरा पड़ा है मुसलमानों से। वहाँ की सरकारी ज़बान भी उर्दू है मगर कौन बोलता है वहाँ उर्दू? जम्मू के तमाम मुसलमान डोगरी बोलते हैं। कश्मीर के तमाम मुसलमान कश्मीरी बोलते हैं। हमारे मालेरकोटला का मुसलमान पंजाबी बोलता है। गुजरात का मुसलमान गुजराती बोलता है; राजस्थान का राजस्थानी; बंगाल का बंगाली; बिहार का भोजपुरी; यू.पी. का अवधी, ब्रज, बुन्देली।" दिनेश ने बात स्पष्ट की।

"उर्दू मुसलमानों की भाषा नहीं है, मुसलमानों के नाम से जोड़ दिया गया है इसे।" यश बोला।

"यह सियासत है। पंजाबी सिखों की, उर्दू मुसलमानों की, अंग्रेजी ईसाइयों की, हिन्दी हिन्दुओं की। इसी सियासत से बचाना है ज़बानों को हमें। ...यश! मैं चाहता हूँ कि लोग इस सियासत को जानें, समझें और फ़र्दर बेवकूफ़ बनने से इनकार करें।" दिनेश की सोच अपनी पर्तें खोल रही थी।

"मगर मालेरकोटला क्लब कोई मंच नहीं है इसके लिए।" यश इन पर्तों के भीतर पड़े तथ्यों को देख रहा था।

"मंच कोई भी छोटा-बड़ा नहीं होता। बात चलनी चाहिए। कहीं से भी चल सकती है। हर क्रान्ति की शुरुआत बातचीत से होती है। तुलसीदास कहते हैं—

खेती न किसान को भिखारी को न भीख बलि
बनिक को बनज न चाकर को चाकरी।
जीविका-विहीन लोग सीद्यमान सोचबस
कहैं एक एकन सों कहाँ जाई का करी।

ये है क्रान्ति की शुरुआत। पहले लोग बात करना शुरू करें कि अब क्या करें,

कहाँ जाएँ। इसी बातचीत से रास्ता निकलता है कि ये करें, इधर को चलें। बातचीत जब जनमत में बदल जाती है, तब परिवर्तन आता है, तब्दीली आती है। बड़े-बड़े ज़लज़ले आते हैं। फौज में बात ही तो चली थी कि जिस कारतूस को दाँत से खोलकर बन्दूक में भरा जाता है, उसमें गाय की चर्बी है। 1857 की क्रान्ति ने जन्म ले लिया इस बात में से।'' दिनेश उत्तेजित होने लगा था।

''तुम रिटायर ज़रूर हो गये हो दिनेश, मगर लेक्चर देने की आदत अभी भी क़ायम है तुम्हारी।'' भीतर आते हुए भाई साहिब बोले।

''नमस्कार भाई साहिब।'' खड़े होकर, दोनों हाथ जोड़कर नमस्कार किया दिनेश ने।

''आज इन लोगों की क्लास ले रहे हो क्या?''

''अरे नहीं भाई साहिब, एक सेमिनार हुआ था क्लब में, उसकी बात हो रही थी।'' दिनेश बोला।

''हाँ, तुम्हारी शिकायत लेकर आये थे भारती जी कि इसे मना करो, मुसलमानों की भाषा बोल रहा है दिनेश।''

''और आपने मान लिया कि वह भाजपायी सही कहता होगा?'' क्रोध था दिनेश के स्वर में।

''बिगड़ते क्यों हो भाई। उसकी अपनी सोच है, तुम्हारी अपनी। तुम्हें जो सही लगा, तुमने कह दिया। उसे शिकायत करना सही लगा, उसने शिकायत कर दी। अब शहरदारी है, रोज़ का मुँह-माथे लगना है, दूसरे की बात सुननी तो पड़ती ही है। हमने कहा, ठीक है, समझा देंगे।'' लोकाचार की विवशता बताई भाई साहिब ने।

''मुझसे शिकायत की होती तो मैं मुँह तोड़ जवाब देता उसका।'' यश ने कहा।

''क्या कहते तुम?'' पूछा भाई साहिब ने।

''कहता कि तुम मामा लगते हो हिन्दी के। हिन्दी शब्द ही हिन्दी का नहीं है, फ़ारसी का है। पहले अपनी भाषा का नाम निकालें भाषा में से।''

''फिर क्या होता? हमेशा से जो जयरामजी की चल रही है, वह बन्द हो जाती।''

''भाड़ में जाएँ ऐसी घटिया सोच के लोग।'' यश की प्रतिक्रिया तीव्र हो उठी।

''शहरदारी का तक़ाज़ा यही है कि दूसरे की सुन लो, बात को बिगाड़ो मत। हम व्यापारी लोग हैं।'' भाई साहिब की व्यवहारकुशलता बोल रही थी।

''बच्चे हैं क्या दिनेश भाई साहिब कि उनका उलाहना लेकर आ गया वह? उसे लगता होगा कि आप भी भाजपा के सिम्पेथाइज़र हैं, इसीलिए न आया होगा वह आपके पास।'' यश बोला।

''चलो, यही सही। उसके ऐसा समझ लेने से हम भाजपायी तो नहीं हो गये। हम तो कांग्रेसी थे, कांग्रेसी हैं, कांग्रेसी रहेंगे। उसकी ग़लतफ़हमी से अगर रवादारी

बनी रहती है तो इसमें क्या ख़राबी है।'' अनुभवी भाई साहिब ने अपना दर्शन बताया।

''चलिये, हटाइये इस बहस को।'' दिनेश को अच्छा नहीं लग रहा था यह सब।

''चलो हटाओ। और क्या रोज़मर्रा है आजकल तुम्हारा?''

''कुछ ख़ास नहीं। थोड़ा पढ़ता हूँ, घूमता हूँ, लोगों से मिलता-मिलाता हूँ। कुछ पुराने कान्टेक्ट्स रिवाइव कर रहा हूँ। अब यहाँ रहना ही है तो एक सोशल सर्कल तो होना ही चाहिए।''

''हमारे दफ़्तर आ जाया करो।''

''अब आपके बिज़नेस की तो ए बी सी भी नहीं मालूम मुझे। क्या करूँगा वहाँ बैठकर। आप तीनों की भाषा ही मेरी समझ में नहीं आएगी।'' दिनेश ने सच बोल दिया।

''ऐसा भी क्या है। एक्सपोर्ट-इम्पोर्ट का बिज़नेस है। ख़रीद-फ़रोख़्त की बातें ही होती हैं। वे तुम्हारी समझ में आ सकती हैं।''

''रहने दीजिए भाई साहिब, यह सब अपने बस का नहीं है।''

बड़ी भाभी, कमला, सुकेशनी, बच्चे सब बारी-बारी से आकर मिल गये थे दिनेश से। बाहर से कमला ने आवाज़ दी–

''खाना लगा दिया है जी।''

उठकर साथ वाले कमरे में चले आये चारों भाई।

यह वही कमरा था, जिसमें दिनेश का जन्म हुआ था। तब इसका फर्श कहगल का होता था। दीवारों पर मिट्टी की पुताई होती थी। एक दीवार पर चिराग़दान था लकड़ी का। बीच कमरे में कपड़े का पंखा लटकता था, जिसे डोर द्वारा झुलाने के लिए एक मुलाज़िम रखा रहता था। अब यह कुलदीप का डाइनिंग रूम था। पुरातनता का एक भी चिन्ह शेष नहीं था। कमरे के बीचोंबीच आठ कुर्सियों वाली डाइनिंग टेबल रखी थी। सामने की दीवार के साथ चलने वाले शीशों वाला बड़ा-सा केस, क्रॉकरी से भरा हुआ। छत पर बिजली का पंखा। हर दीवार पर रंगदार शेड्स में जगमगाते बल्ब।

एक गहरी साँस ली दिनेश ने और खाने की मेज़ पर बैठ गया।

''कुलदीप, यश, अब तुम भी बैठे हो।......कल मैंने भाई साहिब से प्रार्थना की थी कि अब बच्चे बड़े हो गये हैं। हमारा प्यार ईश्वर की कृपा से बना हुआ है। अब प्रॉपर्टी का डिमार्केशन कर लेना चाहिए। हमारे लिए यह काम बड़ा आसान है, बच्चों के लिए बहुत मुश्किल होगा। अभी तो चार जगह डिमार्केशन होनी है, बच्चों का वक़्त आएगा तो नौ जगह करेंगे।''

भवें तन गयीं भाई साहिब की लेकिन वे चुप रहे।

''इसमें क्या है, आप और भाई साहिब बैठकर जैसा चाहें, कर लें।'' यश ने

सहज प्रतिक्रिया व्यक्त की।

''तुम दोनों अब बराबर के हो। हम चारों क्यों न मिल-बैठकर निपटा लें इसे।''

''जैसा आपका फैसला होगा, हमें मंज़ूर है भाई साहिब।'' कुलदीप चारों के एक साथ बैठकर बात करने के पक्ष में नहीं या शायद।

''क्या फ़ैसला करोगे?'' चुप नहीं बैठा गया भाई साहिब से।

''नाक कटानी है शहर में तो कटा लो। तुम्हें कल भी समझाया था। अभी तक सारा शहर हमारे प्यार की क़समें खाता है। मिसाल देते हैं लोग हमारे चारों भाइयों के प्यार की। क्या मुँह दिखाएँगे हम किसी को, जब हिस्सा-बाँट करके बैठ जाएँगे?''

''यह तो दुनिया की रीत है भाई साहिब। कौन-सा ऐसा परिवार है, जिसमें पिता-पुरखों की जायदाद नहीं बाँटी गयी है? लोग कौन होते हैं इसमें दख़ल देने वाले?'' पूछा दिनेश ने।

''तुम तो बाहर रहे हो सारी उम्र। हम सारी उम्र बिरादरी-भाईचारे के बीच रहे हैं।'' भाई साहिब बोले।

''बिरादरी-भाईचारे में किसकी प्रॉपर्टी हमारी तरह बेबँटी है?''

''उन्की मैं नहीं जानता। उनकी मिसाल भी तो नहीं देता कोई।''

''बस, हम यह मामला इसलिए बच्चों के लड़ने-झगड़ने के लिए छोड़ दें कि हमारी मिसाल देते रहें लोग। कल जब बच्चों में मुक़द्दमे चलेंगे, तब कौन मिसाल देगा हमारे ख़ानदान की?''

''मुझे तो तुम्हारा सोचने का अन्दाज़ ही तकलीफ़ दे रहा है दिनेश। पढ़े-लिखे हो, सारी उम्र पढ़ाते रहे हो, ये मानकर क्यों चल रहे हो कि हमारे बच्चे मुक़द्दमे करेंगे एक-दूसरे पर?'' पूछा भाई साहिब ने।

''इसलिए कि ऐसा होता आया है, होता रहेगा।'' दिनेश ने कहा।

''भगवान दास की मुक़द्दमेबाज़ी नहीं चली भाइयों के साथ? हरसुख लाल के बच्चे शायद अभी भी मुक़द्दमा लड़ रहे हैं। चरणदास पर मुक़द्दमा कर रखा है गुलशन ने, जो बेटों जैसा छोटा भाई है उसका।'' बात खोली दिनेश ने।

''अपनी बिरादरी के हालात मैं तुमसे बेहतर जानता हूँ। सारा शहर लानत ही भेज रहा है उन पर, जिनके नाम तुमने गिनवाये हैं। तुम्हें कुछ माली मुश्किलात का सामना है इन दिनों?''

''वो बात नहीं है भाई साहिब, बात उसूल की है। मैं नहीं चाहता कि बच्चे कल हम दोनों को कोसें कि दो बड़े थे घर में, ताना-बाना उलझाकर छोड़ गये हमारे लिए।'' दिनेश बोला।

''चलिए, सोच लेंगे किसी दिन। अभी तो फ़ैसला नहीं करना है फ़ौरन।'' दोनों बड़े भाइयों की बात में से टपक रही तल्ख़ी को देखकर यश ने बीच-बचाव किया।

दिनेश ने बात का बदला जाना ही ठीक समझा।

“शिवदान और मकरन्द कहाँ हैं? दिखाई नहीं दिये।”

“थोड़ा देर से आएँगे। दिल्ली से एक व्यापारी आया हुआ है, उसे एण्टरटेन करने ग्रीन होटल ले गये हैं।”

उधर ड्राइंग रूम में सेंट्रल टेबलों पर खाना परोस दिया था अकुल और दीप्ति ने महिलाओं के लिए। बड़ी भाभी, उनकी दोनों बहुएँ, सुकेशनी, सुधा, रजनी सब एक साथ खाना खा रहे थे। निशान्त किचन में चाची का हाथ बँटा रहा था।

“भाई साहिब तो सुबह के निकले शाम को घर आते हैं, आप दिन भर बोर नहीं होतीं भाभी?” पूछा सुकेशनी ने।

“बोर क्या होना है। इनकी तो पहले दिन से यही आदत है। चण्डीगढ़ में थे तो सवेरे आठ बजे कालेज चले जाते थे। दोपहर में दो बजे लौटते थे और खाना खाकर सो जाते थे। चार बजे उठते थे। चाय-वाय पीते थे। पाँच बजते ही कॉफ़ी हाउस चल देते थे। वहाँ से आठ-साढ़े आठ लौटते थे। खाना खाते थे। देर रात तक पढ़ते थे। सो जाते थे।” रजनी ने अपने अकेले रहने के अभ्यास का परिचय दिया।

“लेकिन वहाँ तो बच्चे थे। अब तो वे भी अपने-अपने स्थान पर हैं।” भाभी की बड़ी बहू बोली।

“बेटा, मेरा एकान्त लोनलीनेस नहीं है, सोलिट्यूड है। मैं दिन भर पढ़ती हूँ। कुछ प्रभु का स्मरण करती हूँ। आस-पड़ोस से कोई न कोई आयी ही रहती है, उससे बतियाती हूँ। इतने में दिन निकल जाता है।” रजनी ने कहा।

“यहाँ यह भी तो नहीं कि सोशल विज़िट में हस्बेंड वाइफ़ को साथ ले जाए।” भाभी की छोटी बहू शिकवे के अन्दाज़ में बोली।

“पुराना शहर है बहू। मुसलमानों की रियासत है। उनके यहाँ पर्दे का रिवाज था। वे तो बीवियाँ लेकर ज़ाते नहीं थे कहीं। हिन्दुओं ने भी उनकी देखादेखी इनको घर में रखना शुरू कर दिया। वही चला आ रहा है आज तक।” बड़ी भाभी को शायद बहू का शिकवा अच्छा नहीं लगा था।

“चण्डीगढ़ में तो यह समस्या नहीं थी ना आण्टी?” बड़ी बहू ने पूछा।

“बात चण्डीगढ़ या मालेरकोटला की नहीं है, मेंटल एटीट्यूड की है। ये बेसिकली हैं तो मालेरकोटला के ही ना। वहाँ भी अकेले ही जाते थे ये दोस्तों के यहाँ।”

“जगह-जगह का फर्क होता है रजनी बहन। चण्डीगढ़ नया बसा है। वहाँ की अपनी सभ्यता कोई नहीं है। यहाँ तो, जब मैं ब्याही आयी थी तो कई साल घूँघट काढ़े बिना हवेली के बाहर कदम नहीं रखने दिया मेरी सास ने। ये लड़कियाँ तो फिर भी कभी-कभार चली जाती हैं पार्टी-वार्टी में लड़कों के साथ।” भाभी बोलीं।

“वे खुद भी कहाँ निकलती थीं नंगे मुँह हवेली से बाहर।” सुकेशनी बोली।

“दादी माँ को देखा है हमने। बुढ़ापे में भी हवेली से बाहर जाती थीं तो शलवार

के ऊपर घाघरा पहनतीं। दुपट्टे के ऊपर चादर ओढ़तीं और डेढ़ हाथ का घूँघट निकालतीं। निशान्त के पापा ने कह दिया एक दिन कि दादी माँ इस शहर में तो शायद तुम्हारी उम्र का एक आदमी भी नहीं बचा। सब तुम्हारे बेटों-पोतों की उम्र के हैं। किससे पर्दा करती हो तुम? तो दादी बोलीं, पर्दा औरत की शर्म-हया होता है, दूसरों को दिखाने के लिए नहीं होता।'' भाभी बोलीं।

''पुराने ज़माने में तो यही सब चलता था।'' रजनी ने कहा और पूछा—

''अब तो बहुओं पर ऐसी पाबन्दी नहीं लगा रखी है भाभी?''

''अरे, ये पर्दे में रहने वाली दिखती हैं तुम्हें? शादी के मण्डप में ही मुँह उघाड़े आकर बैठी थीं ये। जब जी में आता है, उठकर बाज़ार को चल देती हैं। न किसी से पूछना, न किसी को बताना।'' भाभी के अन्दर की परम्परागत सास जागने लगी।

चुप लगा गयीं दोनों बहुएँ। उनको पता था कि अब कुछ भी कहा तो ऊपर जाते ही शामत आ जाएगी।

''चलें रजनी?'' आँगन में से पुकारा दिनेश ने।

''इतनी जल्दी?'' भाभी ने पूछा।

''जल्दी कहाँ है भाभी, ग्यारह बज रहे हैं।''

''तो आप आये भी तो देर से ही थे भाई साहिब।'' सुकेशनी बोली।

''और जा भी देर से रहे हैं।''

उठकर बाहर आ गयी रजनी।

दरवाज़े तक विदा करने आया सारा परिवार।

इस बीच कुलदीप ने अपनी गाड़ी ला खड़ी की दरवाज़े के सामने।

''अरे, हम चले जाएँगे रिक्शा लेकर।''

''आइए भी तो भाई साहिब।''

अपनी गाड़ी में पहुँचा दिया कुलदीप ने उन दोनों को उनके घर तक।

पाँच

अपनी तरह के ही व्यक्ति थे लाला हरजस राय।

रियासत के समय में पटवारी भर्ती हुए। पैप्सू बनने तक पटवारी ही रहे। जब रियासत के मुलाज़िमों को पैप्सू सरकार में भेजने का समय आया तो नवाब साहिब ने हर मुलाज़िम का एक दर्जा बढ़ा दिया। क्लर्क को असिस्टेंट लिख दिया, असिस्टेंट को सुपरिंटेंडेंट, सुपरिंटेंडेंट को अंडर सेक्रेटरी, फ़ौज के कप्तान को मेजर, मेजर को लेफ्टीनेंट कर्नल। पटवारी लाला हरजस राय को क़ानूनगो लिख दिया। पैप्सू में क़ानूनगो के पद पर काम किया उन्होंने कुछ साल और बतौर क़ानूनगो रिटायर होकर पेंशन पायी।

सोलह साल के थे हरजस राय जब उनकी शादी हुई। बड़ी धूमधाम से उनकी दुल्हिन रथ में सवार होकर पोहीड़ से मालेरकोटला आयी। हरजस राय के पिता रियासत के कोषाध्यक्ष थे। शहर में पूरा दबदबा था। नवाब साहिब ने युवराज को भेजा था सेहराबन्दी के दिन शगुन देकर। चौदह बच्चे पैदा किये हरजस राय ने। आठ लड़के, छह लड़कियाँ। छोटी उम्र में ही बच्चों की शादियाँ करने लगे। रिटायर होने से पहले चौदह के चौदह ब्याह डाले उन्होंने। लड़कियाँ अपने-अपने घर चली गयीं। तीन बड़े लड़के क्रमशः दिल्ली, लखनऊ और धौलपुर में नौकरियाँ प्राप्त कर गये। अन्य तीन को शहर में ही छोटी-मोटी नौकरियाँ दिलवा दी थीं हरजस राय ने। शेष दो में से एक ने कपड़े धोने का साबुन बनाने की फैक्ट्री लगा ली थी और एक ने जनरल मर्चेंट की दूकान खोल ली थी सदर बाज़ार में।

मालेरकोटला में रह रहे पाँच बेटों में से दो के परिवार हरजस राय की हवेली में रहते थे। तीन ने अपने-अपने मकान बना लिये थे नयी बस्ती में। हवेली कच्चा कोट की एक गली के सिरे पर थी। इस हवेली में कभी उनका पूरा परिवार रहा करता था लेकिन अब हरजस राय की पत्नी और छोटे दो बेटों के परिवार वहाँ बसते थे।

पता नहीं किस बात को लेकर हरजस राय का पत्नी से झगड़ा हो गया था वर्षों पहले। पत्नी की ज़बान क़ैंची की तरह चल निकली थी उस दिन। बेटों-बहुओं का बीच-बचाव भी उसे अनाप-शनाप बकने से नहीं रोक सका था। उस दिन संयत

हरजस राय ने क़सम खाई थी कि आज के बाद वे हवेली में क़दम नहीं रखेंगे। तब से वे गली के बाहर वाले मर्दाने में अकेले रहकर अपनी शपथ निभा रहे थे।

यह मर्दाना उनके पिता ने बनवाया था। मर्दाना क्या, छोटा-सा मकान ही था। खुला आँगन, आँगन में हैण्ड पम्प, सीधे हाथ को बैठक जिसकी खिड़कियाँ सड़क पर खुलती थीं। सामने दो कमरे और बैठक की बग़ल में सीढ़ियाँ ऊपर छत पर जाने के लिए। हवेली में क़दम न रखने की क़सम खाने के बाद से नियम यह था कि बहुएँ सवेरे का नाश्ता, दोपहर और रात का खाना थाली में परोसकर, क्रोशिये से बुने कपड़े से ढँककर, किसी न किसी बच्चे के हाथ मर्दाने में भेज देती थीं। अपने कपड़े स्वयं धोते थे हरजस राय। नहाने का पानी स्वयं भरते थे।

सवेरे नहा-धोकर घण्टा भर पूजा में बैठते थे वे। इस बीच में कोई मिलने वाला आता था तो बैठक में बैठकर प्रतीक्षा कर सकता था, उनकी पूजा के कमरे का द्वार खटखटाने या उनको आवाज़ देने की आज्ञा न थी किसी को। पूजा करके उठते थे तो कोई पोता-पोती नाश्ता ले आता था। आँगन में बैठकर नाश्ता करते थे वे। कोई मिलने वाला आया हो तो उससे बात-वात करते, नहीं तो चूड़ीदार पाजामा और दुपल्ली अचकन पहनकर, सिर पर रियासती पगड़ी बाँधते थे और चमरौधा पहनकर बाज़ार को चल देते थे।

रिटायरमेंट के बाद भी उनको काम मिलता रहता था। वास्तव में उन्हें शहर की एक-एक बिल्डिंग की, एक-एक अराज़ी की पैमायशें, ख़सरा नम्बरों सहित इस प्रकार याद थीं जैसे बच्चों को पहाड़े याद होते हैं। जायदाद के मुक़द्दमों में जिस किसी से भी उसका वकील महकमा माल में इन्दराज के बारे में कोई सूचना माँगता था, वह व्यक्ति दौड़ा चला आता था हरजस राय के पास। पचास रुपया फ़ीस लेते थे वे यदि घर में पड़े रिकार्ड में से अपेक्षित जानकारी दी जा सकती थी। सौ रुपया लेते थे अगर जानकारी एकत्र करने के लिए दफ़्तर माल जाना पड़ता था। दो सौ रुपया फीस थी उनकी यदि उनको मौक़ा-मुलाहिज़ा करके कोई निर्णय देना होता था और निर्णय के अनुरूप इन्दराज तलाश कराने होते थे।

यह पैसा वे अलग रखते थे अपनी ताले वाली अलमारी में। बेटियाँ-दामाद या नाती आते थे तो उनको शगुन के पैसे इसी पूँजी में देते थे वे। करवा चौथ से पहले छहों लड़कियों को सरघी के लिए सौ-सौ रुपया भेजते थे मनीआर्डर द्वारा।

दोपहर को एक-डेढ़ बजे लौटते थे वे। कपड़े बदलकर हाथ-मुँह धोते और हवेली से आया खाना खाकर घण्टा भर सुस्ताते। तीन बजे उठकर अपना हुक्का ताज़ा करते, चिलम में तम्बाकू बैठाते, सीढ़ियों के नीचे तसले में निरन्तर सुलगते उपलों की आग चिलम में रखते और बैठक में आ बैठते। कपड़े की लम्बी आराम कुर्सी पर रईसों की तरह बैठकर घण्टों हुक्क़ा गुड़गुड़ाते। यही समय था, जब लोग उनसे मिलने के लिए आते थे। छह-सात बजे तक लोगों का आना-जाना चलता।

उनकी इस दिनचर्या से परिचित था दिनेश। हालाँकि उसे विदित था कि वह जिस समय भी चाहे, लाला जी के यहाँ जा सकता है, लाला जी सब कुछ छोड़कर उससे मिलेंगे, बात करेंगे, लेकिन उसने सात बजे ही उनके यहाँ पहुँचना ठीक समझा।

बैठक में प्रवेश करते ही दिनेश ने लाला जी के पैर छुए। गद्गद होकर कुर्सी पर बैठे-बैठे ही लाला जी ने उसे खींचकर छाती से लगा लिया।

"तुम कब आये चण्डीगढ़ से?" लाला जी ने पूछा।

"डेढ़ महीना हो गया।" दिनेश ने डरते-डरते उत्तर दिया।

"क्या छुट्टियाँ चल रही हैं कालेज में?"

"जी नहीं, अपनी छुट्टी हो गयी है।"

"मतलब?"

"मतलब, रिटायर हो गया हूँ।"

"अरे, तुम इतने बड़े हो गये कि हमारा मुक़ाबिला करने लगे?"

"साठ पूरे करके ही रिटायर हुआ हूँ लाला जी।"

"कुनबा ले आये हो?"

"कुनबे में से किसे लाता। बड़ा बेटा तो दिल्ली में मुलाज़िम है। छोटे का अपना कारोबार है लुधियाना में। बिटिया अपनी ससुराल में है। बचे हम बूढ़े-बुढ़िया, सो दोनों बुद्धू लौटकर घर को आ गये हैं।"

"अपने घर का कोई मुक़ाबिला है दुनिया में? ऐसे ही नहीं कहते, जो सुख छज्जू दे चौबारे, ओह बल्ख़ न बुख़ारे।"

"मैंने दिलावर ख़ाँ की कोठी खरीद ली है रेलवे रोड पर। उसी में रहता हूँ।"

"क्या?" चौंक पड़े लाला जी यह सुनकर।

"ये तुमने अच्छा नहीं किया दिनेश। इतने पढ़े-लिखे होकर भी ये हिमाक़त क्यों की तुमने? बाप-दादा की हवेली छोड़कर, भाइयों से अलग रहना, तुमसे तो ये तवक़्क़ो नहीं करता था मैं।"

सचमुच ही ठेस लगी थी लाला जी को।

"ऐसी कोई बात नहीं है लाला जी। हवेली में पहले से ही तीनों भाई रह रहे हैं। रमेश भाई साहिब के दोनों बच्चे भी शादीशुदा हैं। वहाँ जगह ही कहाँ है अब?" दिनेश ने उनकी शंका का निवारण किया।

"जगह कितनी चाहिए थी तुम दोनों को? एक कमरा ही काफ़ी होना था।" लाला जी उससे सहमत नहीं हो पा रहे थे।

"और बच्चे कभी आएँ तो मन्दिर में ठहरेंगे क्या?" रुखाई से बोला दिनेश।

"बच्चे आएँगे तो वो तुम्हारे भाइयों के कुछ नहीं लगते क्या? मेहमानों की तरह ही तो आएँगे। ग़लत किया है तुमने। बताए देते हैं।" उसकी रुखाई की परवाह

न करते हुए लाला जी ने बेबाक होकर अपनी बात कह दी।

बैठक के द्वार पर दो आदमी आये। उनमें से एक ने जूता पायदान पर खोला और अन्दर आ गये। एक व्यक्ति पेंट-शर्ट में था, देखने में हिन्दू लगता था। दूसरा कुर्ते-तहमद में, सफ़ेद दाढ़ी और तराशी हुई मूँछें, साफ़ दिख रहा था मुसलमान है।

"जय रामजी की लाला जी।" हिन्दू ने द्वार पर से ही कहा।

"रम्म राम, रम्म राम।"

"बंदगी लाला सा'ब।" दूसरे ने भी अभिवादन किया।

"आ जा दीनू, बैठ।"

पेंट-शर्ट वाला आगे बढ़कर बेंत की कुर्सी पर बैठ गया और दीनू एक ओर पड़ी लोहे की कुर्सी पर जा बैठा।

दिनेश ने देखा, लाला हरजस राय के यहाँ कुछ भी नहीं बदला था पिछले चालीस वर्षों में। लाला स्वयं भी ज़रा नहीं बदले थे। वही गोरा-चिट्टा रंग, वही गंजी और लुंगी का पहरावा, सिर पर वही रियासती पगड़ी। बैठक में वही कपड़े की आरामकुर्सी। कुर्सी की दाहिनी ओर वही बेंत की तीन कुर्सियाँ हिन्दुओं के लिए। बायीं ओर लोहे की तीन कुर्सियाँ मुसलमानों के लिए। किसी को बताना नहीं पड़ता था। सबको विदित था कि कहाँ बैठना है। मुसलमान को जूता पहनकर अन्दर आने की आज्ञा नहीं थी। हिन्दू जूता चढ़ाये आ सकता था।

'सुना दीनू, किद्दाँ आयैं?" पूछा लाला जी ने।

"माप्या हुन ताँ तेरे रक्खन दा ई आँ।" दीनू ने हाथ जोड़कर कहा।

"की हो गया?"

"मुंडे अड़े ने हिस्से बखरे नूँ।" संक्षेप में समस्या बता दी दीनू ने।

"दफ़ा कर ना। वड्ढ़ फाहा। दे दू के स्यापा मुका।" परामर्श दिया लाला ने।

"मैं ताँ त्यार आँ, परली टिब्बी दा बींडा फसाई बैठे ने रुलदू ते खुशिया। तूँ आप जाके मौका देख लै लाला जी। हसान कर मेरे ते। तेरा आखा नीं मोड़दे दोनों।"

कोई उत्तर नहीं दिया दीनू की बात का लाला ने। दूसरे व्यक्ति की ओर मुड़कर बोले, "तूँ किमें आयैं ज्ञान चन्द?"

"तुसीं कह्या सी परसों नूँ लै जीं कागज़।"

"मिले नीं अजे। पटवारी दे घरों हस्पताल च दाख़ल ऐ। छुट्टी ते ए ओह। दो क दिन होर लग्गनगे।"

"हुक्क़ा पीणै दीनू?" पुनः दीनू की ओर मुड़े लाला जी।

कोई उत्तर नहीं दिया दीनू ने।

"चक्क हुक्क़ा। पर ताज़ा कर लै। काफ़ी चिर हो गया पानी बदले नूँ।"

दीनू ने उठकर कोने में रखा हुक्क़ा उठाया और आँगन में चला गया। मुसलमानों को लाला जी का नल छूने की आज्ञा भी नहीं थी। उनके लिए एक टब पानी से

भरकर रख देते थे लाला जी सवेरे ही सीढ़ियों के पास। एक अल्मीनियम का मग तैरता रहता था टब में। पास में लकड़ी क़ी पटड़ी पर दो गिलास रखें रहते थे। पहली सीढ़ी के कोने में घड़ा भरा रहता था ठण्डे पानी का। किसी मुसलमान को हाथ-मुँह धोना हो या हुक्क़ा ताज़ा करना हो तो वह टब में से पानी ले लेता था। प्यास लगी हो तो घड़े में से गिलास भरकर पी लेता था। हिन्दुओं के लिए शेर के मुँह वाली सुराही बैठक के ताक में रखी रहती थी। उनके लिए गिलास भी शीशे के थे।

बाहर सड़क पर निकलकर दीनू ने हुक्के का बासी पानी नाली में गिराया और अन्छर आकर, टब में से पानी लेकर नया पानी भर लिया। दो-तीन मग पानी गिराकर उसने नेचे का तार-तार गीला कर दिया। गाल फुलाकर उसने एक फूँक मारी नै में और फ़ालतू का पानी निकाल दिया। गुड़गुड़ाकर देखा। एक हलकी-सी फूँक और, पानी मामूली-सा ज़्यादा था। पानी को आवश्यकता अनुरूप करके वह भी भीतर आ गया। लाला जी बोले–

''लै लै।''

उसने आगे बढ़कर लाला जी के हुक्क़े पर से चिलम उतारी और अपने हुक्क़े पर रख ली। चार-पाँच लम्बें-लम्बे कश खींचकर उसने चिलम पुनः लाला जी के हुक्क़े पर रख दी।

''मोतियाँ वालया! ऐहो जेया तमाखू होर नीं किते मिलदा।'' आभार-प्रदर्शन में मस्का लगाया दीनू ने।

''हत्थीं त्यार करीदै मियाँ। लुध्यान्यों मंगौदैं शीरा वी।'' लाला जी ने तम्बाकू की उत्कृष्टता का भेद बता दिया।

हुक्क़े के दो-तीन लम्बे-लम्बे कश लेकर लाला जी ने नै दिनेश की ओर घुमा दी। दिनेश हुक्क़ा पीने लगा था लाला जी के साथ बाबूजी के निधन के बाद से। लाला जी ने आग्रह करके शुरू करा दिया था कि प्रभ दयाल तो नहीं रहा, तू ही उसकी जगह हुक्क़े-पानी का रिश्ता निभाता रह। दिनेश ने एकाध कश लेकर नै को मोड़ दिया ज्ञान चन्द की ओर। ज्ञान चन्द ने दो-तीन कश लेकर नै को अपने और लाला जी के बीच में छोड़ दिया ताकि दीनू चिलम उतारकर अपने हुक्क़े पर रख सके।

''ताँ फेर मैं एतबार नूँ आमाँ?'' उठ खड़ा हुआ ज्ञान चन्द।

''हाँ।'' लालाजी ने उसे जाने की अनुमति दे दी।

''चंगा, जय रामजी की।''

''रम्म राम।''

कुछ क्षण हुक्क़ा गुड़गुड़ाते रहे चुपचाप लाला हरजस राय। फिर दीनू से बोले–

''पैसे ल्यायैं?''

''ल्यायाँ हाकमा।'' उसने अपनी लुंगी की गाँठ का एक सिरा खोलकर उसमें से सौ-सौ के दो नोट निकाले और लाल ाजी की ओर बढ़ा दिये।

नोट लेकर गंजी की जेब में रख लिए लाला जी ने।

"दिन चढ़दे नूँ पहुँचूँगा मैं टिब्बी आले खूह ते! मुंड्याँ नूँ मेरा पैग़ाम दे दीं।"

"सत्त बचन हाकमा।"

"तूँ बी आ जीं।"

"मेरे खड़े ताँ होर वी मच्छरदे ने हराम दे।"

"तूँ आ जीं। मैं होऊँगा ना ओत्थे।"

"जिमें तेरी मरजी लाला जी।"

"लै हुन चल्ल।"

"चंगा, माप्या।" कहकर दीनू उठा। दरवाज़े पर उतारा अपना जूता पहना और बन्दगी करके बाहर निकल गया।

दिनेश को बहुत ही साम्प्रदायिक, बहुत ही सामन्तवादी लगा यह सब। पूछ ही लिया उसने लाला जी से, "ये हिन्दू-मुसलमान का इम्तियाज़ी सिलसिला अभी तक जारी है लाला जी?"

"क्यों, क्या हुआ? तुम क्या समझते हो कि हम ज़माने के साथ-साथ अपना धरम, अपनी तहज़ीब, अपनी रिवायत बदल लेते?"

"वो बात नहीं है मगर आजकल तो ....."

"आजकल तो बाबा आदम ही निराला है नयी नस्ल का।" दिनेश का आशय उसके कहने से पहले ही समझ गये हरजस राय।

"बरख़ुर्दार, हमने नौकरी ज़रूर की है मुसलमानों की, मगर अपनी ग़ैरत पर हर्फ़ नहीं आने दिया कभी। अपना धरम बचाकर रखा है हर हाल में। अब के नये लड़के तो, ख़ुदा बख़्शे, मुसलमानों के साथ बैठकर खा लेते हैं। हमने सारी ज़िन्दगी बाप-दादों की रिवायत निबाही है। उनके हाथ का पानी तक नहीं पिया। मेरे दफ़्तर में एक मैं हिन्दू था, एक मेरा चपरासी चुन्नी लाल, बाक़ी तमाम मुलाज़िम मुसलमान। मगर क्या मजाल किसी की कि मेरी सुराही को छू भी दे कभी।"

"मुसलमान दोस्त भी तो थे आपके।"

"थे। अब भी हैं। रजब अली शाह हमारे यारे-ग़ार हैं। हम जाते हैं उनके यहाँ आज भी मगर पानी का गिलास तक नहीं पीते वहाँ। उनके यहाँ से ईद के दिन खीर-सवैयाँ आती हैं। उनका बेटा आता है, सिरी राम हलवाई से कहता है थाली सजा दो। सिरी राम थाली में दूध, चावल, चीनी और सवैयों का पैकेट रख देता है और अपने हिन्दू मुलाज़िम के सिर पर रखवा देता है थाली। हमें ईद की मुबारकबाद देकर वह मुलाज़िम को इशारा करता है और वो थाली मेज़ पर रखकर चला जाता है। शाम को आकर अपने बर्तन ले जाता है।"

यह सब बताते हुए आँखों में विशेष प्रकार की चमक आ गयी हरजस राय की।

"आप भी दीवाली-दशहरे पर मिठाई भेजते होंगे?" पूछा दिनेश ने।

"ज़रूर भेजते हैं। हम रुपये का सवा रुपया लौटाते हैं।"

"मगर तब तो आप मुसलमान हलवाई से मिठाई ख़रीदकर उसके मुसलमान मुलाज़िम के हाथ नहीं भेजते।" व्यंग्य का पुट आ गया दिनेश के स्वर में।

"तुम्हारे वालिद भी तो यही करते थे।"

"मैं उनसे भी यही सवाल पूछा करता था।"

"तुम नयी रोशनी के बच्चे हो दिनेश। तुम न इस राज़ को समझोगे, न तुमसे हमारी रिवांयत निबाही जाएगी।"

"तो आप समझा दीजिए ना ये राज़ हमको।" दिनेश ने लाला जी को छेड़ा।

"हाँ, समझाता हूँ। देखो, ये लोग बाहर से आये थे। तलवार के ज़ोर पर इन्होंने हमारे मुल्क पर क़ब्जा कर लिया। हमारे मन्दिरों की बेहुर्मती की। हमारे देवी-देवताओं की मूर्तियाँ तोड़ डालीं। हमको काफ़िर कहा।"

"हमने भी तो उनको म्लेच्छ कहा।"

"कोई तुमको काफ़िर कहे तो तुम उसे बदले में देवता कहोगे क्या?" खीझ उठे लाला जी।

"हमने कहा, ठीक है, हुकूमत करते जाओ हमारे मुल्क के ऊपर, मगर हम अपनी मज़हबी बरतरी की तरफ उँगली नहीं उठाने देंगे तुमको। हमारा अक़ीदा था अहिंसा परमो धर्मः, ये गोश्त खाते थे। हमने कहा, तुम्हारा छुआ नहीं खाएँगे। नहीं खाया। उनको परहेज़ नहीं है। हमारे हाथ का खा लेते हैं। हमको परहेज़ है। हम नहीं खाते।"

"यह तो उनकी महानता है कि हाकिम होते हुए भी उन्होंने रियाया की बदसलूकी बर्दाश्त कर ली।" दिनेश ने कहा।

"करनी पड़ी उनको।" लाला जी बोले।

"पड़ी वाली तो कोई बात नहीं थी लाला जी। चाहते तो ठूँस-ठूँसकर डाल देते सबके मुँह में और सबका धर्म भ्रष्ट कर देते। हाकिम थे। तलवार के ज़ोर पर हुकूमत कर रहे थे।"

"वो ऐसा करते तो बग़ावत न हो जाती?" पूछा लाला जी ने।

"कौन करता बग़ावत? वही हिन्दू, जो अपने मुल्क की हिफ़ाज़त नहीं कर सका? वही जयचन्द, जो मुहम्मद ग़ौरी को बुला लाया था ख़ुशामद करके? वही हिन्दू, जो लाखों की तादाद में इस्लाम कुबूल कर गया?" दिनेश ने तर्क दिया।

"अब तुम उनकी वकालत पर आमादा हो तो अलग बात है मगर रिवायत यही चली आ रही है हमेशा से। अंग्रेज़ के ज़माने में भी रेलवे स्टेशनों पर सरकारी तौर पर हिन्दू पानी अलग रखा जाता था, मुसलमान पानी अलग।" लाला जी हथियार डालने के मूड में नहीं थे।

"अंग्रेज़ की तो पालिसी ही थी फूट डालो, राज करो। वो तो चाहता ही था कि

हिन्दू-मुसलमान क़रीब न आएँ एक-दूसरे के। नफ़रत करते रहें एक-दूसरे को। मगर अब तो हमें साथ-साथ रहते सदियाँ बीत गयी हैं। इनमें ज़्यादातर वो हैं, जिनके दादा-परदादा हिन्दू थे। इनके साथ रोटी-बेटी का रिश्ता क़ायम कर लिया होता तो कभी पाकिस्तान न बनता।'' जोश में आ रहा था दिनेश।

''तक़सीम रोकने के लिए अपना धरम बेच देते हिन्दू?'' लाला जी ने तमककर पूछा।

''धर्म क्या होता है लाला जी। धेर्मो धारयते् प्रजाः। धर्म तो एक वे ऑफ़ लाइफ़ है। आपने अंग्रेज़ों के साथ बैठकर खाने में तरद्दुद नहीं किया मगर मुसलमान से नफ़रत करते रहे।''

''ग़लत। हमने क्रिस्तान के साथ भी वही सुलूक किया, जो मुसलमान के साथ किया। ग़ासिब ग़ासिब है, मुसलमान हो या क्रिस्तान। चार साल हुए मुझे साँस की शदीद तकलीफ़ हो गयी थी। बच्चे पीछे पड़ गये कि लुधियाना चलकर मिस ब्राउन के हस्पताल में दिखाएँगे। मैंने साफ़ कह दिया कि किसी क्रिस्तान डॉक्टर को अपनी नब्ज़ भी नहीं देखने दूँगा। मुझे मर जाना क़ुबूल है, धरम भ्रष्ट करना क़ुबूल नहीं है।''

''यह तो ज़िद की बात हुई लाला जी। अब तो हमारे सारे लीडर, बड़े-बड़े अफ़सर, प्राइम मिनिस्टर, चीफ़ मिनिस्टर्ज़ इंग्लैण्ड-अमेरिका भागते हैं बीमार होने पर।''

''कलजुग है बेटा। अब धरम कहाँ रह गया है।''

लाला जी का पोता रोटी की थाली ले आया। लाला जी ने कहा—

''रख दे।''

लड़के ने थाली आँगन में पड़ी मेज़ पर रख दी। बैठक के ताक़ पर से शीशे का गिलास उठाकर नल पर से धोया और पानी से भरकर टेबल पर रख दिया। अपना काम करके वह जाने को हुआ तो लाला जी ने उसे आवाज़ दी—

''इधर आ रे टिंकू।''

टिंकू दरवाज़े पर आकर खड़ा हो गया।

''ये तेरे ताया जी हैं। पैरी पैना करो इनको।''

टिंकू ने आकर दिनेश के पाँव छुए। उसे पकड़कर अपने से सटाते हुए दिनेश ने पूछा, ''कौन-सी क्लास में पढ़ते हो?''

''चौथी में।''

''कौन से स्कूल में?''

''सनातन धर्म स्कूल में।''

''अरे, वहाँ तो हम भी पढ़े हैं।''

टिंकू ने हैरानी से दिनेश की ओर देखा जैसे झूठ बोल रहा हो दिनेश। इतना

बड़ा आदमी भी क्या स्कूल में पढ़ता है, सोचा टिंकू ने और मन ही मन उसके झूठ पर मुस्कुरा दिया।

"अच्छा, लाला जी, अब मैं चलता हूँ।" उठ खड़ा हुआ दिनेश।

"खाना खा लो।" लाला जी ने कहा।

"आप खाइए, मैं इजाज़त लेता हूँ।"

"अच्छी बात है। आते रहना। और मेरी बात पर ग़ौर भी करना। मैं भी बात करूँगा तुम्हारे भाइयों से।"

इस बात को आगे नहीं बढ़ाना चाहा दिनेश ने।

"जी, बेहतर।" कहकर उसने लाला जी के पाँव छुए और बाहर निकल गया।

दिल्ली गेट की ओर से होकर घर को लौटने के स्थान पर उलटे हाथ को चल दिया दिनेश। उसका टहलने का मन भी था और मालेरकोटला के पुराने गली-मुहल्लों को देखने की इच्छा भी थी। बरोटे वाली मस्जिद से सीधे राजाँ मुहल्ले की तरफ से होकर सीधा तपा मुहल्ला जाने की सोच रहा था वह लेकिन अकारण ही उसके पाँव सरहिन्दी दरवाज़े की ओर मुड़ गये।

अद्‌भुत ढंग से बसा था पुराना कोटला शहर। कोट की दीवार के साथ-साथ मुस्लिम आबादी थीं और बीचों-बीच हिन्दू आबादी। दिल्ली गेट से शुरू करें तो कच्चा कोट, सरहिन्दी गेट, खटीकाँ मुहल्ला, ख़ोजा मुहल्ला, इमाम बाड़ा, ढाबी गेट, बारादरी, केलों-गेट, मुहल्ला चोरमाराँ, महत्याँ मुहल्ला, सुनामी गेट, शेखाँ मुहल्ला और फिर दिल्ली गेट। फ़सील के साथ-साथ के ये सब क्षेत्र सौ प्रतिशत मुस्लिम आबादी के क्षेत्र थे। अपवाद के रूप में इक्का-दुक्का हिन्दुओं के घर थे इन क्षेत्रों में जैसे कच्चा कोट में लाला हरजस राय का मकान, जहाँ से उठकर आ रहा था वह अभी-अभी। शहर का मध्य भाग सौ प्रतिशत हिन्दू आबादी का था। अरोड़ा मुहल्ला, राम नगर, दीवान मुहल्ला, उप्पल मुहल्ला, तपा मुहल्ला में हिन्दू ही हिन्दू थे। अपवाद रूप में यहाँ भी दीवान मुहल्ले में एकाध घर खोजों का, कानूनगो मुहल्ले में दो-चार घर लोहारों के और पुरियाँ मुहल्ले में दो-चार घर धोबी मुसलमानों के थे।

अपवाद रूप में हिन्दू आबादी में बसे मुसलमानों के ये घर शायद पहले दिन से ही मुसलमानों के नहीं थे। लगता है कोटला शहर बसा तो शहर का पूरा मध्यभाग हिन्दुओं के लिए सुरक्षित कर दिया गया था। ये शायद वे लोग थे, जिन्होंने कोटला बनने के बाद धर्म-परिवर्तन किया था। बचपन में सुना था दिनेश ने कि ये ख़ोजे कभी सूद हिन्दू होते थे। दिनेश के बड़े होने तक इनके घरों में शादी-ब्याह के मौक़ों पर वही पुरोहित आता था, जो हिन्दू सूद परिवारों में आता था। अन्तर यह था कि पुरोहित इनके यहाँ ठहरता नहीं था, ठहरता हिन्दू यजमानों के यहाँ था। इनसे सूखा सामान यथा आटा, चावल, कपड़ा, बर्तन, दान-दक्षिणा ले जाता था।

पिछले तीन-चार दशकों में स्थिति बहुत बदल गयी थी। विभाजन के कई वर्षों

के बाद, जिन मुसलमानों के सम्बन्धी पाकिस्तान में जम गये थे, उनकी प्रेरणा से कुछ ऐसे मुसलमान मालेरकोटला छोड़कर चले गये थे, जिनका कारोबार यहाँ ठीक से नहीं चल रहा था। इनमें ऐसे नवयुवक अधिक थे, जिनको बी.ए., एम.ए. करने पर भी कहीं नौकरी नहीं मिल रही थी। ये लोग जाते हुए या तो स्वयं ही अपने मकान बेच गये थे या उनके जाने के बाद उनके सम्बन्धियों ने बेच दिये थे। ख़रीददारों में अधिकतर हिन्दू रिफ़्यूजी ही थे, जो सैंतालीस से अब तक कड़ी मेहनत द्वारा खाते-पीते हो गये थे। विभाजन के समय जो कुछेक परिवार स्वेच्छा से गये थे, उनके मकान भी हिन्दू शरणार्थियों को अलाट कर दिये गये थे। इससे अनेक मुहल्लों में मिश्रित आबादी हो गयी थी। हर घनी मुस्लिम आबादी के बीचोबीच दो-चार घर हिन्दुओं के बस गये थे। मालेरकोटला में बसने वाले हिन्दू शरणार्थियों को एक ही बात का खेद था कि यदि विभाजन के बाद भी उनको इसी प्रकार मुसलमानों के बीच में रहना था तो उन्हें अपने पुश्तैनी मकानों से क्यों उजड़ना पड़ा था।

मकबरा मुहल्ला के बाहर से अराइयों के मुहल्ले में से होता हुआ वह सरहिन्दी गेट पहुँचा तो अच्छी-ख़ासी भीड़ एकत्र हो रही थी वहाँ। दरवाज़े के अन्दर का भाग काफ़ी बड़े आँगन की तरह खुला था, जिसके एक ओर दरवाज़ा था, तीन ओर दूकानें। दरवाज़े के सामने, चौगान के सिरे पर एक घना पेड़ था, जिसके नीचे बैठकर ख़ैरदीन सीख़ कबाब भूना करता था। इस पेड़ पर फ़्लश लाइट्स फ़िट करके और दरवाज़े से पेड़ तक रस्सी तानकर ठीक चौगान के मध्य में काफी ऊँची लाइट लगाई गयी थी, जिसके कारण दिन जैसी रोशनी में नहा रहा था पूरा क्षेत्र।

"आदाब अर्ज़ प्रोफेसर साहिब।" चाय वाले रमज़ान मुहम्मद ने उठकर अभिवादन किया तो दिनेश वहीं रुक गया।

"कैसे हो रमज़ान मियाँ?"

"अल्लाह का करम है। आप कैसे हैं?"

"अच्छा हूँ। ये मेला क्या लग रहा है?"

दिनेश को याद हो आये वे दिन जब वह ताबिश के साथ प्रायः इसकी दूकान पर आया करता था। ख़ैरू से कबाब मंगा देता था रमज़ान उनके लिए। इसी की दूकान में बैठकर कबाब खाते थे मज़े से वे और इसी से चाय बनवाकर पीते थे। सालों-साल चला था यह क्रम। बाहर रखी हुई साफ़-सुथरी कुर्सी को उठकर फिर से झाड़ दिया रमज़ान ने।

"तशरीफ़ रखिये। आज मेंढ़ों की लड़ाई है। ढ़ाई हज़ार की शर्त बदी है सग़ीर मुहम्मद और जब्बार मुहम्मद के बीच।"

"तब तो देखनी चाहिए यह लड़ाई।"

"बिस्मिल्लाह। आने ही वाले हैं मेंढ़े बस।" अपनी जगह से थोड़ा ऊपर उठकर उसने भीड़ के सिरों के ऊपर से दरवाज़े की ओर देखा और बोला—

"सग़ीर तो आ गया। क्या सजाकर लाया है मेंढ़े को।"

"देखें।" उठ खड़ा हुआ दिनेश लेकिन वहाँ से केवल भीड़ ही भीड़ दिखाई दे रही थी।

"ऊपर तशरीफ़ ले आइए दूकान में।" रमज़ान ने सुझाव दिया।

"मजमे में खड़े होकर ही क्यों न देखें।" दिनेश ने कहा और भीड़ में घुस गया। सरकते-सरकते मध्य तक आ पहुँचा वह।

दरवाज़े की ओर से सग़ीर अपना मेंढ़ा लिए चला आ रहा था दूल्हे की तरह। मेंढ़े को कई दिन पहले मेंहदी लगा दी गयी थी, जिससे उसके शरीर पर तरह-तरह के डिज़ाइन बने हुए थे। खटीक मुहल्ले की ओर से जब्बार मुहम्मद चला आ रहा था। उसके मेंढ़े के शरीर पर मेंहदी से अल्लाह और मुहम्मद लिखा हुआ था। दोनों मेंढ़ों के मालिकों ने चमकीले कुर्ते-पाजामे पहन रखे थे। जब्बार के गले में रेशमी रूमाल बँधा हुआ था। बाज़ू पर मोतिये की माला थी। सग़ीर के सिर पर जिन्ना कैप थी और कन्धे पर हरे रंग का अंगोछा था।

दोनों का बड़ी गर्मजोशी के साथ स्वागत किया भीड़ ने। लगता था दोनों के समर्थक बड़ी संख्या में मौजूद हैं। मध्य भाग को खाली छोड़कर गोलाकार में खड़ी थी भीड़। मध्य भाग में एक ओर बेंत की कुर्सी रखी हुई थी रेफ़्री के लिए। मेंढ़ों का रणक्षेत्र सफेद चूने की गोलाकार लकीर द्वारा सुनिश्चित किया गया था। लकीर के बाहर खड़े हो गये दोनों मालिक अपने-अपने मेंढ़े लेकर। मुँह में व्हिसल दबाए, शेरवानी-पाजामे में, तुर्की टोपी पहने, क़ुर्बान अली आकर बैठ गये रेफ़्री की कुर्सी पर। दोनों मालिकों ने साढ़े बारह-बारह सौ निकालकर रेफ़्री को दे दिये। ये पच्चीस सौ रुपये उसको मिलेंगे, जिसका मेंढ़ा विजयी होगा।

"शुरू करें?" रेफ़्री ने दोनों से पूछा।

"बिस्मिल्ला।" ज़ब्बार ने कहा।

"हुक्म अल्ला दे नाल।" सग़ीर बोला।

रेफ़्री ने सीटी बजा दी। दोनों मेंढ़ों की रस्सियाँ खोल दीं मालिकों ने।

पहलवानों के कुश्ती लड़ने की तरह टूट पड़े एक-दूसरे पर दोनों मेंढ़े। थोड़ा पीछे हटकर हमले की तैयारी करते और सिर नीचा करके एक-दूसरे पर टूट पड़ते। दोनों के सिरों के टकराने से भयानक आवाज़ निकलती। हर बार भीड़ हो-हल्ला करती।

"चल्ल ओय जब्बार द्या।"

"पिच्छे न हटीं सग़ीर आलया।"

"उड़ा दे फक्की।"

"चक्क दे फट्टे।"

"इज़्ज़त दा सवाल ऐ ओय शेरा।"

"खाधे दा हक अदा करनै जवाना।"

भाँति-भाँति की बोलियाँ बोल रहे थे लोग। कुछ आवश्यकता से अधिक उत्साहित थे, जो आगे की पंक्ति में खड़े मेंढ़ों को उनके जैसी हरकतों द्वारा प्रोत्साहन दे रहे थे। जब कहते थे 'उड़ा दे शेरा' तो मेंढ़े की तरह अपना सिर भी नीचे करके इस प्रकार घुमाते थे, जैसे मेंढ़ा नहीं, वे स्वयं भिड़ रहे हों।

आधा घण्टा चली मेंढ़ों की लड़ाई। लहू-लुहान हो गये दोनों मेंढ़े। जब्बार का मेंढ़ा पीछे को हटने लगा। उसे समर्थकों ने बहुत जोश दिलाया उसे लेकिन उसका दम टूटता हुआ दिखाई दिया। सिर से टक्करें मार-मारकर अन्ततः सग़ीर के मेंढ़े ने सफ़ेद लकीर से बाहर निकाल दिया जब्बार के मेंढ़े को। सग़ीर ने आगे बढ़कर बाँहों में भर लिया मेंढ़े को और उसका माथा चूम लिया।

जय-जयकार हो उठी सग़ीर की। क़ुर्बान अली ने उसकी विजय की विधिवत् घोषणा की और पच्चीस सौ रुपये उसकी हथेली पर रख दिये। सग़ीर के समर्थकों ने मेंढ़े के गले में फूल मालाएँ पहनाईं। उसे थपथपाकर शाबाशी दी और विजय के जुलूस की शक्ल में उसे घर तक पहुँचाने गये।

विजय का जुलूस तालाब की ओर मुड़ा तो दिनेश सीधे हाथ को होकर नयी आबादी की ओर चल दिया और क्लब के ऊपर से होता हुआ बस स्टैंड की ओर से निकलकर अपने घर जा पहुँचा।

घर पहुँचा तो अविनाश और उसकी पत्नी आये हुए थे। उनका बेटा लोकू अर्थात् आलोक भी था साथ में। रजनी की तो मौज लगी हुई थी। लोकू के साथ खेलते-खेलते वह गद्गद् हो रही थी। नेहा से भी ख़ूब बतिया चुकी थी वह। अविनाश तो पत्नी-बच्चे को घर पर छोड़कर अपने काम से चला गया था। अभी घण्टा भर पहले ही लौटा था।

"आप कहाँ थे डैडी? हर सम्भव जगह फ़ोन करके पूछ रहा हूँ घण्टे भर से। आपका कहीं पता ही नहीं।" अविनाश ने पिता के पाँव छूते हुए कहा।

"मैं जहाँ था, वहाँ फ़ोन नहीं है।"

"कहाँ थे आप?"

"मेंढ़ों की लड़ाई देख रहा था सरहिन्दी दरवाज़े पर।"

"आपका भी जवाब नहीं डैडी। बुढ़ापे में बचपन के सारे शौक जाग उठे हैं आपके।"

"हाँ बेटा, मैं इन दिनों नॉस्टेल्जिया में जी रहा हूँ। नॉस्टेल्जिया बहुत इम्पॉर्टेंट फ़ेक्टर है हमारे जीवन का। लगता है चालीस-पैंतालीस साल पीछे लौट गया हूँ और एकदम मस्त हो गया हूँ अपने अतीत में।"

"अभी तो बेटा, ये कबूतरबाज़ी करेंगे, बटेरबाज़ी करेंगे, मुर्गियाँ पालेंगे, पतंग उड़ाएँगे, होली के हुड़दंग में जाएँगे, ईद की नमाज़ पढ़ेंगे, ताज़ियों के मातम में शामिल होंगे वग़ैरा-वग़ैरा।" रजनी ने चुटकी ली।

"तो क्या हर्ज है इसमें? अगर अतीत वर्तमान से अधिक लुभावना है, सुख देता है, मन को आनन्दित करता है, तो क्या ख़राबी है अतीत में जीने में? आदमी की सबसे बड़ी तलाश क्या है? पीस ऑफ़ माइंड। जहाँ मन की शान्ति मिले, वहीं स्वर्ग है।"

चुप हो गये सब लोग।

कुछ क्षण बाद दिनेश ने पूछा—

"तुम कैसे आ गये आज?"

"डैडी, यहाँ हमारी तीन-चार पार्टियाँ हैं। महीने के महीने उनसे पेमेंट्स कलेक्ट करते हैं हम। मेरा सेल्ज़मैन आता है हर महीने। इस बार हमारा सबका मन हो रहा था आपसे और मम्मी से मिलने का, इसलिए हम चले आये।"

"अच्छा किया। तुम ही ले जाया करो हर महीने आकर पेमेन्ट। इस बहाने तुमसे हर महीने मुलाक़ात भी होती रहेगी।"

"अब तो आपकी सेटिंग हो गयी यहाँ पर। कुछ दिनों के लिए हमारे साथ चलिए ना लुधियाना।" अविनाश ने आग्रह किया।

"अभी नहीं बेटा। अभी कुछ दिन और नॉस्टेल्जिया को भोगना चाहता हूँ। इसके बाद आऊँगा तुम्हारे पास। रहूँगा काफ़ी दिन वहाँ पर।"

"चलिए, जैसी आपकी मर्ज़ी।"

उधर मेज़ पर खाना लगा दिया बहू और रजनी ने मिलकर। लोकू को गोद में बिठा लिया दादी माँ ने। सब एक साथ बैठकर खाने लगे।

"डैडी, मेरी एक डील चल रही है जर्मनी की एक फ़र्म के साथ। बहुत बड़ा कन्साइन्मेंट माँग रहे हैं वे।"

"अच्छा?"

"उनका रीप्रिज़ेन्टेटिव आने वाला है लुधियाना अगले महीने। यह डील क्लिंच हो जाए तो मुझे चार लाख का फ़ायदा भी मिलता है और आगे के लिए रास्ता भी खुलता है।" उत्साहित दिखाई दे रहा था अविनाश डील को लेकर।

"तो कर डालो क्लिंच। क्या सोच रहे हो?" दिनेश ने पूछा।

"सोच रहा हूँ कि कन्साइन्मेंट पूरा करने के लिए पैंतीस लाख का इन्वेस्टमेंट चाहिए। रिटर्न तो मिल जाएगा तीन-चार महीने के अन्दर, मगर उधार पर माल उठाएँ तो एक तो हमारी प्रेस्क्रिप्शन का नहीं मिलेगा, दूसरे मार्जिन ऑफ़ प्रोफ़िट भी घटेगा।"

"अगर तीन महीने में पैंतीस का उन्तालीस होता है, तो क्या ख़राबी है इसमें। कर लेना चाहिए मेरे हिसाब से।"

"डैडी, दिक्क़त ये है कि मेरे पास अभी दस लाख कैश है। दसेक का प्रबन्ध मार्केट से हो जाएगा। बाकी का पन्द्रह लाख कहाँ से लाऊँ, यही समझ में नहीं आ रहा।"

"बैंक से लोन ले लो।" दिनेश ने समझाया।

''अठारह परसेंट पर मिलता है। मुनाफ़े का मेजर शेयर तो इंटरेस्ट में ही निकल जाएगा।''

सोचने लगा दिनेश।

काश! भाई साहिब समझ लेते उसकी बात। क्या दे रही है पुरखों की ज़मीन? बटाई-चकोता का दस-बीस हज़ार वार्षिक और बीस-तीस बोरी गेहूँ-चावल। आज भी बेचें तो पचास-साठ लाख की बिकेगी। पन्द्रह-पन्द्रह लाख हिस्से आता है सबके। कुछ भी न करें, बैंक में डाल दें तो पन्द्रह हज़ार रुपया ब्याज का आ जाएगा एक को एक महीने का। मगर उनको कौन समझाए।

''होने दो कम मार्जिन। चार नहीं, तीन बचेगा, दो बचेगा, आगे को रास्ता तो खुलेगा।'' दिनेश ने कहा।

बहुत संकोच से, कई बार सोचने के बाद, अविनाश ने जैसे डरते-डरते कहा,

''डैडी, अगर कुछ पैसा घर में से निकाल पाते हम तो....''

''देखो बेटा, मैंने तुम दोनों भाइयों से कभी कोई पर्दा नहीं रखा। बीस लाख मिला था रिटायरमेंट पर। आठ लाख में ये घर ख़रीद लिया। दो लाख का क़र्ज़ा बक़ाया था तीन मित्रों का जो तुम्हारी शादी पर लिया था उनसे। तीनों ने बिना ब्याज के पैसा दिया था। शायद इसीलिए देर भी होती रही लौटाने में। उनका हिसाब क्लीयर कर दिया। बाक़ी बचे दस लाख की एफ.डी. करा दी थी यहाँ। उसी का इंटेरेस्ट मिलता है दस हज़ार रुपया महीना, जिससे यह घर चला रहे हैं हम। तुमको पता है कि हमने तुम दोनों से कभी एक पैसा भी नहीं माँगा। इस एफ.डी. को भुनवा लेंगे तो हमारा गुज़ारा मुश्किल हो जाएगा।''

''एफ.डी. भुनवाने की बात तो मैंने कभी सोची भी नहीं डैडी। आपका सोर्स ऑफ़ इन्कम बन्द करके कन्साइन्मेंट थोड़ा भेजना है मुझे.......एक्टुयली मुझे डिटेल्स मालूम नहीं थीं। मेरा ख़याल था आपके पास बीस लाख है।''

''होता, तो इतनी देर लगती मुझे चेक काटने में?''

''चलिए छोड़िए डैडी, मैं कर लूँगा कहीं से। आप इसकी कोई टेंशन मत लेना। मेरा तो व्यापार है, यह सब चलता ही रहता है।''

खाना खाकर अविनाश और नेहा जाने को हुए तो रजनी ने कहा—

''रात भर की तो बात है, सोना ही है वहाँ जाकर भी। सवेरे पाँच बजे निकल जाना। छह बजते को पहुँच जाओगे। लोकू का स्कूल तो आठ बजे ही है।''

''मैं उठ जाऊँगा चार बजे। मेरी चिन्ता न करें।'' लोकू का मन नहीं था इस समय जाने का।

''यह उठेगा चार बजे। साढ़े सात बजे बस आती है स्कूल की। साढ़े छह से जगाना शुरू करती हूँ। लगभग भागकर बस पकड़नी पड़ती है कई बार तो।'' नेहा बोली।

"वहाँ की बात और है। आप अलार्म क्लॉक रख देना मेरे सिरहाने, चार बजे का अलार्म लगाकर। मैं उठकर आपको भी जगा दूँगा।" लोकू का आग्रह कायम था।

"चलो ठीक है, सवेरे-सवेरे निकल जाना। हम लोगों को भी भरे-भरे घर में सोने का मौक़ा मिल जाएगा एक रात के लिए।" दिनेश ने लोकू को भरपूर समर्थन देते हुए कहा।

"चलो ठीक है नेहा, सुबह जल्दी निकल लेंगे।"

"मगर मैं तो नाइट सूट भी नहीं लायी।" नेहा ने अपनी परेशानी बतायी।

"तो मैं कौन-सा लेकर आया हूँ। मैं डैडी का कुर्ता-पाजामा पहन लूँगा, तुम मम्मी का सूट पहन लो।" अविनाश ने समस्या का समाधान बताया।

"और मैं?" लोकू ने पूछा।

"आप शर्ट-नीकर उतार दीजिए ताकि खराब न हो और दादी माँ के पल्लू में छिपकर सो जाइए।" अविनाश बोला।

देर रात तक बातें करते रहे बाप-बेटा बैठे ड्राइंग रूम में। सास-बहू बैडरूम में बातें करती रहीं। लोकू कभी इधर, कभी उधर। थक-हारकर दादी माँ की गोद में सो गया लोकू तो नेहा भी उठ खड़ी हुई। अविनाश और नेहा सामने वाले बैडरूम में चले गये और दिनेश उठकर अपने बैडरूम में आ गया।

नींद नहीं आ रही थी दिनेश को। बार-बार ध्यान आ रहा था कि बेटे को पैसे की आवश्यकता है और उसके पास देने को पैसा नहीं है। पुरखों की जायदाद तो चालीस साल से धो-धोकर पी रहे हैं तीनों भाई। चलो, हवेली में तो वे लोग बस रहे हैं, निकालकर कौन बाहर कर सकता है लेकिन ज़मीन क्या अण्डे दे रही है पड़ी-पड़ी? ज़मीन बेच दी जाए तो वह हवेली में बनते अपने हिस्से का कैश पर सेटलमेंट कर सकता है। बीसेक लाख हाथ में आ सकते हैं आराम से। मगर भाई साहिब....उनको क्या पड़ी है कि मेरी सुनें। सारा कुछ उनके हाथ में ही तो है। मज़े से भोग रहे हैं। ज़मीन की चकोता-बटाई में से एक पैसा नहीं दिया उन्होंने कभी मुझको। अनाज की ज़रूर कहते थे हर साल, ले जाओ। मगर कैसे ले जाता? ट्रांसपोर्टेशन पर जितना पैसा लगता, उतने में तो गेहूँ ही खरीद लेता था मैं चण्डीगढ़ से। सोचते-सोचते कई बार करवट बदली दिनेश ने।

"नींद नहीं आ रही है क्या?" रजनी ने उसे करवटें बदलते हुए देखकर पूछा।

"आ जाएगी।"

"कोई टेंशन है?"

"नहीं, टेंशन काहे की होनी है।"

"अविनाश के बारे में सोच रहे होंगे। उसकी चिन्ता मत करो, वह कर लेगा कहीं न कहीं से इन्तज़ाम। नेहा ला देगी अपने बाप से। करोड़ों की असामी है उसका बाप। तुम टेंशन मत लो।"

"वो तो करेगा ही कुछ न कुछ। मैं सोच रहा था, अपने पास होता तो बच्चे के हाथ पर रख देते तुरन्त।"

"अब नहीं है तो कहाँ से लाकर रख दें उसके हाथ पर? ज़्यादा सोचो मत, सो जाओ। सुबह बच्चों को जल्दी निकलना है।" कहकर रजनी ने करवट बदली और दीवार की ओर मुँह कर लिया। लोकू उन दोनों के बीच डबल बैड पर सो रहा था। नींद, वास्तव में, न रजनी को आ रही थी और न दिनेश को।

सुबह साढ़े पाँच बजे बच्चे चले गये तो दिनेश आकर फिर से लेट गया बैडरूम में।

"क्या हुआ? सैर को नहीं जाना है क्या?" रजनी ने उसे फिर से लेटते देखकर पूछा।

"आज मन नहीं है। बदन दुख रहा है।"

"सारा दिन शहर के गली-मुहल्लों में घूमते हो, फिर आधी-आधी रात तक जागकर किताबें पढ़ते हो, थकना तो होगा ही। अब शरीर में वो पुरानी जान नहीं है जवानी वाली। अपना सहज-सा टाइम-टेबल बनाओ। सवेरे उठो, सैर करो, नाश्ता करो, अख़बार-वख़बार पढ़ो, घण्टा भर कहीं घूम आओ। दोपहर को खाना खाकर घण्टा भर सोओ। शाम को टहलने निकलो। मुझे भी साथ ले लिया करो। रात का खाना आठ बजते को खा लो। घण्टा भर अपनी किताब पढ़ो। दस बजते को सो जाओ।" भाषण ही दे डाला रंजनी ने।

"तुमने तो डॉक्टर की तरह प्रेस्क्रिप्शन ही लिख डाली। शायद तुम उदास हो गयी हो अकेले रहने से। मुझे अहसास है रजनी कि मैं तुम्हें अकेली छोड़कर निकल जाता हूँ और दिन भर नहीं लौटता लेकिन तुम्हें पता है कि ये कुछ ही दिनों की बात है। मेरे पागलपन का दौरा है यह, लम्बा नहीं चलेगा। अपना अतीत ढूँढ़ लूँगा तो निश्चिन्त होकर रहूँगा घर में। तुम सारी ज़िन्दगी को-ऑपरेट करती आयी हो मेरी व्हिम्स के साथ। एक बार और सही।"

अपने अकेलेपन की बात को लेकर दिनेश को दुखी करने का इरादा नहीं था रजनी का इसलिए उसने बात को आगे नहीं बढ़ाया। पैताने बैठकर उसके पाँव दबाने लगी।

"बदन दुख रहा है तो लाओ थोड़ी देर पैर दबा देती हूँ।"

"अरे नहीं, ऐसा भी नहीं दुख रहा है कि तुम दासियों की तरह पाँव दबाने बैठ जाओ। हो जाएगा ठीक अभी। रात नींद नहीं आयी ठीक से। घण्टा भर सो लूँगा तो फ्रेश हो जाऊँगा।"

"तो सो जाइए, किसने मना किया है।" पूर्ववत् पाँव दबाती रही रजनी।

उलझन शरीर की नहीं, मन की थी। थकान शरीर नहीं, दिमाग़ अनुभव कर रहा था। लेकिन रजनी से क्या कहता वह? सारी उम्र जिस औरत के सामने भाइयों के

क़सीदे पढ़ता रहा है वह, अब उनके बारे में यह कैसे कह दे कि वे अपने स्वार्थ में अन्धे हो रहे हैं। उसकी उपेक्षा कर रहे हैं। उसके पैत्रिक अधिकार से वंचित रख रहे हैं उसे।

सोने का अभिनय भी किया दिनेश ने और कोशिश भी ताकि रजनी पाँव दबाना बन्द करे और या तो खुद भी लेट जाए या उठकर किसी दूसरे काम में लग जाए। सफल भी हो गया वह इस अभिनय में। रजनी ने देखा दिनेश सो गया है तो वह उठकर किचन में चली गयी।

नींद नहीं आयी दिनेश को क्षण भर के लिए भी लेकिन वह लेटा रहा आठ बजे तक। इस बीच उसने क्या कुछ सोचा, उसे स्वयं भी याद नहीं था लेकिन उठा तो मन और भी अधिक खिन्न था। शरीर और भी अधिक टूटा हुआ अनुभव हो रहा था।

दस बजे तक उसने न दाढ़ी बनाई, न नहाया, न नाश्ता किया।

"किसी डॉक्टर के चलें क्या? आपकी तबीयत ठीक नहीं लगती। बताते क्यों नहीं आप, क्या तकलीफ़ है?"

उसका दस बजे तक इस प्रकार नित्यकर्म के प्रति उदासीन रहना रजनी के गले से नीचे नहीं उतर रहा था।

"अब इसमें डॉक्टर क्या करेगा? बदन दुख रहा है। धूप-ऊप खा गया हूँगा। लू भी तो कैसी भयानक चल रही है आजकल।"

"तो डॉक्टर कोई दवा-अवा दे देगा।"

"मैं अगर बिना दवा के ठीक हो जाऊँ तो तुम्हें कोई एतराज़ है?"

"मैं हारी बाबा। जो जी में आये, करो। मेरी कभी सुनी है, जो अब सुनोगे।" रजनी के स्वर में क्रोध नहीं, मनुहार थी।

साढ़े दस बजे यश आ गया। वह भी दिनेश को इस हालत में देखकर विस्मित हो गया।

"तबीयत तो ठीक है भाई साहिब? आप और इस समय तक अन-शेव्ड, अन-बेद्ड?"

"कुछ नहीं, लिथार्जी आयी हुई है आज। रात देर से सोये थे, सुबह जल्दी जागना था। अविनाश आया हुआ था। देर रात तक उससे बातें करते रहे। सवेरे उसे जल्दी जाना था, हम भी जल्दी जग गये।"

"कोई हेल्थ प्राब्लम तो नहीं ना?"

"एब्सोल्यूटली नॉट।......तुम कैसे आ गये इस वक़्त?"

"उम्मीद तो नहीं थी कि आप इस वक़्त घर पर मिलेंगे। एक पार्टी आयी हुई थी बड़ौदा से। उसे गाड़ी तक पहुँचाने आ गया था। सोचा, देखूँ एक नज़र, अगर बाइ-चांस आपके दर्शन हो जाएँ।"

"नार्मली तो मैं नौ बजे तक निकल जाता हूँ घर से लेकिन आज तुम्हें आना था, शायद इसीलिए लिथार्जिक हो रहा था।"

यश को बहुत प्यार था दिनेश से। एम.ए. के दो वर्ष उसने दिनेश के पास रहकर ही बिताये थे। बहुत निकट से देखा था उसने दिनेश को। उसे मालूम था कि दिनेश जब तक किसी टेंशन में न हो, अपना सुबह का रूटीन नहीं तोड़ते।

"कुछ परेशानी है क्या भाई साहिब?"

"अरे नहीं, परेशानी काहे की होगी मुझे।" बात को टालना चाहा दिनेश ने।

"मुझे अखिलेश समझकर आप अपनी कोई भी चिन्ता मुझसे शेयर कर सकते हैं।"

"वो तो मैं हमेशा से ही समझता हूँ। तुमको और कुलदीप को मैंने कभी अखिलेश-अविनाश से अलग थोड़े जाना है।"

"तभी तो कह रहा हूँ, कोई परेशानी हो तो बताइए।"

"कोई न हो तो गढ़कर बताऊँ क्या?" दिनेश ने निश्चय कर लिया कि यश को अपनी उद्विग्नता में शामिल नहीं करना है।

थोड़ी देर भैया-भाभी से बात-आत करके यश चला गया तो सोचने लगा दिनेश।

कैसे रिश्ते हैं ये! मोह के कैसे बन्धन हैं! न तोड़ते बनता है, न निभाते। उसने हमेशा से ही यह समझा था कि हर आदमी किसी न किसी दूसरे के लिए जीता है। माँ-बाप अपने बच्चों के लिए जीते हैं। बड़े भाई छोटे भाई-बहनों के लिए जीते हैं। उसकी मान्यता थी कि सम्बन्धों की इस परिधि को घटाना-बढ़ाना व्यक्ति की अपनी इच्छा, अपने सामर्थ्य पर निर्भर करता है। कोई चाहे तो इस परिधि को फैलाकर दूर-निकट के सम्बन्धियों को भी इसके भीतर ला सकता है। चाहे तो इसे इतना समेट सकता है कि परिधि के भीतर केवल उसके व्यक्तिगत परिवार के लिए ही स्थान हो, अन्य कोई उसमें न समा सके।

परख की घड़ी आती है, जब कोई आर्थिक समस्या आ खड़ी होती है। मोह के चिपचिपे पाश के रहते भी स्वार्थ मुख्य स्थान ले लेता है। जीवन के मध्यान्ह तक तो अन्धा मोह होता है। अपने विषय में कम ही सोचता है व्यक्ति। भविष्य के बारे में भी विशेष चिन्ता नहीं होती उसको। सुरक्षा-असुरक्षा का प्रश्न भी नहीं होता सामने। बहुत ही कम लोग हैं ऐसे, जो जीवन के मध्यान्ह में भविष्य की प्लानिंग करके भविष्य सुरक्षित करने में लगते हैं। शेष सब तो भावुकता के प्रवाह में बहते चले जाते हैं। सम्बन्धों की नदी का वेग उन्हें प्रफुल्लित करता रहता है। बहने में अतीव आनन्द की अनुभूति होती है। लेकिन जब परीक्षा की घड़ी आती है कोई, तब उसमें उत्तीर्ण होने वाले बिरले ही होते हैं। शेष सब तो फेल ही होते हैं।

याद आया उसे हरिचन्द अख़्तर का शे'र—

हमें भी आ पड़ा है दोस्तों से काम कुछ यानी,

हमारे दोस्तों के बेवफ़ा होने का वक़्त आया।

जब तक काम नहीं पड़ता, वफ़ा ही वफ़ा है, प्यार ही प्यार है, मोह ही मोह है लेकिन जब काम पड़ता है तो प्यार, वफ़ा, मोह सब किताबों की बातें लगने लगते हैं। सत्य अपनी समग्र कटुता के साथ सामने आ उपस्थित होता है कि सामूहिकता के भ्रम में सब अपनी-अपनी ज़िन्दगी जीते हैं। तब उसे लगता है कि वही मूर्ख था, जो निःस्वार्थ भाव से जुड़ा रहा दूसरों के साथ। कोई स्वार्थ, कोई मतलब, कोई अर्थ-लाभ सामने रखना चाहिए था। भले ही स्वार्थ का एजण्डा गुप्त रहता मगर होता तो कोई न कोई स्वार्थ।

लेकिन यह क्या कम महत्त्वपूर्ण है कि तुम जिसे चाहते हो, वह तुम्हारे पास हो। जिसके सान्निध्य में सुख की अनुभूति होती है, वह आँखों के सामने हो। जिसको हर दुःख से, हर तकलीफ़ से आज़ाद देखना चाहते हो, उसके लिए स्वयं झेल लो थोड़ी-सी पीड़ा।

भाइयों ने क्यों नहीं सोचा इस अन्दाज़ से? क्यों नहीं ख़ाली कर दिये हवेली के दो कमरे कि सालों-साल से अलग-थलग पड़ा भाई आकर सबके साथ रहेगा, आँखों के सामने होगा, सान्निध्य का सुख देगा? अपनी सुविधा के सामने छोटी पड़ गयी हर सोच। आदत पड़ चुकी थी जितनी जगह में रहने की, उससे कम जगह की कल्पना करना भी कठिन हो रहा था।

आज अविनाश को पैसों की आवश्यकता है। भाइयों के पास पैसे की कमी नहीं है। लेकिन माँगूँ तो वे देंगे क्या? बड़े भाई तो समझेंगे कि बहाने से माँग रहा है अपना हिस्सा। ग़लतफ़हमी और भी गहरा जाएगी। न माँगूँ तो अपने से तो देने से रहे वे।

हो सकता है मैं ही ग़लत सोच रहा हूँ। शायद भाइयों को लगा होगा कि मैंने बहुत पैसा कमा रखा है। दोनों बेटे कमा रहे हैं। पैसे की क्या कमी होगी मेरे पास। या हो सकता है वे अपनी जगह सोच ही रहे हों कि एक दिन तो जायदाद को बँटना ही है। हो सकता है अपनी-अपनी ज़गह कोई तरकीब सोच रहे हों कि कैसे इस प्रकार से बँटवारा किया जाए कि समाज में स्थापित मर्यादा पर आँच भी न आये और बँटवारा भी हो जाए। क्यों लगने लगा है मुझे कि भाई औपचारिक सम्बन्ध निभा रहे हैं अन्यथा न किसी को उससे प्यार है, न उसकी चिन्ता।

चलो, देखेंगे अविनाश की ज़रूरत की बात करके भाई साहिब से। भाई साहिब से ही क्यों, तीनों को इकट्ठे बिठाकर बात करेंगे। वे दोनों भी तो बराबर के पार्टनर्स हैं व्यापार में। देखें, क्या उत्तर देते हैं। ईश्वर करे मेरा इस प्रकार से सोचना निराधार सिद्ध हो।

लेकिन अगर मेरा सोचना सही सिद्ध हुआ, तो? यदि यही उभरकर सामने आया कि सम्बन्धों का आधार मात्र अर्थ होता है, तब? तब तो रहा-सहा सम्बन्ध भी

समाप्त हो जाएगा। कच्चे धागे का सम्बन्ध कहते हैं प्यार को। कच्चे धागे की परीक्षा नहीं लेनी चाहिए। ज़रा-से झटके से भी टूट सकता है। झटका न पड़े तो वर्षों-वर्षों चलता रहता है, काम देता रहता है, यह चमत्कार दिखाता रहता है कि कच्चा होकर भी नहीं टूटा।

रहिमन धागा प्रेम का मत तोड़ो चटकाय।
तोड़े से फिरि ना जुड़े जुड़े गाँठ पड़ जाय।

गाँठ लेकर कैसे जियेगा वह? गाँठ तो मन में ही पड़ेगी ना। मनोग्रन्थियाँ सम्बन्धों के लिए बड़ी घातक होती हैं। वह तो सारी उम्र दूसरों की मनोग्रन्थियाँ खोलता रहा है। सबको सम्बन्धों का घेरा बड़ा करने का उपदेश देता रहा है। अपने विद्यार्थियों को समझाता रहा है कि दूसरों के लिए जीने में जो आनन्द है, वह अपने लिए जीने में नहीं है। कैसे एबाउटटर्न कर लेगा वह? कैसे?

छह

दोपहर तक उधेड़-बुन उसी प्रकार चलती रही दिनेश की। कोई रास्ता सुझाई नहीं दे रहा था विचारों के इस चक्रव्यूह से बाहर निकलने का तो उसने सब कुछ समय पर छोड़ देने का निर्णय किया और उठकर बाथरूम चला गया। शीशे के सामने खड़े होकर उसने दाढ़ी बनाई। नहाया-धोया। खाना खाया।

खाने के बाद रजनी कूलर चलाकर बैडरूम में लेट गयी। दिनेश ने सुबह से अख़बार नहीं पढ़ी थी। डाइनिंग टेबल पर ही बैठा अख़बार पढ़ता रहा। फिर उठकर ड्राइंग रूम में जा बैठा। वहाँ रखी किताबों की अलमारी में से एक किताब निकाली और पढ़ने लगा।

चार बजे के लगभग रजनी उठी। देखकर हैरान हुई कि दिनेश घर पर ही था। झाँककर देखा, वह ड्राइंग रूम में सोफ़े पर लेटा किताब पढ़ रहा था। वह किचन में गयी और चाय बनाकर ले आयी। चाय का कप दिनेश की ओर बढ़ाते हुए उसने पूछा–

"कैसी तबीयत है अब?"

"ठीक है।"

"आज सूरज पश्चिम से चढ़ा था क्या?"

"क्यों, क्या हुआ?" किताब का पन्ना मोड़कर किताब बन्द कर दी दिनेश ने और उठकर चाय का कप ले लिया रजनी से।

"आज आप घर पर हैं सुबह से, इसलिए पूछ रही हूँ।"

"बस ऐसे ही, मन नहीं हुआ कहीं जाने का। शाम को निकलूँगा। तुम चलोगी?"

"कहाँ?"

"पण्डित ख़ुशहाल चन्द के यहाँ जाऊँगा।"

"ये कौन हैं?"

"बाबूजी के पुराने मित्र हैं।"

"मुझे चट्टानें देखने का शौक़ नहीं है।" रजनी ने मुस्कुराते हुए कहा।

"तो तुम्हारी मर्ज़ी।"

पाँच बजे घर से निकला दिनेश और पंडित ख़ुशहाल चन्द के घर की ओर चल दिया। बहुत दूर नहीं था पण्डित जी का घर। जामा मस्जिद के पिछवाड़े में रहते थे। लेकिन अभी दिन की तपिश कम नहीं हुई थी, इसलिए उसने रिक्शा ले ली।

पण्डित जी के दरवाज़े की घण्टी बजाई दिनेश ने। दरवाज़ा खोलकर एक बारह-चौदह वर्ष की लड़की ने पूछा—

"कहिए?"

"पण्डित जी घर पर हैं?"

"अभी-अभी निकले हैं साइकिल लेकर। देर से लौटेंगे।"

ऐसे स्वस्थ तो नहीं हो सकते पण्डित ख़ुशहाल चन्द इस आयु में कि साइकिल लेकर निकले हों। कहीं कुछ गड़बड़ हो रही थी। तुरन्त उसे ध्यान आया कि हो सकता है यह लड़की उनकी पोती हो। इसके पिता को भी तो पण्डित जी ही कहते होंगे लोग।

"पण्डित ख़ुशहाल चन्द जी के बारे में पूछ रहा था मैं।"

"वोह! दादाजी। वे तो मन्दिर में हैं।" सामने दिखाई दे रहे गली के मन्दिर की ओर इशारा करते हुए लड़की ने कहा।

ठीक ही सोचा था दिनेश ने। लड़की पोती ही थी पण्डित जी की।

"ठीक है, मैं वहीं मिल लेता हूँ।"

"चलिए मैं पहुँचा दूँ।"

दरवाज़ा खुला छोड़कर लड़की आगे-आगे चल दी।

मन्दिर के कपाट बन्द थे। साँकल-कुण्डी नहीं लगी थी। लड़की ने दोनों हाथों से कपाट खोले और आवाज़ दी—

"दादा जी......"

"क्या है गुड़िया?" मन्दिर के बरामदे में ठीक बिजली के पंखे के नीचे चारपाई पर लेटे हुए पण्डित जी ने पूछा।

"आपसे मिलने आये हैं कोई।"

"मुझसे? कौन है?"

कुहनी को बिस्तर पर गड़ाकर उठ बैठे पण्डित जी।

आगे बढ़कर पाँव छुए दिनेश ने।

"प्रणाम, चाचा जी।"

चाचा जी शब्द पर चौंके पण्डित जी। गुड़िया को भी विस्मय हुआ। गुड़िया ने हमेशा लोगों को पण्डित जी कहकर बुलाते सुना था।

"कौन है भाई? मैंने पहचाना नहीं।" सीधे हाथ से दोनों भवों के ऊपर ओट करके ध्यान से देखा पण्डित जी ने उसकी ओर लेकिन पहचान नहीं पाये।

"मैं दिनेश हूँ चाचा जी।"

"दिनेश? प्रभ दयाल का बेटा?"

"जी।"

दोनों बाँहें फैला दीं पण्डित जी ने उसकी ओर। चारपाई की बाज़ू पर बैठकर दिनेश गले मिला पण्डित जी से। दोनों हाथों से पण्डित जी ने उसके गालों को छुआ। सिर पर हाथ फेरकर बोले–

"तुम तो चण्डीगढ़ में हो ना?"

"चण्डीगढ़ में था चाचा जी। रिटायर होकर यहीं आ गया हूँ।"

"अच्छा किया।.....भाई-वाई सब मज़े में हैं ना?" पूछा पण्डित जी ने।

"जी, आपका आशीर्वाद है।"

"वे तो आते ही नहीं कभी। अपने-अपने कारोबार में मस्त हैं। उनको क्या पड़ी है कि जाकर देखें कि उनके बाप का लंगोटिया यार ज़िन्दा है या मर गया है। मुझे तो शक है कि मेरी मय्यत के दिन भी कारोबार से फ़ुर्सत मिलेगी मेरी अर्थी को कन्धा देने की या नहीं।"

"शुभ-शुभ बोलिए चाचा जी। ईश्वर आपको हमारे सिरों पर बनाए रखे। आप तो बाबू जी का दूसरा रूप हैं हमारे लिए।" भावुक हो रहा था दिनेश।

आँखें छलछला गयीं पण्डित जी की। आज के युग में ऐसा सोचने वाले शेष हैं क्या? शायद इसीलिए यह धरती रसातल को नहीं गयी हैं अभी तक। नहीं तो, आजकल कौन किसे पूछता है।

"जीते रहो बरखुर्दार। ईश्वर तुम्हें हयाती दे। धन-धान्य से परिपूरन करे। लाखों पर क़लम करे तेरी।" आशीर्वादों की झड़ी लगा दी पण्डित जी ने गद्गद् होकर।

"तू ठीक होकर बैठ ना......अरी गुड़िया, अन्दर से कुर्सी निकालकर ला अपने चाचा जी के लिए। मैं इनका चाचा हूँ, ये तेरे चाचा जी हैं। समझी?"

गुड़िया ने बरामदे में खुलने वाले कमरे का दरवाज़ा खोला और अन्दर से कुर्सी निकाल लाई। चारपाई के बराबर कुर्सी रखकर बैठ गया दिनेश।

"विद्याधर कहाँ है गुड़िया?"

"पिता जी अब्भी निकले हैं साइकिल लेकर। शायद दुल्लमा गये हैं।"

"अच्छा, उसके गया होगा, पीपल वाले खत्री के.....चल, आये तो यहाँ भेजना फ़ौरन। ....और तू जा, घर से शरबत बनवाकर ला अपने चाचा जी के लिए।"

"आप क्यों तकल्लुफ़ कर रहे हैं चाचा जी।" दिनेश ने मना करते हुए कहा लेकिन गुड़िया तब तक जा चुकी थी।

"तकल्लुफ़ काहे का बेटे। तू तो मेरा लख़्ते-जिगर है। अब बिस्तर का होकर रह गया हूँ, नहीं तो खुद जाता उठकर और साधू राम से बनवाकर लाता केसर-बादाम

का शरबत तेरे लिए।''

साधू राम अत्तार के शर्बत बहुत लोकप्रिय थे जामा मस्जिद के आसपास।

''बैठे हो पण्डित जी? जय रामजी की।'' मन्दिर का दरवाज़ा खुला देखकर एक ढलती उम्र का, घर से बाज़ार जाने को निकला, व्यक्ति अन्दर आ गया।

''जय राम। आ जा किरपाल चन्द।''

कृपाल चन्द ने कुर्सी पर बैठे दिनेश को ग़ौर से देखा लेकिन पहचाना नहीं। कोने में रखा मोंढा खींचकर चारपाई के पास ले आया और बैठते ही बोला–

''ये कौन साहब हैं?''

''ये दिनेश बाबू हैं। चौधरी प्रभ दयाल के बेटे। चौधरी रला राम के पोते।''

''ऊँची हवेली वाले?'' कृपाल चन्द ने पूछा।

''हाँ। प्रोफेसर थे चण्डीगढ़ में। रिटायर होकर आये हैं।''

''आपके तो गहरे दोस्त थे प्रभ दयाल?'' बात छेड़ी कृपाल चन्द ने।

''दोस्त क्या मतलब? दो जिस्म एक जान थे हम। वो क्या गया, मेरी दुनिया सूनी कर गया।'' आँसू नहीं रोक पाये पण्डित जी। अंगोछे से आँखें सुखाते हुए बोले–

''हमारे जैसी दोस्ती कौन निभाएगा किरपाल चन्द। आजकल स्वार्थ के रिश्ते हैं लोगों के। मतलब है तो मेरा तू और मतलब नहीं तो हा थू। घोर कलजुग आ गया, घोर।''

''चौधरी रला राम से नवाब भी दबता था, हमारे बाई जी बताया करते थे।''

''अरे क्या बात थी उनकी। धरम के ऐसे पक्के कि आँधी आये, तूफ़ान आये, सवेरे चार बजे उठकर पूजा में बैठ जाते थे। दो घण्टे किसी की मजाल थी उनको आवाज़ दे ले। नवाब का कारिन्दा भी आता था तो छह बजे तक इन्तज़ार करना पड़ता था उसे।'' साँस फूलने लगी पण्डित जी की बोलते-बोलते।

''अहमद अली ख़ाँ ने रोटी की साहिबे-हैसियत लोगों की इफ़्तिख़ार अली ख़ाँ की शादी पर। एक दिन मुसलमानों को बुलाया वलीमे पर, दूसरे दिन हिन्दुओं को बुलाया दावत पर। चौधरी रला राम दीवानख़ाने पहुँचे तो क्या देखते हैं कि फतह चन्द नाज़िम का बाप वली राम जूता पहनकर पालथी मारे रोटी खा रहा है बैठा पंगत में। वहीं से पीछे को पलट लिंए चौधरी। बालाख़ाने में बैठे नवाब साहब देख रहे थे। चौधरी को बिना खाना खाए लौटते देखा तो नवाब साहब ने उनके पीछे आदमी दौड़ाया कि पता करो क्या सबब है। चौधरी साहब बोले, जाकर कह दो नवाब साहब से, हम यहाँ अपना धरम भ्रष्ट करने नहीं आये हैं। हम ऐसी जगह पर रोटी नहीं खाएँगे, जहाँ लोग जूता पहनकर पंगत में बैठे हों।'' लगभग दृष्टिहीन हो चुकी आँखों के गोले चमक उठे पण्डित जी के। एक क्षण खाँसा उन्होंने गला साफ करने के लिए। फिर बोले–

"अब नवाब कहे कि हम क्या करें। वली राम भी तो हिन्दू है। उसें पास रखना चाहिए था अपने मज़हब का। आख़िर पन्द्रह थाल लगवाये खाने के नवाब साहब ने और एक-एक थाल एक-एक आदमी के सिर पर रखकर खाना भेज दिया चौधरी की हवेली।"

"इब्राहीम अली ख़ाँ को राज भी तो दिलवाया था चौधरी के पिता ने ही।" कृपाल चन्द बोला।

"जभी तो काँप खाता था अहमद अली ख़ाँ। इब्राहीम अली ख़ाँ का बेटा नहीं था सिकन्दर अली ख़ाँ, मुत्बन्ना था। भतीजों ने दावा कर दिया कि हक़ उनका है। अम्बाले के अंग्रेज़ रैज़ीडण्ट की अदालत में चला मुक़द्दमा। इब्राहीम अली ख़ाँ के वकील थे चौधरी मुंशी राम, इसके परदादा।" दिनेश की ओर इशारा किया पण्डित जी ने।

"भतीजों को सौ-फ़ीसदी उम्मीद थी कि वो जीतेंगे। शरअ के मुताबक़ भी हक़ उनका ही बनता था। मगर चौधरी साहब ने वो-वो पैंतरे निकाले क़ानूनदानी के कि फ़ैसला इब्राहीम अली ख़ाँ के हक़ में कर दिया अंग्रेज़ ने। तुम्हें पता है इसका दिनेश?" क़िस्सा सुनाकर पूछा पण्डित जी ने।

"जी, पता है। दादी अम्माँ बताती थीं कि फ़ीस के अलावा नवाब ने इनाम भी दिया था परदादा को। बड़ी दिलचस्प कहानी सुनाती थीं दादी कि वो नयी-नयी ब्याही आयी थीं। एक दिन क्या देखती हैं कि गधे घुसे आ रहे हैं हवेली के अन्दर। वो हैरान कि ये क्या हो रहा है। ग्यारह गधे हाँककर ला खड़े किये आँगन में लाने वालों ने तो अचकन-पाजामे में एक हरकारा अन्दर आया। उसने सलाम किया चौधरी मुंशी राम को और परवाना पेश कर दिया। चौधरी बोले, बहू, सामने कमरे में उतरवा लो ख़िल्अत। गधों पर से उतारकर बोरे रख दिये गये दीवार के साथ दालान में। दादी ने देखा, उनमें रियासत के चाँदी के रुपये भरे हुए थे। ग्यारह बोरे ख़िल्अत बशक्ल सिक्का रियासत।"

"उस ज़माने में रुपये का सिक्का होता किसके पास था बेटा। भुनाने निकलो तो पूरे बाज़ार में एक रुपये की रेज़गारी नहीं मिलती थी। रुपया होता ही बहुत बड़ा था। ये कौड़ियाँ, जिनसे बच्चे खेलते हैं, इनसे सिक्का शुरू होता था। कानी कौड़ी, जिसमें कीड़ा लगा होता था, फिर साबुत कौड़ी, फिर दमड़ी, फिर धेला, फिर पैसा, फिर अधन्नी, फिर आना, फिर दुअन्नी, फिर अठन्नी, फिर रुपया। अब कोई एक रुपये की दो अठन्नियाँ दे भी देता था तो अठन्नी नहीं भुनती थी।" पण्डित जी ने बताया।

"तब तो पूरे रहीस थे चौधरी मुंशी राम।" कृपाल चन्द को भी रस आने लगा था पुरानी बातों में।

"अरे रईस जैसे रईस। ठाठ थे उनके। रोअब-दाब ऐसा कि चिड़िया पर नहीं

मारती थी उनके सामने। एक बार उनकी दाश्ता आयी जालंधर से रेलगाड़ी में...'' पण्डित जी भी अतीत-रस में डूब गये थे।

''दाश्ता?'' हैरानी से पूछा कृपाल चन्द ने।

''हाँ भैये, उस ज़माने में रईसी की अलामत यही थी कि तुम्हारे पास कोई रण्डी है या नहीं। बाक़ायदा महीना देना पड़ता था दाश्ता बनाने के लिए। मोती बाज़ार बना तो नवाब ने चौधरी से कहा, अपनी मर्ज़ी की जगह ले लो। आठ दूकानों की जगह ले ली चौधरी ने। दूकानों के ऊपर मकान बनवाया। उसी में रहती थी दाश्ता, जब भी यहाँ आती थी। बन्दूक़ का पहरा रहता था मकान पर। जितने दिन वो ठहरती थी, सिपाही खड़ा रहता था दरवाज़े पर। वो स्टेशन पर उतरी तो पर्दे वाला ताँगा खड़ा था बाहर चौधरी का भेजा हुआ।''

''पर्दे वाला ताँगा?'' पूछा दिनेश ने।

''हाँ, सफेद चादरें लगा देते थे ताँगे के चारों तरफ ताकि अन्दर बैठी औरतें दिखाई न दें। पठानियाँ इसी तरह के ताँगे में बैठकर आती-जाती थीं किसी के यहाँ।''

नीचे रखे पानी के गिलास में से घूँट भरकर गला साफ़ किया पण्डित जी ने।

गुड़िया एक हाथ में दो गिलास और दूसरे हाथ में शर्बत का लोटा लेकर आ गयी।

''मर जाणिये, इतनी देर लगा दी।'' कहा पण्डित जी ने।

''अम्माँ कथा पर गयी हुई थी। अब्भी आयी है। मैंने बहुतेरा ढूँढ़ी शर्बत की बोतल। पता ई नईं कहाँ रख गयी थी। अब आयी है तो बनाकर दिया है।'' देर से आने का कारण बताया गुड़िया ने।

''चल, दे इनको। बरफ़ डाली है ना?''

''डाली है।''

गुड़िया ने खाली गिलास दे दिया पहले दिनेश के हाथ में फिर कृपाल चन्द के हाथ में।

''ना ना, मैंने तो अभी पिया है। मेहमान को दो।'' गिलास लेते हुए कृपाल चन्द ने कहा।

''मेहमान कौन है यहाँ, घर का लड़का ही तो है। ले लो किरपाल चन्द। गरमी का मौसम है। प्यास तो लगती ही है।'' पण्डित जी ने समझाया।

दोनों के गिलासों में लोटे से शर्बत ढालकर गुड़िया खड़ी रही कि ये गिलास खाली करें तो वह और ढाले।

''दादा जी को भी दो ना।'' दिनेश ने गुड़िया से कहा।

''ना ना, मैंने तो अभी पानी पिया है तुम्हारे सामने। तुम लो।''

''अरे दो ना बिटिया। ऐसे अच्छा थोड़ा लगेगा कि हम अकेले ही पीते रहें।''

कृपाल चन्द ने समर्थन किया।

"चल ला, दे दे।" कहते हुए पण्डित जी ने चारपाई के नीचे से गिलास उठाया और उसमें बचा दो घूँट पानी पैताने गिराकर गिलास गुड़िया के सामने कर दिया। गुड़िया ने उनका गिलास भी भर दिया।

"और लो ना चाचा जी।" गुड़िया ने आग्रह किया दिनेश से।

"बस बिटिया, और नहीं।" मना कर दिया उसने।

दीवार की अंगीठी पर लोटा रख दिया गुड़िया ने और बोली–

"ये रखा है दादाजी, जिसको लेना हो ले ले।" कहकर वह फुदकती हुई बाहर निकल गयी।

"ले लो थोड़ा और दिनेश। एक गिलास से क्या बनेगा।" पण्डित जी ने आग्रह किया।

"ज़रूरत होती तो मैं खुद ले लेता, मुझे कोई संकोच थोड़ा है।" दिनेश ने कहा।

"तू ले ले किरपाले।"

"ना पण्डित जी, आप ले लो।"

"ला दे दे। बरफ़ की वजह से अच्छा लग रहा है।" पण्डित जी ने कहा।

कृपाल चन्द ने उठकर लोटा पण्डित जी को दे दिया। पण्डित जी ने गिलास नीचे रखा। लोटे में हाथ डालकर बर्फ़ की टुकड़ियाँ निकाल बाहर फेंकीं और लोटे को होंठों के ऊपर ले जाकर धार बनाई शर्बत की और एक ही साँस में लोटा खाली कर दिया।

"जब श्री राम।" कहकर लोटा नीचे रख दिया पण्डित जी ने।

"मैं क्या कह रहा था?" भूल गये थे पण्डित जी कि कहानी को कहाँ छोड़ा था।

"पर्दे वाले ताँगे में बैठ गयी वो गाड़ी से उतरकर।" कृपाल चन्द को सचमुच ही मज़ेदार लग रही थी कहानी।

"नयी-नयी बाइसिकल चली थी अभी। नत्थू हलवाई का बेटा ज़िद करके लुधियाने से ख़रीद लाया। बाइसिकल पर सवार होकर वो भी स्टेशन तक घूमने गया हुआ था। ताँगे के पीछे लगा ली उसने बाइसिकल। सारा रास्ता अन्दर झाँकने की कोशिश करता रहा। सीटी भी बजाता रहा। ताँगा दिल्ली दरवाज़े के अन्दर घुसा तो वो कच्चे कोट की तरफ मुड़ गया कि कोई देख न ले। ताँगे वाले ने दाश्ता को मोती बाज़ार पहुँचाकर बता दिया चौधरी को कि नत्थू-के को जवानी लड़ रही है। बस फिर क्या था। हण्टर लेकर निकले चौधरी और सीधे नत्थू की दूकान पर। उधर से बाइसिकल की घंटी बजाते उसका बेटा भी आ पहुँचा। चौधरी ने कर दिये शुरू हण्टर बरसाने। बाइसिकल कहीं गिरी, नत्थू-का कहीं।"

ठहाका मारकर हँसे पण्डित जी। कृपाल चन्द और दिनेश भी हँस पड़े।

''और इसके दादा जी, किरपाल चन्द! देवता थे देवता। चौधरी रला राम कौन बन जाएगा अब? ये सनातन स्कूल उनकी ही देन है शहर को। गुँधा हुआ आटा लेकर बैठ जाते थे। एक सौ एक बार 'राम' कहकर एक गोली बनाते थे आटे की। जब एक हज़ार एक गोलियाँ बन जातीं तो हरिद्वार जाकर गंगाजी में मछलियों को खिला आते।''

''उनको तो देखा है मैंने बचपन में।'' कृपाल चन्द बोला।

''देखा होगा। देखने और समझने में ज़मीन-आसमान का फरक़ है किरपाल चन्द। हमने उनको देखा भी है, समझा भी है। उनके पाँच फ़ीसद भी बन जाएँ हम, तो ग़नीमत है।''

अचानक कृपाल चन्द को ध्यान आया कि वह तो घर से बाज़ार जाने को निकला था। पत्नी ने मूँग की दाल लाने को भेजा था। उसे बातों में ऐसा रस आया कि याद ही नहीं रहा कि दाल नहीं लाएगा तो पत्नी पकायेगी क्या। आज तो शामत आएगी ही आएगी उसकी। उचककर उठा और बोला—

''आज तो जूते पड़ेंगे घर वाली से पण्डित जी। मैं चलता हूँ।''

''क्या हुआ?'' पूछा पण्डित जी ने।

''दाल लेने जा रहा था बाज़ार को। आपका दरवाज़ा खुला देखा तो अन्दर चला आया। आपकी बातों में ऐसा रस आया कि कुछ याद ही नहीं रहा।''

''क्यों दुखी हो रहा है किरपाले। जा मेरी बहू से पकी-पकायी ले जा।'' पण्डित जी ने हँसकर कहा।

''ले तो जाऊँगा। खा भी लूँगा। पर पचाएगा कौन ब्राह्मण के घर की दाल?'' संस्कार बोल उठा कृपाल चन्द अग्रवाल का।

''तो तेरी मर्ज़ी। जय राम।''

उठ खड़ा हुआ दिनेश भी।

''चाचा जी, मैं भी चलता हूँ।''

''अच्छा बेटा, अब तो तुम यहीं हो। आते रहना।''

''जी, चाचा जी।''

पाँव छुए दिनेश ने पण्डित जी के। फिर से आशीर्वादों की वर्षा कर डाली पण्डित जी ने।

''सुखी रहो, हयाती होवे, बरकत होवे, धन-धान्य बढ़े.......''

मन्दिर से निकलकर उसने सोचा, अब इधर आया ही हूँ तो आबिद अली ख़ाँ से भी मिलता चलूँ। चार कदम पर तो थी बारादरी।

घर पर ही थे आबिद अली। ड्राइंग रूम के बाहर का पक्का बरामदा ख़ूब गीला कर रखा था उन्होंने और उसमें कुर्सियाँ बिछा रखी थीं। एक ओर स्टूल पर रखा घूमने

वाला टेबल फ़ैन चल रहा था।

"गर्मी के ख़िलाफ़ जिहाद छेड़े बैठे हो आबिद।" उसका तामझाम देखकर दिनेश ने कहा।

"क्या करें यार, ये गर्मी के दो महीने बड़े अज़ाब के महीने होते हैं मेरे लिए। सर्दी अच्छी लगती है मुझे।"

"सर्दी के इलाज बहुत हैं अस्ल में। स्वाटर पहन लो, कोट पहन लो, कम्बल ओढ़ लो, लिहाफ़ ले लो, आग ताप लो। गर्मी में उतारते जाओ क़मीज़, फिर बनियान, फिर...क्या-क्या उतारे आदमी।...तुम तो अब ए.सी. लगवा लो आबिद।"

"ना मियाँ। मुझे तो कोफ़्त होती है इस ख़्याल से ही कि कमरे की तमाम खिड़कियाँ, रोशनदान, दरवाज़े बन्द करके पड़े रहो उसमें। यही सही है घूमने वाला पंखा और पानी का छिड़काव।"

एक क्षण चुप रहकर आबिद ने कहा–

"यार तुम्हारे लिए एक चीज़ रखी है निकालकर। कल पुराने काग़ज़ात देख रहा था तो अब्बा मरहूम की एक डायरी हाथ लगी। उसमें उन्होंने कुछ नोट्स ले रखे हैं रियासत के बारे में। शायद तुम्हारे काम के हों।"

"दिखाओ।" उत्सुकता जागी दिनेश की।

आबिद अली अन्दर जाकर डायरी उठा लाये। सन् 1930 की डायरी थी कुतबख़ाना सी.पी. गुजराती, लाहौर की छापी हुई। शुरू में 1929, 30 और 31 के कैलेण्डर, छुट्टियों की सूची तथा नाप-तोल के पैमाने छपे हुए थे। डायरी के अन्त में लगभग पचास पृष्ठों पर फैली हुई थी आवश्यक जानकारी–मुख़्तारनामा, वकालतनामा, हुण्डी, रसीद, तमस्क, प्रोनोट, किरांयानामा, पट्टानामा आदि के फ़ॉर्मेट, ज़ाब्ता दीवानी सम्बन्धी आवश्यक जानकारी, वकीलों के लिए अस्टाम एक्ट और रसूम एक्ट के महत्त्वपूर्ण अंश इत्यादि-इत्यादि। कुछेक पन्नों पर छोटी-मोटी दिनचर्या लिखी हुई थी आबिद के पिता ने। कुछ पन्नों पर केवल मौसम की स्थिति रिकार्ड की हुई थी, जैसे लिखा था 'आज दिन भर बारिश होती रही' और 'आज गर्मी बहुत थी' वग़ैरा-वग़ैरा। बीच के कुछ पन्नों पर उन्होंने कुछ नोट कर रखा था, जो शायद उस दिन लिख लिया होगा, जिस दिन पढ़ा होगा। आबिद ने होम-वर्क कर रखा था। उन पृष्ठों में बाहर को झाँकते काग़ज़ के टुकड़े लगा रखे थे, जिन पर रियासत सम्बन्धी नोट्स दर्ज थे।

दिनेश ने पढ़ा। लिखा था–

–सरहिन्द के नवाब ज़ैन ख़ाँ ने अहमद शाह अब्दाली को लिखा कि सिखें मालेरकोटला के क़रीब बमक़ाम कुप जमा हो रहे हैं। अब्दाली ने फ़ौरन अफ़वाज भेजीं, जिन्होंने ज़ैन ख़ाँ की फौजों के साथ मिलकर कुप पर हमला किया, जहाँ एक लाख सिख जमा थे। शाही अफ़वाज ने सिखों पर क़यामत

बरपा कर दी।

—सन् 1566 में बाबा नानक करनाल से बरास्ता मालेरकोटला सुल्तानपुर गये थे।

—सन् 1767 में बाबा आला ने मालेरकोटला पर हमला किया और इसके शेरपुर और पोहीड़ नामी इलाक़ों पर क़ब्जा कर लिया। नवाब जमाल ख़ाँ के बेटे भीखन ख़ाँ के पास एक ख़ूबसूरत तलवार थी, उसे भी बाबा आला के पोते हिम्मत सिंह ने छीन लिया।

—अहमद शाह अब्दाली के हमले के वक़्त नवाब मालेरकोटला ने उसके पास बाबा आला के ख़िलाफ़ शिकायत की थी।

—सरदार जस्सा सिंह आहलूवालिया का वारिस भाग सिंह कपूरथला छोड़कर भागा तो रामगढ़िये संसार चन्द के तरफ़दार हो चुके थे। भाग सिंह नन्दपुर जाते हुए मालेरकोटला गया था।

—भाग सिंह का बेटा प्रताप सिंह (ख़ानदाने-जीन्द) जब जींद से भागकर फूला सिंह अकाली से जा मिला तो पंजाब के रेज़िडेण्ट ने नाभा और मालेरकोटला के रईसों को फूला सिंह पर हमला करने की इजाज़त दे दी।

—जब बन्दा बैरागी की फौज दोआबे की तरफ़ बढ़ने लगी तो शेर मुहम्मद ख़ाँ ने दोआबे के सिखों का रास्ता रोक रखा था।

—लाहौर से रवाना होकर जब अहमद शाह अब्दाली ने दरिया-ए-चनाब पार किया तो शिकस्तख़ुर्दा सिखों ने गुरमत्ता करके मुसलमानों के ख़िलाफ ज़िन्दगी और मौत की लड़ाई लड़ने का फ़ैसला किया। उनका पहला निशाना क़सूर, मालेरकोटला और सरहिन्द थे।

भिन्न-भिन्न तारीख़ों में लिखे गये थे ये नोट्स। हो सकता है कोई किताब पढ़ते समय, उसमें से मालेरकोटला के सन्दर्भ की बातें अपने शब्दों में लिख ली हों आबिद के पिता ने।

कैसा आत्मिक सम्बन्ध था यहाँ के लोगों का अपने शहर से, अपने अतीत से, अपनी सभ्यता से, अपनी संस्कृति से। उसे याद आया कि इसी प्रकार उसके बाबू जी भी अपनी डायरियों में कुछ नोट्स लिखा करते थे। बाबू जी के देहान्त के बाद जब उसने लकड़ी के सन्दूक में से निकालकर बाबूजी की किताबें-कापियाँ रैक में सजाई थीं, तब एक डायरी में उसे यह लिखा हुआ मिला था कि लाला लाजपत राय के पूर्वज मालेरकोटला के रहने वाले थे। यह भी लिखा था कि लाला जी का मालेरकोटला के साथ व्यक्तिगत व्यापारिक सम्बन्ध था। कहीं से लाला जी के एक पत्रांश को नोट किया था बाबू जी ने। लाला जी ने अपने किसी हिसार के मित्र को लिखा था कि 'आपकी हिसार, दिल्ली, नारनौल, मालेरकोटला और लायलपुर की फ़र्म

के साथ मेरा जो हिसाब-किताब है, उसको बदलने के बारे में जो कुछ मैंने आपका लिखा था, क्या आपने उस आदेश का पालन कर लिया है?'

वह स्वयं भी इस प्रकार के नोट्स लेता रहा था कभी। जब वह बी.ए. में पढ़ता था तो उसने कुछ ऐसे लोकगीत एकत्र किये थे, जिनमें मालेरकोटला की चर्चा, परोक्ष रूप में, हज़रत शेख़ के माध्यम से हुई थी। उसे आज भी वे गीत याद थे।

''क्या सोचने लगे दिनेश?'' आबिद अली ने उसे डायरी बन्द करके विचारमग्न बैठे देखकर पूछा।

''कुछ लोकगीत याद किये थे जवानी में हज़रत शेख़ के मुताल्लिक़। उनको दिल ही दिल में दोहरा रहा हूँ।''

''बोलकर दोहरा लो, हम भी सुनें।''

''रुको.......'' दिमाग़ पर ज़ोर देकर सोचने लगा दिनेश।

''हाँ, एक गीत था–

देवी दी मैं कराँ कड़ाही पीर फकीर मनावाँ
हैदर शेख़ दा देवाँ बक्करा नंगे पैरीं जावाँ
हनूमान दी देवाँ मन्नी रत्ती फर्क न पावाँ
जे सुरमा तूँ बणजें मेलणे मैं अक्खियाँ बिच पावाँ
मेरे हाण दिए नित्त तेरा जस गावाँ।''

(हे मेरी समवयस्क प्रेयसी! तुझे पाने के लिए मैं कभी माँ दुर्गा के प्रसादार्थ हल्वे की कड़ाही प्रस्तुत करता हूँ, कभी पीरों-फ़कीरों की मनौतियाँ करता हूँ, कभी हज़रत शेख़ की दरगाह पर बकरा चढ़ाने के लिए नंगे पाँव चलकर जाता हूँ, कभी मनौती के शत-प्रतिशत तोल का मन्न हनूमान को भेंट करता हूँ। तू यदि सुरमा बनकर मुझे मिल जाए तो मैं तुझे अपनी आँखों में भर लूँ और सदैव तेरा गुणगान करता रहूँ।)

''सुब्हान अल्ला। क्या याददाश्त है तुम्हारी। आज तक याद है तुम्हें ये गीत। मुझे याद है जब हम कालेज में पढ़ते थे, तब तुम हेक लगाकर गाया करते थे इस गीत को।''

''अब न वो ज़माना रहा, न वो उम्र कि हेक लगाएँ। ख़ैर सुनो, एक और गीत याद आ रहा है मुझे–

नाथ दाते दा रोट पका के सुक्ख न आई वर वे।
हैदर शेख़ दियाँ भरके चौकियाँ न्हाती अंबरसर वे।''

(मैंने नाथों-योगियों की मनौतियाँ करके रोट पकाए, हज़रत शेख़ की चौकी भरी, अमृतसर जाकर स्नान किया लेकिन मेरी मनोकामना पूर्ण न हुई।)

''एक बोली भी गाया करते थे तुम उन दिनों।'' आबिद अली ने उसे स्मरण कराया।

''कौन-सी?''

दिमाग़ पर ज़ोर देते हुए आबिद बोला—

"कुछ सास-बहू के बारे में थी, जिसमें बहू बकरा चढ़ाने की मन्नत मानती है.....'सुक्ख बकरा' आता था आख़िर में।"

"हाँऽऽऽ........

तैनूँ फेर जवानी आवे
सस्सै नीं तूँ सुक्ख बक्करा।"

(सासू माँ! हज़रत शेख़ को बकरा भेंट चढ़ाने की मन्नत मान ले, तुझ पर पुनः यौवन आ जाएगा।)

लोर में आकर बोली को बोली के अन्दाज़ में गा दिया दिनेश ने।

ठहाका मारकर हँस दिया आबिद।

"अल्ला हु अकबर। क्या बात है दिनेश। यार, तुम्हारी आवाज़ में तो आज भी वही लोच है, वही जादू है। जज़ाक अल्ला।"

"तो तुम क्या समझ रहे थे, हम बूढ़े हो गये हैं?" चुटकी ली दिनेश ने।

"बूढ़े हों आपके दुश्मन। हज़रत आप तो अभी माशाअल्ला सोलहवें साल में हैं।" चुटकी के प्रत्युत्तर में चुटकी ली आबिद ने।

ड्योढ़ी में किसी स्कूटर की टीं-टीं बजी ज़ोर से और स्कूटर की गड़गड़ाहट बन्द हो गयी। आबिद ने पत्नी को आवाज़ दी।

"सकीना! अरे भाई देखना, कौन आया है बाहर।"

बीच ज़ीने के बैठी सकीना ने गर्दन उठाकर ड्योढ़ी की ओर देखा और बोली,

"गेंदू है, गिरीश भाई साहिब का बेटा।"

और तनिक ऊँचे स्वर में बोली, "चले आओ सीधे फुल गेंदुवा। अब अपने स्कूटर की टीं-टीं से और कान मत खाना।"

स्कूटर की चाबी घुमाता हुआ गेंदू अन्दर आ गया।

"हेलो आण्टी। अंकल कहाँ हैं?"

"नमस्ते। बाहर वाले बरामदे में बैठे हैं।"

"ओ.के.।" कहकर गेंदू सीधे हाथ को मुड़ गया।

दो आँगन थे आबिद अली के घर में। एक तो ड्योढ़ी निकलते ही दालान और बेडरूम के बीच का छोटी ईंट का डिज़ाइनदार आँगन, दूसरा ड्योढ़ी से सटे ड्राइंगरूम और मेहमानख़ाने के बीच का आँगन, जो वास्तव में मर्दाना भाग का बरामदा था। इस दूसरे आँगन में बैठे थे आबिद और दिनेश। पहले वाले आँगन के ज़ीने पर चढ़ी बैठी थी सकीना क्योंकि वहाँ हवा ख़ूब चलती थी।

"हेलो अंकल।"

"आइए मिस्टर गेंदूजी। कैसे आये?"

दिनेश की ओर देखा गेंदू ने लेकिन वह उसे जानता नहीं था। फिर भी उसने शिष्टाचारवश ज़रा-सी गर्दन घुमाकर उसको हैलो कह दिया।

"इनको नहीं जानते तुम?" पूछा आबिद ने।

"सॉरी।" स्वयं ही कुर्सी खींचकर पंखे के निकट बैठ गया गेंदू।

"ये तुम्हारे दिनेश अंकल हैं, चण्डीगढ़ वाले।"

"आइ सी। नमस्ते अंकल।" उसे लगा इस परिचय के बाद मात्र हैलो अपर्याप्त था।

"पापा आपकी बहुत बातें करते हैं। आप शॉप पर भी गये दिन कुछ दिन पहले। पापा ने बताया तो मैंने बहुत मिस किया कि मुझे पता होता तो मैं भी प्रेज़ेंट रहता शॉप पर आपसे इंट्रो के लिए।"

"क्या नाम है तुम्हारा?"

"नाम तो अंकल, वैरी डिफ़िकल्ट टू प्रोनाउंस रखा था माँ-बाप ने, ज्योतिरादित्य अग्रवाल। मैंने थोड़ा इज़ी कर लिया इसे—गेंदू। आइ होप यू लाइक...."

"क्यों नहीं। ये ज़रूर पसन्द करेंगे। गेंदे के फूल जैसे तो हैं ही आप।" आबिद अली ने मुस्कुराकर कहा।

"अंकल प्लीज़, अब आप लेग-पुलिंग कर रहे हैं। यह फ़ाउल है।"

"सॉरी यार। हाँ, कहो, कैसे आये हो? कुछ पियोगे?"

"नो थैंक्स अंकल। पापा ने कहा था आपको बता आऊँ कि परसो को लाहौर वाले ताबिश अंकल आ रहे हैं।"

"ताबिश आ रहा है?" लगभग एक साथ पूछा आबिद अली और दिनेश ने।

"थैंक यू बेटा, तुमने बहुत बड़ी ख़ुशख़बरी लाकर दी है। हमारा यार बरसों के बाद आ रहा है। थैंक्यू।"

"बाई दा वे, कितने साल बाद आ रहा है आपका फ्रेंड?"

"चालीस साल बाद।" आबिद ने बताया।

"चालीस साल से जिस आदमी के साथ आपकी लिविंग रिलेशनशिप नहीं है, कोई कम्यूनिकेशन नहीं है, उसके आने की न्यूज़ पर आप इतना थ्रिल्ड क्यों हैं?"

"ये तुम नहीं समझोगे बेटा। काश! हमारी नयी नस्ल ने कुछ तो सीखा होता हमसे।"

"सॉरी अंकल, अब वो तहज़ीब, अख़्लाक़, क़द्रों वाला लेक्चर मत पिलाओ प्लीज़। चलता हूँ।"

"मैंने चिकने घड़ों पर बूँद गिराने की अपनी आदत बदल ली है बेटा।" आबिद मुस्कुराया।

"सो नाइस। चलता हूँ, बा........यं। बाय दिनेश अंकल।"

"क्या करता है यह?" गेंदू के जाने के बाद दिनेश ने पूछा।

"एम.ए. फ़ाइनल में है।" आबिद अली ने बताया।

"यहाँ एम.ए. है कॉलेज में?" हैरान हुआ दिनेश।

"अरे तुम्हें नहीं मालूम? कई साल से एम.ए. चल रही है यहाँ।"

"दरअसल, जब से मालेरकोटला पंजाबी यूनिवर्सिटी में गया है, हमारा तआल्लुक़ ही टूट गया यहाँ के कॉलेज से। पंजाब यूनिवर्सिटी में था तो पता रहता था।"

"यहाँ एम.ए. खुले कई साल हो गये। कई मज़मूनों में हैं, उर्दू, पोलिटिकल साइंस, हिस्ट्री....."

"हमारे ज़माने में क्या मज़ेदार था यह कॉलेज। एफ.ए. तक होता था।" दिनेश बोला।

"तब तो ये बिल्डिंग भी नहीं थी। दिल्ली दरवाज़े के पास होता था, जहाँ अब गवर्नमेंट स्कूल है।" आबिद अली ने कहा।

"उससे पहले यही डी.जे. स्कूल होता था, डायमंड जुबली स्कूल। आठवीं का इम्तिहान देने बच्चे अम्बाला जाया करते थे। उसे वर्नेकुलर फाइनल कहते थे। फिर हाई स्कूल बना, स्टेट हाई स्कूल। फिर रियासत ने इसे इण्टर कॉलेज बना दिया। नाम रख दिया स्टेट कॉलेज। तुम्हें याद हीं होगा, इसे डिग्री कॉलेज बनाने के लिए हम लोगों ने कितनी जद्दो-जहद की थी। हमारे ज़माने में ही बना था डिग्री।" पुराना ज़माना याद हो आया दिनेश को।

"हाँ, पैप्सू का ज़माना था। कितने दिन हड़ताल की स्टूडेंट्स ने। भूख हड़ताल पर बैठा राज शर्मा कितने दिन। तब जाकर बना ये डिग्री कॉलेज। अच्छा है अब तो पोस्ट ग्रेजुएट कॉलेज हो गया है।" आबिद अली को भी वे दिन याद थे।

"तब कुल अठारह का स्टाफ़ होता था टीचिंग में, प्रिंसिपल और डी.पी.ई. समेत। तीन सौ छप्पन स्टूडेंट्स थे।"

"गिनती तक याद है तुम्हें?" हैरानी से पूछा आबिद ने।

"हाँ। इलेक्शन नहीं लड़ा था मैंने स्टूडेंट्स यूनियन का? तब की फ़िगर्स याद हैं अब तक। तीन सौ छप्पन में से सत्रह लड़कियाँ थीं। लड़कों में चव्वन शहर के लड़के थे, बाकी सब देहात के थे।"

"माशाअल्ला।" दिनेश की स्मरण-शक्ति को सराहा आबिद अली ने।

"अरे सुनो, सत्रह में सिर्फ़ एक लड़की थी मुसलमानों की। लड़कों में बाईस मुसलमान थे। मुसलमान स्टूडेंट्स के हंड्रेड परसेंट वोट मिले थे मुझको, तुम्हें याद है ना?" दिनेश ने पूछा।

"हाँ, याद है। हमने मीटिंग की थी वोटिंग से पहले मुसलमान लड़कों की और तय किया था कि तमाम वोट दिनेश को देंगे। पहचान ये रखी थी कि सभी मुसलमान चिट पर तुम्हारा नाम अंग्रेज़ी के साथ-साथ उर्दू में भी लिखकर आएँगे। तब

बैलेट-पेपर न छपते थे, न टाइप होते थे। सफ़ेद पर्चियाँ थमा दी जाती थीं स्टूडेंट्स को कि जिसको वोट देना हो, उसका नाम लिखकर पर्ची डिब्बे में डाल दो।'' आबिद को भी सब याद था ज़रा-ज़रा।

''क्या ज़माना था यार।'' एक आह निकल गयी दिनेश के दिल से।

''तुम इन दिनों में कॉलेज की तरफ़ गये हो कभी?''

''ना।''

''जाना भी मत। बहुत अफ़सोस होगा तुम्हें। वैसे ज़रा-सा बताए देता हूँ कि अब वहाँ साढ़े तीन हज़ार स्टूडेंट्स हैं, दर्जनों टीचर्स हैं। लड़कियों की तादाद भी कम नहीं है। मुसलमान लड़कियाँ भी हैं, हिन्दू-सिख लड़कियाँ भी। और अब यहाँ बैतबाज़ी नहीं होती, भंगड़े पड़ते हैं। ज़िन्दाबाद-मुर्दाबाद होता है हर दूसरे-चौथे दिन। लड़के-लड़कियाँ हमारी तरह पैदल या साइकिल से नहीं जाते, स्कूटरों, मोटर साइकिलों, कारों में जाते हैं।'' आबिद अली ने कालान्तर को स्पष्ट किया।

''इसका अन्दाज़ा तो गिरीश के बेटे को देखकर और उसकी गुफ़्तगू सुनकर ही हो गया था।'' दिनेश ने कहा।

''हाँ, अब तो हाय-बाय ही होती है। लड़के-लड़कियाँ बेतकल्लुफ़ मिलते हैं, घूमते-फिरते हैं।''

''हमारे ज़माने में तो ख़दीजा ही थी एक लड़की लोहारों की कॉलेज में। वो भी बुर्क़ा पहनकर आती थी। तुम्हें याद है हमने उर्वशी से दो बातें करने के लिए कितने दिन प्लान बनाये थे?'' पूछा दिनेश ने।

''और बातें भी क्या की थीं आख़िर, तुम मैगज़ीन के लिए लिखो ना कुछ। मैंने सुना है तुम कविता बहुत अच्छी लिखती हो। तुम एडीटर थे ना हिन्दी सेक्शन के।''

एक ज़ोरदार ठहाका उभरा आँगन से। सभी दीवारें फाँदकर किचन में काम कर रही सकीना के कानों तक जा पहुँचा ठहाका। अकेली काम में लगी सकीना भी मुस्कुरा दी ठहाके के प्रभाववश।

''कभी मिली यार दोबारा वो उर्वशी? कहाँ है आजकल?'' आबिद ने पूछा।

''राम की लक्ष्मण जाने मियाँ। होगी कहाँ। सिर पर सफ़ेद बिग लगाए नाती-पोतों को खिला रही होगी।''

''और वो नीली आँखों वाली शेख़ाँ मुहल्ले की? क्या नाम था उसका?''

''वो, जो बैंक मैनेजर की बेटी थी?'' पूछा दिनेश ने।

''हाँ, वही।''

सोचकर देखा दिनेश ने। याद आ गया उसे।

''सन्तोष।''

''हाँ, शायद।'' आबिद अली को तसल्ली नहीं थी क्योंकि उसकी याददाश्त-

साथ नहीं दे रही थी।

"सन्तोष ही तो थी वो। मैंने उसकी कापी में एक शे'र लिख दिया था चुपके से, जब प्रो. राजीव हमारी कापियाँ चेक कर रहे थे। शे'र पढ़कर उसने ऐसी निगाहों से देखा था मेरी तरफ़ कि मेरी तो जान ही निकल गयी थी। कई दिन बाद उसने रूमाल गिरा दिया था मेरे क़रीब से गुज़रते हुए। मैंने उठा लिया। रूमाल के एक कोने पर 'डी' कढ़ा हुआ था रंगीन धागे से। मेरे नाम का पहला हर्फ़।"

"हुज़ूर, यही हर्फ़ कई जानवरों के नाम का पहला हर्फ़ भी है, मसलन डॉग, डंकी....." आबिद का जवानी का अन्दाज़े-गुफ़्तगू जाग उठा।

"अब आप जो भी कहें, भाइयों को पहचानने में ग़लती तो नहीं करेंगे।" दिनेश भी लौट गया उन पुराने दिनों में।

लड़कपन की स्मृतियों का यह दौर अल्पजीवी ही रहा क्योंकि सकीना के साथ आँगन में आकर रजनी ने आबिद भाई को नमस्ते की। चौंक गया दिनेश।

"अरे तुम?"

"क्यों परेशान हो रहे हैं भाईजान? कोई चोरी पकड़ी गयी क्या आप लोगों की?" सकीना शरारती अन्दाज़ से बोली।

"तुम कैसे आयीं?" पूछा दिनेश ने रजनी से।

"रिक्शा से।" रजनी ने उत्तर दिया।

"आप लोग घण्टे भर से दीन-दुनिया से बेख़बर बैठे हैं तो हमें हक़ नहीं है क्या कि हम भी अपनी मर्ज़ी की कम्पनी चुनें?" पूछा सकीना ने।

"दरीं चे शक? आपको हक़ भी है और इख़्तियार भी। मगर आज तो आपने हम पर अहसान किया है बेगम, रजनी भाभी को यहाँ बुलवाकर।" आबिद को सचमुच बहुत अच्छा लगा था रजनी का आना।

"इसका मतलब है आप दस्तरख़्वान चुनने का इरादा फ़र्मा चुकी हैं।" आबिद अली ने पूछना चाहा कि रजनी भाभी को बुलाया है तो कुछ ढब का पकाया भी है या नहीं।

"कोई मेहमान थोड़ा आये हैं। दिनेश भाई और रजनी भाभी ही तो हैं। जो पका है, पेश कर दूँगी।" अनौपचारिक हो रही थी सदा की भाँति सकीना।

मगर खाना टेबल पर परोसा गया तो किसी औपचारिक दावत से कम नहीं था। क़ोरमा, कबाब, अण्डे की टिकिया, बिरयानी, खीर सब कुछ सजा रखा था टेबल पर सकीना ने।

हुआ यह था कि दिनेश और आबिद अली को बातों में मग्न देखकर सकीना ने अनुमान लगा लिया था कि ये लोग अब घण्टा-दो घण्टा इसी प्रकार बतियाएँगे। क्यों न रजनी भाभी को बुला लिया जाए फ़ोन करके और खाना एक साथ खाया जाए। फ़ोन क्योंकि घर के दूसरे हिस्से में था इसलिए आबिद अली या दिनेश को

पता ही नहीं चला कि सकीना ने कब रजनी को फ़ोन किया और कब यह खिचड़ी पक गयी। सकीना के फ्रिज में सारा सामान मौजूद था और रजनी और दिनेश के लिए खाना पकाने या कबाब भूनने में उसे क़तई गर्मी महसूस नहीं हो रही थी।

खाना खाने के बाद आबिद अली ख़ाँ के घर से विदा हुए दिनेश और रजनी तो जामा मस्जिद पहुँचकर दिनेश ने कहा–

"चलो, ज़रा हवेली होते चलें।"

"नौ बज रहे हैं रात के। अब कौन-सा समय है जाने का।" रजनी की हवेली जाने की कोई इच्छा न थी।

"हवेली जाने में समय का क्या रोल है? अब इतना पास से निकल रहे हैं तो दस मिनट मिलते चलें सबसे।" दिनेश का मन नहीं मान रहा था जामा मस्जिद से सीधे निकलने को।

"चलिए जनाब। मगर ख़ुदाके लिए बटवारे की बात मत करना। भाई साहिब का मूड ऑफ हो जाता है एक मिनट में।" रजनी ने परामर्श दिया।

"अरे नहीं, हो चुकी बात। बारबार थोड़ा करेंगे।"

"क्या बात हो चुकी?" रजनी को लगा शायद ये लोग कई निर्णय ले चुके।

"अब दो बार कह लिया उनसे। सोचने दो। आख़िर कब तक टालेंगे वो।" दिनेश ने स्पष्ट कर दिया कि उसने रजनी से कुछ छिपाया नहीं है।

हवेली पहुँचे तो सब लोग खाने-वाने से निवृत्त होकर अपने-अपने कमरों में टी.वी. सीरियल्स देख रहे थे।

यह टी.वी. की भी क्या बीमारी चल पड़ी है, सोचा दिनेश ने। शाम का समय सोशेलाइज़ेशन के लिए होता है। सुबह-सुबह तो सब लोग अपने कामधाम पर जाने को तैयार हो रहे होते हैं। दिन भर काम पर रहते हैं। शाम का समय ही होता है जब किसी से मिला-मिलाया जा सकता है। लेकिन जब से यह टी.वी. चला है, माहौल ही कुछ और तरह का हो गया है। जिस किसी के यहाँ भी जाओ, टी.वी. देख रहा होता है। टी.वी. भी आम तौर पर ड्राइंग रूम्स में रखे हुए हैं लोगों ने। मेहमान को ले जाकर बिठा लेते हैं वहाँ लेकिन टी.वी. बन्द नहीं करते। बातें भी करते जाते हैं, टी.वी. भी देखते जाते हैं। ऐसे में क्या बात करे किसी से कोई। सुनने वाले की आँखें तो टी.वी. पर लगी होती हैं। एक कान टी.वी. से चिपका रहता है, दूसरा आने वाले से। हर बार लगता है कि ग़लत समय पर आ गये। आने-बहाने से जल्दी ही उठना पड़ता है।

लेकिन कुलदीप उनको अपने ड्राइंग रूम में ले गया तो जाते ही उसने टी. वी. बन्द कर दिया। उसके बच्चे अपने-अपने कमरे में पढ़ रहे थे। वह और उसकी पत्नी ही देख रहे थे टी.वी.।

शुक्र है एक बात तो अक़्ल की की इसने, सोचा दिनेश ने और मन ही मन

संतुष्ट हुआ।

"क्या लेंगे आप?" कुलदीप ने उन लोगों से पूछा।

"एक कप चाय ले लेंगे भाई। आबिद अली खाँ का रोग़नी खाना खाकर आ रहे हैं।"

"चाय बनाओ कमला।"

कमला उठकर किचन में चली गयी। रजनी भी उसके पीछे-पीछे चली गयी।

यश को पता चला उनके आने क़ा तो वह भी आ गया। ऊपर से भाई साहिब के क़दम भी ज़ीने पर से ठक-ठक बोले। वे भी उतर आये। कमला को पहले से ही पता था कि अब चारों इकट्ठे होंगे तो उसने भगौना भर चाय चढ़ा दी थी। चाय मगों में ढालकर वह ड्राइंग रूम में दे गयी और रजनी को लेकर अपने कमरे में चली गयी।

"अच्छा हुआ तुम आ गये दिनेश, मैं तुम्हें फ़ोन करने वाला था।" भाई साहिब बोले।

"हुक्म कीजिए।" चाय का घूँट भरकर दिनेश ने कहा।

"उमा की चिट्ठी आयी है, उसकी बेटी की शादी है चौदह अक्तूबर की।"

"अभी तो बहुत दूर है चौदह अक्तूबर।" दिनेश ने कहा।

"चार महीने पहले ही चिट्ठी लिख दी।"

"अच्छा ही है। ननिहाल वालों को तैयारी का खुला समय दे दिया।" भाई साहिब बोले।

"पहली शादी है उसके घर में। धूमधाम से लेकर चलना है हमें नानक-छक्क।"

"छक्क क्या होता है?" पूछा कुलदीप ने।

"तुम लन्दन में पैदा हुए थे क्या? छक्क नहीं जानते? दोहती की शादी पर ननिहाल वाले जो भेंट लेकर जाते हैं, उसे नानक-छक्क कहते हैं।" समझाया भाई साहिब ने।

"तो सोच लीजिए, क्या ले जाना है।" दिनेश ने कहा।

"मैं क्या सोचूँगा, तुम सब बैठे हो, सोच लो।" भाई साहिब ने अकेले ज़िम्मेदारी लेने से संकोच करते हुए कहा।

"बेहतर यह होगा कि औरतों से पूछ लिया जाए कि क्या देना है।" यश ने सुझाव दिया।

"इसमें भी कोई ख़राबी नहीं....बुलाओ ज़रा उनको।" भाई साहिब ने कुलदीप की ओर देखते हुए कहा। कुलदीप उठकर चारों को बुला लाया।

"आओ भई, तुम लोग अपनी डेढ़ ईंट की मस्जिद अलग बनाकर क्यों बैठी हो। यहाँ बैठो हमारे पास, तुमसे राय करनी है।" भाई साहिब का मूड ठीकठाक ही प्रतीत हो रहा था।

चारों बैठ गयीं एक ही सोफ़े पर।

"उमा की बेटी की शादी है चौदह अक्तूबर की। नानक-छक्क में क्या ले जाना चाहिए?" भाई साहिब ने उनकी ओर देखकर पूछा।

"जो आप लोग ठीक समझें।" भाभी ने उत्तर दिया।

"तो जाओ तुम, बैठो उधर ही। तुमको बुलाया है कि राय दो। हमें ही फ़ैसला करना होता तो तुम्हें क्यों बुलाते।" हमेशा की तरह तुरन्त तल्ख़ हो गयी भाई साहिब की आवाज़।

"जैसा दुनिया का रिवाज है, हम भी कर लें।" राय दी सुकेशनी ने।

"क्या रिवाज है?" पूछा भाई साहिब ने।

"कोई ज़ेवर होगा, उमा और उसके पति के कपड़े होंगे, उसके सास-ससुर के और बच्चों के कपड़े होंगे। एकाध बिस्तर-विस्तर होगा, एकाध बर्तन....टी सैट या डिनर सेट।" सुकेशनी ने जग-व्यवहार बता दिया।

"कुछ कैश भी रहेगा साथ में।" कमला ने कहा।

हाँ, कैश तो होगा ही।" सुकेशनी बोली।

"मतलब ये कि एक चौथाइ दहेज हम देंगे।" भाई साहिब ने संक्षेप सारांश बताया।

"अब यह तो हम क्या जानें कि वह अपनी बेटी को क्या दे रही है मगर हमें तो अपने हिसाब से देना है।" भाभी बोलीं।

"हाँ भाई?" भाइयों की ओर देखकर पूछा भाई साहिब ने।

"जो व्यवहार है दुनिया का, करना ही होगा। लड़की की नाक भी रखनी होगी उसकी ससुराल में, अपनी नाक भी रखनी होगी बिरादरी में।" यश ने कहा।

"सहता-सहता ही रखिये। आज जितना अंजली को देंगे कल उतना ही ऊर्जा को देना होगा।" दिनेश ने बढ़ते हुए खर्चे को देखकर कहा।

"तो दे देंगे उसे भी जब उसका समय आएगा।" भाई साहिब को खर्चे की नहीं, नाक की चिन्ता थी।

"मेरी राय में तो हम इस पुरानी लीक से हटकर कैश ही दे दें। जो चाहे उमा खरीद ले।" दिनेश ने कहा।

"पुराने ज़माने में लोग सामान थालों में सजाकर, थालों को रेशमी कपड़ों से ढँककर, सिरों पर उठाकर ले जाते थे नानक-छक्क के तौर पर। आगे-आगे बैंड-बाजा चलता था। लड़की ने अपनी बिरादरी में नाई भेजकर घुमाया होता था कि ननिहाल वाले आ रहे हैं फ़लाँ दिन।" भाई साहिब ने दिनेश से असहमति जताते हुए कहा।

"तब तो रिश्ते भी नाई ही तय करते थे। न लड़के वालों ने लड़की देखी होती थी, न लड़की वालों ने लड़का।" दिनेश को बुरा लगा था भाई साहिब का उसके प्रस्ताव को बिना विचारे रद्द करना।

"मैं ये तो नहीं कह रहा कि बाजा-गाजा लेकर चलें मगर जो कुछ ले जाएँगे,

उसके घर वाले तो देखेंगे ही। मज़ाक तो न उड़े हमारा कि खाते-पीते लोग हैं मगर आ गये ख़ाली हाथ।'' भाई-साहिब ज़रा-से नर्म पड़ते दिखाई दिये।

''देने दीजिए ना सामान।'' रजनी ने बीच-बचाव किया, ''उमा से ही पूछ लेते हैं कि उसे क्या चाहिए, वही ख़रीद लेते हैं।''

''ना ना ना...'' भाई साहिब ने तुरन्त रदद् कर दिया रजनी का प्रस्ताव।

''तुम उसकी सास को नहीं जानती हो। दो लाख के सामान की फ़र्मायश रख देगी सामने।''

''सास से थोड़े पूछना है, उमा से पूछेंगे।'' रजनी ने अपनी बात पर पुनः बल दिया।

''उमा के पेट मे पचता है कुछ कि सास से बात नहीं करेगी। सास सुना देगी लिस्ट।'' भाभी ने समर्थन किया भाई साहिब की बात का।

''तो ऐसा करते हैं,'' निरुत्तर नहीं हो रही थी रजनी, ''जो कुछ देना है, उमा को बता देते हैं ताकि वह अपनी तरफ़ से वह सब न खरीदे।''

''हाँ, ये ठीक है। अपना तय कर लो, उसे बता दो। अब मान लो वो लड़की को तीस तोले सोना दे रही है तो हम कह सकते हैं कि भई तुम बीस तोले ख़रीदना, दस हम दे रहे हैं।'' भाई साहिब ने कहा।

''दस तोले ज़्यादा नहीं होगा?'' पूछा यश नें।

''अब इससे कम भी क्या देंगे।'' चुप करा दिया उसे भाई साहिब ने।

''तो, तुम लोग ठीक समझो तो दस तोले सोना दे देते हैं। एक डिनर सैट दे देते हैं। एक टी.वी. दे देते हैं। कैश बताओ?''

''ग्यारह हज़ार दे दो।'' भाभी ने राय दी।

तमक उठ भाई साहिब।

''सीधे ही नाक कटा डालो ख़ानदान की। डेढ़ लाख का सामान दे रहे हैं और साथ में कैश ग्यारह हज़ार?''

''आप क्या ठीक समझते हैं?'' पूछा दिनेश ने। उसने समझ लिया कि भाई साहिब करेंगे तो अपने ही मन की। भाइयों से तो वे अपने फ़ैसले पर सहमति का अंगूठा लगवा रहे हैं।

''इक्यावन हज़ार दे देते हैं, क्यों यश?'' भाई साहिब को विश्वास था कि यश का समर्थन अवश्य मिलेगा।

''इक्कीस कर लें।'' मगर समर्थन नहीं मिल रहा था यश से। ''दिनेश भाई साहिब ठीक कह रहे हैं, कल ऊर्जा की शादी पर इससे एक पैसा कम नहीं कर पाएँगे हम।''

सोचने लगे भाई साहिब। उन्हें लगा बात तो ठीक ही कह रहा है यश।

''चलो छोड़ो, पच्चीस दे देते हैं। न कम होगा, न ज़्यादा।''

"ठीक है।" समर्थन मिला उनको भाभी से।

वास्तव में भाई साहिब यह सब पूछने नीचे नहीं आये थे, जिसको लेकर अभी तक चर्चा हो रही थी। असली बात पर तो वे अभी आये ही नहीं थे। वे प्रतीक्षा कर रहे थे कि महिलाएँ उठकर जाएँ तो वे असली बात करें।

कुछ क्षण चुप व्याप्त रही तो भाभी ने पूछा–

"अब हम जाएँ?"

"हाँ, ठीक है।" भाई साहिब तो चाहते ही थे कि ये लोग जाएँ।

महिलाएँ उठकर चली गयीं तो भाई साहिब बोले–

"दो लाख का ख़र्चा है तक़रीबन। हम चारों पचास-पचास हज़ार डाल लेते हैं।" असली बात कह दी भाई साहिब ने।

धक्का-सा लगा सुनकर दिनेश को। जब ये जायदाद के बँटवारे को तैयार नहीं हैं, तो संयुक्त परिवार के एकाउंट में से दे दें, जो कुछ देना है। कुछ क्षण प्रतीक्षा की उसने चुप रहकर कि शायद यश या कुलदीप बोले लेकिन उन दोनों में से कोई नहीं बोला तो उसने निर्णय किया कि वह कुढ़ते रहने के लिए मन की बात मन में लेकर नहीं जाएगा।

"परिवार का ज्वाँयट एकाउंट ख़ाली हो गया क्या?" उसने पूछा भाई साहिब से।

"ज्वाँयट एकाउंट? ..... ऐसा कौन-सा एकाउंट मेनटेन कर रहे थे हम?" बुरा लगा भाई साहिब को।

"मेरा मतलब है, फ़सल का पैसा आता है इतने सालों से। दूकानों का किराया आता है...."

"क्या देती है ज़मीन? तुम्हें पता है?" सदैव की भाँति स्वर कटुतापूर्ण हो गया भाई साहिब का–

"जितना आता है, उतना ही बीज-खाद पर, बिजली के बिल पर, मोटर की रिपेयर पर लग जाता है। मुनाफ़े में सिर्फ़ अनाज मिलता है खाने के लिए। रहीं दूकानें, अस्सी रुपया महीना आता है चारों का।"

"मगर आ तो सालों-साल से रहा है।" दिनेश सहमत नहीं था भाई साहिब से।

"अब तुम आ गये हो, तुम मेनटेन कर लो एकाउंट। देख लो, क्या देती है जायदाद।" क्रोधित हो गये भाई साहिब।

"मैं तो ज़मीन और दूकानें बेचने के हक़ में हूँ। बीस-बीस लाख की एक दूकान है। किरायेदार दस में भी ले ले तो चालीस लाख आता है चारों को। साठ-सत्तर लाख की ज़मीन है। अपने-अपने हिस्से का बैंक में भी रख दें तो पच्चीस-पच्चीस हज़ार महीने का इंटरेस्ट मिलेगा एक-एक को।" दिनेश ने दूर की बात कही।

"कल रिश्ते नहीं मिलेंगे बच्चों को ढब के। ख़ानदान का जुलूस निकल जाएगा। बिरादरी वाले कहेंगे, भूखे मरते थे साले, बाप-दादा की ज़मीन-जायदाद

बेचकर खा गये।'' सदैव की भाँति कड़ा प्रतिवाद किया भाई साहिब ने।

''चाटते रहिये आप बिरादरी को सारी उम्र। क्या दे दिया हमको बिरादरी ने? क्या लेना है हमको लोगों से? अपने घर की प्लानिंग करने में हम अपनी नहीं, औरों की सुविधा देखते रहें तो हो ली प्लानिंग।'' दिनेश के स्वर में भी कटुता आ गयी।

''दोहती की शादी आई है तो प्लानिंग शुरू हो गयी तुम्हारी? पचास-पचास हम नहीं निकाल सकते? बहुत बड़ी रक़म है क्या?''

''मेरे लिए तो बड़ी ही है भाई साहिब।'' स्पष्टवादिता से काम ले रहा था दिनेश।

''तो तुम रहने दो, हम तीनों मिलकर लगा देंगे।'' क्रोधित भाई साहिब बोले।

''शादी में तो चलोगे या इसमें भी प्लानिंग होगी कि कौन-कौन जाएँगे?'' व्यंग्य स्पष्ट था भाई साहिब की बात में।

''मुझे इन्वाइट करेगी उमा तो ज़रूर जाऊँगा। मुझसे जो बन पड़ेगा शगुन भी दूँगा।''

''मतलब, तुम वहाँ ऐलान करोगे कि हम अलग हो चुके।'' भाई साहिब ने उसी तीखे स्वर से कहा।

''मुआफ़ करें भाई साहिब, आप तीनों का साँझा कारोबार है। तीनों हवेली पर क़ाबिज़ हैं। मैं ही एक आउट-कास्ट हूँ, जिसे रिटायर होने पर भी एक कमरा नहीं मिला बाप-दादा की हवेली में रहने को, तो अपने को आउट-कास्ट डिक्लेयर करने में संकोच कैसा?'' दुखती रग पर हाथ रख दिया दिनेश ने।

''तुम्हारे जैसा पढ़ा-लिखा आदमी ऐसी बात करेगा, मुझे इसकी उम्मीद नहीं थी। कहा नहीं था तुमसे, आ जाओ हवेली में, जैसे-कैसे एड्जेस्ट कर लेंगे।''

''एड्जेस्ट ही करते ना आप ज़्यादा से ज़्यादा। मेरा तो कोई हक़ है नहीं इस हवेली पर। मैं चण्डीगढ़ न गया होता और मैंने भी चार कमरों पर क़ब्ज़ा कर रखा होता तो आज कहते आप यह बात?''

''कहाँ से कहाँ ले गये आप बात को भाई साहिब।'' यश ने बीच-बचाव करते हुए कहा।

''तुम चुप रहो यश। मैं अन्धा नहीं हूँ। तुम तीनों का इंटरेस्ट कॉमन है।'' बहुत ही खुलकर कह दिया दिनेश ने।

चुपके हो रहा यश। बात कड़वी थी लेकिन सही थी। कुलदीप तो पहले से ही मूक द्रष्टा बना हुआ था जानबूझकर।

''मुझसे जैसे भी बना मैंने सारी उम्र मुट्ठी बन्द रखने की कोशिश की है। शहर में इज़्ज़त बढ़ाई है बाप-दादा की। लोग मिसाल देते हैं हमारी। हमारी कोई ऐसी मजबूरी होती और दूसरा कोई हल न दिखता तो मैं सोच भी लेता जायदाद बेचने की मगर ईश्वर की कृपा से सब ठीकठाक चल रहा है तो बदनामी क्यों मोल लें?''

"आप समझ लीजिए ऐसी ही मजबूरी आयी हुई है मेरे सामने आजकल।"

"कितना पैसा चाहिए, हमसे ले लो।"

"भाई साहिब, मुझे न भीख चाहिए, न क़र्ज़ा, मुझे अपना हक़ चाहिए।" दिनेश नहीं बताना चाहता था भाइयों को कि अविनाश को पैसे की ज़रूरत थी।

"न भीख है, न क़र्ज़ा। अपनी ज़रूरत बोलो।"

एक क्षण चुप रहा दिनेश। उसके भीतर द्वन्द्व चल रहा था, भाइयों को बताये या न बताये कि भाई साहिब ने एक तीर और छोड़ दिया।

"फ़र्ज़ी मजबूरी हो तो वो भी बता दो।"

इस तीर से आहत हुआ दिनेश चुप न रह सका।

"मैं इसीलिए नहीं बता रहा था कि आप उसे फ़र्ज़ी मजबूरी समझेंगे। अब आप सुनना ही चाहते हैं तो सुनिए, मुझे अविनाश के लिए पच्चीस लाख का इन्तज़ाम करना है।"

"उसे ऐसी क्या ज़रूरत आ पड़ी?" भाई साहिब को आशा नहीं थी कि दिनेश इतनी बड़ी रकम माँग लेगा।

"उसे कन्साइन्मेंट भेजना है विदेश।"

"तो क़र्ज़ा ले देते हैं बैंक से। पंजाब नेशनल का मैनेजर अपना परखा हुआ आदमी है।"

भाई साहिब ने रास्ता सुझाया।

"क़र्ज़ा ही लेना है तो मैं अपने से भी इन्तज़ाम कर सकता हूँ।" दिनेश इसके लिए भाई साहिब का अहसान नहीं लेना चाहता था।

"बिज़नेस में लोन कोई नयी बात नहीं है। हम खुद पचासों बार लेते हैं लोन। एक नम्बर में बाक़ी नहीं होती कई बार। डील छोड़ी नहीं जाती।" भाई साहिब समझाने लगे।

"वो बिज़नेस कर रहा है इतने साल से। ये सब बातें उसे भी मालूम हैं। चलिए छोड़िए।" मुँह फिरा लिया दिनेश ने।

एक क्षण की चुप्पी फैल गयी कमरे में।

"अच्छी बात है। अब हम चलें।" उठ खड़ा हुआ दिनेश।

"यही सो जाइए ना आज भाई साहिब।" कुलदीप ने उठते हुए कहा।

"नहीं भाई, फ़कीर को झोंपड़ी में नींद आती है, राजमहल में नहीं।"

दिनेश का व्यंग्य गहरा चुभा तीनों भाइयों के हृदय में लेकिन कहा किसी ने कुछ नहीं।

रजनी को साथ लेकर दिनेश हवेली से बाहर निकला और अपने घर की ओर चल दिया।

सात

सुबह की चाय का कप लाकर दिया रजनी ने लॉन में बैठे अख़बार पढ़ रहे दिनेश को और पूछा–

"आज मुहर्रम है?"

"तुम्हें कैसे पता?"

"पेपर में लिखा है।"

"हाँ। क्यों?"

"मैंने ताज़िये नहीं देखे कभी। संयोग ही ऐसा रहा कि मैं ताज़िये पर मालेरकोटला आयी ही नहीं कभी। आज दिखाइए मुझे।"

"देखना चाहिए। तुम्हें मालूम होना चाहिए कि शिया मुलसमानों की रिवायत क्या है।" अनुमोदन किया दिनेश ने।

"कितने बजे निकलता है?" रजनी ने पूछा।

"साढ़े दस बजे निकलेगा मेन ताज़िया ख़ोजों के इमामबाड़ से। छोटे-छोटे तो कई निकलेंगे। देखने लायक़ वही एक होता है।.....तुम तैयार हो जाना दस बजे तक, चलेंगे।"

नाश्ता करते हुए दिनेश ने बताया रजनी को।

"मुसलमानों में दो बड़े सम्प्रदाय हैं–सुन्नी और शिया। मालेरकोटला में बहुसंख्या सुन्नियों की है। शिया अपेक्षाकृत बहुत कम हैं। प्रमुख रूप से ख़ोजों के परिवार हैं, कुछ पीरों के, कमानगरों के, सादात के और कुछ सैयदों के।......शिया का अर्थ है प्यार करने वाला, फौलोअर, डिंवाउट। दरअसल ये शियाने-अली हैं, हज़रत अली से प्यार करने वाले, हज़रत अली के अनुगामी।"

"हज़रत अली कौन थे?" पूछा रजनी ने।

"पैग़म्ब्र हज़रत मुहम्मद के दामाद थे। मुसलमानों के चौथे ख़लीफ़ा भी थे। हज़रत अली के समय तक मुस्लिम शासन की सत्ता धार्मिक नेता यानी ख़लीफ़ा के हाथ में थी लेकिन उनके बाद मुआविया पहला मुस्लिम शासक बना तो उसने अपने को ख़लीफ़ा भी घोषित कर दिया। धर्मनिष्ठ मुसलमान चाहते थे कि ख़िलाफ़त

हज़रत मुहम्मद के वंश के पास ही रहे। इसलिए वे अली के बड़े बेटे हसन को ख़लीफ़ा बनाने के पक्ष में थे। मुआविया ने वादा किया कि वह अपने बाद अपने बेटे को ख़लीफ़ा नहीं बनाएगा, हसन को बनाएगा लेकिन हसन अल्पमृत्यु का शिकार हुए और मुआविया ने अपने बेटे यज़ीद को ख़लीफ़ा घोषित कर दिया।''

''यानी इस्लाम की राजनीति शुरू हो गयी।'' समझने की कोशिश करते हुए रजनी ने कहा।

''हाँ, सत्ता और राजनीति क़ा चोली-दामन का रिश्ता है। धर्मनिरपेक्ष मुसलमानों, विशेष तौर पर कूफ़ा के मुसलमानों ने हज़रत अली के दूसरे बेटे हुसैन को ख़लीफ़ा बनाने की कोशिशें शुरू कर दीं। उधर यज़ीद ज़िद कर रहा था कि हुसैन उसे ख़लीफ़ा स्वीकार कर लें, उसके हाथ पर बैत क़रें। बेबीलोनिया के मुसलमानों ने हुसैन से यज़ीद की ख़िलाफ़त को चैलेंज करने को कहा और पूरे सहयोग का भरोसा दिलाया। हुसैन मदीना से बहत्तर संगी-साथियों-स्वजनों समेत कूफ़ा की ओर चल दिये। रास्ते में कर्बला के स्थान पर यज़ीद की फ़ौज ने उन्हें घेर लिया। निमन्त्रण देने वाले मुसलमानों में से भी बहुत-से बिक गये यज़ीद के पास और हुसैन को धोखा दे गये।''

''हूँ।'' रजनी पूरे ध्यान से सुन रही थी।

''72 आदमियों के ख़िलाफ 22 हज़ार की फ़ौज चढ़ा दी यज़ीद ने। धर्मनिष्ठा और सत्ता-लोभ की प्रतीकात्मक जंग हुई, जिसमें हुसैन शहीद हो गये। यह घटना इस्लामी महीने मुहर्रम की दस तारीख़ की है। ईसवी कैलेण्डर के अनुसार 10 अक्तूबर, 680 की। आज वही दिन है।''

''शहीदी दिवस ही कहना चाहिए।'' रजनी बोली।

''हाँ, शहीदी दिवस के रूप में ही मनाया जाता है यह दिन लेकिन इमाम हुसैन जिन हालात में शहीद हुए थे, वे बहुत करुणाजन्य हैं। फ़रात नदी सामने है लेकिन इमाम हुसैन प्यासे हैं। उनका घोड़ा तक पानी नहीं पी रहा है। प्यास से बेहाल है मगर मालिक प्यासे हैं इसलिए वह भी पानी नहीं पी रहा। दुधमुँहे बच्चे तक को पानी की बूँद नहीं मिल रही है। फ़रात नदी पर पहरा लगाकर यज़ीद ने उनको प्यासे मारने की योजना बनाई है। औरतों का क्रन्दन, बच्चों की भूख-प्यास, कुछ भी प्रभावित नहीं कर रहा है ज़ालिम आक्रमणकारियों को। मुहर्रम की पहली तारीख़ से लेकर नौ तारीख़ तक इमामबाड़ों में मर्सियों, भाषणों, नाटिकाओं के ज़रिए ताज़ा किया जाता है उन सब घटनाओं की याद को, जो किसी भी सहृदय व्यक्ति को अन्दर तक लील जाती हैं।''

''आप कह रहे हैं हज़रत मुहम्मद के नवासे थे इमाम हुसैन। उनको बेरहमी से, धोखे से क़त्ल कर दिया गया। उनका शहीदी दिन मनाते हैं शिया।'' रजनी कोई नुक्ता समझना चाह रही थी।

''हूँ।''

"तो सुन्नी क्यों नहीं मनाते इस दिन को? बल्कि इस दिन तो हर साल लखनऊ में शिया सुन्नी फ़साद होते हैं, जिनमें कितने ही लोग मारे जाते हैं।" रजनी ने अपना नुक्ता सामने रख दिया।

"इसकी लम्बी कहानी है। फिर कभी सुनाऊँगा। मोटी-सी बात यह है कि इस्लाम में मृत्यु पर रोने-पीटने की इजाज़त नहीं है, इसलिए इमाम हुसैन के प्रति श्रद्धा रखते हुए भी सुन्नी मुसलमान मातम के ख़िलाफ़ हैं। फ़साद भी इसीलिए होते हैं कि सुन्नी मुसलमान शिया मुसलमानों को मातम करने से रोकने की कोशिश करते हैं और प्रतिक्रिया में शिया अपना वर्चस्व दिखाने की कोशिश करते हैं।"

"शिया तो रोने-पीटने को एण्टी-इस्लामिक नहीं मानते ना?" पूछा रजनी ने।

"वे इसे एण्टी-इस्लामिक मानते तो मातम ही क्यों करते।"

"यहाँ तो नहीं हुआ कभी शिया-सुन्नी फ़साद?"

"नहीं, यहाँ ईश्वर की कृपा रही है। यहाँ अस्ल में शिया थे भी कम ही। अभी भी कम ही हैं। रियासत के नवाब बहुत चालाक थे। पता ही नहीं चलने देते थे कि वे शिया हैं या सुन्नी। अपने नाम के साथ अली लगा लेते थे जैसे सिकन्दर अली ख़ाँ, इब्राहीम अली ख़ाँ, अहमद अली ख़ाँ, इफ़्तिख़ार अली ख़ाँ ताकि शिया लोगों को अच्छा लगे। नाम के आगे मुहम्मद लगा लेते थे ताकि सुन्नियों को यह न लगे कि नवाब शिया हो गया है। सरकारी इमामबाड़ा भी बना रखा था रियासत ने। अभी भी है। नवाब के भाई-भतीजों में कई लोग शिया भी थे।"

"यह क्या बात हुई? यह भी तो सत्ता की सियासत ही है।"

"सत्ता बड़ा नाच नचाती है लोगों को।....तुम्हें उस दिन इतिहास बताया था ना रियासत का। नवाब भीखन ख़ाँ के भाई नवाब बहादुर ख़ाँ का वारिस था ग़ुलाम मुहम्मद ख़ाँ। गद्दी ले गया दूसरे भाई अताउल्ला ख़ाँ का वारिस इब्राहीम अली ख़ाँ। ग़ुलाम मुहम्मद के चार बेटे थे। इन चारों ने बारबार अंग्रेज़ के पास पेटीशन की कि रियासत इनके हवाले की जाए। इनको नवाब घोषित किया जाए। नवाबी तो इनमें से किसी को नसीब नहीं हुई लेकिन अंग्रेज़ ने इन चारों की जायदाद को रियासत के दख़्ल से आज़ाद करके, इन चारों को बेनाम के नवाब ज़रूर बना दिया। इनमें से एक भाई था बाक़र अली ख़ाँ। उसका बाग़ शिया गतिविधियों का बड़ा केन्द्र रहा है रियासत के ज़माने में।"

"कुछ पता नहीं चलता कौन किसका बेटा था। बड़ी कन्फ़्यूज़िंग हिस्ट्री है इस चिड़िया-सी रियासत की।"

"सत्ता का हर खेल ही इस तरह का पेचीदा खेल होता है। लेटर मुग़ल्स की हिस्ट्री देख लो। अच्छे से अच्छा स्टूडेंट फ़ेल हो जाता है इसके पर्चे में।"

"अच्छा, फिर क्या हुआ?" रजनी समझना चाहती थी सब।

"बाक़र अली ख़ाँ की मौत के बाद उसका बाग़ उसके भतीजे अहसान अली

ख़ाँ के हाथ आया। अहसान अली ख़ाँ कट्टर शिया था। रियासत के ज़माने में शेरवानी कोट के इमामबाड़ा सैयदाँ में से घोड़ा निकला करता था.......'' बीच में ही रुक गया दिनेश।

''पहले तुम घोड़ा समझ लो। इमाम हुसैन का घोड़ा बड़ा ही वफ़ादार घोड़ा था। इमाम हुसैन प्यासे थे तो घोड़े ने भी पानी नहीं पिया। उनके ख़ून से लथपथ घोड़े ने ही उनकी शहादत की सूचना लाकर दी थी। इसलिए शिया लोग हर साल घोड़े को इमाम हुसैन के ज़माने की तस्वीर बनाकर जुलूस की शक्ल में लाते हैं।''

''अच्छा।'' समझ गयी रजनी।

''तो यह घोड़ा निकला करता था शेरवानी कोट के इमामबाड़ा सैयदाँ से। शाही परिवार की अन्दरूनी राजनीति के कारण नवाब अहमद अली ख़ाँ के समधी मुहम्मद अली ख़ाँ ने इस जुलूस का रास्ता तब्दील कर दिया। शिया लोगों ने उसके आदेश का डटकर विरोध किया लेकिन कुछ न कर सके। आख़िर उन्होंने शेरवानी कोट के जुलूस में शामिल होना बन्द कर दिया और बाक़र अली ख़ाँ के बाग़ से अपना अलग घोड़ा निकालने लगे। सुन्नियों ने इसका विरोध किया। शाही परिवार भी सुन्नियों का ही था। प्रोटेस्ट के तौर पर अहसान अली ख़ाँ मालेरकोटला छोड़कर चले गये। मजबूरन अंग्रेज़ों को दख़्ल देना पड़ा। अंग्रेज़ों ने फ़ैसला सुनाया कि शिया लोग बाग़ में से घोड़ा निकाल सकते हैं। तब वापिस लौटे अहसान अली ख़ाँ और जश्न मनाया शिया लोगों ने। अहसान अली ख़ाँ ने इस बाग़ को शिया बिरादरी के नाम कर दिया। लेकिन उस ज़माने में रियासत के अन्दर जायदाद की तब्दीली का प्रचलन नहीं था, सिर्फ़ दख़ीलकारी तब्दील होती थी। इस तरह इस संघर्ष का अन्त हुआ कि बाग़ की दख़ीलकारी शिया बिरादरी के नाम हो गयी।''

''आज के जुलूस में घोड़ा होगा?'' उत्सुकता जाग उठी थी रजनी की घोड़ा देखने की।

''हाँ, ज़रूर होगा।''

सवा दस बजे रिक्शा में बैठकर निकले रजनी और दिनेश। चलने से पहले उसने फ़ोन कर दिया था रामेश्वर दीवान को कि अपने छज्जे पर दो कुर्सियाँ डलवा दे उनके लिए। रामेश्वर उसका स्कूल का सहपाठी था। उसका मकान सदर बाज़ार में था और उसके घर की पहली मंज़िल से ताज़िये का जुलूस बहुत निकट से देखा जा सकता था। पूरा दीवान मुहल्ला रामेश्वर के घर की छतों से, खिड़कियों में से, जुलूस देखता था हर वर्ष। दिनेश और रजनी के लिए उसने पहली मंज़िल पर दो कुर्सियाँ लगवा दी थीं, जहाँ से वह स्वयं अपनी पत्नी और किसी विशिष्ट अतिथि के साथ बैठकर जुलूस देखा करता था।

बहुत आदर-भाव दिखाया रामेश्वर और उसकी पत्नी ने। पानी-वानी पिलाया। चाय-वाय पूछी।

"कितनी देर है जुलूस के आने में?" दिनेश ने रामेश्वर से पूछा।

"बस आने ही वाला है। इमामबाड़े से निकले तो आधा घण्टा हो गया। शुरू-शुरू में जोश बहुत ज़्यादा होता है ना, इसलिए बहुत धीरे चलता है जुलूस। अभी जैन मन्दिर के पास पहुँचा है। बस आ जाएगा और दस मिनट में।" रामेश्वर ने बताया।

"आवाज़ तो आ रही है मातम की।" दिनेश ने कहा।

"आवाज़ तो इमामबाड़े से ही आने लगती है। छतों-छतों पर से, हमारे घर का और इमामबाड़े का डिस्टेंस ही कितना है।"

"लो आ गया अलम...." बायीं ओर की सड़क पर दृष्टि जमाये बैठी उसकी पत्नी बोली।

"हाँ रजनी, ये देखो। ये दो आदमी जो चीज़ उठाए हुए हैं, इसे अलम कहते हैं। अलम मानी ध्वज, झण्डा। कर्बला के मैदान में हज़रत अली के बेटे हज़रत अब्बास ने हुसैन का झण्डा उठाया हुआ था। वो अलम-बरदार थे इमाम हुसैन के। इमाम हुसैन इनको जंग में जाने की आज्ञा नहीं दे रहे थे इनके प्रेमवश। जब इनसे इमाम के बच्चों की प्यास न देखी गई तो ये इमाम से पानी लाने की आज्ञा लेकर चल पड़े। दुश्मन की नाकाबंदी के बावजूद ये फ़रात नदी तक जा पहुँचे। पानी की मश्क भी भर ली। मश्क को अलम से टाँग लिया लेकिन दुश्मन का एक तीर आकर मश्क में लगा और सारा पानी बह गया। वो देखो...." उंगली से इशारा करते हुए दिनेश ने दिखाया रजनी को।

"वो....छोटी-सी मश्क लटक रही है अलम के ऊपर। इसमें एक तीर भी लगा हुआ है।"

"हाँ।" ध्यान से देखा रजनी ने अलम की ओर।

"जब अब्बास प्यासों के लिए पानी भरकर लौटने लगे तो दुश्मन की फ़ौज़ ने उनको घेरकर उनका दाहिना हाथ काट दिया। उन्होंने फ़ौरन अलम को बायें हाथ में ले लिया। दुश्मनों ने बायाँ हाथ भी काट डाला तो उन्होंने शरीर की ओट देकर ध्वज को गिरने से बचाया।"

"इसके ऊपर हाथ-सा क्या बना हुआ है?" पूछा रजनी ने।

"इसे पंचतन कहते हैं। यह प्रतीक है हज़रत मुहम्मद और उनके चार साथियों का, जिन्हें अह्ले-बैत कहते हैं। ये हैं स्वयं हज़रत मुहम्मद, उनकी पुत्री फ़ातिमा, दामाद अली और नवासे हसन और हुसैन। इस हाथ को कई लोग हज़रत अब्बास का हाथ भी मानते हैं।"

उनके बिल्कुल सामने आ गये मातम कर रहे शिया। दो पंक्तियों में, एक-दूसरे के सामने खड़े होकर मातम कर रहे थे वे। पंक्तियों के बीचों-बीच दो आदमी नौहा गा रहे थेः

दफ़नाता कौन क़ैद था कुनबा हुसैन का।
बेगोरो-बेकफ़न रहा लाशा हुसैन का।
गर्दन में तौक़ हाथों में हथकड़ियाँ पड़ गयीं,
मजबूर होके रह गया बेटा हुसैन का।

"अनीस का मर्सिया गा रहे हैं ये?" पूछा रजनी ने।

"अरे नहीं, अनीस और दबीर जैसे मर्सिये कौन लिखेगा। ये तो आजकल के किसी शायर का लिखा नौहा है। अनीस और दबीर के मर्सिये तो मजलिसों में गाये जाते हैं, जुलूस में तो नौहे गाये जाते हैं।"

"नौहा, मतलब?"

"नौहा, कहते हैं शोकालाप को। किसी की मृत्यु पर विलाप करने को।"

"आप बता रहे थे एक बार कि मैथिलीशरण गुप्त का 'काबा और कर्बला' भी गाया जाता है मजलिसों में।"

"हाँ, पढ़ा था मैंने अख़बार में। यहाँ तो सुनने में नहीं आया कि 'काबा और कर्बला' गाया गया हो कभी।"

"आप गुनगुनाया करते हैं ना कभी-कभी गुप्त जी का मर्सिया।"

"हाँ, बड़ी मार्मिक कविता लिखी है गुप्त जी ने :–

भलेमानुसो सुनो वैर है मुझसे तुमको,
कुम्हलाने दो न इस नबी के नवल कुसुम को।
निज हिंसा को लो हुसैन का माँस खिलाओ,
मेरे रुधिर पिपासु इसे नीर पिलाओ।"

"आज मेरी समझ में आया है इसका अर्थ।" रजनी बोली।

"जब तक कविता की बैक ग्राउंड स्पष्ट न हो, कविता का आनन्द नहीं लिया जा सकता।"

नौहे के बीच में एक आदमी ने 'या हुसैन' कहा और मातम शुरू हो गया। सधे हुए हाथ, दूर से आकर एक साथ छातियों पर पड़ते और ज़ोरदार आवाज़ पैदा करते। इस आवाज़ के साथ-साथ उभरतीं 'या हुसैन-या हुसैन' की आवाज़ें। नंगी छातियाँ और उन पर तड़-तड़ पड़ते हाथ, एक बार दाहिना, एक बार बायाँ। लगभग प्रत्येक की छाती में से ख़ून निकल रहा था। एक-दो नौजवान लड़के तो इतने ज़ोर से मातम कर रहे थे कि जब वे छाती पर से हाथ हटाते थे, उनके ख़ून के छींटे दूर तक जा गिरते।

"कैसा दर्दनाक दृश्य है।" द्रवित हो उठी रजनी।

"अभी तो कुछ भी नहीं, देखती चलो।" दिनेश ने कहा।

थोड़ी देर बाद लखनऊ से बुलाई हुई मातम करने वाले लड़कों की टोली ने कमान सँभाल ली मातम की। नया नौहा गाया जाने लगा। चार लड़के पंक्तियों के

बीचों-बीच आ गये। उनके हाथों में मुट्ठे थे। एक-एक मुट्ठे में, पतली-पतली ज़ंजीरों में अनेक छुरियाँ लगी हुई थीं। उनकी छातियाँ पहले से ही लहू लुहान थीं। 'या हुसैन' का शोर उभरा और उन्होंने एक साथ कई छुरियाँ अपनी पीठ पर चलानी शुरू कर दीं। रक्त के छींटे रामेश्वर की छत तक आ गिरे। हवा में उड़ते हुए उनकी पीठ के माँस के छोटे-छोटे टुकड़े भी दिखाई दे रहे थे।

"हॉरिबल।" रजनी भयाक्रान्त थी और पूर्णतया द्रवित भी।

इस मातम के बाद एक लड़का दौड़ता हुआ आया। उसके हाथ में जलते हुए कोयलों का तसला था। उसने लगभग दौड़ते हुए दोनों पंक्तियों के बीच में कोयले बिछा दिये।

"आग बिछा रहा है यह तो।" रजनी हैरान थी कि अब क्या होगा।

"पहली बार देख रही हैं भाभी आप शायद।" रामेश्वर की पत्नी ने कहा।

"हाँ, मुझे पता होता कि ऐसा दिल दहलाने वाला दृश्य होता है तो मैं आती ही नहीं।"

"डर गयीं क्या? हम हर साल देखते हैं यहीं बैठकर। लखनऊ से बुलाए जाते हैं ये लड़के।" रामेश्वर की पत्नी ने बताया।

सड़क का मध्य भाग दहकते हुए कोयलों से लाल हो गया तो उसी प्रकार के छुरियों के मुट्ठों से पीठें पीटते हुए दो नौजवान नंगे पाँव आये और आग पर चलकर मातम करने लगे। हृदयविदारक दृश्य देखकर पंक्तियों में मातम कर रहे लोगों का जोश भी बढ़ गया। उनके हाथ और भी ज़ोर से छातियाँ पीटने लगे। 'या हुसैन-या हुसैन का सामूहिक स्वर, छातियों पर पड़ते हाथों की धप-धप और पीठों पर पड़ती छुरियों की झन-झन देखकर, कौन है जिसका हृदय द्रवित न हो उठता।

एक बुज़ुर्ग आदमी ने काला रूमाल हवा में घुमाकर जुलूस को आगे बढ़ने का संकेत दिया। नौहा गाते-गाते, छातियाँ पीटते-पीटते, काले वस्त्रों वाले अज़ादार आगे बढ़ गये। उनके पीछे घोड़ा था। बहुत ही उत्तम ढंग से सजाया गया घोड़ा।

"यह घोड़ा प्रतीक है इमाम हुसैन के घोड़े का।" दिनेश ने रजनी को बताया।

"इसके ऊपर जो तलवार और ढाल रखी है, वह भी इमाम हुसैन की ढाल-तलवार का प्रतिरूप है। घोड़े के ऊपर की सफेद चादर इमाम हुसैन की पवित्रता की द्योतक है और उसके ऊपर पड़े लाल निशान इमाम हुसैन के ख़ून के निशानों का स्मरण कराते हैं। इमाम हुसैन का घोड़ा उनका भक्त था जैसे। जंग में उनकी सवारी रहा। वे प्यासे थे तो इसने भी पानी नहीं पिया। वे शहीद हो गये तो यह उनके ख़ून से अपना सिर लथपथ करके ख़ेमों की तरफ़ दौड़ा, यह बताने के लिए कि इमाम हुसैन ने जामे-शहादत पी लिया।"

घोड़े के पीछे-पीछे छोटे बच्चे, काले बुर्क़ों में बन्द महिलाएँ, कुछ बड़े-बूढ़े, कुछ बीमार लोग थे, जो धीरे-धीरे हाथ चलाकर सांकेतिक मातम कर रहे थे।

जुलूस के अन्त में था ताज़िया। चार बाँसों के ऊपर बना भव्य ताज़िया। रंग-बिरंगे काग़ज़ों फूलों, झालरों से सजाया हुआ ताज़िया, जिसे आठ-दस लोगों ने कन्धों पर उठा रखा था। ताज़िया उठाने वालों का एक हाथ ताज़िये को थामे हुए था, दूसरा हाथ परम्परात्मक मातम कर रहा था।

"क्या है यह ताज़िया?" पूछा रजनी ने।

"नक़ल है.....समझो.....रेप्लिका है इमाम हुसैन के रौज़े का, जो कर्बला में बना हुआ है। रौज़ा मतलब मक़बरे का परिसर। ....इसके आगे के दोनों सिरों पर वही अलम बने हुए हैं, जो जुलूस के आगे-आगे लेकर चल रहे थे लड़के।"

"इसके अन्दर क्या है?" रजनी ने जानना चाहा।

"इसके अन्दर प्रतीकात्मक क़ब्र बनी हुई है इमाम हुसैन की। ताज़िये का मध्य भाग ताबूत कहलाता है। यह उस ताबूत का प्रतीक है, जिसमें इमाम हुसैन का शव जंग के मैदान से क़ब्र तक लाया गया था।"

"ताज़िया का क्या मतलब है?" रजनी की जिज्ञासा प्रखर हो रही थी।

"ताज़िया शब्द 'अज़ा' से बना है। अज़ा का अर्थ है मातम करना। ताज़िया संज्ञा हुआ।" दिनेश ने समझाया।

बहुत ध्यान से देखते रहे थे रामेश्वर और उसकी पत्नी दिनेश को समझाते हुए। मन ही मन दिनेश की जानकारी पर मुग्ध रामेश्वर की पत्नी ने मुस्कुराते हुए कहा–

"एक बात पूछूँ भाई साहिब? बुरा तो नहीं मानेंगे?"

"पूछिए।"

"आप पिछले जन्म में मुसलमान थे क्या?"

"पिछले का तो नहीं पता, इस जन्म में हूँ। इमाम हुसैन ने हक़ के लिये, इन्साफ़ के लिए, इन्सानियत को यज़ीद जैसे दुराचारी शासक के अत्याचारों से बचाने के लिये जो महान बलिदान दिया है, मैं उसका हृदय से प्रशंसक हूँ।"

"तुम्हें नहीं पता मैडम, ये हमारे प्रोफेसर साहिब इल्म का ख़ज़ाना हैं। किसी धर्म के बारे में पूछ लो इनसे, ऐसी-ऐसी बातें बताएँगे कि तुम्हारे फ़रिश्तों को भी मालूम नहीं होंगी। हम स्कूल के ज़माने के जमाती हैं। बचपन से ही शौक़ था इनको यह सब जानने का।"

रजनी को पति की प्रशंसा सुनने का कोई उत्साह न था, वह इसकी अभ्यस्त थी इसलिए गर्दन उठाकर ताज़िये की ओर देखे जा रही थी।

"ये बच्चे, औरतें, मर्द ......ताज़िये के नीचे से क्यों निकल रहे हैं बार-बार?" उसने पूछा।

"इसे शुभ मानते हैं शिया। उनका विश्वास है कि ताज़िये की छाया शरीर पर पड़ती है तो शरीर नीरोग रहता है। ताज़िये के नीचे से निकलना घर में सुख-समृद्धि लाता है।"

ताज़िया आगे निकल गया और सड़क सूनी-सी हो गयी। दोनों ओर मकानों की छतों पर और चौबारों की खिड़कियों में खड़े जुलूस देख रहे लोग घरों को लौटने लगे। दिनेश भी उठ खड़ा हुआ।

"ऐसे ही चले जाओगे? चाय-वाय नहीं दिपोगे? चलो, नीचे चलकर बैठते हैं थोड़ी देर।" रामेश्वर ने आग्रह किया।

"नहीं यार, फिर किसी दिन आएँगे चाय पीने। आज तो इनको ताज़िया दिखाने लाये थे।"

रामेश्वर के घर से निकलकर सड़क पर आ गये दिनेश और रजनी।

"अब ये लोग कहाँ जाएँगे?"

"ये जाएँगे बस स्टैंड के पास। वहाँ पर एक स्थल है, जिसे कर्बला कहते हैं। वहाँ ले जाकर ताज़िये को दफ़्नाएँगे। यह घोड़ा सरकारी घोड़ा है। इसकी ख़ुराक का खर्चा पंजाब वक़्फ़ बोर्ड देता है। इसे वापिस लाकर इमामबाड़े में बाँध दिया जाएगा। ......जब तक इफ़्तिख़ार अली ख़ाँ ज़िन्दा थे, आज़ादी के वर्षों बाद तक भी, रियासत के क़ानून के मुताबिक़ यह घोड़ा कर्बला तक नहीं जाता था। नत्थू ख़ाँ के इमामबाड़े से सरकारी इमामबाड़े तक ही इसे ले जाने की इजाज़त थी। वहाँ से आगे जुलूस में घोड़ा नहीं होता था। अब तो घोड़े समेत यह जुलूस कर्बला तक जाएगा।"

"मातम इसी प्रकार चलता रहेगा?"

"हाँ, बल्कि कर्बला पहुँचकर फिर ज़ोरदार मातम होगा।"

"एक बात बताना, कई लोग छोटे-छोटे ताज़िये सिरों पर उठाए जुलूस में शामिल हुए थे, वह क्या था?" सचमुच रजनी एक-एक बात जानना चाह रही थी।

"शिया लोग अपने-अपने घरों पर रखते हैं ताज़िया बनाकर नौ दिन के लिए। खाते-पीते लोग तो बड़े-बड़े ताज़िये बनाते हैं। उनके जुलूस भी अलग से निकलते हैं। ग़रीब लोग छोटा-सा ताज़िया बना लेते हैं अपने लिए। यहाँ भी कभी कई ताज़िये निकलते थे लेकिन अब एक ही मेन ताज़िया निकलता है। यहाँ तीन-चार अंजुमनें हैं शियों की। सब अपना-अपना ताज़िया निकालती हैं लेकिन जुलूस एक ही होता है। सब इसी में आकर मिल जाते हैं। साधारण लोग भी अपने ताज़िये लेकर इसी में मिलते रहते हैं। कर्बला पहुँचकर ये सभी ताज़िए दफ़्ना दिये जाएँगे।" बताया दिनेश ने।

"मातम देखने भी नहीं आते सुन्नी मुसलमान?" रजनी की जिज्ञासा बढ़ती ही जा रही थी।

"नहीं, सुन्नी मुसलमान नहीं आते। वे इसे पाप समझते हैं। दरअसल इन दोनों की सोच में बड़ा भारी अन्तर है। सुन्नी ख़लीफ़ाओं को मानते हैं, शिया इमामों को। शिया-दृष्टि से बारह इमाम हैं, जिनके प्रति वे श्रद्धा रखते हैं।"

सदर चौक पहुँचकर दिनेश ने कहा—

"जामा मस्जिद की तरफ़ से होते चलें। इधर से तो जुलूस रहेगा आगे-आगे, जगह-जगह पर रुकेगा, निकलना मुश्किल होगा।"

और वे सीधे हाथ को मुड़कर जामा मस्जिद पहुँचे, जहाँ से रिक्शा लेकर वे घर को लौट गये।

बहुत गर्मी अनुभव हो रही थी दिनेश को। घर पहुँचते ही उसने कपड़े उतारकर लुंगी-बनियान पहनी, हाथ-मुँह धोया और कूलर चलाकर बैडरूम में लेट गया।

आकर उसके पास ही बैड पर बैठ गयी रजनी।

"आपने भी साठ साल की उम्र में बहुत ज़माना देख लिया।"

"हाँ रजनी, जो कुछ हमारी पीढ़ी को देखने को मिला है, बहुत कम पीढ़ियों को नसीब होता है। अब जो लोग मुग़लों के दो-अढ़ाई सौ साल में पैदा हुए थे, उन्होंने क्या देखा? बाप के बाद बेटा, बेटे के बाद उसका बेटा। हमने राजों-महाराजों की शख़्सी हुकूमतें देखीं, अंग्रेज़ का राज देखा, हिन्दुस्तान को आज़ाद होते देखा, पाकिस्तान को बनते देखा, बांग्ला देश को बनते देखा। फिर आज़ाद हिन्दुस्तान में कांग्रेस सरकार देखी नेहरू जी की, मोरार जी भाई की मिली जुली सरकार देखी, इन्दिरा की तानाशाही डेमोक्रेसी देखी, भाजपा की एन.डी.ए. सरकार देखी। इतने परिवर्तन! कहाँ मिलते हैं देखने को आधी सदी के अर्से में।"

"जभी तो आप हर बात पर कहते हैं, हमारे ज़माने में........."

"कैसे न कहें। बदलाव ही बड़ा भारी देखा है। अब तुम पंजाब को ही लो। पेशावर से होडल तक का प्रान्त होता था। दिल्ली शहर भी पंजाब प्रान्त में था। पाकिस्तान बना तो गुरदासपुर से होडल तक रह गया। फिर इसमें रियासतों का अलग राज्य बन गया पैप्सू। फिर इसमें से हरियाणा निकला, हिमाचल प्रदेश निकला। गुरदासपुर से पटियाला तक सिमट गया पंजाब।"

"अच्छा है, आप विटनेस तो हैं इन हिस्टोरिकल डिवेल्पमेंट्स के, चेंजिज़ के।"

"चेंजअच्छे के लिए होती तो हमें ख़ुशी होती। इस चेंज में वैल्यूज़ बहुत नष्ट की हैं हमने। डी- वैल्यूएशन इतना हुआ है कि पूछो मत।"

"होता ही है। आप वो इक़बाल का शे'र सुनाया करते हैं ना....."

"हाँ,

सुकूँ मुहाल है क़ुदरत के कारख़ाने में।
सबात एक तग़य्युर को है ज़माने में।"

टर्रन टर्रन टर्रन..........

टेलीफ़ोन की घण्टी बजी। दिनेश ने हाथ बढ़ाकर चोंगा उठाया।

"दिनेश हियर।"

"चाचा जी..."मकरन्द की आवाज़ थी।

"हाँ बेटा।"

"चाचा जी, मम्मी की तबीयत ख़राब हो गयी है एकदम। शायद उनको लुधियाना ले जाना पड़े। आप फ़ौरन आ जाइए।"

"क्या हुआ उनको?" घबराकर पूछा दिनेश ने।

"कुछ समझ में नहीं आ रहा। शिवदान गया है डॉक्टर को लाने।"

"आता हूँ अभी।"

चोंगा रख दिया दिनेश ने।

"क्या हुआ?" घबराकर पूछा रजनी ने।

"भाभी की तबीयत ख़राब है। चलो हवेली चलते हैं।"

घर को ताला लगाकर वे दोनों पुनः निकले और रिक्शा लेकर हवेली जा पहुँचे।

ऊपर के कमरे में भाभी बेड पर पड़ी छटपटा रही थीं। डॉक्टर जिन्दल मुआयना कर रहे थे। सिरिंज भरकर इन्जेक्शन दिया उन्होंने भाभी को और पर्ची पर कुछ दवाएँ लिख दीं।

बाहर तक पहुँचाने गये डॉक्टर को भाई साहिब।

"बेनिवाल जी, मेरे ख़्याल से इनको सिवीयर गैस्ट्रोएन्ट्राइट्स है। अच्छा होगा आप इनको लुधियाना ले जाएँ।"

घबरा गये एकदम भाई साहिब।

"जी अच्छा" के अतिरिक्त कुछ न कह पाये वे। यह भी न पूछ पाये कि गैस्ट्रोएन्ट्राइट्स क्या होता है।

पीछे-पीछे चला आया दिनेश। डॉक्टर को बाहर तक पहुँचाने वह भी गया।

"कुछ सीरियस है क्या डॉक्टर साहिब?"

"हाँ प्रोफेसर, इस समय तो सीरियस है क्योंकि पेशेण्ट को दस-बारह लूज़ मोशन्स हो चुके हैं, आठ-दस उल्टियाँ आ चुकी हैं। डिस्चार्ज की जो रंगत ये लोग बता रहे हैं, मुझे लगता है कुछ ग्रीन बाइल जूस भी निकला है। सबसे बड़ा ख़तरा डीहाइड्रेशन का होता है इसमें। शी मस्ट बी टेकन टू ए हॉस्पिटल फ़ॉर ए ड्रिप। तब तक आप इन्शोर कीजिए कि लिक्विड इन-टेक होती रहे।"

"क्या दे सकते हैं?"

"कुछ भी। शिंकजी दीजिए, लिम्का दीजिए, बल्कि बेहतर होगा आप इलैक्ट्रल पाउडर पानी में घोलकर दें।"

"वोमिटिंग जारी रहे तो भी?"

"हाँ, तब भी। फ़ूड पाइप में से कुछ न कुछ एबज़ार्ब हो ही जाता है। देते रहिए।"

लुधियाना ले जाने की बात से अचानक उखड़े भाई साहिब तनिक संभल चुके थे। जेब में से सौ रुपये का नोट निकालकर डॉक्टर की फ़ीस अदा कर दी उन्होंने।

"थैंक्यू डॉक्टर।" दिनेश ने उसे धन्यवाद दिया।

दोनों भाई अभी ड्योढ़ी में ही थे कि यश और कुलदीप भी आ पहुँचे। उनको संक्षेप में बता दिया दिनेश ने। कुलदीप ने कमला से कहा कि ऊपर जाकर भाभी को लिक्विन्ड्स दे और शिवदान को आवाज़ दी कि ज़रूरी सामान गाड़ी में रखे।

एक गाड़ी में पीछे की सीट पर लिटा दिया भाभी को और आगे भाई साहिब बैठ गये। शिवदान गाड़ी चला रहा था।

दूसरी गाड़ी में दिनेश, मकरन्द और दोनों बहुएँ बैठ गई। यश गाड़ी चला रहा था।

कुलदीप को पीछे छोड़ दिया घर और कारोबार की देखभाल के लिए।

पचास-पचपन मिनट में दोनों गाड़ियाँ क्रिस्चियन मेडिकल कॉलेज के अस्पताल में जा लगीं, जिसे साधारणतया सी.एम.सी. कहते हैं। इसका पुराना नाम मिस ब्राउन हस्पताल था। पुराना नाम पुरानी बिल्डिंग में ही रह गया था और नये नाम के साथ यह बड़ा हस्पताल बन गया था।

शिवदान और मकरन्द ने भागकर भाभी के नाम का कार्ड बनवाया। कैश काउंटर पर एडवांस जमा किया। दिनेश और यश भाभी को स्ट्रेचर पर डालकर इमर्जेन्सी में ले गये। रोगी के पास केवल एक ही व्यक्ति को ठहरने की आज्ञा थी इसलिए शिवदान की पत्नी अनुराधा अन्दर चली गयी। बाकी सब लोग हस्पताल के लाउन्स में जा बैठे।

थोड़ी देर बाद दिनेश उठकर पी.सी.ओ. से अविनाश को फ़ोन कर आया घण्टे भर में वह और नेहा भी आ गये।

यश ने अपनी साली को फ़ोन कर दिया। उसकी साली अपने पति के साथ आ पहुँची।

शिवदान और मकरन्द के तीन-चार मित्रों को पता चल गया। वे भी गाड़ी लेकर मालेरकोटला से आ पहुँचे।

यही होता है प्रायः मालेरकोटला से जब किसी रोगी को लुधियाना ले जाया जाता है तो अस्पताल में मिनी-मालेरकोटला अलग से दिखाई देने लगता है।

आधे घण्टे बाद अनुराधा आयी और बताया कि गुलूकोज़ लगा दिया है। कुछ टीके भी लगाये हैं। तब से उल्टी या लूज़ मोशन नहीं हुआ है। उसने यश से कैम्पा-कोला लाने को कहा और स्वयं जाकर गाड़ी में से गिलास-चम्मच निकाल लायी।

"आप बैठिए दीदी, मैं पिला आती हूँ कैम्पा मम्मी को।" आस्था ने उसके साथ बारी बदलने की इच्छा से कहा।

"धीरे-धीरे पिलाना, जितना एड्मिट करें। रुक-रुककर देती रहना।" अनुराधा ने उसे समझाया।

"अच्छा।" कहकर आस्था अन्दर चली गयी।

आधा घण्टा और निकल गया। भाभी की हालत संभल गयी थी। दिनेश और यश ने अन्दर जाकर डॉक्टर से बात की। पता चला कि अभी दो-एक दिन तो इमरजेन्सी में ही रखेंगे। ठीक रिस्पांड करती रहीं तो वार्ड में शिफ़्ट कर देंगे।

बाहर आकर दिनेश ने कहा–

''कई दिन रहना होगा भाभी को यहाँ। हम लोग थोड़ा आर्गेनाइज़ कर लें। डिवीज़न ऑफ़ लेबर ज़रूरी है।.....ऐसा करें.....'' उसने भाई साहिब की ओर देखा।

''आप एक गाड़ी लेकर मालेरकोटला चले जाएँ।''

''मतलब ही नहीं। मैं तो यहीं रहूँगा तुम चले जाओ।'' भाई साहिब तत्काल बोले।

''यहाँ क्या करेंगे आप?'' पूछा यश ने।

''वहाँ जाकर मुझे क्या करना है?'' उलटकर पूछा भाई साहिब ने।

''कम से कम आराम ही कर लेंगे आप वहाँ।'' जवाब दिया यश ने।

''तुम मेरे आराम की चिन्ता मत करो। तुम लोग जाओ, अब वह ठीक है।''

''तो ऐसा करें, आप अविनाश के घर चले जाइए। सवेरे अविनाश आपको यहाँ ले आएगा।'' दिनेश ने व्यावहारिक राय दी।

''दिनेश, मुझे यहीं रहना है बस।'' फ़ैसला सुना दिया भाई साहिब ने।

भाई साहिब के स्वभाव से परिचित थे सब कि जब किसी बात पर अड़ जाते हैं तो टस से मस नहीं होते।

यश ने दिनेश से कहा, ''चलिए ठीक है, रहें भाई साहिब यहाँ। लेकिन यहाँ लॉन में बैठे रहने से तो रात नहीं कटेगी। आप आइए, हम सामने वाले घरों में एक कमरा ले लेते हैं, वहाँ रह लेंगे भाई साहिब।''

''ठीक है, कमरा देख लो।'' भाई साहिब बोले।

यश और दिनेश बाहर को चल दिये।

हस्पताल के सामने बीस-पचास दूकानें थीं। उन दूकानों पर लोगों ने एक-एक दूकान पर तीन-तीन, चार-चार कमरे बना रखे थे। दूकान की बग़ल से सीढ़ियाँ चढ़ा रखी थीं। कमरों में पंखा, कूलर, चारपाइयाँ, बिस्तर, साबुन, तौलिया सब मिलता था। चाय-नाश्ता और खाना भी।

दो-तीन कमरे देखकर दोनों भाइयों ने एक ठीकठाक-सा कमरा ले लिया दो सौ रुपये रोज़ाना पर।

वापिस आकर उन्होंने यश की साली और साँढू को विदा किया। बच्चों के मित्र बच्चों से इजाज़त लेकर चले गये। अविनाश ने कहा, ''ताया जी के पास कौन-कौन ठहर रहा है? मैं घर से खाना बनवाकर लाता हूँ उनके लिए।''

''इसकी कोई ज़रूरत नहीं। यहाँ केंटीन में बहुत साफ़-सुथरा खाना मिलता है। यहाँ जो-जो भी रहेगा, खा लेगा।'' भाई साहिब ने दूसरा फ़ैसला दाग़ दिया।

''यश! तुम बच्चों को लेकर चले जाओ, बहुएँ यहाँ रहेंगी।'' भाई साहिब ने यश से कहा।

''कमाल करते हैं आप भी पापा।'' शिवदान बोला।

''आप चलकर कमरे में लेटिये। मैं और मकरन्द यहीं रहेंगे। अन्दर से कोई दवा मँगानी हो, कैम्पा-वैम्पा मँगाना हो तो कमरे में बताने आएगी कोई मम्मी को अकेले छोड़कर? हम दोनों बारी-बारी से बाहर ड्यूटी देंगे आधी-आधी रात की और ये दोनों अन्दर रहेंगी आधी-आधी रात।''

''मुझे अकेले कमरे में लेटकर क्या लेना है, मैं भी यहाँ रह सकता हूँ।'' भाई साहिब बोले।

''आप अकेले कहाँ होंगे वहाँ। आधी रात तक मकरन्द और आस्था रहेंगे, आधी रात के बाद मैं और अनुराधा आ जाएँगे।'' शिवदान ने आर्गेनाइज़ कर लिया सब।

यश दिनेश को लेकर चल दिया 'अभी आते हैं' कहकर। अविनाश और नेहा बच्चों के पास बैठे रहे।

''आप कुछ खा लीजिए। दोपहर का खाना भी नहीं खाया आपने।'' केंटीन पहुँचकर यश ने कहा।

''खाना खाया किसने है, सभी भूखे हैं।''

''सबको बारी-बारी से भेज देंगे। पहले आप कुछ खा लें।''

''खाने का तो यह कौन-सा टाइम है। चलो, चाय ले लेते हैं एक कप।''

''कुछ स्नैक्स ले लें साथ में।''

उसने दो चाय, दो मठरियाँ और दो समोसे की पर्ची ली काउंटर से और ट्रे उठाकर ले आया। पंखे के नीचे लगी टेबल पर बैठ गये दोनों।

''चलिए, परमात्मा का शुक्र है, ठीक समय पर आ गये यहाँ। भाभी अब सेफ़ हाथों में हैं।'' यश बोला।

''हम लोगों ने जल्दबाज़ी की घबराहट में। डॉक्टर जिन्दल बता रहे थे कि गेस्ट्रोएन्ट्राइट्स है। ड्रिप ज़रूरी थी इम्मिडिएटली। ड्रिप तो मालेरकोटला में लगवा देते सिविल हॉस्पिटल में।'' दिनेश देख रहा था कि भगदड़-सी मचा ली सबने लुधियाना आने के लिए।

''ना ना भाई साहिब। वहाँ का सिविल हस्पताल आपने देखा नहीं शायद। अव्वल तो घण्टा भर डॉक्टर ही नहीं मिलता। मिल जाए तो सामान की पर्ची थमा देगा हाथ में। जब तक आप सामान लाएँगे, नर्स-कम्पाउंडर गुम हो जाएँगे। उनको ढूँढ़िए, ड्रिप लगवाइए, फिर खुद ही पेशेंट के सिरहाने बैठकर रेगुलेट कीजिए ड्रिप को।'' वस्तुस्थिति बताई यश ने मालेरकोटला के हस्पताल की।

''वहाँ इमर्जेन्सी नहीं है क्या?'' पूछा दिनेश ने।

"इमर्जेन्सी? जंगल राज है भाई साहिब वहाँ। तीन डॉक्टर हैं, तीन सौ मरीज़ हैं। इतना अण्डर-स्टाफ़्ड है कि पूछो मत। फिर सब-डिवीज़न का हस्पताल है, वाली-वारिस कोई नहीं। डॉक्टर, नर्सें कम्पाउंडर प्रायः वहीं के हैं। सारा दिन घर के कामों से ही फ़ुर्सत नहीं मिलती उनको। कोई साइकिल उठाकर सब्ज़ी लेने गया होता है, कोई बेटे-बेटी को स्कूल से घर पहुँचा रहा होता है दोपहर को।"

"ऐसी मिज़रेबल हालत है, मैंने तो सोचा भी नहीं कभी।.....प्राइवेट क्लीनिक्स नहीं है क्या वहाँ?"

"हैं, कई हैं। उनके लिखे टेस्टों के लिए भागे फिरिये डाइग्नॉटिक सेंटर्स में। प्राइवेट वार्ड में कमरा देते हैं थ्री-स्टार होटल के रेट पर। सुविधा के नाम पर जयरामजी की।"

"तब तो फिर ठीक ही किया यहाँ आकर।" दिनेश सहमत हुआ यश से।

"वहाँ तो भाई साहिब, जो बेचारे एफ़ोर्ड नहीं करते, वही पड़े रहते हैं सिविल हस्पताल में। जो एफ़ोर्ड करते हैं, वो तो बस मरीज़ को गाड़ी में डाला और आधे-पौने घण्टे में आ पहुँचते हैं लुधियाना। अब तो मालेरकोटला के ज़्यादातर बच्चे भी यहीं लुधियाना के नर्सिंग होम्स में पैदा होते हैं।"

सोचता रहा दिनेश काफ़ी देर तक।

बहुत उन्नति की है विज्ञान ने। बड़े-बड़े हस्पताल बन गये हैं। बड़ी-बड़ी लेबार्ट्रियाँ, डॉयग्नॉटिक सेंटर्स। कितनी ही नयी मशीनें आ गयी हैं। भीतर तक मानव-शरीर की रगें-पेशियाँ उघाड़कर रख देती हैं आँखों के सामने।

इसमें सन्देह नहीं कि इससे मृत्यु-दर में कमी आयी है। महामारियों का प्रकोप थमा है। लेकिन वह विद्या कहाँ लुप्त हो गयी, जिससे शताब्दियों-शताब्दियों रोगियों का इलाज होता रहा भारत में?

उसे याद था उसके बचपन का मालेरकोटला। कहाँ थे वहाँ इतने हस्पताल, जितने अब हैं। ले-देकर एक सिविल हस्पताल था। वह भी हस्पताल क्या, इकलौते सरकारी डॉक्टर की डिस्पेंसरी थी। पर्चियाँ लिखता रहता था डॉक्टर। कम्पाउंडर खरल में गोलियाँ पीस-पीसकर घोल बनाता रहता था लाल-पीले। मरीज़ अपनी शीशी स्वयं लाता था घर से। उस पर गोंद से चिंपका दी जाती थी, ख़ुराकों की पट्टी। ले जा, एक-एक ख़ुराक दिन में तीन बार पी लेना।

कहाँ थे इतने डॉक्टर। अब तो गलियों-मुहल्लों में एम.डी.,एम.एस. बैठे हैं। बस एक डॉक्टर राधाकृष्ण था, सिविल सर्जन रिटायर्ड, एक अब्दुल अज़ीज़। बाद में तीन-चार और आ गये। खाली बैठे अख़बार पढ़ते रहते थे डॉक्टर। हर बाज़ार में, हर क्षेत्र में वैद्य-हकीम होते थे। लोग उनके यहाँ जाना ही पसन्द करते थे। वैद्य-हकीम भी ग़ज़ब के होते थे। मरीज़ से कुछ नहीं पूछते थे। उसकी नाड़ी पकड़कर सारा हाल बता देते थे। क्या मजाल धोखा खा जाएँ कभी। बीमारी बहुत गम्भीर होती

थी तो रोगी का पेशाब मँगा लेते थे। पेशाब से भरी बोतल को धूप की भरपूर रोशनी में देखते थे हिला-हिलाकर और बीमारी की जड़ तक जा पहुँचते थे। इसे इल्मे-क़ारूरा कहते थे।

शाही हकीम भी थे एक। शेरवानी-चूड़ीदार में, सिर पर टोपी पहनकर नवाब के बाग़ जाया करते थे हर सुबह। शाही परिवार में कोई भी बीमार होता तो शाही हकीम से ही दवा लेता था। शाम को लम्बी सैर किया करते थे हकीम साहिब, अपने घर से ईदगाह तक।

एक दिन केलों वाले फाटक पर पहुँचे तो क्या देखते हैं कि एक किसान अपने जवान बेटे को बैलगाड़ी में डाले ले जा रहा है गाँव को। हकीम ने उसे आवाज़ देकर रोका। किसान ने बताया कि डॉक्टर की समझ में नहीं आयी बच्चे की बीमारी। बेटा सूखकर काँटा हो गया है। रंग पीला पड़ गया है। हकीम साहिब ने कहा, ला, हम ठीक कर देते हैं, अल्ला के हुक्म से। किसान उनके पैरों पर गिर पड़ा। हकीम साहिब बोले, मैं जो दवा दूँगा, उससे बहुत तड़पेगा ये, छटपटाएगा, मगर घबराना नहीं। 'सत्त बचन' कहकर किसान ने सोचा, मरना ही तो है जवान बेटे को, यह भी हो लेने दो। क्या पता परमात्मा ने इसे बचाना ही हो। ईश्वर ने ही भेज दिया हो शाही हकीम को यहाँ, नहीं तो इन तक तो पहुँचना भी आसान नहीं है।

हकीम साहिब ने चारपाई समेत उतरवा लिया लड़के को और पेड़ के नीचे लिटा दिया। एक साइकिल वाले को रोककर दौड़ाया अपने घर की तरफ़ कि बेटे से इस काग़ज़ पर लिखी दवा ले आओ। फुर्ती से गया साइकिल सवार और दवा ले आया। इस बीच हकीम साहिब ने किसान को केलों दरवाज़े भेजकर आधा सेर सरसों का तेल मँगा लिया कोल्हू से। हकीम के आदेशानुसार किसान ने बैलगाड़ी में से रस्सा उठाया और लड़के को कसकर चारपाई के साथ बाँध दिया। पास से निकल रहे लोगों की भीड़ एकत्र हो गयी।

हकीम साहिब ने तेल का गिलास भरा, उसमें दवा मिलाई और ज़बरदस्ती लड़के का मुँह खोलकर तेल उसके गले से नीचे उतार दिया। एक-दो-तीन-चार गिलास, सारा तेल दवा मिला-मिलाकर पिला दिया लड़के को और स्वयं हाथ में जेबी घड़ी लेकर एक ओर खड़े हो गये।

पाँच मिनट के बाद लड़के का छटपटाना शुरू हो गया। ऐसे छटपटा रहा था लड़का जैसे पानी से बाहर निकलकर मछली छटपटाती है। पाँच-सात मिनट मछली की तरह तड़पा लड़का। किसान की घिग्घी बँध गयी। एकत्र हुई भीड़ की उत्सुकता आकाश को छूने लगी। पाँच-सात मिनट तड़पकर लड़के ने उल्टी की और सारा तेल बाहर निकाल दिया एक ही बार में। लोगों ने देखा उल्टी किये तेल में एक जीवित किरला निकला, जो भीतर ही भीतर से लड़के को खा रहा था कई महीनों से।

हकीम साहिब ने घड़ी जेब में रखी और बोले, जा ले जा बेटे को अपने।

अल्लाह के फ़ज़्ल से बच गया। ख़ूब घी-दूध देना ताकि इसके बदन में जान पड़े।

कहाँ चले गये ये लोग? कहाँ चली गयी यह विद्या?

उसे अपने बचपन के अनुभव भी याद थे। घर में कोई बीमार पड़ता था तो रोगी को भी नहीं ले जाते थे वैद्य के पास। प्रायः तो साधू राम अत्तार के पास ही जाते थे। रोगी के विषय में बताते थे जो समस्या होती थी। वह कोई शर्बत, कोई माजून या कोई अर्क़ दे देता था। रोगी ठीक हो जाता था।

असहमत नहीं था दिनेश मेडिकल साइंस की उन्नति से। इसके विरुद्ध भी नहीं था वह लेकिन उसका निश्चित मत था कि यदि साइंस ने हमारे पुराने चिकित्सा-विज्ञान के प्रकाश में उन्नति की होती तो परिणाम निश्चय ही बहुत भिन्न होते।

चाय पीकर वे लोग लौट आये। यश ने मकरन्द से कहा कि भाई साहिब को ले जाकर कुछ खिला दो। भाई साहिब ने मना कर दिया। अविनाश उठकर बाहर गया और कुछ सेब और केले खरीद लाया।

"कुछ फ्रूट ले लें ताया जी, दोपहर का खाना भी नहीं खाया होगा आपने।"

"खा लेंगे रात को। ये तुम क्यों उठा लाये?"

"ले लीजिए ना।" लिफ़ाफ़े में से निकालकर नेहा ने सेब और केले दे दिये भाई साहिब को और बाकियों को भी।

दिनेश और यश ने मना कर दिया।

"हम लोग अभी चाय पीकर आये हैं।"

"फ़ीमेल तो नहीं इमर्जेंसी?" फ्रूट लेकर भाई साहिब ने पूछा।

"ना।" आस्था बोली।

"मर्दों को अन्दर जाने की मनाही तो नहीं ना?"

"नहीं। चाचाजी, भैया, अविनाश, सब मिलकर आये हैं मम्मी से।"

"तो मैं उसे देखकर आता हूँ।" कहकर भाई साहिब उठे और अन्दर चले गये।

"चाचाजी, आप चलिए हमारे साथ घर पर। ताई जी अब ठीक हैं।"

"नहीं अविनाश, मैं अब मालेरकोटला जाऊँगा। वहाँ सब लोग परेशान हो रहे होंगे।" यश ने कहा।

"उन्हें फ़ोन कर देते हैं कि ताई जी ठीक हैं, चिन्ता न करें।" अविनाश ने सुझाव दिया।

"अविनाश, मैं भी नहीं रुक रहा हूँ तुम्हारे पास।" दिनेश ने कहा।

"क्यों डैडी?" पूछा नेहा ने।

"एक तो यह अकेला जाएगा लौटकर। हम दोनों होंगे तो बात-वात करते रास्ता कट जाएगा। दूसरे तुम्हारी मम्मी भी सुबह से हवेली में ही हैं। घर पर भी हड़बड़ाहट में ताला डालकर निकल पड़े थे हम। अन्दर के खिड़कियाँ-दरवाज़े भी बन्द

नहीं किये। कल दोपहर तक आऊँगा मैं। अगले तीन-चार दिन यहीं ठहरूँगा तुम्हारे पास।''

''जैसी आपकी इच्छा।'' अविनाश की समझ में आ गयी पिता की बात।

''तुम और नेहा निकलो। बहुत देर से लोकू को अकेला छोड़ा हुआ है।'' दिनेश ने सुझाया।

अविनाश और नेहा चले गये तो भाई साहिब के आने पर, उनको कमरे में सैटल करके, यश और दिनेश भी चल दिये। नौ बजे पहुँचे मालेरकोटला।

खाना हवेली में ही खाया दिनेश और रजनी ने। फिर कुलदीप उनको गाड़ी से घर पहुँचा आया।

कई दिन अविनाश के पास ही रहे दिनेश और रजनी। वह सवेरे फैक्ट्री जाते समय दिनेश को सी.एम.सी. पहुँचा देता और सूर्यास्त के बाद उसको लेने जाता तो रजनी को भी साथ ले जाता। रजनी थोड़ी देर भाभी के पास बैठती।

प्राइवेट वार्ड में कमरा मिल गया था। आने-जाने में, ठहरने में कोई असुविधा नहीं थी। बाहर वाला कमरा छोड़ दिया था। दिन भर दिनेश और भाई साहिब रहते भाभी के पास। बहुएँ एक-एक दिन बारी-बारी से रहतीं। दिन भर मालेरकोटला से लोग आते रहते। दस दिन में कोई सौ आदमी तो आये ही होंगे हाल पूछने।

शाम को दिनेश ने कहा, ''भाभी अब ठीक हैं। मकरन्द और आस्था हैं यहाँ। कई दिन से आप कमरे में बन्द पड़े हैं, आइए थोड़ी देर टहल आया जाए।''

भाई साहिब भी चेंज चाह रहे थे। ऊब गये थे हस्पताल के वातावरण और चौबीस घण्टे आ रही दवाओं की दुर्गन्ध से।

हस्पताल से बाहर निकले तो भाई साहिब बोले–

''लुधियाना का ट्रैफिक तो तौबा। इससे तो कमरे में ही अच्छे थे।''

लेकिन दिनेश चलता गया, इसलिए भाई साहिब भी चलते रहे साथ-साथ। मोड़ पर आकर, सड़क के साथ-साथ मुड़ने के स्थान पर दिनेश ने भाई साहिब का हाथ पकड़ा और उन्हें कच्चे रास्ते की ओर मोड़ते हुए कहा–

''ये एरिया पोल्यूशन-फ्री है।''

''ये क्या है?'' पूछा भाई साहिब ने।

''अंग्रेज़ मिशनरियों का क़ब्रिस्तान।'' बताया दिनेश ने।

''मैं कभी इधर नहीं आया।'' भाई साहिब के लिए जगह नयी थी।

''मैं आया हुआ हूँ। इससे शान्त, साफ-सुथरी दूसरी जगह नहीं है इस इलाक़े में।''

क़ब्रिस्तान में टहलते रहे वे काफ़ी देर। शाम गहरा गयी थी। हवा में ज़रा-सी ठण्डक आ गयी थी दिन भर की तपिश के बाद। अच्छा लग रहा था।

''देखा दिनेश, ये फ़ायदा है मुट्ठी बन्द रखने का। सौ-सवा सौ लोग आये हैं

मालेरकोटला से तुम्हारी भाभी का हाल पूछने। कुछ मेरे मिलने वाले, कुछ तुम्हारे, कुछ यश और कुलदीप के, कुछ बच्चों के। अकेले-अकेले रह रहे होते हम तो पाँच आदमी भी न आये होते। शहर में जो इज़्ज़त है हमारे ख़ानदान की वो इसीलिए है कि हम सब इकट्ठे हैं।'' अचानक ही भाई साहिब ने दिनेश की दुखती रग पर हाथ रख दिया।

दिनेश सोचने लगा, क्या उत्तर दे वह? बीमार भाभी को लेकर परेशानी में आये थे वे लुधियाना। भाभी ठीक होकर अपने घर पहुँचें। ये बातें तो कभी भी हो सकती हैं।

''मुझे तुम्हारी सोच पर अफ़सोस हुआ था उस दिन, इसलिए तुम्हें समझा रहा हूँ।'' दिनेश को चुप देखकर भाई साहिब ने और ज़ोर से छू डाली दुखती रग।

''ये कौन-सी जगह है ऐसी बात करने की भाई साहिब, घर चलकर बात करेंगे।'' दिनेश चाहता था यह बात यहीं समाप्त हो जाए।

''यहाँ और वहाँ में क्या फ़र्क़ है। यहाँ इस समय हम दोनों ही तो हैं। मुर्दे तो क़ब्रों में सो रहे हैं।'' भाई साहिब चाहते थे कि एकान्त मिला है तो दिनेश की ब्रेन-वाशिंग कर ही डालें।

विवश होकर दिनेश को मुँह खोलना ही पड़ा।

''जायदाद का बँटवारा हो जाएगा तो क्या लोगों के साथ हमारा लिहाज़ टूट जाएगा? या हम ढिंढोरा पीटेंगे सारे शहर में कि हम अलग-अलग हो गये हैं, हमें इकट्ठे मत समझना। भाई साहिब, लोगों को इससे क्या लेना-देना है कि हमने जायदाद मुश्तरिका रखी हुई है या बाँट ली है। जायदाद के बँटवारे का मतलब ये कैसे समझ लिया आपने कि हम अलग-अलग हो जाएँगे। अब मैं अलग रहता हूँ तो क्या लोगों ने ये समझ लिया है कि मैं अलग हो गया हूँ?'' दिनेश के तर्क में दम था। चुपचाप सुनते रहे भाई साहिब। दिनेश कह रहा था—

''बँटवारा होगा, तब भी आप तीनों जिस तरह अब हवेली में रह रहे हैं, उसी तरह रहते रहेंगे। मैं जहाँ हूँ, वहीं रहूँगा। क्या फ़र्क़ दिखायी देगा इसमें किसी को?''

''तुम ये क्यों नहीं समझते कि ख़ानदान की नाक कटती है ज़मीन और दूकानें बेचने से।'' भाई साहिब उसी पुरानी लीक पर आ गये।

दिनेश को लगा, भाई साहिब को समझाना शायद उसके बस में नहीं है। अतः उसने सोचा कि बात ही बदल दी जाये। उसने कोशिश भी की लेकिन भाई साहिब ने जैसे मन ही बना रखा था कि मौक़ा मिलते ही दिनेश की ब्रेन-वाशिंग करके रहेंगे। तंग आकर दिनेश ने कहा—

''तो आप ख़ानदान की नाक बचाइए शौक़ से। प्रॉपर्टी का मोल आँक लें। आप तीनों मुश्तरिका रखिये जायदाद, मुझे मेरे हिस्से का पैसा दे दीजिए। मैं अपनी जायदाद आप तीनों के हक़ में लिख देता हूँ।'' तर्कपूर्ण व्यावहारिक उत्तर दिया दिनेश ने।

एकदम ताव खा गये भाई साहिब।

''तुम्हारा ख़ून क्यों सफ़ेद हो गया है दिनेश? तुम तो ऐसे कभी न थे। क्यों बज़िद हो भाइयों से तमाम रिश्ते तोड़ने पर?''

''रिश्ता कैसे टूट जाएगा? जैसा अब है, वैसा ही रहेगा। क्या फ़र्क़ पड़ेगा?''

'फ़र्क़ पड़ेगा। पड़ जाता है।''

''मगर कैसे?''

''जब तुम्हारा लेन-देन ही नहीं रहेगा भाइयों से तो फ़र्क़ भी पड़ जाएगा।''

''मेरा लेन-देन था कब भाइयों से?'' स्पष्टवादिता पर उतर आया दिनेश।

''चालीस साल से मैं बाहर हूँ। घर से गया था तो एक अटैची लेकर निकला था। घर के सामान में से एक बर्तन तक नहीं लेकर गया था। सब कुछ अपनी मेहनत से बनाया। जब गया था, तब शादी भी नहीं हुई थी। शादी की, बच्चे हुए, बच्चों को पढ़ाया-लिखाया, उनकी शादियाँ कीं—सब अपनी कमाई से ही ना? जानमारी की, ट्यूशनें पढ़ाईं, पार्टटाइम जॉब की। किसी मौक़े पर भाइयों से तो कुछ नहीं माँगा कभी। फ़स्ल तक में से हिस्सा नहीं लिया। रिटायर होकर लौटा तो हवेली में जगह नहीं थी मेरे लिए। अपनी जमा-पूँजी में से मकान ख़रीदा।'' एक ही साँस में कह गया दिनेश बहुत कुछ।

भाई साहिब निरुत्तर हो गये। सच ही तो कह रहा था दिनेश। एक मिथ्या आदर्शवाद की ढाल हाथ में लेकर उसे निरस्त्र कर देना चाहते थे वे। आदरवश या शिष्टाचारवश वह यह सब नहीं कहना चाहता या लेकिन उसके धैर्य की सीमा ही आ गयी थी जैसे।

भाई साहिब के पास उसकी बातों का कोई जवाब नहीं था लेकिन वे यह भी नहीं दिखाना चाहते थे कि उनका आदर्शवाद खोखला था। अतः उन्होंने हथियार डालने के स्थान पर विवाद को स्थगित करना उचित समझा।

''मुझे लगता है मेरे समझाने में ही कुछ कमी है। शायद मैं तुम्हें अपनी फ़ीलिंग्स बता नहीं पा रहा हूँ ठीक से। चलो, फिर बात करेंगे।'' कहकर भाई साहिब सीमेट्री के गेट की ओर बढ़ गये। दिनेश उनसे दो कदम पीछे चलता रहा।

पन्द्रह दिन के बाद भाभी को हस्पताल से छुट्टी मिली। वे अब स्वस्थ थीं।

दिनेश और रजनी भी उनके साथ ही मालेरकोटला लौट आये।

आठ

मिट्टी का कैसा घनीभूत मोह हृदय में लेकर मालेरकोटला आया था दिनेश। चालीस साल के चण्डीगढ़ प्रवास के दौरान उसे जहाँ-कही भी मालेरकोटला के विषय में कुछ लिखा-छपा मिला था, उसने संजोकर रख़ लिया था। उसे पता था कि मालेरकोटला कहने भर को ही रियासत थी लेकिन वास्तव में एक जागीर थी, जिसे हज़रत शेख़ की अनेक पीढ़ियाँ धो-धोकर पीती रही थीं शताब्दियों तक।

क़िसी भी रईस या नवाब को कोई शौक नहीं था कभी। भारत के अन्य सामन्तों की तरह न यहाँ किसी ने भवन-निर्माण-कला में कोई रुचि दिखाई, न कवियों-संगीतज्ञों को आश्रय दिया, न पहलवानों की पेंशनें बाँधीं, न बाग़-बगीचे लगवाये। सारा राजस्व अपने ऊपर खर्च करते रहे या आक्रमणकारियों की भेंट चढ़ाते रहे।

इमारतों के नाम पर एक क़िला था रहमतगढ़, जिसे शहर की सुरक्षा की दृष्टि से नहीं बल्कि शाही परिवार और शाही ख़ज़ाने की सुरक्षा के लिए बनवाया गया था। क़िला भी बहुत साधारण-सा क़िला। भवन-निर्माण-कला के नाम पर मुख्य द्वार की दीवार पर दर्जनों मेहराबें बना दी गयीं, बस। 1810 में अताउल्ला ख़ाँ की मृत्यु हुई तो उसका बेटा रहमत अली खाँ नवाब बना। बाबा आला के साथ शत्रुता जारी थी। बेदी ऊना मालेरकोटला पर आक्रमण कर चुका था। इसलिए शाही परिवार और शाही ख़ज़ाने की सुरक्षा और भी महत्त्वपूर्ण हो गयी थी। उसने यह क़िला बनवाया। उसी के नाम पर इसे रहमतगढ़ कहा गया।

उन्नीसवीं शताब्दी के आरम्भ में रियासत के सभी कार्यालय, यहाँ तक कि न्यायालय भी इसी क़िले में थे। इस क़िले के जीवन की सबसे महत्त्वपूर्ण घटना यह है कि यहीं बैठकर लार्ड हार्डिंग ने नवाब महबूब अली ख़ाँ की ताजपोशी की थी।

कोटला नगर के अन्दर नवाबों-रईसों-ख़ानों की बड़ी-बड़ी हवेलियाँ तो थीं लेकिन देखने लायक भवन एकमात्र दीवानख़ाना था, जहाँ बाद में रियासत के कार्यालय भी स्थानान्तरित हो गये थे। नवाब का दरबार भी यहीं लगने लगा था। पहली मंज़िल पर एक कमरे की चारों दीवारों और छत को रंग-बिरंगे शीशे की

कारीगरी से सजाकर, उस कमरे को 'शीश महल' नाम दे दिया गया था, जिसमें इंग्लैण्ड के बाज़ारों से खरीदा गया शीशे का क़ीमती सामान रखा था। क़ीमती सामान में जो कुछ आकर्षक था, वह लन्दन के घरों में ही नहीं, आसपास के खाते-पीते घरों में भी मिल सकता था। बस दो चीज़ें थीं देखने लायक। एक पिंजरा, जिसमें बैठी दो चिड़ियाँ, बटन दबाते ही, इस प्रकार हिलती-चहचहाती थीं जैसे जीवित हों। दूसरी थी एक सुराही, जिसे उठाते ही उसमें से पियानो बजने की आवाज़ आने लगती थी। सुराही के रखते ही आवाज़ बन्द हो जाती थी। शेष दीवानख़ाने में भी क्या था? एक शेर, जिसे नवाब शेर मुहम्मद ख़ाँ ने मारा था। शेर की खाल में शायद कैमिकल मिश्रित भूसा भरकर उसे जीवित शेर का रूप देकर खड़ा किया हुआ था। दो-चार पलंग, जिनके पायों पर चाँदी चढ़ी हुई थी।

क्या-क्या चीज़ें अपनी रिटायरमेंट पर उठाता रहा था दिनेश हमेशा ही। रिटायर होकर समय मिलेगा और मैं मालेरकोटला के गौरव को पुनर्जीवित करूँगा। दुनिया को बताऊँगा कि इस छोटे-से शहर ने क्या बड़े-बड़े कारनामे किये हैं। सारी दुनिया जानेगी कि सैंतालीस की भयावह साम्प्रदायिक अग्नि की आँच तक नहीं आने दी थी यहाँ के लोगों ने इस शहर पर। धर्म-निरपेक्षता का उदाहरण बनाकर नहीं अपितु धार्मिक सहिष्णुता एवं भ्रातृभाव का प्रतीक बनाकर प्रस्तुत करूँगा मैं यहाँ के जन-जीवन को।

दिनेश को पता था कि बीस हज़ार की आबादी वाला यह शहर अब डेढ़ लाख की आबादी वाला अर्द्ध-औद्योगिक नगर बन चुका है। यहाँ के लोगों की वेश-भूषा, रहन-सहन, खान-पान, भाषा-शैली सब कुछ बदल चुका है लेकिन उसे यह भी पता था कि संस्कार के रूप में अभी बहुत कुछ पुराना द्रुत परिवर्तन के पहिये के नीचे जीवित पड़ा है। उसी दबे पड़े संस्कार को परिवर्तन-चक्र के नीचे से निकालकर पुनर्जीवित करने का संकल्प लेकर आया था वह यहाँ।

इस संस्कार को वह सालों-साल जिस रूप में याद करता रहा था उसमें गली-मुहल्लों की वह संस्कृति सम्मिलित थी, जिसमें बच्चों के स्कूल और आदमियों के काम पर जाने के बाद गली-मुहल्ले की महिलाएँ अपना-अपना चर्खा लेकर गली में बैठती थीं, बतियाती थीं, गीत गाती थीं, एक-दूसरी से अपना सुख-दुख साँझा करती थीं। कोई अपरिचित व्यक्ति मुहल्ले में आता था तो कोई न कोई औरत तुरन्त पूछती थी उससे—भाई, तुमको किसके घर जाना है? किसी के घर कोई अतिथि आता था तो पड़ोस से आवाज़ आती थी—चाची, कौन आया है? दोपहर-शाम के खाने में जो भी पकता था, उसकी दो-चार कटोरियाँ अवश्य भेजी जाती थीं मुहल्ले के दूसरे घरों में। किसी के घर किसी समय भी आ जाए कोई अतिथि, घर का पर्दा बना रहा था। फ्रिज नहीं थे। सुबह की बनी दाल-सब्ज़ी शाम तक बास देने लगती थी। इसलिए ताज़ा पकी सब्ज़ियों-दालों का आदान-प्रदान प्रत्येक घर के चौके को धनवान

बनाये रखता था। अतिथि तो होता ही वह था जो बिना तिथि दिये, बिना बताये चला आये।

तिथि बताकर कोई करता भी क्या? मान लो मालेरकोटला से किसी ने नाभा में बता रखा हो किसी सम्बन्धी को कि वह अमुक दिन आएगा। उस दिन वह सवेरे नौ बजे ढाबी गेट आकर पीछे से खुलने वाली लॉरी में जा बैठता था टिकट लेकर। घण्टा भर बस नहीं चलती थी। पता चलता था कि भरेगी, तब चलेगी। दो-तीन घण्टे के बाद कंडक्टर आकर पैसे लौटा देता था कि आज बस नहीं जाएगी, सवारियाँ कम हैं।

प्रतिदिन कोई न कोई समागम बन जाता था कि मुहल्ले की औरतें सज-धजकर किसी आयोजन में सम्मिलित हों। किसी के यहाँ बेटा पैदा होता था तो उसके घर के कई उत्सव होते थे। शादी-ब्याह है तो कभी गाने का न्यौता, कभी बिरादरी भोज, कभी विवाहारम्भ, कभी हलवाई की भट्ठी चढ़ने का, कभी बन्ना लगने का, कभी बहू के आने का, कभी मुँह-दिखाई का—समाप्त ही नहीं होते थे उत्सव।

कोई मरता था तो उसके घर पर सोलह-सत्रह दिन सामूहिक रुदन चलता था महिलाओं का। नाइन बीच में खड़ी होकर बाकायदा ड्रिल कराती थी सबकी। किसी नयी बहू का हाथ नहीं मिलता था अन्यों के साथ तो उसे निकाल बाहर बिठा देती थी।

लगता ही नहीं था कि मुहल्ला है। प्रतीत होता था जैसे बहुत बड़ा परिवार है, जिसके सदस्य विभिन्न घरों में रहते हैं। घरों के इस समूह का नाम ही मुहल्ला था। हालाँकि विभिन्न घरों में भी संयुक्त परिवार रहते थे लेकिन मुहल्ला उन संयुक्त परिवारों से कहीं बड़ा एक संयुक्त परिवार होता था। मुहल्ले की बेटी, मुहल्ले की बहू—कैसा आत्मीयतापूर्ण रिश्ता था, जैसे अपने सगे हों वे सब।

दिनेश को याद था, एक बार उसके पिताजी अपने किसी मित्र के बेटे की बारात में गये थे अम्बाला। वह भी साथ गया था। तब शायद वह आठवीं में पढ़ता था। बारात अम्बाला पहुँची तो लड़की वाले अगवाई करके किसी धर्मशाला में ले गये। बारातियों ने नाइयों से दाढ़ियाँ बनवाईं, धोबी से कपड़े प्रेस कराये, मालशी से तेल-मालिश कराई, मोची से जूते पॉलिश कराये। चाय-नाश्ते के बाद दिनेश के पिताजी ने अपने मित्र से कहा, पाँच पत्तलें मँगा दो। मिठाई के पाँच पैकेट हाथ में लेकर पिताजी बाहर निकले। प्रति घण्टा के हिसाब से ताँगा किया और बैठ गये। दिनेश भी साथ में हो लिया। पिताजी के हाथ में एक कागज़ था, जिस पर पाँच पते लिखे हुए थे। उन्होंने पाँचों पते ताँगे वाले को बता दिये। वह एक-एक करके पाँचों के घर ले गया उनको। हर घर के दरवाज़े पर पिताजी कुण्डी खटखटाते। अन्दर से जो भी निकलता उससे अमुक को बुलाने को कहते। अमुक कोई न कोई मालेरकोटला की लड़की होती। पिताजी उसके सिर पर हाथ फेरते, मिठाई की पत्तल

उसे थमाते, दो रुपये शगुन के उसकी हथेली पर रखते और ताँगे में आ बैठते। ताँगा दूसरे घर की ओर चल देता। बहुत आग्रह करतीं गद्‌गद्‌ हुई लड़कियाँ कि अन्दर आइए, पानी-वानी तो पीजिए पर पिताजी का एक ही उत्तर होता—'बेटी के घर का पानी कौन पीता है रानी। सुखी बसो। तुम्हारे घर से ठण्डी हवा आती रहे हमें।'

एक बार दिनेश ने किसी पत्रिका में एक कविता पढ़ी थी। शीर्षक था 'विसंगति।' भीतर तक छू गयी थी उसे दो-तिहाई कविता—

मैं लौट जाना चाहता हूँ
अपने मुहल्ले को
मुहल्ले के छोर पर बने
अपने पुश्तैनी मकान को।
मेरा मन
इन गगनचुम्बी अट्टालिकाओं से
कंकरीट और पत्थर से विनिर्मित
निष्प्राण जीवों को आँधी-बारिश से बचा रहे
इन कबूतरख़ानों से
ऊब चुका है।

उकताहट
उखड़े हुए साँस की तरह
गले में अटक जाती है
तो मन
सब कुछ छोड़छाड़कर भाग जाना चाहता है
अपने मुहल्ले को
जहाँ मैं कुएँ से पानी खींचकर
मन्दिर का फर्श धोया करता था।
जहाँ बेर की झाड़ियों से
कचपकरे बेर चुना करता था।
जहाँ रात को
पीपल की घनी कोठरी में
भूत रहा करता था।
जहाँ हर मकान का दरवाज़ा
पड़ोसी के मकान में खुलता था।

अन्तिम पंक्तियाँ भी बहुत सुन्दर थीं लेकिन दिनेश किसी तरह भी उनमें

वर्णित वस्तुस्थिति को हृदयंगम करने को तैयार न था।

लेकिन
गाँव से आये कुछ लोग कल ही मिले थे
उनसे सुना है
कि मेरे मुहल्ले में भी अब
सभी घरों के अपने-अपने दरवाज़े हैं
बेर की झाड़ियाँ काट दी गयी हैं
पीपल पर रहने वाला भूत
पता नहीं कहाँ चला गया है
और मन्दिर में अब आरती नहीं होती।

उसे विश्वास था कि कविता का अन्तिम भाग उसके अपने मुहल्ले पर चरितार्थ नहीं होता। होगा भी नहीं कभी, उसे निश्चय था। लेकिन अब तो यह पूरी कविता ही उसे बहुत अच्छी लगने लगी थी। अन्तिम भाग पहले से भी अधिक सशक्त प्रतीत होने लगा था उसे। वास्तविकता ने सत्यापन कर दिया था कवि के वक्तव्य का और दिनेश की आँखों ने देख लिया था कि अब वह भी जब अपने मुहल्ले में से निकलता है तो कोई नहीं पूछता कि वह कौन है, कहाँ से आया है, किसके घर जा रहा है। वह स्वयं भी नहीं जानता अपने मुहल्ले की नयी पीढ़ी को। नक्शा ही बदला हुआ है मुहल्ले का। इतने मुहल्ले वाले नहीं रहते अब वहाँ जितने किरायेदार हैं। किरायेदारों की जड़ें थोड़ा हो सकती हैं यहाँ की मिट्टी में।

लेकिन यहाँ आकर तो वह फिर से उलझ गया था घर-गृहस्थी में। अपने बच्चों को सैटिल करके, उनके शादी-ब्याह करके, जिस कर्त्तव्यमुक्त स्वतन्त्र जीवन की आशा की थी उसने, वह तो पृष्ठभूमि में चली गयी है यहाँ आने के बाद। वह तो पहले से भी बड़ी गृहस्थी में लिप्त हो गया है। हवेली में पाँच परिवार रहते हैं कुल मिलाकर। पाँच गृहस्थियाँ हवेली की, बिरादरी-भाईचारा अलग, चाचा-ताऊ के बेटे अलग, मित्रों के सुख-दुख अलग—इस सबके बीच अपना कर्त्तव्य निभाते-निभाते तो चुक जाएगा वह। कुछ भी नहीं कर पाएगा उस दिशा में, जिससे आत्मतोष मिलना था उसे। बहुत लोगों के लिए बहुत कुछ किया था उसने जीवन भर। अब तो स्वान्तः सुखाय जीने का लोभ था उसे।

जायदाद के बँटवारे की बात के बाद से तो उसके सामने नये परिप्रेक्ष्य ही खुल गये थे सम्बन्धों के। उसे उन जीवन-मूल्यों की उत्तमता पर सन्देह होने लगा था, जिनको लेकर वह आज तक जिया था और जिनकी उँगली पकड़कर वह आगे का रास्ता तय करने की सोच रहा था।

उसे भली-भाँति विदित था कि वह कुछ भी कर ले, उलटा होकर ही क्यों न

लटक ले, बीते दिनों को लौटा लाना तो उसके लिए सम्भव न था। वह किसी तरह भी मालेरकोटला के मुसलमानों को पतंगबाज़ी, कबूतरबाज़ी, तीतरबाज़ी, बटेरबाज़ी जैसे खेलों की ओर नहीं मोड़ सकता था। किसी प्रकार भी मालेरकोटला के हिन्दुओं को रुक्खड़ों की कुटी पर लगने वाले वसन्त-पंचमी के मेले के पुनर्प्रचलन के लिए या राम नवमी, दुर्गा अष्टमी, राम विवाह आदि के जुलूसों में नत्था सिंह जैसे गायकों को बुलाकर रंग जमाने की ओर प्रेरित नहीं कर सकता था। वह चाहता भी नहीं था कि शहर अपने दो सौ वर्ष पुराने जीवन की ओर लौट जाये। समय के पहिये को उलटी दिशा में घुमाना असम्भव था, इसका पता था उसे अच्छी तरह से। वह स्वयं भी आधुनिक सुख-सुविधाओं की त्यागकर पुरानी, सीधी-सादी ज़िन्दगी जीने के लिये तैयार नहीं था लेकिन वह चाहता था उन पुराने मूल्यों को, धार्मिक सद्भाव और पारस्परिक जुड़ाव को फिर से जीवित करे। उसका मानना था कि वर्तमान जीवन-शैली का प्राचीन जीवन-शैली से विरोध हो सकता है, चिर पुरातन जीवन-मूल्यों से इसका क़तई विरोध नहीं है। उन जीवन-मूल्यों को निर्मूल होने से बचाना चाहता था वह, जो हर दौर की कसौटी पर खरे उतरकर, अपनी शाश्वतता प्रमाणित कर चुके हैं।

लेकिन जब से वह मालेरकोटला आया है, समय ही कहाँ मिला है उसे यह सोचने का कि इस दिशा में क्या किया जाये। मिलना-मिलाना ही चल रहा है लोगों से अभी। फिर हवेली का कोई न कोई मामला। कभी हवन है तो कभी जगराता, कभी किसी का बर्थ-डे है तो कभी कोई सम्बन्धी आया हुआ है।

बहुत हो लिया। अब उतरेंगे मैदान में। सबसे पहले तो इस सोच को बदलने का अभियान चलाएँगे, जिसने यहाँ के हिन्दुओं और मुसलमानों को दो नितान्त भिन्न, बल्कि विरोधी, समुदायों का रूप देना आरम्भ कर रखा है। देखते हैं, कुछ पढ़े-लिखे नवयुवक हाथ आएँ तो उनको लगाएँ इस दिशा में काम करने पर।

उसका मस्तिष्क अभी भिन्न-भिन्न प्रकार की योजनाएँ बना ही रहा था कि फ़ोन की घण्टी बजी।

''हैलो।''

'प्रणाम मामाजी, मैं निखिल बोल रहा हूँ।''

''जीते रहो। कहाँ से बोल रहे हो?''

''इधर हूँ हवेली में।''

''कब आये?''

''आज सुबह की ट्रेन से ही पहुँचा हूँ। मुझे पता ही नहीं था कि आप रेलवे रोड पर रह रहे हैं, नहीं तो मैं सीधा वहीं पहुँचता।''

''तो अब आ जाओ।''

''मुझे रास्ता मालूम नहीं। वेट कर रहा हूँ अकुल स्कूल से आ जाये तो वह मुझे पहुँचा देगा।''

''कितने बजे आता है वह स्कूल से?''

''बस और आधे घण्टे में आ जाएगा।''

''चलो ठीक है, उसके साथ आ जाना।...और सुनाओ, तुम्हारे मम्मी-डैडी, अंजली, ऊर्जा सब ठीक हैं ना?''

''जी, सब मज़े में हैं।....आता हूँ मामा जी घण्टे भर में।''

''ठीक है, आओ।''

''उमा के बेटे का फ़ोन था क्या?'' उसके चोंगा रखते ही रजनी ने पूछा।

''हाँ, आएगा घण्टे भर बाद।''

''आप बाज़ार से कुछ मीठा-नमकीन ही पकड़ लाएँ। आज कुछ भी नहीं है घर में। बिस्कुट भी ख़त्म हो रहे हैं।''

''तो सुबह ही बता देना था। खाली बैठा हुआ हूँ सुबह से।''

''सुबह से तो आपका शरीर घर में था, आत्मा तो पता ही नहीं कहाँ थी।'' रजनी ने उलाहने के स्वर में कहा।

''क्या मतलब?''

''मतलब ये कि न आपको मेरी आवाज़ सुनाई दे रही थी, न पड़ोस से पार्वती के आने का पता चला, न बिजली बन्द होने पर उठकर खिड़की खोलने का ध्यान आया। जाने किस दुनिया में थे आप।''

भौंचक्का-सा रह गया दिनेश। इतना मग्न हो गया था वह अपने विचारों में कि बेसुध-सा पड़ा था घर में।

''हाँ रजनी, मैं अपने अन्दर ही एक लड़ाई लड़ने में व्यस्त था। आत्म-मंथन, आत्मसंघर्ष चल रहा था।''

''किस नतीजे पर पहुँचे आप, अपने से लड़कर? होगा कोई हवेली का बखेड़ा।''

''हवेली का बखेड़ा सस्पेंड कर दिया है मैंने। मुझे कोई उम्मीद नहीं भाइयों से। मैं तो किसी और ही चिन्ता में था।''

''वह क्या?''

''जो मिशन होकर आया था यहाँ, मालेरकोटला की गरिमा, इसकी अस्मिता, इसका ऐतिहासिक गौरव खोजकर इसे जीवन-मूल्यों के प्रतिनिधि शहर के रूप में प्रॉजेक्ट करने का, उसमें लगूँगा अब।''

''मतलब यह कि अभी तक मैं दिन भर अकेली होती थी घर में, अब रात को भी अकेली रहा करूँगी।''

''तुम मेरा साथ दो ना। अकेले घर में पड़ी रहकर क्या करोगी? मैंने एक एसोसिएशन बनाने की योजना बनाई है। तुम उसका विमेन विंग संभालो।''

''यानी राजनीति शुरू करूँ।''

''राजनीति नहीं है यह रजनी, समाज-सेवा है, इन्सानियत की सेवा है। मुझे अपनी मिट्टी का क़र्ज़ उतारना है। तुम मेरा बैटर हाफ़ हो। मेरा साथ दोगी तो विजय निश्चित है।''

''चलिए, सोचेंगे इसके बारे में। फ़िल्हाल तो आप बाज़ार हो आएँ।''

दिनेश उठकर नवाब गंज तक गया और अपेक्षित सामान ले आया।

सप्ताह भर रहा निखिल मालेरकोटला। जब मन होता दिनेश के यहाँ चला आता, जब मन चाहता हवेली चला जाता। दिनेश और रजनी से उसे प्रेम था। दिनेश के साथ बातचीत में उसकी विशेष रुचि थी क्योंकि वह बम्बई यूनिवर्सिटी में एम. ए. अंग्रेज़ी का विद्यार्थी था। हवेली में उसकी समवयस्क भाइयों की कम्पनी थी और कुलदीप के छोटे बच्चों के साथ खेलने का अवसर मिल जाता था। छेड़छाड़, हँसी-मज़ाक़ को भाभियाँ थीं। आव-भगत को तीन परिवार थे ननिहाल के।

पाँचवें दिन बुधवार को जब वह शाम को दिनेश के पास आया तो अपना कुर्ता-पाजामा, टुथपेस्ट-ब्रश, शेविंग किट थैले में डाल लाया। आज की रात उसका मन दिनेश मामा के पास ठहरने का था।

देर तक बातें करते रहे मामा-भानजा। दिनेश उसे भारतीय अंग्रेज़ी कविता में अलगाववाद के स्वर समझाता रहा सोदाहरण। लेकिन आज रेलवे रोड के अपेक्षाकृत शान्त परिवेश को सुबह से ही ढोल की आवाज़ें व्यथित कर रही थीं।

''कल जेठ महीने का पहला वृहस्पतिवार है। हज़रत शेख़ के श्रद्धालु आने शुरू हो गये हैं।'' दिनेश ने बताया।

''जेठ महीना, मतलब?'' समझ में नहीं आया निखिल की।

''अरे तुम तो अच्छे-ख़ासे अंग्रेज़ बन गये हो। अपना कल्चर बिल्कुल ही छोड़ रखा है। जेठ भारतीय कैलेंडर का तीसरा महीना होता है।'' समझाया दिनेश ने।

''विक्रमी संवत का?'' पूछा निखिल ने।

''शुक्र है तुम्हें यह तो पता है कि कोई विक्रमी संवत भी होता है।''

खिसियाना-सा पड़ गया निखिल।

''जेठ महीने के पहले वीरवार को लोग हज़रत शेख़ की चौकी भरने आते हैं। ये लोग या तो कोई न कोई मन्नत माँगने आते हैं या पहले से माँगी हुई मन्नत का शुक्राना चढ़ाने आते हैं।''

''यहाँ मन्नतें पूरी हो जाती हैं?'' उत्सुकता जागी निखिल की।

''होती ही होंगी, जो लाखों की संख्या में लोग आते हैं।'' दिनेश ने कहा।

''फ़ेंटास्टिक। तो ये ढोल बजाते हुए क्यों आते हैं?''

''रिवाज है। धूमधाम से मन्नत पूरी होने का शुक्राना अदा करने का। जिनको मन्नत माँगनी होती है, वो तो बिना ढोल के आते हैं लेकिन जिनकी मन्नत पूरी हो चुकी होती है, वे ढोल वाले को साथ लेकर आते हैं या यहाँ आकर रेलवे स्टेशन, बस

स्टैंड से प्रोफ़ेशनल ढोली ले लेते हैं। जिनकी मन्नत पूरा हुई होती है, वे दरगाह पर चढ़ाने को पके हुए मीठे चावल, गुलगुले, हरे रंग का कपड़ा और बकरा लाते हैं।''

''यू मीन, एलाइव गोट?''

''हाँ, ज़िन्दा बकरा। उसे भी पैदल चलाकर नहीं लाते, कन्धों पर उठाकर लाते हैं।''

''रीयली?.....बलि चढ़ाते हैं क्या?''

''नहीं, बलि नहीं चढ़ती यहाँ। जीवित बकरा चढ़ता है।''

''हमारे बॉम्बे में तो हाजी अली पर यह सब नहीं हाता।''

''यह तुम्हारा बॉम्बे नहीं है। यहाँ के अपने रीति-रिवाज हैं, अपना इतिहास है, अपनी संस्कृति है। रेलवे स्टेशन या बस स्टैंड से ये लोग पैदल जाते हैं दरगाह तक। आम तौर पर परिवार और स्वजनों के साथ आते हैं। रात को जहाँ भी ठहरते हैं, ज़मीन पर सोते हैं। वृहस्पतिवार को बाबा की चौकी भरकर लौट जाते हैं।''

''कब से चल रहा है यह सब?''

''सदियों से।''

''हिन्दुस्तान सुपरस्टीशन्स का देश है।'' निखिल ने सारांश निकाल दिया बात का। सहमत नहीं था दिनेश उससे।

''बात सुपरस्टीशन की नहीं, फ़ेथ की है। हिन्दुस्तान का हर व्यक्ति बेसिकली आस्तिक है। जहाँ कहीं भी उसके मन की मुराद पूरी होती है, वह वहीं का हो जाता है।''

''बट मुराद पूरी होना कैन बी ए कोइन्सिडेंस मामाजी।''

''कोइन्सिडेंस होता तो एकाध के साथ होता, एकाध बार होता। यहाँ तो सदियों से हो रहे हैं कोइन्सिडेंट्स।''

''मिस्टीरियस! अपनी समझ से बाहर है।'' हथियार डाल दिये निखिल ने।

''मिस्टीरियस भी है और मैनेज्ड भी। ये ढोल वाले, पूछने-बताने वाले, चौकियों पर सिर घुमाकर हाल खेलने वाले पेड-एजेण्ट्स हैं दरगाह के ख़लीफ़ों के। ये लोग मिस्ट्री को इतने प्रभावशाली ढंग से फैलाते हैं कि पुराने श्रद्धालुओं में से तो किसी के भागने का प्रश्न ही नहीं उठता बल्कि वे नये-नये लोगों को दरगाह के प्रति श्रद्धावान बनाते रहते हैं।''

''मतलब, फ्राड है सब?''

''फ्राड नहीं है सिर्फ़। कुछ न कुछ बात तो है ही उस महात्मा की क़ब्र में, जो लोगों को अपनी ओर खींचती है। तुम इसे फ्राड-कम-मिस्ट्री कह सकते हो।'' समाहार-सा दिया दिनेश ने।

''मोस्टली मुसलमान होते होंगे?'' पूछा निखिल ने।

''एक भी नहीं। मुसलमान कोई नहीं जाता दरगाह पर। सिर्फ ख़लीफ़े-मुजाविर

ही हैं मुसलमान। बाक़ी सब हिन्दू-सिख हैं, जो आते हैं ठट्ठ के ठट्ठ बाँधकर।''

''यह भी मिस्टीरियस है अपने आप में।''

''बेटा! हिन्दुस्तान रहस्यवाद का देश है, ए कंट्री ऑफ़ मिस्ट्री। यहाँ का बहुत कुछ ऐसा है, जिसके लिए कोई व्याख्या, कोई एक्सप्लेनेशन हमारे पास नहीं है। हम न इसे एबसर्ड कहकर नकार सकते हैं, न सिपिरच्युल कहकर स्वीकार कर सकते हैं। इसलिए हम इसे मिस्टीरियस कहते हैं।''

''कल होंगी चौकियाँ इसका मतलब है?'' पूछा निखिल ने।

''चौकियाँ तो आज रात से ही शुरू हो जाएँगी। दरगाह के बाहर सौ-पचास लोगों की भीड़ के मध्य बैठा कोई व्यक्ति या कोई औरत अपने बाल खोलकर सिर घुमाएगा और 'हक़-हक़' बोलता जाएगा। एक व्यक्ति उसके सामने थाली में जोत जलाकर और जोत के इर्द-गिर्द गेहूँ बिखेरकर बैठा होगा। जिस किसी ने अपने भविष्य के बारे में कुछ पूछना होगा, वह उस व्यक्ति से गेहूँ के दाने ले लेगा। इसे कण लेना कहते हैं। वह धीरे-से कण देने वाले के कान में अपना प्रश्न कहेगा। उसका उत्तर आएगा हाल खेलते हुए आदमी या औरत से। उत्तर सुनकर हाथ के कण चढ़ा देगा प्रश्नकर्त्ता जोत पर। अब उसके लिए मस्ट है कि यदि हाल खेलने वाले की भविष्यवाणी सत्य निकले तो वह मन्नत पूरी होने पर शुक्राने को आये।''

''मैं भी पूछकर आऊँ अपना भविष्य?'' सचमुच चाह रहा था निखिल कि यदि ऐसा ही है तो क्यों न अपना भविष्य जाना जाए।

''तुमसे सौ-पचास रुपया झटक लेंगे हालिये और बेवक़ूफ़ बनाकर घर भेज देंगे। उनको तुम जैसे पढ़े-लिखे ग्राहक नहीं चाहिएँ, निपट गँवार-अनपढ़ लोग चाहिएँ, जो तर्क नहीं करते केवल श्रद्धा करते हैं। मन्नत पूरी न होने की दशा में, वे समझते हैं कि ज़रूर उनसे ही कोई न कोई भूल हुई होगी मन्नत माँगते समय। अतः वे दोबारा उसी काम के लिए मन्नत माँगते हैं और न पूरी हुई मन्नत के पश्चात्ताप में भी कुछ न कुछ चढ़ाकर जाते हैं।''

''इसे उर्स कहते हैं ना मामाजी?''

''उर्स नहीं होता यहाँ, यहाँ मेला लगता है। इसे 'बाबे दा मेला' कहते हैं।''

''तो कल दिखा लाइए मेला मुझे भी, मामाजी।''

''बहुत भीड़भाड़ होगी यार। गर्मी भी बहुत होगी। इस मौसम में और इतनी भीड़ में वहाँ जाना, जहाँ चारों तरफ़ बकरों की दुर्गंध और देहातियों के पसीने की बदबू फैली हो। छोड़ो भइया, जाने ही दो।''

''ले चलिये ना मामाजी। प्लीज़। आज बाइ-चान्स मैं जेठ के पहले वीरवार को यहाँ पर हूँ, फिर क्या पता कभी मौक़ा मिले, न1 मिले।''

''अच्छा ठीक है। कल शाम को चलेंगे।''

अगली शाम को दिनेश और निखिल निकले घर से तो निखिल ने कहा—

"रिक्शा ले लें?"

"कोई फ़ायदा नहीं। नवाबगंज से ही इतनी भीड़ शुरू हो जाएगी कि पैदल चलने पर भी रास्ता नहीं मिलेगा, रिक्शा तो कहाँ से निकलेगी। आज के दिन तो मालेरकोटला में कहीं भी जाना हो तो पैदल चलकर रिक्शा से पहले पहुँचा जा सकता है।"

सचमुच ही नवाबगंज से भीड़-भड़क्का, ढ़ोल की आवाज़ें, हवा में लहराते हरे रंग के कपड़े, कन्धों पर उठाये हुए बकरे और सिरों पर उठाई हुई देग की छाबड़ियाँ शुरू हो गयीं बड़ी संख्या में। भीड़ का हिस्सा बने चलते रहे वे दोनों।

"इस बकरे को आदरवश 'बाबे दा बोक' कहते हैं। छाबड़ियों में जो चावल और गुलगुले रखे हैं, उसे 'बाबे दी देग' कहते हैं। हरे कपड़े को 'बाबे दा लंगोट' कहते हैं।"

समझ गया अपने से ही बम्बइया निखिल कि पंजाबी में 'का','की' का 'दा', 'दी' 'हो जाता है।

घण्टा भर लगा उन दोनों को फ़ैज़ ख़ाँ के बाग तक पहुँचने में। यहाँ आकर मोती बाज़ार समाप्त होता है। यहाँ से बायें मुड़कर सड़क सीधी दरगाह को जाती है। मोड़ मुड़ते ही भीड़ और बढ़ गयी। मालेर चौक पार करते ही सड़क के दोनों ओर मेले की दूकानें सजी थीं—फ़ोटोग्राफ़ी, जूता-चप्पल, हरे कपड़े, चावल-गुलगुले, खेल-खिलौने, वज़न तोलने की मशीनें, तोते के द्वारा भविष्य-दर्शन, बन्दर-रीछ का नाच। आगे बढ़ते गये वे। निखिल बहुत ध्यान से एक-एक दूकान को देख रहा था।

दरगाह के निकट पहुँचकर उन्होंने देखा कि एक चबूतरे पर सैकड़ों बकरे बँधे खड़े थे।

"ये चढ़ावे के बकरे हैं।" दिनेश ने बताया निखिल को।

"इनको यहाँ क्यों बाँध रखा है?" पूछा निखिल ने।

"यहाँ पर इनको बेचा जाता है। मन्नत उतारने वाला यदि घर से बकरा नहीं लाया तो यहाँ से खरीद लेता है।"

कितने ही लोग ख़रीद रहे थे बकरे।

"बकरा जब तक मज़ार पर नहीं चढ़ता अर्थात् बाबे को अर्पित नहीं होता तब तक उसके गले में कलेवा पड़ा रहता है। पुनः बिकने के लिए यहाँ लाया जाता है तो कलेवा उतार दिया जाता है ताकि श्रद्धालुओं को इसके पहले से चढ़े होने का सन्देह न हो।" दिनेश बता रहा था।

"क्या करते हैं इतने बकरों का दरगाह वाले?" पूछा निखिल ने।

"कल-परसों लाद दिये जाएँगे ट्रकों में और बेच दिये जाएँगे बूचर-हाउसिस को।"

"एन अदर सोर्स ऑफ़ इन्कम।"

"हाँ।"

"और यें छाबड़ियों में रखे इतने चावल और गुलगुले?"

"ये भी बार-बार बिकते हैं। मज़ार पर से उठाकर मुजाविर चुपके-से दे जाते हैं दूकानदारों को। ख़लीफ़ों-मुजाविरों का हिस्सा सुनिश्चित है बहुत पहले से। रेज़गारी किसी की, नोट किसी के, कपड़े किसी के, बकरे किसी के, चावल-गुलगुले किसी के। सुनिश्चित रहता है हिस्सा-बाँट। रात-रात भर जगकर मज़ार पर ड्यूटी देते हैं ये लोग ताकि कोई आँख बचाकर किसी दूसरे का माल न ले उड़े।"

दरगाह के बाहर चारों ओर लोगों की अपार भीड़ थी। जगह-जगह लोगों के झुण्ड खड़े-बैठे थे। धमाधम ढोल बज रहे थे। जोतें जग रही थीं। कण डाले जा रहे थे। जन-समूह का हिस्सा बने वे दोनों भी दरगाह की सीढ़ियाँ चढ़े, मुख्य द्वार में से निकले, पतली गली में से निकले और दरगाह के प्रांगण में आ गये। वहाँ पर भी लोगों के झुण्ड के झुण्ड बैठे हुए थे। वही ढोल-ढमाका, वही हक़-हक़ की आवाज़ें। धक्कम-पेल में छाबड़ियों पर से गिर-गिरकर चावलों ने सारे फर्श को चिपचिपा कर रखा था। जूतों के तले सन गये चावलों से।

मज़ार के बाहर वाली पत्थर की दीवार के साथ-साथ चलते हुए जब वे मज़ार के द्वार पर पहुँचे तो दिनेश ने निखिल से कहा,—

"देखो इसे ध्यान से।"

बड़े-बड़े पत्थरों की आठ फुट ऊँची दीवार में दो पत्थर सचमुच ही पुरातत्त्वीय महत्त्व के थे। एक पत्थर में 'अल्लाह' खुदा हुआ था, दूसरे में बुद्ध का 'धर्म चक्र।'

"बुद्ध का धर्म चक्र?" तुरन्त पहचान लिया निखिल ने।

"हाँ।"

"इस मज़ार पर बुद्ध का धर्म चक्र कहाँ से आ गया?"

"धर्मों और संस्कृतियों का मिश्रण ही इस देश की विलक्षणता है निखिल, फ़्यूज़न ऑफ़ कल्चर्स। यह तो मैं नहीं जानता कि यह धर्म चक्र कब और कैसे यहाँ पहुँचा लेकिन एक बात स्पष्ट दिख रही है कि ये दोनों पत्थर भी उतने ही प्राचीन हैं, जितनी प्राचीन यह दीवार है।"

"ऑवियसली। साधारण दृष्टि से तो नज़र भी नहीं आते ये पत्थर।"

"कमाल की बात यह है निखिल कि इस दरगाह का सम्बन्ध किसी सूफ़ी सम्प्रदाय से नहीं है। एक तरह से यह दरगाह ही नहीं है। मज़ार है हज़रत शेख़ का। मज़ार की मान्यता कैसे हुई, नहीं मालूम लेकिन मरते समय हज़रत ने जो एक बेटे को तेग़ और दूसरे को देग प्रदान की थी, इसका अर्थ है कि उन्हें पता था कि उनके बाद उनके मज़ार पर इतना चढ़ावा आएगा कि उनकी देगिया सन्तति भी तेग़ियों से कम समृद्ध नहीं रहेगी।"

"एन अदर अनकॉम्प्रिहेंसिबल मिस्ट्री।"

आज मज़ार पर कई चादरें चढ़ी हुई थीं। रोशनी का भी विशेष प्रबन्ध किया गया था। मज़ार के चारों ओर घुटनों के बल बैठे ख़लीफ़े-मुजाविर अपने-अपने हिस्से पर पूरी नज़र भी रख रहे थे और दुआ के लिए दोनों हाथ उठाकर अपूर्व श्रद्धा का प्रदर्शन भी कर रहे थे।

दिनेश और निखिल ने मज़ार को प्रणाम किया। मज़ार के परिसर में चारों ओर क़ब्रें बनी हुई थीं हज़रत के वंशजों की। मज़ार की परिक्रमा करते हुए वे बाहर आ गये। भीड़ के बीचोंबीच घुसते-चलते वे दरगाह के दूसरे दरवाज़े से बाहर निकल आये।

"बहुत पापुलर है दरगाह।" निखिल ने कहा।

"पापुलेरिटी की हालत तो यह है कि फ़ोकलोर में इसका बार-बार ज़िक्र हुआ है। पंजाबी के प्रसिद्ध प्रेमकाव्य 'मिर्ज़ा साहिबाँ' में भी इसका सन्दर्भ मौजूद है—

बक्करा मैं दिन्नियाँ पीर दा
मेरे सिर दा साईं मरे।"

"इसका क्या मतलब है?" पूछा निखिल ने।

"तुम पंजाबी बिल्कुल नहीं जानते क्या? अभिसारिका मनौती मान रही है कि यदि किसी प्रकार से उसके पति की मृत्यु हो जाए तो वह यहाँ आकर इस मज़ार पर बकरा चढ़ाएगी।"

"आइ सी।"

थक गया था दिनेश। पसीने से बुरा हाल हो रहा था दोनों का। गरीब नगरी तक पैदल चलने के अतिरिक्त दूसरा कोई रास्ता न था। गरीब नगरी से रिक्शा लेकर वे घर को चल दिये।

दो दिन बाद निखिल बम्बई लौट गया।

ज़रा-सी फ़ुर्सत मिली दिनेश को तो उसे पुनः गृहस्थ में उलझकर अपना संकल्प भूलने की ग्लानि ने आ घेरा।

फ़ोन करके बुलाया उसने शहबाज़ को।

"शहबाज़ भाई! जब से यहाँ आया हूँ, बड़ी शिद्दत के साथ महसूस कर रहा हूँ कि मालेरकोटला के अवाम अपनी रिवायतों को भूलते जा रहे हैं। हिन्दू-मुसलमान, दोनों की सोच में बहुत फ़र्क़ महसूस किया है मैंने। हमारा फ़र्ज़ बनता है कि हम अपने शहर की फ़िर्कावाराना अख़ूवत की और यहाँ की कल्चरल हम-आहंगी की हिफ़ाज़त करें।"

पूरी तरह से सहमत दिखाई दिया शहबाज़ उससे।

"मैं चाहता हूँ, हम लोग एक अंजुमन बनाएँ। अंजुमन का नाम 'विरासत' हो। हिन्दू-मुसलमान सब इसके मैम्बर्स हों। अंजुमन की रेगुलर मीटिंगें हों, सेमिनार्स

हों। दोनों कम्यूनिटीज़ को इतना नज़दीक लाया जाए कि उनको अलग करना नामुमकिन हो जाये।''

''कुछ सिखों को भी शामिल कर लीजिए।'' शहबाज़ ने राय दी।

''दरअसल मैंने सोचा तो था कि सिखों को शामिल किया जाए लेकिन सिख तो बहुत रीसेंटली आकर बसे हैं मालेरकोटला में। पुराने मालेरकोटला में तो एक भी सिख परिवार नहीं था।''

''उसकी वजह थी कि मालेरकोटला के तीन तरफ़ सिख रियासतें थीं, इसलिए सिख मुसलमानों की हुकूमत में रहना पसन्द नहीं करते थे। अब तो हमारी रियासत के देहात से ही कई सिख फ़ेमिलीज़ शहर में आबाद हैं। इंडस्ट्री में सिख मुलाज़िम बहुत हैं। सरकारी मुलाज़िमों में भी सिख बड़ी तादाद में हैं।''

''इसका मुझे अन्दाज़ा नहीं था। ये तो और भी अच्छा है कि हम सिख भाइयों को भी इस नेक काम में शामिल करें।'' तुरन्त मान लिया दिनेश ने शहबाज़ के प्रस्ताव को।

''मेरे लिए क्या हुक्म है?'' शहबाज़ ने पूछा।

''एक लिस्ट बनाओ मेरे साथ बैठकर कि किन-किन लोगों को इन्वाइट किया जाए। सबसे पहले उन लोगों की एक मीटिंग बुलाएँगे। अपना मक़सद उनके सामने रखेंगे। उनके मशवरे से अगला प्रोग्राम तय करेंगे।''

बहुत से नाम सुझाये शहबाज़ ने। लगभग प्रत्येक नाम पर दिनेश को पिता या दादा के नाम से समझना पड़ा कि शहबाज़ किसका नाम सुझा रहा है। पचास नामों की सूची बनाई गयी। शनिवार शाम का तय किया गया कुन्दन लाल की धर्मशाला में मिलने के लिए।

पचीसों फ़ोन किए शहबाज़ ने। कई को स्वयं जाकर भी कहा उसने। एक साइक्लोस्टाइल्ड पत्र भी भेजा सबको। छह बजे का समय रखा था। सवा छह तक दिनेश और शहबाज़ ही थे। सवा छह से लोग आने शुरू हुए। सात बजे तक पच्चीस लोग आ गये। पास की दूकान से पच्चीस कप चाय के मँगा लिए शहबाज़ ने।

दिनेश ने विरासत की स्थापना और उसके उद्देश्यों पर प्रकाश डाला। मालेरकोटला के ऐतिहासिक महत्त्व और उत्कृष्ट जीवन-मूल्यों की चर्चा की। धार्मिक सद्भाव और सहिष्णुता पर बल दिया। मानवी सम्बन्धों को आत्मीयता के धरातल पर खड़ा करके उदाहरण बनाने का आह्वान किया और भावी योजनाओं सम्बन्धी विचार आमन्त्रित किये।

केवल तीन लोग बोले। तीनों ने सराहना की 'विरासत' की स्थापना की। दिनेश के विचारों को शुभ घोषित किया और भरपूर समर्थन का विश्वास दिलाया। तीनों ने अपने-अपने ढंग से योजनाओं पर आने वाले खर्चे की बात भी की कि पैसा कहाँ से आएगा, हिसाब कौन मेनटेन करेगा आदि। शहबाज़ द्वारा प्रस्तावित पुनः-

पुनः मिल बैठने, सेमिनार-गोष्ठियाँ करने तथा महत्त्वपूर्ण धार्मिक उत्सवों को मिलजुलकर मनाने की योजनाएँ निर्विरोध पारित हुईं।

दिनेश ने गिरीश के नाम का प्रस्ताव रखा कोषाध्यक्ष के पद के लिए। सर्व-सम्मति से पारित हो गया प्रस्ताव। शहबाज़ ने सौ रुपये का नोट रखा गिरीश के सामने। गिरीश ने जेब में से कागज़ निकालकर नाम और धनराशि नोट कर ली। दिनेश ने भी सौ रुपये दिये। दसेक लोगों ने उनकी देखादेखी सौ-सौ रुपये दिये। अन्यों ने चन्दा कल तक गिरीश की दूकान पर पहुँचाने का वादा किया। दिनेश, शहबाज़ और गिरीश पर आधारित सब-कमेटी को पदाधिकारी मनोनीत करने का अधिकार दे दिया गया।

अगले दिन दिनेश और शहबाज़ गिरीश की दूकान पर इकट्ठा हुए शाम चार बजे। तीनों ने विचार-विमर्शोपरान्त दिनेश को प्रधान, शहबाज़ को सचिव, कुलतार सिंह को उप-प्रधान और इदरीस को उप-सचिन चुन लिया।

शहबाज़ ने सेक्रेट्री का कर्त्तव्य अविलम्ब निभाते हुए, अगले दिन दफ़्तर से मीटिंग की विस्तृत कार्यवाही का स्टेंसिल कटवाया और पदाधिकारियों के नामों की घोषणा सहित यह पत्र उन पचास लोगों को भिजवा दिया, जिनको मीटिंग का निमन्त्रण भेजा गया था।

कुछ ही दिनों में विरासत का नाम सारे शहर में फैल गया। भाँति-भाँति की टीका-टिप्पणी भी शुरू हो गयी। किसी ने कहा प्रोफेसर रिटायर होकर पॉलिटिक्स करने आया है यहाँ। किसी ने कहा दिनेश और शहबाज़ के पिता घनिष्ठ मित्र रहे हैं, ये दोनों मिलकर अपना सोशल स्टेटस बढ़ा रहे हैं। किसी ने कहा प्रोफेसर की योजना असेम्बली का चुनाव लड़ने की होगी, मुस्लिम बहुल चुनावक्षेत्र है इसलिए शहबाज़ के ज़रिये मुस्लिम वोट एन्लिस्ट कर रहा है अपने लिए।

कुछ तीखी प्रतिक्रिया भी हुई। किसी ने कहा, पैदा तो चौधरी प्रभदयाल के सनातनी परिवार में हुआ है लेकिन पिछले जन्म का मुसलमान है यह प्रोफेसर। किसी ने कहा, इसके पास दिमाग़ भी है, समय भी, जो शक्ति यह मुसलमानों को खुश करने में नष्ट कर रहा है, वही शक्ति हिन्दुत्व के प्रचार-प्रसार में लगाये तो इसका जन्म सफल हो जाए। किसी ने कहा अमुक नेता ने लगाया होगा पैसे देकर काम पर कि हिन्दू वोट अपने पीछे लगाये और चुनाव के समय उसके पक्ष में भुगतवाए।

लेकिन कुछ अच्छा सुनने में भी आया। कुछ लोगों ने प्रशंसा की दिनेश और शहबाज़ की कि परम्परात्मक साम्प्रदायिक सद्भाव को निर्मूल होने से बचाने का जो उद्देश्य लेकर चले हैं, वन्दनीय है।

दिनेश न किसी टिप्पणी से दुखी हुआ, न किसी से प्रसन्न। निर्लिप्त भाव से अपने काम में लगा रहा। उसने मालेरकोटला के ऐतिहासिक महत्त्व को लेकर

तीन-चार लेख लिखे। सन् सैंतालीस के उदाहरण को सामने लाकर साम्प्रदायिक एकता के महत्त्व को उभारा।

शहबाज़ ने सुझाव दिया कि इन लेखों को पुस्तिका रूप में छापकर सारे शहर में बाँटा जाए। दिनेश नहीं माना। उसे भय था कि लोग कहेंगे, विरासत के पैसे से अपने लिए प्रसिद्धि बटोर रहा है। अपनी पुस्तकें छपाकर विद्वत्ता-प्रदर्शन कर रहा है। उसने शहबाज़ से कहा—

''शहबाज तुम्हें याद होगा कभी सदर चौक की गोल दीवार पर पोस्टर लगा करते थे। सैंकड़ों लोग पढ़ते थे उनको। बल्कि कई बार तो एक आदमी ऊँची आवाज़ में पढ़ता था और बीसों खड़े होकर सुनते थे।''

''क्यों, अब पोस्टर लिखने का इरादा है आपका?''

''क्या हर्ज है। पैसा भी बचेगा छपाई का। किसी को एतराज़ करने का मौक़ा भी नहीं मिलेगा।''

''मगर भाई जान, पोस्टर लगते थे, जब छपाई की सुहूलतें मौजूद नहीं थी।''

''तुम्हारी जनरल नॉलेज कमज़ोर है ज़रा। रियासत के ज़माने में, जबकि सरकारी प्रेस मौजूद था, सरकारी अख़बार छपता था, तब भी पोस्टर के तौर पर ही अख़बार को शहर के मुख़्तलिफ़ मक़ामात पर चस्पाँ किया जाता था।''

''क्या....?'' सचमुच नहीं पता था शहबाज़ को इसका।

''जी हाँ। नवाब इब्राहीम अली ख़ाँ के ज़माने में गुलज़ारे-इब्राहीम नाम का छापाख़ाना था यहाँ। इसी नाम का रोज़ाना अख़बार छपता था। यह दर-हक़ीक़त वाल-पेपर ही था।'' दिनेश ने बताया।

''मेरे इल्म में तो नहीं है कि यहाँ कभी प्रेस रहा हो। रहा होता तो किसी न किसी मक़ामी अदीब की कोई किताब ज़रूर छपी होती यहाँ से।''

''अब जब तुमने मान ही लिया है कि तुम्हारी तारीख़ से मुताल्लिक़ मालूमात कमज़ोर हैं तो ये भी जान लो कि गुलज़ारे-इब्राहीम के अलावा एक ज्ञान प्रेस भी था यहाँ। ज्ञान प्रेस ने 1867 में तीसरा एडिशन छापा था मुंशी कन्हैया लाल उर्फ़ अलखधारी की किताब 'चराग़े-हकीक़त' का। किताब की एक कापी मेरे पास मौजूद है। अब तुम अन्दाज़ा करो कि उस ज़माने में किताब का एक एडिशन कितने सालों में ख़त्म होता होगा। दसेक साल भी मान लें तो 'चराग़े-हकीक़त' पहली बार 1847 में छपी होगी। वली राम रियासती की किताब भी छपी थी यहाँ से। सदर बाज़ार में किताबों की दो-तीन दूकानें भी थीं। किसी मुहम्मद इब्राहीम अब्दुल मजीद नाम के प्रकाशक ने मौलाना कमालुद्दीन 'कमाल' की किताब छापी थी 'चाँदी के बटन' नाम से।''

आह्लादपूर्ण विस्मय फैल गया शहबाज़ के चेहरे पर।

''बाक़ी काम छोड़िए भाई जान, इस गुमशुदा विरसे को तलाश किया जाए

पहले। कैसी लाइल्मी में जी रहे हैं हम कि हमें ये भी मालूम नहीं कि किस-किस फ़ील्ड में हमारे शहर का कन्ट्रीब्यूशन क्या है।'' उसने कहा।

''यह काम अस्ल मुद्दे को छोड़कर नहीं होगा। अस्ल मुद्दे के साथ-साथ होता रहेगा। वैसे तुम्हारी मालूमात में थोड़ा इज़ाफ़ा और कर दूँ। यहाँ के एक शायर थे जान मुहम्मद। उन्होंने जैनियों के लिए बेशुमार भजन, गीत और नज़्में लिखीं, जो जैनियों ने छापीं भी। यहीं के कवि थे पण्डित चन्दूलाल, जिनके हाथ की लिखी सात किताबें मेरे पास मौजूद हैं हिन्दी शायरी की। उनके एक शागिर्द थे पण्डित जीवन राम। उनकी दो किताबों के क़ल्मी नुस्ख़े मैंने तलाश किये थे। ये भी हिन्दी शायरी की किताबें हैं।''

बहुत ख़ुशी हो रही थी शहबाज़ को यह सब जानकर। सचमुच दिनेश ने उसके लिए एक ऐसा गवाक्ष खोल दिया था, जिसमें से झाँककर उसकी आँखें मालेरकोटला के गरिमापूर्ण अतीत को देख रही थीं।

''शेख़ बशीर हसन, ज़ाहिर हसन, मंज़ूर हसन नामी, जलाल मिर्ज़ाख़ानी, शेख़ रफ़ीक़, मौलाना कमालुद्दीन कमाल, मौलाना मेहर मुहम्मद ख़ाँ शहाब, गोपाल मित्तल, भगवान दास शो'ला, मोहनलाल शैदा यहाँ के जाने-माने शायर-अदीब हुए हैं। नवाब अहमद अली ख़ाँ भी शायर थे, शैदा तख़ल्लुस करते थे। उनके ज़माने में बड़े-बड़े मुशायरे हुए हैं यहाँ। सरकार ने छापा भी उन मुशायरों में पढ़े गये कलाम को किताबी सूरत में।''

''अहमद अली ख़ाँ तो क्या शायरी करते होंगे, लिखवाते होंगे किसी से।'' शहबाज़ ने अविश्वास व्यक्त किया।

''हो सकता है लिखवाते हों मगर मुशायरे तो करते थे। कलाम तो छपवाते थे शायरों का। यही क्या कम अदबी ख़िदमत है उनकी?.....इफ़्तिख़ार अली ख़ाँ भी शायर थे, ज़मीर तख़ल्लुस करते थे।''

''शायर तो अभी भी बहुत हैं यहाँ नयी नस्ल में।''

''चाहता हूँ उनसे मिला जाए किसी दिन। उनको सुना जाये। देखें कि उनका फ़िक्रे-सुख़न किस मक़ाम का है।''

''इसका इन्तज़ाम भी हो जाएगा किसी दिन। चलिए, आपके आर्टिकल्स का क्या करना है, इसका तय कर लें। मेरी राय में छाप देने चाहिएँ। कोई एतराज़ करता है, करता रहे।'' शहबाज़ ने कहा।

''बात सिर्फ़ एतराज़ की नहीं है शहबाज़, पुरानी रिवायत को ज़िन्दा करने की है। ख़्यालात का ट्राँसमिट होना ज़रूरी है।

बात अपनी वहाँ कू-ब-कू तो चले।
ज़िक्रे-बद ही सही गुफ़्तगू तो चले।''

"आप तो शायरी फर्माने लगे। चलिए देख लेते हैं एक इश्तिहार लिखकर। अगर तजुर्बा कामयाब रहा तो ठीक है, वर्ना छपा डालेंगे।"

दो फुट चौड़ा, चार फुट लम्बा काग़ज़ लाकर दिनेश ने क़लम द्वारा काली रोशनाई से लिखा पोस्टर। शीर्षक दिया 'गंगा जमना का संगम।' पूरा दिन लग गया उसका पोस्टर लिखने में। उसने जो कुछ लिखा उसका सारांश यह था कि इस्लाम और हिन्दू धर्म के दर्शन में कोई अन्तर नहीं है। इस्लाम का 'ला इलाह इल्लिलाह' में विश्वास है तो हिन्दू 'एको ब्रह्म द्वितीया नास्ति' में विश्वास रखते हैं। इस्लाम अल्लाह को 'निराकार' मानता है तो हिन्दू भी अपने ब्रह्म के विषय में 'न तस्य प्रतिमा अस्ति' कहते हैं। इस्लाम यदि क़ुर्आन में कही गयी बातों को झूठ समझने वाले को 'काफ़िर' कहता है तो हिन्दू भी वेदों की बातों को झूठ मानने वाले को 'नास्तिक' कहते हैं—'नास्तिकौ वेद निन्दकः' इत्यादि-इत्यादि।

शहबाज़ को बुलाकर पढ़वाया पोस्टर दिनेश ने। उसे बहुत अच्छा लगा। उसने सुझाव दिया कि इसके उर्दू अनुवाद का भी एक पोस्टर बनाया जाए। हिन्दी का पोस्टर सदर चौक में और उर्दू का पोस्टर मालेर चौक में लगाया जाए। दोनों ने मिलकर पोस्टर का अनुवाद किया उर्दू में। इसमें कई घण्टे लग गये। शहबाज़ ने बेटे से कहकर उसका एक विद्यार्थी बुलवा लिया, जिसकी उर्दू की हैण्डराइटिंग बहुत ख़ूबसूरत थी। उसने कई घण्टे लगाकर उर्दू का पोस्टर तैयार किया। उसी के सुझाव पर दोनों पोस्टरों का शीर्षक हरे रंग की डिज़ाइनदार लाइनें खींचकर सजाया गया और विषयवस्तु को भगवे रंग की लाइनों का फ्रेम दिया गया। इसी विद्यार्थी की ड्यूटी लगाई शहबाज़ ने पोस्टर चिपकाने की। शाम के सात बजते-बजते उसने दोनों पोस्टर निर्दिष्ट स्थानों पर चिपका दिये गए।

ठीक ही सोचा था दिनेश ने। सवा सात बजे शहबाज़ का फ़ोन आया कि वह मोटर साइकिल पर दोनों जगहों का चक्कर लगाकर आ रहा है। झुण्ड के झुण्ड खड़े पढ़ रहे हैं पोस्टरों को। दिनेश के फ़ोन रखते ही घण्टी फिर बजी। रात दस बजे तक बजती रहीं घण्टियाँ। फ़ोन करने वालों में प्रशंसक भी थे, निन्दक भी। निन्दकों में मुसलमानों के फ़ोन भी थे, जिनको आपत्ति थी कि उसने इस्लाम को हिन्दू धर्म बनाने की कोशिश की है। हिन्दुओं के फ़ोन भी थे कि आर्य समाजी दृष्टिकोण से हिन्दू धर्म को व्याख्यायित करके उसने सनातन धर्म की अवमानना की है। यथाशक्ति समझाता रहा वह प्रत्येक निन्दक को कि उसका आशय मात्र यह बताना है कि जब इस्लाम और हिन्दू धर्म की दार्शनिक विचारधारा में किसी प्रकार का कोई विरोध नहीं है तो धर्म के नाम पर हिन्दुओं और मुसलमानों के बैर-विरोध का औचित्य क्या है?

फ़ोन करने वालों में नीरज शर्मा भी थे, जन जागृति मंच के गर्म-दलीय सदस्य। दिनेश को याद था उस दिन की मंच की मीटिंग में नीरज का

विरोध-क्रोध-प्रदर्शन।

"प्रोफेसर साहब, आपको याद होगा कि आपने उस दिन जन जागृति मंच का संरक्षक बनाना स्वीकार किया था।"

"हाँ शर्मा जी, याद है।"

"आपने प्रधान, उप-प्रधान और कार्यसाधक अफसर से पीपल न काटने की बात करने का आश्वासन देकर हमारे आन्दोलन के प्रस्ताव को तो ठुस करा दिया था लेकिन उसके बाद आपको शायद स्मरण ही नहीं रहा कि आपने अपने ऊपर कुछ करने का उत्तरदायित्व लिया था।" नीरज की बात में तल्ख़ी भी थी, व्यंग्य का पुट भी।

"शर्मा जी, मैंने तीनों महानुभावों से बात कर ली थी। आपकी सूचना सर्वथा निराधार थी। पीपल काटने का किसी प्रकार का कोई प्रस्ताव कमेटी के सामने नहीं है। भविष्य में यदि इस प्रकार का कोई प्रस्ताव आएगा भी तो इन लोगों ने प्रॉमिज़ किया है कि उसे एन्टरटेन ही नहीं करेंगे।"

"तो आपको चाहिए था मीटिंग में रिपोर्ट करते यह सब।"

"शर्मा जी, मैंने रोशन लाल को बता दिया था। लगता है आप दोनों के बीच में कोई कम्यूनिकेशन गैप है।"

"रोशन लाल अकेले ही तो मंच नहीं हैं। सबके सामने रखनी चाहिए थी आपको सारी की सारी कार्यवाही और अनुमोदन कराना चाहिए था मंच से। हो सकता है उन लोगों ने आपको टरख़ा दिया हो, जिनसे आपने बात की है।"

"उनमें से दो मेरे मित्र हैं, एक मेरा विद्यार्थी है। मुझसे झूठ नहीं बोल सकते वे। आप निश्चिन्त रहें।"

"और यह पोस्टर क्या चिपका दिया आपने आज?"

तुरन्त दिनेश की समझ में आ गया कि वास्तविक पीड़ा तो पोस्टर से पहुँची है नीरज शर्मा को। अभी तक जो बात फ़ोन पर की जा रही थी, वह तो भूमिका ही थी, बात तो अब शुरू हुई है।

"पढ़ा आपने?"

"पढ़ा नहीं लेकिन उसके कॉन्टेंट्स बताए हैं मुझे किसी ने।"

"आप जाकर पढ़ लीजिए पहले, तब बात करेंगे।"

"पढ़ तो ख़ैर में लूँगा ही लेकिन प्रोफेसर जी, आपको मंच से स्वीकृति लिये बिना इस विषय पर अपने विचार पब्लिक के सामने रखने का अधिकार नहीं है।"

धैर्य चुक रहा था दिनेश का काफी देर से। यह वाक्य सुनते ही एकदम चुक गया। क्रोध में आ गया वह।

"सुनिये मिस्टर शर्मा, मैं शिष्टाचारवश अभी तक आपकी बकवास सुन रहा था। अपना मंच रखिए अपने पास। मैंने संरक्षक बनना स्वीकार किया है, आपका ज़रख़रीद गुलाम नहीं हूँ मैं। मुझे जो कहना है, उसके बारे में आप जैसे फेनेटिक

दोस्तों की सलाह नहीं लूँगा मैं।"

कदापि आशा नहीं थी नीरज शर्मा को प्रोफेसर से इस प्रकार की प्रतिक्रिया की। समझ में नहीं आ रहा था उसकी कि क्या उत्तर दे। दिनेश से भी अधिक कटु भाषा में कुछ कहे या चुप हो रहे। उसे असमंजस की स्थिति में भाँपकर दिनेश ने कहा—

"और कृपया इस प्रकार की अनर्गल बातचीत के लिए भविष्य में फ़ोन करने का कष्ट न करें।"

चोंगा लगभग पटक दिया दिनेश ने।

"किस पर गुस्सा हो रहे हैं इतना?" पूछा रजनी ने।

"हैं एक सिरफिरे, नीरज शर्मा। जन जागृति मंच के सदस्य हैं।"

"क्या कह रहे थे?"

संक्षेप में सारी बात बता दी दिनेश ने।

"ख़ामख़्वाह मधुमक्खियों का छत्ता छेड़ दिया है आपने।"

"ये तुम कह रही हो रजनी?" हैरानी से पूछा दिनेश ने।

रजनी चुप रही।

"तुम मेरी पत्नी, मेरी अर्द्धांगिनी, मेरी बैटर-हाफ़...फ़ॉर गॉड सेक, कभी ऐसा मत सोचना रजनी। मधुमक्खियों के छत्ते में हाथ डाले बग़ैर कभी शहद नहीं मिलता किसी को। मुझे शहद चाहिए। मधुमक्खियाँ छिड़ेंगी तो भिनभिनाएँगी भी, काटेंगी भी। शहद पाने के लिए उनकी भिनभिनाहट सुननी होगी, उनके दंश का ज़हर पीना-पचाना होगा।" आवेश में आ गया दिनेश।

"नीरज शर्मा का गुस्सा पत्नी पर क्यों उतार रहे हो? मैं तो मज़ाक़ कर रही थी।" बात को टालना चाहा रजनी ने।

रजनी मन से चाहती थी कि दिनेश अपने संकल्प पर दृढ़ रहे। अपने उद्देश्य की प्राप्ति में सफल रहे। एक छोटे-से शहर में बहुत बड़ा मिशन लेकर उतरा है वह रणभूमि में, रजनी मन से उसके विजयी होने की कामना करती थी लेकिन दिनेश उसका पति भी तो था। नहीं चाहती थी वह कि लोग उसके पति के विषय में अनाप-शनाप बकें, उसकी अनर्गल आलोचना करें।

"चलिए।" फ़ोन का रिसीवर उतारकर रख दिया रजनी ने।

"यह क्या कर रही हो?"

"रिसीवर ऑफ़ किया है। दस बज चुके हैं। मेहरबानी करके खाना खा लीजिए, तब रख दूँगी रिसीवर को फ़ोन पर।"

मुस्कुरा दिया दिनेश पत्नी की चतुराई पर और खाने की मेज़ पर आ बैठा।

नौ

तीन-चार दिन इसी प्रकार फ़ोन आते रहे दिनेश को। प्रशंसा करने वालों के फ़ोन भी, असहमत लोगों के फ़ोन भी।

श्रुति प्रकाश, राम लाल, देवकीनन्दन शर्मा जैसों ने फ़ोन पर समझाया कि जो मार्ग आपने चुना है, वह ठीक नहीं, इससे हिन्दू जाति का अहित होगा।

गुरकीरत, पतवंत सिंह, सोहन लाल जैसों ने प्रशंसा की पोस्टर की और बधाई दी निर्भय होकर अपनी बात कहने पर।

प्रेम प्रकाश भारती का फ़ोन नहीं आया। दिनेश को हैरानी हो रही थी।

भाई साहिब का फ़ोन आया और उन्होंने दिनेश को अपने आफ़िस में कुछ ज़रूरी बात करने के लिए बुलाया।

हाथ क़ा काम निपटाकर दिनेश आधे घण्टे में उनके आफ़िस जा पहुँचा।

ए.सी. ने ख़ूब ठण्डा कर रखा था आफ़िस को। बड़े-बड़े शीशे के दरवाज़े। भाई साहिब की प्रभावशाली लम्बी-चौड़ी टेबल। टेबल पर स्टेशनरी, टेलीफ़ोन, ट्यूब-लैम्प, पेपर-वेट्स और चाँदी के गणेश-लक्ष्मी।

अच्छा लगा दिनेश को आफ़िस। बहुत समय के बाद वह यहाँ आया था। पहले से नितान्त भिन्न और महँगा हो गया था आफ़िस कायाकल्प के बाद। इंटर-कुनेक्टिड तीन केबिन्स। एक यश का, एक कुलदीप का और एक एकाउंटेंट-कम-आफ़िस-क्लर्क का।

"नमस्कार भाई साहिब।" दिनेश ने अन्दर आकर प्रणाम किया।

"तशरीफ़ रखिए।" केल्कुलेटर पर उँगलियाँ चलाने में व्यस्त भाई साहिब बोले।

कुर्सी लेकर बैठ गया दिनेश।

जोड़ में आ रहे फ़र्क का मसला हल करते रहे भाई साहिब एकाध मिनट। फिर एकाउंटेंट से बोले–

"कपूर!"

कपूर उठकर अपने कैबिन से भाई साहिब के कमरे में आ गया।

"ठीक तो है सवा सात लाख। तुम सूरत वाली हुण्डी काउंट नहीं कर रहे थे शायद।"

"जी, वह तो अभी कैश नहीं हुई।"

"होती रहेगी। बोराज़ की हुण्डी कभी रुकी है क्या? इसे जोड़ लो बीच में और टोटल सवा सात कर दो।"

"जी।" कहकर एकाउंटेंट चला गया तो भाई साहिब बिना किसी भूमिका या औपचारिकता के सीधे मामले पर आ गये।

"ये क्या हंगामा मचा रखा है आपने दिनेश जी?"

भाई साहिब की सम्बोधन-शैली पर विस्मित दिनेश ने पूछा, "कैसा हंगामा?"

"अब हमसे मत बनो दिनेश। ये क्या पोस्टरबाज़ी शुरू की है तुमने?"

"आपने पढ़ा है मेरा पोस्टर?"

"अब हम चौराहे पर रिक्शे वालों के साथ खड़े होकर पोस्टर पढ़ें?"

"तो आपको क्या मालूम कि मैंने क्या लिखा है।"

"हम इस शहर में कान और आँखें खुली रखकर बसते हैं। तुम सोशल एक्टिविटी में भाग लेने की बात कह रहे थे, उस पर हमें कोई एतराज़ नहीं था मगर ये तो सरासर पॉलिटिक्स में पड़ गये तुम।"

"यह कोई पॉलिटिक्स नहीं है भाई साहिब। पोस्टर में एक सोशल कॉज़ को ही लिया है मैंने।"

"मुसलमानों के धर्म को अपने धर्म के बराबर सिद्ध करना सोशल सर्विस है क्या?"

"आपने पढ़ा ही नहीं पोस्टर भाई साहिब और ख़्वामख़्वाह मुझ पर बिगड़ने लगे। मैंने लिखा है कि जब दर्शन की सतह पर दोनों धर्मों में कोई भेद नहीं है तो धर्म के नाम पर क्यों लड़ते हैं हिन्दू-मुसलमान? बताइए, इसमें क्या ख़राबी है?"

"अगर तुमने यही लिखा है जो बता रहे हो तो भारती जी हमारे पास क्यों आये थे शिकायत लेकर?"

"भारती जी फेनेटिक हिन्दू हैं। हिन्दुत्व की राजनीति करते हैं। उनको तो मुद्दा चाहिए कोई न कोई हिन्दू सेंटिमेंट्स को भड़काने का ताकि उनकी पार्टी की अहमियत बनी रहे।"

ज़रा-से नर्म पड़ गये भाई साहिब।

कुछ क्षण ख़ामोशी के निकल गये। इस बीच में भाई साहिब और भी संयत हो गये।

"देखो दिनेश, यहाँ की हिन्दू कम्यूनिटी में भारती जी का बहुत आदर है। उनका संगठन भी काफ़ी मज़बूत है। तुम्हारे भतीजों का हार्डवेयर का कारोबार है। ईश्वर की कृपा से अच्छा चल रहा है। कल अगर भारती जी अपने फॉल्वर्स को इशारा

कर दें तो दोनों भाई मक्खियाँ मारा करेंगे शो रूम में बैठकर। अन-एनाउंस्ड सोशल बॉयकॉट कर देंगे हिन्दू उनका।''

''क्या ऐसी कोई धमकी दे गये हैं वो?'' पूछा दिनेश ने।

''नहीं, वो तो अपनेपन का वास्ता देते हुए आये थे यह कहने कि हम तुमको मना करें।''

''तो आप डर क्यों रहे हैं इतना? बच्चों के कारोबार पर इसका कोई असर नहीं पड़ेगा, आप निश्चिन्त रहें।''

भाई साहिब की अनुभवी आँखों ने भाँप लिया था कि दिनेश अपनी ज़िद से नहीं टलेगा। बात को आगे बढ़ाने का अर्थ होगा कि दिनेश साफ़ शब्दों में कह दे कि आपको जो करना हो, कर लें, मैं तो लिखूँगा पोस्टर। अतः उन्होंने इसी पर सन्तोष करना उचित समझा कि जितना कह दिया, उतना ही काफ़ी है।

दिनेश ने भाई साहिब को चुप देखा तो वह उठ खड़ा हुआ।

''तो मैं चलता हूँ भाई साहिब। नमस्ते।''

''सोचना ज़रूर मेरी बात पर ठण्डे दिमाग़ से।''

''जी।''

भाई साहिब का फ़ोन न आया होता तो उसे मुहल्ला कमानगराँ जाकर ताबिश से मिलना था। ताबिश को आये बहुत दिन हो लिए थे। इस बीच उनकी कई मुलाक़ातें हो चुकी थीं लेकिन मिलने की तरह से वे अभी तक नहीं मिले थे। इसलिए दोनों ने तय किया था कि आज दिन भर साथ रहेंगे। दूसरी कोई व्यस्तता नहीं रखेंगे आज।

साढ़े दस बजे पहुँचना था दिनेश को ताबिश के पास और अब साढ़े ग्यारह हो रहे थे। जहाँ ताबिश ठहरा हुआ था, वहाँ पर फ़ोन भी नहीं था अन्यथा दिनेश ने फ़ोन अवश्य कर दिया होता। भाई साहिब के ऑफ़िस से निकल वह तेज़-तेज़ कदमों से कमानगराँ की ओर चल दिया।

सचमुच परेशान हो चुका था ताबिश प्रतीक्षा करते-करते।

''ये साढ़े दस अब बज रहे हैं आपके?'' छूटते ही ताबिश ने पूछा।

''यार, भाई साहिब ने बुला लिया था फ़ोन करके। अच्छी-ख़ासी हजामत बनवाकर आ रहा हूँ उनके आफ़िस से।'' दिनेश ने देर से आने का कारण बताया।

''ख़ैरियत तो है?'' पूछा ताबिश ने।

''यहाँ एक साहिब हैं प्रेम प्रकाश भारती। शायद तुम्हें ध्यान हो, गल्ला मण्डी में अमरगढ़ वालों की दूकान होती थी एक। उस ख़ानदान से हैं।''

''वो जिनका एक भाई अफ़ीम बेचा करता था?''

''हाँ वही, सुन्दर लाल नाम था उसका।''

''मुझे याद है, आये दिन पुलिस उसे दबोच ले जाती थी और वो हर बार कुछ दे-दिलाकर छूट जाता था।''

"हाँ, उसके भाई-भतीजे हैं ये। हमारे पोस्टर को लेकर भाई साहिब को भड़का आये और भाई साहिब चढ़ गये हम पर राशन लेकर।"

चुप रहा ताबिश कुछ क्षण। फिर बोला–

"दिनेश, तुमने जिस राह पर क़दम रखा है, ये काँटों भरा रास्ता है। तुम्हारा मक़सद अज़ीम है इसलिए काँटे भी तीखे होंगे।"

"मुझे पहले से ही मालूम था ताबिश कि ये सब होगा।

हमने जब वादिये-गुर्बत में क़दम रक्खा था,
दूर तक यादे-वतन आई थी समझाने को।"

"चलिए, तब क्या सोचना।"

अपनी बहन के घर पर ठहरा हुआ था ताबिश। उसका भानजा चाय-नाश्ता दे गया।

"पाकिस्तान में क्या हालात हैं?" पूछा दिनेश ने।

"पाकिस्तान के हालात बहुत ख़राब हैं दिनेश। जब से पाकिस्तान बना है, फौज और सियासतदानों के बीच जंग जारी है। फौज को जब भी मौक़ा मिलता है, सियासतदानों को उखाड़ फेंकती है और मुल्क पर क़ब्ज़ा कर लेती है। अस्ल में पाकिस्तान का तसव्वुर ही ग़लत था। मैं इसे डे-ड्रीमिंग कहता हूँ। ज़्यादातर मुसलमान तो न अपनी मर्ज़ी से पाकिस्तान गये, न जाना चाहते थे। मारकाट ऐसी मची पंजाब में कि मजबूरन जान बचाकर निकलना पड़ा उनको। जो अपनी मर्ज़ी से गये थे, उन्होंने एक सपना देखा था, खुद-मुख़्तार, निज़ामे-मुस्तफ़ा वाले इस्लामी पाकिस्तान का। ये सपना जल्दी ही टूट गया। न वहाँ इस्लामी निज़ाम बन पाया और न आम आदमी को कोई इज़्ज़त, कोई वक़ार मिल पाया।"

ध्यानपूर्वक सुन रहा था दिनेश।

"मैं तो ख़ैर 1958 में गया था। यहाँ नौकरी मिल गयी होती या इतने पैसे होते कि कोई ढब का कारोबार कर सकता, तो कभी न जाता। भूखा मर रहा था यहाँ। उधर से रिश्तेदार सब्ज़ बाग़ दिखा रहे थे। मुक़द्दर आज़माने के ख़्याल से चला गया। अल्लाह ने करम किया। जाते ही नौकरी मिल गयी। गुज़ारा चल निकला। सैंतालीस से अट्ठावन तक की फर्स्ट हैण्ड इन्फ़र्मेशन मेरे पास नहीं है लेकिन अट्ठावन से अब तक का ज़माना मेरी आँखों के सामने से गुज़रा है।"

"हूँ।" उसके विचार जानने की जिज्ञासा बनी हुई थी दिनेश की।

"पाकिस्तान का मिथ तो उसी दिन टूट गया था, जब जिन्ना साहिब को साइड लाइन कर दिया गया था पाकिस्तान बनते ही। उनकी बहन फ़ातिमा इलेक्शन हार गयीं। मुसलमान फिर से अपनी जड़ों की तरफ़ लौटने लगे। अब तुम देखो, अक्सर मुसलमान अपनी हिन्दू जातें लिख रहे हैं अपने नाम के साथ, टिवाणा, गिल, भट्ट,

सिद्धू, बराड़, भण्डारी वग़ैरा-वग़ैरा। शुरू से ही चार अलग-थलग टुकड़ों में बँटा हुआ था पाकिस्तान—बंगाल, पंजाब, सिन्ध और बलोचिस्तान। बंगाल तो ख़ैर बांग्ला देश बनकर निकल गया। रहे तीन टुकड़े, तो तीनों एक-दूसरे की जान के दुश्मन हैं। बलोचिस्तान वाले पहले दिन से ही पख़्तूनिस्तान की माँग कर रहे हैं। उन्होंने पाकिस्तान को अपना मुल्क समझा ही नहीं कभी। बाक़ी रहे दो, पंजाब और सिन्ध, तो जब कोई पंजाबी हुकूमत के तख़्त पर बैठता है, सिन्धी उसकी हुकूमत के ख़ात्मे की मुहिम छेड़ देते हैं और जब कोई सिन्धी तख़्त पर बैठता है, तब पंजाबी उसके लहू के प्यासे हो जाते हैं। ये रस्साकशी डे वन से जारी है। इसका फ़ायदा उठाती है फौज और कू करके तख़्त पर आ बैठती है।''

''मतलब ये कि क़ौमियत का तसव्वुर नहीं बन पाया पाकिस्तान में।'' और अधिक जानना चाहा दिनेश ने।

''क़ौमियत क्या होती है दिनेश? यहाँ राष्ट्रीयता है क्या हिन्दुस्तान में? है कोई माई का लाल जो अपने से पहले अपने मुल्क को जानता हो? है कोई ऐसा शख़्स जो अपने हर अमल को अंजाम देने से पहले, बक़ौल गाँधी, देश के ग़रीबतरीन आदमी का ख़्याल करके सोचता हो कि इससे उसे क्या फ़ायदा पहुँचेगा?''

दिनेश के प्रश्न के उत्तर में झड़ी लगा दी ताबिश ने प्रश्नों की।

''दरअस्ल हमारा क़ौमियत या राष्ट्रीयता का तसव्वुर किताबी तसव्वुर है। क़ुर्बानी का जज़्बा हमारे अन्दर नहीं है। बिना क़ुर्बानी के मुहब्बत हो ही नहीं सकती। यहाँ तो मामला ही दूसरा है। जो जितना आदर्शवादी बनता है, वो उतना ही ज़्यादा लूटता है मुल्क को। सियासी लोगों को ले लो, अफ़सरों को ले लो, मंत्रियों-संत्रियों को ले लो, किसी को देख लो, ये लोग जब किसी से दस हज़ार रुपया रिश्वत लेते हैं तो उसका पचास हज़ार का फ़ायदा करते हैं। बिना फ़ायदे के तो कोई लाकर नहीं देता नोट अल्ला वास्ते के। फ़ायदा कहाँ से पहुँचाते हैं उसको? मुल्क के एक्सचेकर में से। सड़क बनती है, ठेकेदार पत्थर कम डालता है, स्टॉक एन्ट्री ज़्यादा की करता है, अफ़सर वेरिफ़ाई कर देते हैं। घाटा किसे पड़ता है? मुल्क को ना। हिन्दुस्तान हो, पाकिस्तान हो, मसले एक-से हैं दोनों के। दोनों सियासत करते हैं अवाम को फ़जूल की बातों में उलझाकर रखने की ताकि उन्हें अपनी ग़रीबी, अपनी बेरोज़गारी, अपनी बदहाली नज़र न आये। बदहाली नज़र आएगी तो बग़ावत पर आमादा नहीं हो जाएँगे? पाकिस्तान के पास कश्मीर सबसे बढ़िया झुनझुना है, जिसे बजाते ही, इस्लाम के नाम पर, मुसलमान भाइयों के नाम पर, भीड़ जमा हो जाती है और सरकार उस भीड़ को एंटी-इंडिया चूरन बाँट देती है।''

''ये तो दोनों देशों को पता है कि जो हो गया, सो हो गया। अब न पाकिस्तान आज़ाद कश्मीर को छोड़ेगा, न हिन्दुस्तान जम्मू-कश्मीर को।'' दिनेश ने समर्थन किया ताबिश की बात का।

"मगर मुद्दा बनाना नहीं छोड़ेंगे दोनों क्योंकि अगर ये मुद्दा ख़त्म हो गया तो नया मुद्दा पैदा करना पड़ेगा। क्या भरोसा नया मुद्दा इतना कारगर साबित हो, न हो।"

"अवाम बेवक़ूफ़ बनते हैं।"

"अवाम का मतलब ही बेवक़ूफ़ है। कब नहीं बने थे अवाम बेवक़ूफ? पहले राजे-महाराजे बनाते थे उनको बेवक़ूफ़ थे समझाकर कि हम ज़िल्ले-इलाही हैं, देवानाम्प्रिय हैं। फिर पण्डितों ने बेवक़ूफ़ बनाया कि सब पिछले जन्मों के कर्मों का फल है। मतलब, ज़बान मत खोलो निज़ाम के ख़िलाफ़, पिछले कर्मों का फल समझकर झेलते रहो। मौलवियों ने बेवक़ूफ़ बनाया, यहाँ सब कुछ छोड़ दो, अल्ला दे देगा सब कुछ वहाँ। लीडरों ने बेवक़ूफ़ बनाया, तुम हमें ख़ून दो, हम तुम्हें आज़ादी देंगे। मिली क्या आज़ादी? राजे-महाराजों की जगह मंत्री-संत्री बैठ गये तख़्त पर। अवाम पहले राजों-महाराजों को सलाम करते थे, अब एम.एल.एज़, एम.पीज़ को कर रहे हैं।"

एक क्षण चुप रहकर ताबिश ने कहा—

"वोटों की सियासत हो रही है, इधर भी, उधर भी। वोटर अवाम है, बेवक़ूफ़ बनने का शौक़ीन, बेवक़ूफ़ बनने का आदी। इधर क्या हो रहा है? मालेरकोटला जैसे ग़रीब शहर को ओढ़ाई जा रही है फ़िर्क़ापरस्ती की चादर। तुम देख ही रहे हो, कितनी तब्दीली आ चुकी है यहाँ के लोगों की सोच में। कहाँ बाक़ी है वो पहले-सी रवादारी, पहले-सी मुहब्बत, पहले-सी हम-आहंगी?"

"इसीलिए तो हम उतरे हैं मैदान में कि कम-से-कम मालेरकोटला को तो सियासत का शिकार होने से बचा लें।"

"ये अलग बात है। अल्ला तुम्हें कामयाब करे। लेकिन इस हक़ीक़त से तुम इनकार नहीं करते ना कि हालात इतने बदल चुके हैं कि यहाँ की रिवायती रवादारी को ज़िन्दा रखने के लिए जिहाद छेड़ने की ज़रूरत है?"

"ताबिश, इस मसले पर बहुत गहराई से सोचा है मैंने। सैंतालीस में जब मुस्लिम आबादी की गिनती के हिसाब से पाकिस्तान बनाया गया था, उस वक़्त हिन्दुस्तान को इसे ब-यकज़बान रद्द करना चाहिए था। बल्कि उससे पहले, जब मुसलमानों को रिज़र्वेशन दिया गया था, तभी मना कर देना चाहिए था मुसलमानों को कि हम बाक़ी हिन्दुस्तानियों से अलग होकर नहीं रहेंगे।"

"मगर मुस्लिम लीग तो पाकिस्तान माँग रही थी।"

"तो इस सूरत में हिन्दुस्तान के एक-एक मुसलमान को निकालकर पाकिस्तान भेज देना चाहिए था और हिन्दुस्तान को हिन्दू मुल्क डिक्लेयर कर देना चाहिए था।"

हैरान नहीं हुआ ताबिश दिनेश की बात पर बल्कि उससे सहमत हुआ,—

"सही है।"

''मगर उस वक़्त हमने कहा कि हम हिन्दू-राष्ट्र नहीं बनाएँगे, सेक्यूलर रहेंगे। ग़ैर-हिन्दुओं को भी वो तमाम हुक़ूक़ देंगे, जो हिन्दुओं को मिलेंगे। सेक्यूलर रहना हमारी मजबूरी नहीं थी, हमारी च्वायस थी, हमारी पसन्द थी। हमने अपने आईन को सेक्यूलर लाइन्स पर ड्रा कर लिया। पाकिस्तान में भी रह गये थे बहुत-से हिन्दू। अभी भी हैं। सिन्ध में तो ख़ासी बड़ी तादाद में हैं। लेकिन उनको पता था कि वो पाकिस्तान में दो नम्बर के शहरी बनकर रहेंगे और इसके लिए उन्होंने ख़ुद को ज़हनी तौर पर तैयार कर लिया था। इधर के मुसलमान के साथ जब दो नम्बर के शहरी का सुलूक किया जाने लगा तो ये राज़ खुला कि हमारे सेक्यूलरिज़्म के दावे, हमारा सेक्यूलर आईन, अपनी जगह, लेकिन हम सोचते उसी तरह से हैं, जिस तरह से पाकिस्तान के लोग सोचते हैं। अमलन हम भारत सरकार से ये चाहते हैं कि वो हिन्दू के मफ़ाद को दूसरे तमाम लोगों के मफ़ाद पर तरजीह दे। ग़ैर-हिन्दुओं के साथ हमारा अपना सुलूक भी ऐसा ही है जैसे वो हमारे ग़ुलाम हैं।''

ध्यान से सुन रहा था ताबिश।

''मैं कहता हूँ जो हो चुका, हो चुका। उसको तुम बदल नहीं सकते। तुम नया इतिहास लिख सकते हो, पुराने को बदलकर नया नहीं बना सकते। हिस्ट्री कैन वी क्रियेटिड, कांट बी अन-डन। जब तुमने फ़ैसला कर लिया कि तुम्हारा देश सेक्यूलर होगा तो अब उससे फ़रार की राह तलाश करना ग़ैर-अख़्लाक़ी है। लगाना ही होगा अट्ठारह करोड़ मुसलमानों को गले से और खपाना होगा उनको इस तरह से अपने अन्दर कि मजमूई तौर पर हम एक क़ौम बनें, एक क़ौम नज़र आएँ।"

''दुआ ही कर सकता हूँ कि तुम अपने मक़सद में कामयाब होवो।''

''सिर्फ़ दुआ मत करो ताबिश। उधर जाकर यही काम करो, जो मैं यहाँ कर रहा हूँ।

रहबरों ने ज़मीं बाँट ली है तो क्या लोग भी बट गये हैं तो क्या हो गया।
मस्जिदें बे-अज़ाँ होने देंगे न हम तुम जलाओ वहाँ आरती का दिया।।"

"मगर मेरे जैसे आम आदमी के इख़्तियार में क्या है?"

''मैं कौन-सा ख़ास आदमी हूँ यहाँ? मैंने भी तो सिर से कफ़न बाँधा है एक अज़्म के लिये और तुम देख रहे हो कि हम-ख़्याल लोग मैदान में निकल रहे हैं। तुम बात तो शुरू करो वहाँ एकता की, यूनिटी की, हिन्दू-मुस्लिम ब्रदरहुड की। बात में दम होगा तो हवा के कन्धों पर उड़कर जा पहुँचेगी हरेक कान तक और उतरने लगेगी लोगों के दिलों में।''

''अच्छा देखूँगा, क्या किया जा सकता है इस सिलसिले में।'' स्पष्ट नहीं था ताबिश अभी कि क्या किया जाना चाहिए या उसके वश में क्या है, कितना है।

"तुमने पर्सनली कैसा महसूस किया पाकिस्तान में?" दिनेश अनुभव कर रहा था कि राजनीति पर बहुत बात हो चुकी, अब कुछ अपनी बात करनी चाहिए।

"कुछ भी नहीं। तुमने क्या महसूस किया था चण्डीगढ़ जाकर? यही ना कि आबो-दाने की तलाश में घर छोड़कर निकले हैं, आबो-दाना चुनकर घर लौट आएँगे। मैं भी लाहौर में रहकर ऐसा ही महसूस करता रहा हूँ। आज भी कर रहा हूँ।"

"मगर तुम यह भूल रहे हो कि मेरी चण्डीगढ़ से मालेरकोटला वापसी में कुछ दुश्वारी नहीं थी। लाहौर और मालेरकोटला के बीच में इंटरनेशनल बार्डर है।"

"दिनेश, मैं नजूमी तो नहीं हूँ लेकिन इतना जानता हूँ कि ये आर्टिफ़िशल हदबन्दियाँ ज़्यादा दिन चलने वाली नहीं हैं। हमारी ज़िन्दगी में ही ख़त्म हो जाएँगी। अगर इनके पूरी तरह ख़त्म होने में वक़्त भी लगा तो भी हिन्दुस्तान और पाकिस्तान के अवाम का एक मुल्क से दूसरे मुल्क जाना यक़ीनन इतना आसान हो जाएगा जितना लाहौर से मुल्तान या दिल्ली से आगरा जाना।"

"अच्छी ख़ुशफ़हमी में हो। आमीन तो दिल से कह रहा हूँ तुम्हारी बात पर लेकिन इसकी उम्मीद अपनी ज़िन्दगी में तो नहीं करनी चाहिए हमें। हाँ, हमारी औलाद को शायद नसीब हो जाए ये शुभ घड़ी। .....रिटायर कब हो रहे हो?"

"जब मालिक रिटायर करेंगे।"

"क्या मतलब?"

"मियाँ, मैं एक प्राइवेट कम्पनी में काम करता हूँ। जब तक उनको मेरे काम से फ़ायदा पहुँच रहा है, वो मुझे क्यों रिटायर करेंगे। जब मेरी सेहत या मेरा दिमाग़ जवाब दे देगा, वो नौकरी से भी जवाब दे देंगे।"

"तब तो अच्छा है। रिटायरमेंट के बाद ख़ाली बैठे करोगे भी क्या वहाँ।"

"बच्चे तो ज़िद करते हैं कि अब्बू छोड़िए नौकरी अब, बहुत कर ली। हमें भी ख़िदमत का मौक़ा दीजिए। मगर मैं समझता हूँ जब तक आदमी के हाथ-पाँव चलते हों, उसे किसी पर बोझ नहीं बनना चाहिए। हालाँकि बच्चे बड़े सआदतमन्द हैं लेकिन मैं दुआ करता हूँ कि मोला! किसी का मोहताज बनाने से पहले ही बुलावा भेज देना।"

तब बातें शुरू हुईं बच्चों की। दोनों से विस्तारपूर्वक पिछले चालीस साल का व्यक्तिगत जीवन साँझा किया एक-दूसरे के साथ।

दोपहर का खाना ताबिश के साथ ही खाया दिनेश ने। थोड़ी देर बहन के घर पर ही लेटकर आराम कर लिया दोनों ने। लेटे-लेटे इधर-उधर की बातें करते रहे। बचपन-लड़कपन के दिनों को याद करके मज़े लेते रहे। बातें थीं कि समाप्त होने में ही नहीं आ रही थीं।

शाम हुई तो ताबिश ने कहा, "चलो दिनेश, बुज़ुर्गों से मिल आएँ एक बार।"

इसका अर्थ समझता था दिनेश। लड़कपन में सप्ताह-दो सप्ताह में एक बार

उन दोनों में से कोई एक यह वाक्य बोला करता था, जिसका अर्थ होता था कि आज शाम की सैर में वे क़ब्रिस्तान तथा श्मशान भूमि जाएँगे। शार्ट कट से, पहले श्मशान भूमि जाते थे, जहाँ दोनों मिलकर दिनेश के पूर्वजों की समाधियों को झाड़ते-बुहारते थे और फिर वहाँ धूप-अगरबत्ती जलाकर प्रणाम करते थे। उसके बाद दोनों क़ब्रिस्तान जाते थे, जहाँ ताबिश के पूर्वजों की क़ब्रों पर खड़े होकर फ़ातिहा पढ़ते थे।

"अभी तक तुम गये नहीं क़ब्रिस्तान?"

"जी तो कई बार चाहा मगर मैं अपनी चाहत पर क़ाबू पाता रहा कि जिस दिन तुम हाथ लगोगे, उसी दिन जाऊँगा।"

"तो चलो।" दिनेश तैयार ही था जाने के लिए।

दोनों मित्रों ने, हमेशा की तरह, पहले श्मशान भूमि जाकर दिनेश के पूर्वजों की समाधियों पर झाड़ू-बुहारी की, धूप-अगरबत्ती जलाई, प्रणाम किया और फिर क़ब्रिस्तान जाकर ताबिश के बुज़ुर्गों की क़ब्रों पर फ़ातिहा पढ़ी। फ़ातिहा पढ़ते-पढ़ते आँखें छलछला गयीं ताबिश की। दिनेश ने उसे अपनी ओर खींचकर बाज़ू में ले लिया। मित्रता का स्निग्ध स्पर्श पाते ही बाँध टूट गया जैसे अश्रुओं का। फूट-फूटकर रो दिया ताबिश। दिनेश की आँखें भी सजल हो गयीं।

दिनेश के बाज़ू का सहारा लेकर एक पक्की क़ब्र पर बैठ गया ताबिश। दिनेश को विदित था यह उसके पिता की क़ब्र थी।

"चलें?" दिनेश ने चाहा कि अब यहाँ से चलें ताकि ताबिश भावुकता के अश्रु-जगत् से बाहर निकले।

"रुको यार, थोड़ी देर अब्बा की गोद में बैठ लेने दो। क्या मालूम ज़िन्दगी दोबारा यह मौक़ा दे या न दे।"

"तुम तो रिटायर होकर यहीं आ रहे थे।" दिनेश ने चुटकी ली।

"हज़ारों ख़्वाहिशें ऐसी कि हर ख़्वाहिश पे दम निकले। मुझे लगता है हसरत ही रह जाएगी मेरी कि मेरी हड्डियाँ मेरे बुज़ुर्गों की हड्डियों में मिलतीं ज़ेरे-ज़मीन।"

क़ब्रिस्तान से निकलकर वे दोनों दिनेश के यहाँ चले गये। ताबिश को रजनी से भी मिलना था। रजनी ने ज़िद की कि डिनर किये बग़ैर वह उसे नहीं जाने देगी। रुकना ही पड़ा ताबिश को।

शाम ढल चुकी थी। बाहर मौसम ख़ुशगवार हो गया था। लॉन में कुर्सियाँ डालकर बैठ गये तीनों।

"अब आपके बच्चे सैटल हो गये हैं, यहीं रह जाइए आप।" रजनी ने अपनेपन से कहा।

"काश, रह सकता भाभी जान, काश!"

"तो हमें ले चलो लाहौर।" दिनेश ने मशवरा दिया।

"बिस्मिल्ला, चलो बाँधो सामान भाभी।"

"आपके घर से हमें हरकतुलइस्लाम वाले उठाकर ले गये तो?" रजनी ने मज़ाक़ किया।

"लाहौल विला...कैसे ले जाएँगे? हम उनको बता देंगे दिनेश साहिब उनसे बेहतर मुसलमान हैं।"

"मज़हब बदलकर पाकिस्तान जाने वाले नहीं हम ताबिश, ख़ातिर जमा रखो।"

"सॉरी यार, मेरा ये मतलब नहीं था।"

"मतलब-अतलब सब समझते हैं हम। तभी तो हम मुसलमानों को म्लेच्छ कहते हैं।" दिनेश भी मज़ा लेने लगा।

"हम भी तुम्हें काफ़िर से ऊपर का दर्जा नहीं देते।" जवाबी हमला किया ताबिश ने।

"ये म्लेच्छ-काफ़िर कहाँ से आ गये बीच में?" रजनी को डर-सा लगा कि कहीं बात ग़लत मोड़ ही न ले ले।

"अरे भाभी जान! आप शायद डर गयी हैं। हमारा तो ये पुराना हिसाब-किताब है, यूँ ही चलता आया है, यूँ ही चलता रहेगा।" ताबिश ने आश्वस्त किया रजनी को।

"वैसे ताबिश, तुम दोनों मुल्कों के हो। यहाँ के पैदा हुए, पले-बढ़े हो, उधर जाकर बस गये हो। एक बात बताओ, इस्लाम के एंगिल से क्या फ़र्क है यहाँ और वहाँ में?'' दिनेश ने बात को और ही तरफ़ मोड़ते हुए पूछा।

"मुख़्तसर ये कि हिन्दुस्तान में मुसलमान का ईमान महफ़ूज़ है, पाकिस्तान में उसकी जान महफ़ूज़ है।" ताबिश ने जवाब दिया।

"मतलब, हिन्दुस्तान में मुसलमान की जान महफ़ूज़ नहीं है।"

"मैंने लातीनी तो नहीं बोली, सीधी-सादी उर्दू बोली है।" अपने बयान को विस्तार देने के मूड में नहीं था ताबिश।

"चलो, मान लेते हैं, मगर पाकिस्तान में उसके ईमान को क्या हुआ?"

"जब एक ही मज़हब के मानने वाले रहते हैं किसी मुल्क़ में तो उनकी मज़हबियत कमज़ोर पड़ जाती है। तीस फ़ीसद मुसलमान ऐसे हैं वहाँ, जो ईद तक की नमाज़ नहीं पढ़ते, रोज़े-नमाज़ की पाबन्दी तो दरकिनार। बुर्क़े का हाल ही देख लो। वहाँ की औरतें कहती हैं कि जब तक पाकिस्तान नहीं बना था तब तक तो काफ़िरों से पर्दा लाज़िम था, अब अपने भाइयों से पर्दा क्यों करें।"

"वाक़ई?" विस्मयकारक जानकारी दे रहा था ताबिश पाकिस्तान के बारे में।

"दूसरी बात।" बयान जारी था ताबिश का।

"जब पाबन्दियाँ बढ़ा दी जाती हैं तो आदमी फ़ितरतन बग़ावत पर आमादा हो जाता है। पाकिस्तान में शराब बेचने की इजाज़त नहीं है मगर हिन्दुस्तान से इतनी

शराब स्मगल होती है कि पूछो मत। तुम शायद हैरान हो रहे हो मेरी बात पर। चलो, तुम्हें बेइन्तिहा चौंका दूँ....”

आँखों पर से चश्मा उतारकर साफ़ किया ताबिश ने और बोला,

“मेरा एक दोस्त है वहाँ पर। बहुत अज़ीज़ दोस्त है। मैं इधर आ रहा था तो मैंने पूछा क्या लाऊँ तुम्हारे लिये हिन्दुस्तान से? मालूम है उसने क्या जवाब दिया? ...बोला, वो चीज़ लाना जो यहाँ नहीं मिलती। मैंने पूछा ऐसा क्या है हिन्दुस्तान में जो पाकिस्तान में नहीं मिलता? जवाब मिला सॉसेजिज़ और सोलन नम्बर वन।”

“क्या?” सचमुच चौंक गया दिनेश।

“जी। हक़ीक़तें अफ़सानों से ज़्यादा दिलचस्प होती हैं।” ताबिश बोला।

“लेकिन वहाँ के रेडियो-टी.वी. तो रात-दिन इस्लाम उगलते हैं।”

“वो अलग बात है। मैंने आपको ग्राउन्ड रियेल्टी बताई है।”

“अल्लाह रहम करे पाकिस्तानियों पर।” दिनेश ने गहरी साँस भरकर कहा।

“दुआ ही माँग रहे हो तो दोनों के लिये माँग लो। इधर भी धर्म की हालत कुछ बहुत बेहतर नहीं है।”

देर तक चलती रही उनकी बातचीत। इस बीच में रजनी कई बार उठकर थोड़ी-थोड़ी देर के लिये किचन में जाती रही। उसने जल्दी से दो सब्ज़ियाँ और एक दाल पका दी। सलाद काटकर प्लेट में सजा दिया। और अब उसने अन्दर से ही आवाज़ दी–

“खाना लगा दिया है।”

बातें करते-करते ही वे खाने की मेज़ पर आये। खाने की मेज़ पर बैठते ही दिनेश ने दिनभर की बातचीत का समाहार प्रस्तुत करते हुए कहा–

“हालात जो भी हों पाकिस्तान में या हिन्दुस्तान में, मैं तुमसे सौ फ़ीसदी मुत्तफ़िक हूँ कि आर्टिफिशल बार्डर एक ही क़ौम को बाँटकर रखने में न कभी कामयाब हुए हैं, न होंगे। पाकिस्तानी और हिन्दुस्तानी एक ही बाप-दादा की औलाद हैं। उनकी ज़बान एक है, पहरावा एक है, खाना-पीना एक है, रस्मो-रिवाज एक हैं। कोरिया में क्या हुआ है, जर्मनी में क्या हुआ है? तुम देख लेना हिन्दुस्तान और पाकिस्तान भी एक होकर रहेंगे एक दिन। बस देखना ये है कि वो तारीख़साज़ दिन हमारी ज़िन्दगी में आता है या हमारे बाद आता है।”

“आमीन। सुम्मामीन।” ताबिश ने अदृश्य प्रभु से प्रार्थना की कि ऐसा ही हो।

“तथास्तु।” रजनी ने कहा और खाना शुरू हो गया।

खाने के बाद दिनेश और रजनी सड़क तक पहुँचाने आये ताबिश को। वहाँ से वह रिक्शा में बैठा और कमानगराँ को चला गया।

लौटकर रजनी ने बताया–

“दिन में तीन-चार बार आबिद अली ख़ाँ का फ़ोन आया था लेकिन तुम

क्योंकि मना कर गये थे बताने से इसलिए हर बार यही कह दिया कि मालूम नहीं तुम कहाँ गये हुए हो, कब तक लौटोगे। वह कह रहे थे कि आएँ तो बात करा देना।"

"तो अब याद आया है आपको?"

"ताबिश भाई के लिए खाना बनाने में स्लिप कर गया दिमाग़ से।"

"चलो, देखते हैं अगर सो न गये हों।"

फ़ोन मिलाया दिनेश ने। स्वयं आबिद अली ही थे फ़ोन पर।

"पाकिस्तान चला गया था एक दिन के लिए। अभी लौटा हूँ।"

"क्या मतलब?"

"मतलब ये कि सारा दिन अहमद ताबिश के साथ पाकिस्तान के हालाते-हाज़िरा पर तब्सरा होता रहा।"

"हमें भी शामिल कर लेते तब्सरे में।"

"इंटेलेक्चुअल क़िस्म की बातचीत थी, उसमें कम-इल्म लोगों को शामिल नहीं किया जा सकता था।"

ज़ोर से हँसे आबिद अली फ़ोन पर।

"हाँ, तुमने फ़ोन किया था?" पूछा दिनेश ने।

"मैं तो जनाब की ख़ैरियत ही मालूम करना चाहता था।"

"बहुत शुक्रिया कि आप इस क़दर ख़्याल फर्माते हैं।"

फ़ोन रखते ही फिर घण्टी बजी। इस बार शहबाज़ का फ़ोन था।

"हाँ शहबाज़ साहिब, कहिए।"

"मुझे तो ये अर्ज़ करना है कि दूसरा पोस्टर तैयार है। आज तुम देख लेते तो शाम तक लग गया होता मगर तुम दिन भर ग़ायब ही रहे।"

"सॉरी यार, कल लगवा देंगे। आज मैं दिन भर कहीं दूसरी जगह मसरूफ़ रहा। हिमायत से कहना सुबह स्कूल जाते हुआ देता जाए। कोई ग़लती न हुई तो कल शाम को लगवा देंगे।"

"ठीक है। शब बख़ैर।"

"खुदा हाफ़िज़।"

"कुछ दिन रुककर लगाओ अगला पोस्टर। अभी पहले से पैदा हुई तल्ख़ी ठण्डी नहीं पड़ी।" रजनी ने कहा।

"तल्ख़ी? कैसी तल्ख़ी?"

"भाई साहिब और तुम्हारे बीच की तल्ख़ी।" रजनी ने बात को स्पष्ट किया।

"वो, वो होती रहे। समाज की थोड़ा सोच रहे हैं भाई साहिब, उनको तो अपने बच्चों के बिज़नेस की चिन्ता लगी है कि मेरे पोस्टर पढ़कर शायद शहर के हिन्दू उनकी दूकान से हार्ड वेयर ख़रीदना बन्द कर देंगे। मैं कोई गाली दे रहा हूँ हिन्दुओं

को या मुसलमानों की वकालत कर रहा हूँ? मैं हिन्दू नहीं हूँ क्या? कम-से-कम भाई साहिब से बेहतर हिन्दू तो हूँ ही।"

"तब भी, मामला ज़रा ठण्डा पड़ जाने दो ना।" रजनी नहीं चाहती थी कि भाइयों के बीच तकरार और बढ़े।

"कम ऑन पार्टनर। हमारा उनका रास्ता अलग है। भाई साहिब जी रहे हैं अपने लिये। मैं जीने की कोशिश कर रहा हूँ दूसरों के लिये। बिगड़ते हैं, बिगड़ा करें। ज़्यादा से ज़्यादा यही कह देंगे ना भारती जैसों से कि दिमाग़ ख़राब हो गया है दिनेश का, किसी की सुनता ही नहीं। तो कह लें।"

"चलिए, कपड़े बदलिए। सुबह को सोचेंगे।"

"चलिए जनाब।"

सुबह को सोचना क्या था। सात बजे गेंदू ने आ घण्टी बजाई। तीन-चार लड़के थे उसके साथ में।

"आओ गेंदू बेटा, कैसे आना हुआ?"

"अंकल, ये मेरे फ्रेण्ड्स हैं मिंटू, सोनू, विक्की, जौली। हमें विरासत का मैम्बर बनना है।"

"वेलकम। ज़रूर बनो। मगर तुम्हें पता है कि विरासत का उद्देश्य क्या है?"

"अंकल, शायद आपको लगता होगा कि मेरे जैसा आदमी, जिसके फ़ादर की शॉप जला दी हो मुसलमानों ने, यूनिटी मूवमेंट में आने को ईगर कैसे हो सकता है लेकिन अंकल, मुझे मालूम है कि हमारी दूकान मुसलमानों ने नहीं जलाई थी, गुण्डों ने जलाई थी। गुण्डों का कोई रिलीजन नहीं होता। गुण्डे गुण्डे ही होते हैं। उनका रिलीजन होता है गुण्डागर्दी। हम पाँचों फ्रेण्ड्स कई दिन से आपस में डिस्कस कर रहे थे। कल रात हमने फैसला किया है कि हम इस शहर में से कम्यूनल डिस-हार्मनी को ख़त्म करके रहेंगे।"

"वैरी गुड।"

अल्मारी में से निकालकर मैंबरशिप फ़ार्म दिये दिनेश ने उनको। उन्होंने वहीं बैठकर फ़ार्म भरे और सौ-सौ रुपया फ़ार्म पर रखकर दिनेश को दे दिया।

दिनेश ने फ़ार्म रख लिए और पैसे उनको लौटाते हुए कहा—

"पैसे अपने पापा को देना। रसीद वही जारी करते हैं।"

"आप ही दीजिए उनको ना अंकल। हम कल आपसे रसीद कुलेक्ट कर लेंगे।"

"ठीक है, हमसे ले जाना।"

बच्चों ने आकर ऐसा उत्साह बढ़ाया दिनेश का कि उसने दोबारा सोचना ही नहीं चाहा अगले पोस्टर को स्थगित करने के बारे में।

हिमायत अली शाह पोस्टर दे गया। रजनी और दिनेश ने ध्यान से पढ़ा

एक-एक शब्द। कोई त्रुटि नहीं थी। फ़ोन कर दिया दिनेश ने शहबाज़ को कि किसी को भेजकर पोस्टर मँगा ले और शाम को दोनों चौकों में चिपका दे।

दिनेश ने पोस्टर में लिखा था—

भारतीयकरण के नाम पर मुसलमानों के भारतीयकरण या राष्ट्रीयकरण की बातें बहुत हो चुकी हैं। अनेक प्रश्नों के उत्तर में यह भी कहा जा चुका है कि अभी बहुत से हिन्दुओं का भारतीयकरण करना भी बाकी है। मुझे लगता है कि लोग दवा की पर्ची तो लिये फिर रहे हैं, बीमारी की जड़ पकड़ने का प्रयास कोइ नहीं कर रहा है।

आख़िर भारत के मुसलमान अविश्वास के पात्र क्यों बने हैं? उन्हें अभारतीय क्यों समझा जाता है? यह कोई तर्क नहीं कि उनके आराध्य स्थल अरब में हैं इसलिए उनको भारत से स्नेह नहीं है। यदि ऐसा है तो जापान और तिब्बत जैसे बुद्ध धर्म को मानने वाले देशों का सबसे बड़ा तीर्थस्थल भारत है। क्या वहाँ के अबौद्ध उनको सन्देह की दृष्टि से देखते हैं? उनके राष्ट्रीयकरण की बात करते हैं? यदि बुद्ध ने भी अपने उपदेशों में भारत-यात्रा को बौद्धों के लिए अनिवार्य घोषित कर दिया होता तो चीन और श्रीलंका जैसे देशों से हर साल लाखों लोग इसी प्रकार भारत आ रहे होते, जिस प्रकार मुसलमान हज के लिए मक्का जाते हैं।

हम भारत के मुसलमानों को पाकिस्तान से जोड़कर तो देखते हैं लेकिन विभाजन की परिस्थितियों पर ध्यान नहीं देते। मुसलमानों ने पाकिस्तान की माँग अवश्य की थी लेकिन क्या इसी से उनको पाकिस्तान मिल गया? पंजाब के सिख वर्षों-वर्षों पंजाबी सूबे की माँग करते रहे लेकिन पंजाबी सूबा तब बना जब हरियाणा के हिन्दुओं ने अपना अलग प्रान्त बनाना चाहा। मैं यहाँ इस विवाद में न पड़ते हुए कि विभाजन के लिए उत्तरदायी कौन है, एक स्थिति स्पष्ट करना चाहता हूँ। मान लीजिए आपका बेटा रंगून में रहता है। बर्मा और चीन में युद्ध छिड़ जाता है। रंगून पर बमबारी हो रही है। आप बेहद चिन्तित हैं। क्या इससे आपको चीन-विरोधी और बर्मा-समर्थक मान लिया जाए? यहाँ आपके लिए किसी देश का हित-अहित महत्त्वपूर्ण नहीं है, अपने बेटे की सुरक्षा महत्त्वपूर्ण है। इसी प्रकार जब भारत-पाक युद्ध होता है और लाहौर या कसूर पर बम गिरते हैं तो भारत के कतिपय मुसलमान इसलिए चिन्तित हो उठते हैं क्योंकि उनके निकट सम्बन्धी वहाँ रह रहे हैं।

मैं समझता हूँ सारा दोष मुसलमानों के सिर लगाना बड़ा भारी अन्याय है। हम हिन्दुओं को अपनी भूलों को भी ध्यान में रखना चाहिए। हमें भी सोचना चाहिए कि जब शक, हूण, यहूदी, यूनानी सब हमारे भीतर खप गये हैं तो हम मुसलमानों को क्यों नहीं खपा सके हैं। वर्तमान भारत के मुसलमानों में बहुसंख्या उनकी है जो औरंगज़ेब के राज्यकाल में हिन्दुओं से मुसलमान बने थे। विचारणीय यह है कि क्या केवल भय के कारण ही उन्होंने इस्लाम को स्वीकार किया था? गिनकर देखें, इनमें

उच्च जातियों के कितने लोग हैं। शायद नब्बे प्रतिशत का सम्बन्ध निम्न जातियों से है। ये नब्बे प्रतिशत राज्य-भय के अधीन धर्म-परिवर्तन की ओर आकृष्ट नहीं हुए थे, हमारे व्यवहार से दुखी होकर समतावादी मुस्लिम समाज में चले गये थे। जिन लोगों ने राज्य-भय के कारण धर्म-परिवर्तन किया था, वे आतंक का शिकार होने के कारण हमारी घृणा के नहीं, संवेदना के पात्र हैं। उनको ही औरंगज़ेब की सन्तान मानकर उनसे औरंगज़ेब के अत्याचारों का बदला लेना कहाँ तक तर्कपूर्ण और न्यायसंगत है?

मैं मुसलमानों के धैर्य की प्रशंसा करता हूँ कि हमारे द्वारा अछूत समझे जाने के बावजूद वे भारतीय समाज का अंग बने हुए हैं। उन्होंने हमारी 'हिन्दू पानी', 'मुसलमान पानी' की व्यवस्था को चुपचाप सहन किया। ईद-शबरात पर हिन्दुओं से मिठाई खरीदकर हिन्दुओं के हाथ हमारे घर भेजते रहे। हमने उनका छुआ पानी तक नहीं पिया। वे इसे झेलते रहे।

समय या गया है कि हम अपनी भूलों को देखें। अनर्गल पूर्वाग्रहों से अपने को मुक्त करें। धर्म को भाषाओं, समुदायों, क्षेत्रों से जोड़कर देखना बन्द करें। ऐतिहासिक भूलों के पश्चात्ताप में नये भारत के निर्माण का संकल्प लेकर खुले मन से मुसलमानों को अकुलष स्नेह दें ताकि समस्त भारत अपनी सम्प्रदायगत पहचान के टुकड़ों में विशृंखलित दिखाई देने के स्थान पर अपनी राष्ट्रीय पहचान स्थापित करे।

औरों के अपराध जाँचना कठिन नहीं है लेकिन,
अद्ल-पसन्दो आदिल होकर अपना आप न बख़्शो।

दिनेश ने इस पोस्टर को शीर्षक दिया—'अपने दोष भी देखिए।' मज़मून का अन्त उसने इन शब्दों से किया—

मेरी आपसे करबद्ध प्रार्थना है कि आइए, हम मालेरकोटला से एक नयी सोच, नये सामाजिक दर्शन, नयी जीवन-दृष्टि का शुभारम्भ करें। आइए संकल्प लें कि हम हिन्दू-मुसलमान के अन्तर को मिटा देंगे। अपने-अपने धर्म का पालन करते हुए दोनों समुदाय ऐसे मोहपाश में बँधेंगे कि सारा भारत हम पर रश्क करेगा, हमारा अनुकरण करने को लालायित होगा।

शाम को पोस्टर चिपक गया दोनों जगहों पर। आठ बजे शहबाज़ का फ़ोन आया कि लोग अश-अश कर रहे हैं। उसके बाद गिरीश का फ़ोन आया कि विरासत की जय-जयकार हो रही है। गेंदू का फ़ोन आया, 'अंकल सुपर्ब लिखा है आपने।' आबिद अली ख़ाँ का फ़ोन आया कि बारादरी में पोस्टर के ख़ूब चर्चे हैं और लोग तारीफ़ी कल्मात पढ़ रहे हैं।

अच्छा लगा दिनेश को यह सब। सन्तुष्ट हुआ कि बात अपना काम कर रही है सही दिशा में । मालेरकोटला उसकी छोटी-सी प्रयोगशाला था। यदि उसका

परीक्षण सफल रहता है यहाँ, तो वह इस अभियान को देश के दूसरे भागों में ले जाएगा। जहाँ-जहाँ भी उसके परिचय के लोग थे दूसरे राज्यों में, वह उनको पोस्टर्स की फ़ोटो-कॉपी भेज रहा था। प्रतिक्रिया भी मिल रही थी लगातार। सुझाव भी मिल रहे थे। सहयोग का आश्वासन भी मिल रहा था।

इधर भाई साहिब का क्रोध थोड़ा और बढ़ गया था कि दिनेश ने उनके मना करने के बावजूद एक और पोस्टर लिख डाला था।

अंजुमने-इस्लाम के शब्बीर अहमद, अलू-हिलाल के मरग़ूब अहमद, मुस्लिम मजलिस के मुहम्मद रफ़ी, मुस्लिम वेलफेयर सोसाइटी के अहमद परवेज़ बहुत नाराज़ थे इन पोस्टरों से।

भाजपा के प्रेम प्रकाश भारती, विश्व हिन्दू परिषद् के नित्यानन्द शर्मा, बजरंग दल के मदन मोहन, जन जागृति मंच के नीरज शर्मा आन्दोलित हो रहे थे कि किसी तरह यह सिलसिला बन्द हो।

इनमें से कुछ लोग स्थानीय विधायक के पास गये। उसे समझाया कि चुनाव आने तक प्रोफ़ेसर इतना असर-रुसूख़ पैदा कर लेगा कि हो सकता है ख़ुद ही मैदान में कूद पड़े। विधायक को मालूम था कि दिनेश राजनीति में नहीं पड़ेगा। यह अनुमान उसने लगा लिया था कि भारी संख्या में वोटरों को प्रभावित करने की स्थिति में अवश्य होगा वह आने वाले दिनों में। इसलिए वह कई बार शहबाज़ शाह से कह चुका था कि उसको दिनेश के घर ले चले किसी दिन ताकि वह विरासत की सफलता पर उन्हें बधाई दे सके।

भाजपा के चरणजीत और विश्व हिन्दू परिषद् के कुलपति स्वामी कई बार कई योजनाओं पर विचार कर चुके थे कि हिन्दुत्व के उत्थानार्थ दिनेश की प्रतिभा का प्रयोग कैसे किया जाए। वे भारती और नीरज शर्मा की कटु आलोचना की नीति के पक्षधर नहीं थे। उनकी योजना दिनेश को पूरा स्नेह, मान-सम्मान देकर अपने पाले में आ खड़ा करने की थी। अलग-अलग दोनों कई बार मिल चुके थे दिनेश से। गिरीश पर भी काम कर रहे थे वे साथ ही साथ।

प्रेम प्रकाश भारती जब दिनेश के भाई साहिब के माध्यम से भी दिनेश को पोस्टर लिखने से रोकने में असमर्थ रहे तो उन्होंने एक षड्यन्त्र रचा। स्थानीय एस. एच.ओ. को पैसे देकर उन्होंने दिनेश को किसी केस में उलझाने पर राज़ी कर लिया उसे। एस.एच.ओ. ने दो सिपाही भेजकर दिनेश को थाने में बुलाया। दिनेश ने सिपाहियों को सम्मानपूर्वक ड्राइंग रूम में बिठाया, उनके लिये चाय भेजी और एस. डी.एम. को फ़ोन करके पूछा कि उसे क्या करना है। एस.डी.एम. जगतार सिंह उसका पुरानी विद्यार्थी था। बोला,–

"सर, आप सिपाहियों को बाहर वेट करने के लिये बोलिए। मैं अभी आपको फ़ोन करता हूँ।"

उसने तुरन्त डी.एस.पी. को फ़ोन करके पूछा कि प्रोफेसर बेनिवाल को किस अपराध में थाने बुलाया गया है?

डी.एस.पी. ने एस.एच.ओ. को फ़ोन करके पूछा। एस.एच.ओ. ने कहा, "सर, सुनामी दरवाज़े पर जो लड़ाई हुई थी, उसमें इनका हाथ बताते हैं लोग।"

"वह लड़ाई तो दूकानदारों की थी?"

"सर, कहते हैं प्रोफेसर ने उनको भड़काया था।"

"शट अप। यह तरीका है किसी को इन्वॉल्व करने का? नानसेंस। वापिस बुलाओ सिपाहियों को उनके घर से फौरन और समझ लो कि प्रोफेसर को किसी झूठे केस में इन्वॉल्व करने का मतलब है शहर में विस्फोट हो जाए। और यह भी याद रखना कि एस.डी.एम. साहिब उनके पुराने स्टूडेंट हैं। वर्दी उतर जाएगी तुम्हारी भी, हमारी भी।"

फ़ोन का चोंगा काँपने लगा एस.एच.ओ. के हाथ में। फ़ौरन मोटर साइकिल से एक हवालदार को दौड़ाया कि सिपाहियों को वापिस बुला लाओ।

पाँच मिनट बाद एस.डी.एम. का फ़ोन आया।

"सर, एस.एच.ओ. के पास कुछ मिस इन्फ़र्मेशन थी शायद। आई एम एक्सट्रीमली सॉरी। सर, कॉन्सटेबल ने कोई बदतमीज़ी तो नहीं की?"

"अरे नहीं, ये बेचारे तो भले लोग हैं। मेरे ड्राइंग रूम में बैठे मज़े से चाय पी रहे हैं।"

"सर प्लीज़, थ्रो दैम आउट। आई फ़ील एशेमड। शाम को हाज़िर होता हूँ सर।"

शाम को आये एस.डी.एम.जगतार सिंह दिनेश से मिलने। उन्होंने दिनेश को शहर की राजनीति का वास्तविक चित्र दिखाया।

"सर, यहाँ के तमाम लीडर्स दलाल हैं पुलिस के। कहीं लड़ाई-झगड़ा होता है तो कोई एक पक्ष किसी न किसी नेता के पास दौड़ता है। नेताजी उसकी हिमायत पर थाने आ जाते हैं। थानेदार की गाली-गलौज की भाषा और नेताजी का बीच-बचाव दोनों पक्षों को शान्त कर देता है घण्टे-दो घण्टे में। नेताजी उनसे पैसे ले लेते हैं पुलिस वालों को 'बोतल' देने के नाम पर। दोनों पक्ष उपकार मान रहे होते हैं कि नेताजी न आये होते तो थानेदार एफ.आई.आर. और काउंटर एफ.आई.आर. लिखकर दोनों को अन्दर कर देता। अपना हिस्सा रखकर पुलिस का हिस्सा ईमानदारी से पहुँचा देते हैं नेताजी।"

"तो तुम क्यों नहीं करते कुछ इनका? तुम तो सब-डिवीजन के सबसे बड़े अफ़सर हो।"

"सर, सिस्टम से टकराना मेरे बस का नहीं है। मैंने जब सर्विस ज्वाइन की थी तो मैं भी ख़ूब आइड्यलिस्ट था। मार खाकर समझ गया हूँ कि सिस्टम से टक्कर

मारने पर अपना ही माथा फूटता है। मुझे इसी पुलिस से काम लेना है ला एण्ड आर्डर बनाए रखने के लिए भी और ऊपर वालों की बेगारें पूरी करने के लिए भी।"

अनभिज्ञ नहीं था दिनेश व्यवस्था की वास्तविकता से। छुटभैये नेताओं की गतिविधियों का भी उसे पता था थोड़ा-बहुत।

दिनेश ने जगतार को विरासत के विषय में बताया। अपने उद्देश्य के बारे म विस्तार से बताया। धैर्यपूर्वक सुनता रहा जगतार। फिर बोला,

"सर, मुझे सब मालूम है। वह सब भी मालूम है, जो आपको मालूम नहीं है। अभी तक तो पब्लिक रिस्पांस आपके पक्ष में है। कुछ लोग इसे ख़राब करने की कोशिश में लगे हुए हैं। आप यहाँ का हिन्दू-मुस्लिम डिवाइड मिटा देंगे तो बहुतों की राजनीति की दूकानें बन्द हो जाएँगी। षड्यन्त्र तो करेंगे ही पेशावर नेता लेकिन आप निश्चिन्त होकर निर्भीकता से करिये जो करना है। मेरे रहते कोई आपकी तरफ़ आँख उठाकर भी नहीं देख सकता।"

"जीते रहो जगतार। मेरे अभियान में शायद इसी को तुम्हारी गुरु-दक्षिणा बनना हो।"

एस.एच.ओ. ने अन्दर की बात बता दी थी प्रेम प्रकाश भारती को। भारती को बड़ा धक्का पहुँचा था।

अगले कुछ दिनों में कई प्रकार के निमन्त्रण मिले दिनेश को। रामलीला कमेटी वालों ने प्रधान बनाने की पेशकश की। सनातन धर्म सभा ने अपनी इच्छा का पद ग्रहण करने का निमन्त्रण दिया। सनातन धर्म स्कूल प्रबन्ध समिति ने भी ऐसा ही प्रस्ताव प्रस्तुत किया। गीता भवन सोसाइटी ने लाइफ़ मैम्बरशिप ऑफ़र की।

दिनेश अपने निश्चय पर अटल रहा कि किसी प्रकार की राजनीति में नहीं पड़ना है। किसी एक समुदाय की राजनीति में तो कदाचित् नहीं पड़ना है।

रजनी का प्रयास भी सफलता की ओर चल निकला। सकीना बहुत प्रभावशाली निकली पढ़ी-लिखी मुस्लिम औरतों को आकर्षित करने में। श्रीमती कश्यप दिनेश के कन्धे से कन्धा मिलाकर काम करने को आतुर थीं लेकिन अभी तक विरासत पुरुषों की जमात के रूप में चल रही थी इसलिए विवश होकर उनको विरासत के विमेन विंग में आना पड़ा लेकिन वे निकलीं एकदम गम्भीर और अत्यन्त प्रभावशाली। रोज़ी वालिया का अच्छा असर-रुसूख़ था सिख परिवारों में। उसकी प्रेरणा से कई सिख महिलाएँ भी विरासत में आ गयीं। मिसिज़ डेविड ईसाई बिरादरी का प्रतिनिधित्व करने को आ गयीं। ईसाई तो नाममात्र ही थे मालेरकोटला में इसलिए मिसिज़ डेविड वास्तव में दलितों का प्रतिनिधित्व कर रही थीं।

रजनी ने हिन्दू-सिख-मुसलमान-ईसाई को एक मंच पर लाकर दिनेश से भी बाज़ी मार ली थी क्योंकि विरासत में अभी केवल पाँच-सात सिख थे, शेष हिन्दू-मुसलमान थे, ईसाई एक भी नहीं था।

दस

आबिद अली ख़ाँ के घर पर विरासत के पदाधिकारियों का विचार-विमर्श चल रहा था अगले कार्यक्रमों को लेकर। सब प्रसन्न थे कि उनका अभियान लोक-स्वीकृति प्राप्त कर रहा था। रात के दस बज रहे थे। बरसात की उमस के कारण लोग अभी घरों के बाहर खड़े ही बतिया रहे थे। बारादरी में अच्छी-ख़ासी चहल-पहल थी हालाँकि सामान्य दिनों में दस बजे तक शान्त हो जाता है यह क्षेत्र।

अचानक मुहल्ले में शोर हुआ। एक साथ अनेक स्वर उभरे। इन स्वरों में जिज्ञासा भी थी, क्रोध भी था, उद्विग्नता और उन्माद भी। इतना अधिक टकरा रहे थे आपस में स्वर कि आबिद के घर पर एकत्र विरासत वाले भी चौंक गये लेकिन किसी की समझ में नहीं आ रहा था मामला क्या है।

मामला यह था कि जामा मस्जिद के पास वाली एक गली में सालिगराम नाम का एक व्यक्ति रहता था। शाम को वर्षा बन्द हुई तो उसकी पत्नी ने सुबह से धो रखे कपड़े घर की सबसे ऊपर की छत पर फैला दिए थे सूखने के लिये। बादल फिर घिर रहा था इसलिए उसने अपने पति को ऊपर से कपड़े उतार लाने के लिए भेज दिया। सालिगराम जब छत पर पहुँचा तो उसने देखा कि साथ वाले घर के आँगन में एमर्जेसी लाइट जल रही है। उसकी उत्सुकता बढ़ी जानने की कि क्या हो रहा है। उसने ध्यान से देखा कि आँगन में एक गढ़ा खोदकर उसमें एक बछिया उलटी लटकाई हुई है और चार आदमी उसकी हत्या कर रहे हैं। गौ माता पर हो रहे इस अत्याचार को देखकर दहल गया सालिगराम। उसने चारों आदमियों को पहचान लिया। चारों मित्र थे। आवारा घूमते रहते थे दिन भर। पूर्वजों की जायदाद इनके बापों ने ही उड़ा-खा ली थी। थोड़ी-बहुत जो बची थी, उससे इनकी दाल-रोटी चल जाती थी। दिनभर आवारागर्दी, मारपीट, ठगी-ठोरी इनका धन्धा था। ये थे—सरदार आलम, ख़ुर्शीद ख़ाँ, माड़ू मियाँ और रमज़ान।

कपड़े छत पर ही छोड़ नीचे की ओर भागा सालिगराम। गली में हिन्दुओं के तीन-चार ही घर थे। एक-एक करके सबकी कुण्डी खटखटायी सालिगराम ने और बताया कि पड़ोस में क्या हो रहा है।

सूखे जंगल में फैलने वाली आग की तरह फैल गयी बात आसपास के गलियों-मुहल्लों में। गली मानव-शिरों से भर गयी। हो-हल्ला होने लगा तो चारों आदमी गाय को उसी अवस्था में छोड़ छतें फलाँगते हुए भागे और अपने-अपने सम्बन्धियों के घरों में जा छिपे। रमज़ान का घर था यह। उसकी पत्नी और बच्चे भी छत पर होकर पड़ौस के घर में जा छिपे। गाय की ताज़ा कटी बोटियाँ अभी परात में पड़ी हिल रही थीं।

थप थप थप द्वार खटखटाया लोगों की भीड़ ने रमज़ान के घर का। द्वार भीतर से बन्द था। अन्दर से कोई आवाज़ नहीं आ रही थी। उत्तेजना में आकर भीड़ ने दरवाज़ा तोड़ दिया। अन्दर कोई नहीं था, केवल मरी हुई बछिया उलटी लटक रही थी गढ़े में।

"भाग गये साले छतें फलाँगकर।" भीड़ में से किसी ने घोषणा की और दस-दस, बीस-बीस की टोलियाँ आसपास की गलियों में जाकर पूछने लगीं कि वे किसके घर में छिपे थे। ऐसी ही एक टोली बरादरी में आयी थी। अतः आबिद अली के घर के बाहर शोर मचा हुआ था।

"देखें चलकर, क्या हो रहा है।" दिनेश ने कहा और सभी पदाधिकारी उठकर बाहर आ गये।

उधर वारदात वाली गली में भीड़ निरन्तर बढ़ती जा रही थी। उत्तेजित भीड़ ने रमज़ान के घर की जो वस्तु भी हाथ लगी, तोड़ डाली। इससे भीड़ को सन्तुष्टि नहीं हुई तो जामा मस्जिद पर पथराव शुरू कर दिया। जामा मस्जिद की खिड़कियों-रोशनदानों के शीशी तड़-तड़ टूटकर बिखरने लगे। घबराये हुए इमाम साहिब हुजरे की कुण्डी बन्द करके अन्दर छिप गये। मुख्य द्वार उन्होंने शाम की नमाज़ के बाद ही बन्द कर दिया था। द्वार मज़बूत था, इसके जल्दी से टूटने की आशंका नहीं थी। जामा मस्जिद के नीचे की दूकानों के साइनबोर्ड तोड़े गये। दूकानों को आग लगाने का प्रस्ताव भी रखा किसी ने उत्तेजित भीड़ में से लेकिन कोई भी अपने घर से मिट्टी का तेल नहीं लाया इसलिए दूकानें जलने से बच गयीं।

शहबाज़, गिरीश, आबिद अली, कुलतार सिंह और इदरीस को साथ लिये दिनेश वहाँ पहुँचा। ये लोग पहले रमज़ान के घर पर गये और अपनी आँखों से उस जघन्य अपराध का दृश्य देखा। फिर ये लोग जामा मस्जिद पहुँचे, जहाँ अभी भी ईंट-पत्थर बरस रहे थे।

बड़ी-कठिनाई से शान्त किया दिनेश और उसके साथियों ने मिलकर उत्तेजित भीड़ को। दिनेश ने विश्वास दिलाया कि अपराधी कहीं भी छिपे हों, आधे घण्टे के अन्दर-अन्दर पुलिस द्वारा पकड़ लिए जाएँगे। वहीं के एक घर से दिनेश ने फ़ोन किया एस.एच.ओ. को, डी.एस.पी. को। देखते ही देखते पुलिस आ पहुँची। भीड़ की उत्सुकता बढ़ गयी लेकिन उत्तेजना शमित हो गयी।

सचमुच आधे घण्टे के अन्दर बन्दी बना लिया पुलिस ने चारों अपराधियों को। थाने ले जाकर हवालात में बन्द कर दिया उनको। हिन्दू नेता विचार करने लगे कि गाय का क्या किया जाए। भीड़ तितर-बितर होती गयी। जब पचासेक आदमी वहाँ रह गये तो दिनेश ने उनसे शान्त रहने की प्रार्थना की और विरासत के पदाधिकारियों को अपने-अपने घर भेज दिया।

उन्हें गुमान तक न था कि रातों-रात यह समाचार सारे शहर में फैल जाएगा। रात भर मीटिंगें चलेंगी हिन्दू संगठनों की और अगले दिन का कार्यक्रम तय किया जाएगा कि किस प्रकार मुसलमानों से गो-वध का बदला लिया जाए।

उन्हें इसका अन्दाज़ा भी नहीं था कि रात-रात भर विभिन्न मुहल्लों में मुस्लिम संस्थाओं और वरिष्ठ मुसलमानों की मीटिंगें होंगी यह विचार करने के लिए कि जामा मस्जिद पर हुए हमले का प्रतिकार कैसे हो।

सवेरे पाँच बजे बजरंग दल का एक कार्यकर्त्ता माइक्रोफ़ोन लेकर रिक्शे में बैठा और सारे शहर में घूमकर रात की घटना की चर्चा करते हुए उनसे हड़ताल की अपील कर आया।

छह बजे प्रमुख मुसलमान दूकानदारों ने मीटिंग करके निर्णय लिया कि वे हड़ताल में शामिल नहीं होंगे। उनका कहना था कि अपराधियों की धर-पकड़ हो चुकी है, न्यायपालिका उनको दण्ड देगी। उनको जामा मस्जिद की बेहुर्मती का मलाल भी था। लेकिन इसके बावजूद किसी मुसलमान ने दूकान खोलने की हिम्मत नहीं की। शहर में मुकम्मल हड़ताल रही। पान-सिगरेट और कैमिस्ट तक की दूकानें बन्द रहीं।

बजरंग दल के कार्यकर्त्ताओं ने रमज़ान के दालान में से खींचकर एक चारपाई निकाली और गढ़े में से निकालकर मृत बछिया को उस पर रख दिया। बछिया के शरीर के कटे हुए अंग भी उसकी मृत देह के ऊपर रख दिये और उसे लाल रंग के कपड़े से ढाँप दिया। ताँता बँध गया लोगों का अपराध स्थल को देखने और मृत गोमाता को प्रणाम करने के लिए। देखते ही देखते बछिया के ऊपर डाली लाल चादर फूलों और सिक्कों से भर गयी।

प्रेम प्रकाश भारती और देवकी नन्दन शर्मा चार-पाँच सौ लोगों का जुलूस लेकर थाने गये और माँग की कि अपराधियों को उनके हवाले किया जाए। एस.एच.ओ. ने बताया कि डी.सी. साहिब के आदेश पर चारों अपराधी रात को ही संगरूर के हवालात में ट्रांस्फर किये जा चुके हैं। उनको पता चला कि डी.सी., एस.पी. दोनों मालेरकोटला आये हुए हैं तो उन्होंने जुलूस को सरकारी विश्राम गृह की ओर हाँक लिया। डी.सी., एस.पी. ने पाँच प्रमुख लोगों को अन्दर कमरे में बुलाकर धैर्य से उनकी बात सुनी और समझाया कि वे कानून को अपना काम करने दें। किसी अपराधी को बख़्शा नहीं जाएगा, इसका वादा भी किया उन्होंने। यह भी मान लिया

कि यदि ला एण्ड आर्डर को कोई ख़तरा दिखाई न दिया तो चारों अपराधियों का मुँह काला करके, उन्हें गधों पर बिठाकर शहर में घुमाने पर भी वे विचार करेंगे।

उधर बजरंग दल ने घोषणा की कि शाम चार बजे गो माता का शरीर हत्यास्थल से ठेलागाड़ी में लादकर जुलूस की शक्ल में ले जाया जाएगा। शहर के विभिन्न बाज़ारों में से होता हुआ जुलूस दाना मण्डी पहुँचेगा, जहाँ विशाल शोक सभा होगी। शोक सभा के बाद गो माता को दीवानों की कुटी के खेतों में दफ़्नाया जाएगा।

दिनेश ने आबिद अली ख़ाँ, शहबाज़ और इदरीस से कहा–

"पूरी कोशिश करो कि बड़ी तादाद में मुसलमान शरीक हों जुलूस में। शोक सभा में भी बड़ी तादाद में मौजूद रहें।"

कई घण्टे दौड़-धूप की तीनों मित्रों ने। कुछ अन्य लोग अपने से भी इसी निर्णय पर पहुँचे थे, उन्होंने भी कोशिश की।

चार बजते को हिन्दुओं-मुसलमानों की एक भीड़ एकत्र हो गयी जामा मस्जिद के बाहर। हर ज़बान गोवध की निन्दा कर रही थी। मुसलमानों को चार गुण्डों की खुली भर्त्सना करते देख हिन्दुओं ने भी जामा मस्जिद पर हुए पथराव की निन्दा शुरू कर दी। देखते ही देखते मालेरकोटला की आत्मा अपने वास्तविक रूप में आ प्रकट हुई। हिन्दू-मुसलमान एक स्वर से दोनों दुर्घटनाओं की निन्दा कर रहे थे।

चारपाई पर रखा बधित बछिया का शव चारपाई समेत ठेलागाड़ी पर लादा गया। शहर के प्रमुख व्यक्तियों ने उस पर फूल-मालाएँ चढ़ायीं। कई मालाएँ सभाओं, अंजुमनों की ओर चढ़ाई गयीं। जुलूस की शक्ल में भीड़ दाना मण्डी की ओर चली। बजरंग दल के कार्यकर्त्ता 'गोमाता की जय' के नारे लगाते आगे-आगे चल रहे थे। मुसलमानों में से किसी ने 'हिन्दू-मुस्लिम एकता' का नारा लगाया तो एक ज़ोरदार 'ज़िन्दाबाद' उभरा भीड़ की ओर से।

दाना मण्डी में पहले से ही बहुत लोग जमा थे। वे जुलूस के आने की प्रतीक्षा कर रहे थे। चार तख़्तपोश जोड़कर, उन पर सफ़ेद चादरें बिछाकर, मंच तैयार कर रखा था विश्व हिन्दू परिषद् के कार्यकर्त्ताओं ने। सभी राजनीतिक दलों के नेता अपने आप ही मंच पर आ बैठे। परिषद् के चिरंजीत ने कार्यवाही चलाने का उत्तरदायित्व संभाल लिया। एक-एक करके उसने सभी नेताओं को भाषण के लिये आमन्त्रित किया। सभी ने मालेरकोटला के परम्परात्मक भ्रातृभाव और धार्मिक सद्भाव की प्रशंसा करते हुए दोनों दुर्भाग्यपूर्ण घटनाओं की जमकर निन्दा की और लोगों से प्रार्थना की कि किसी को भी शहर का माहौल ख़राब न करने दें।

प्रशासन ने बड़ी संख्या में पुलिस बल भेज रखे थे जामा मस्जिद पर भी, जो जुलूस के साथ-साथ आये थे और दाना मण्डी में भी। परिषद् का कोई सदस्य बड़ी सुरीली आवाज़ में 'दाँतों तले तृण दाबकर हम दीन गौएँ कह रहीं' गा रहा था तो मंच-संचालक ने अपने एक आदमी को भेजा सबसे पीछे खड़े दिनेश के पास कि

पूछो, कुछ कहना चाहेंगे प्रोफेसर साहिब। दिनेश ने दूत से कहा–

"उनको मेरी ओर से धन्यवाद देना। कहना कि जो कुछ मुझे कहना था, वही सब नेता कह चुके हैं एक-एक करके।"

पास खड़े आबिद ने कहा–

"दो मिनट बोल दो जाकर, सूदिंग इम्पेक्ट पड़ेगा जनता पर।"

"हमें राजनीति में शामिल नहीं होना है, अपने मक़सद पर पहरा देना है।" दिनेश ने आबिद को समझाया।

जिस समय दाना मण्डी में शोक सभा हो रही थी, ठीक उसी समय विरासत का महिला मंच गीता भवन में दो-अढ़ाई सौ महिलाओं को एकत्र करके गो-वध तथा जामा मस्जिद के निरादर की भर्त्सना कर रहा था। कांग्रेस की फ़हीमा बेगम, भाजपा की सुशीला कपूर, मुस्लिम अकाली दल की फ़ातिमा बेगम, कैथोलिक चर्च की मिसिज़ एलबर्टो जैसी कई गण्यमान्य महिलाओं ने भाषण दिये। विरासत महिला मंच की ओर से कोई महिला नहीं बोली। उनका काम केवल महिलाओं को घरों से निकालकर एक मंच पर एकत्र करना था ताकि वे पुरुषों के समकक्ष चलकर उन समस्याओं से जुड़ें, जिनसे अप्रभावित रहना किसी भी समाज के लिये हितकर नहीं होता। पुरुष विंग की तरह ही महिला विंग भी विरासत की राजनीति से निर्लिप्त रहने की घोषित नीति के अनुसार अपने उद्देश्य को जनमत का रूप देने में सफल हो गया।

कुछ दिनों में ही मामला ठण्डा पड़ गया। इस विषय पर लोक-चर्चा भी बन्द हो गयी। सारे शहर ने समझ लिया कि चार आवारा बदमाश लड़कों ने, जो संयोग से मुसलमान थे, किसी धार्मिक उन्माद में नहीं अपितु केवल एड्वेंचरिज़्म में, मुफ़्त का गोश्त खाने के लालच में, एक आवारा बछिया को पकड़कर काटने का कुकर्म किया था, जिसका फल उनको मिल गया था। चारों पर पुलिस ने मुकद्दमा चलाया था। चारों को सज़ा हुई।

सजा काटकर ये लोग संगरूर जेल से रिहा हुए तो बुरी तरह से भयभीत मालेरकोटला आए। कई दिन तक घरों से नहीं निकले। जब निकले तो कई दिन तक रूमाल से चेहरा छिपाकर निकले। लोगों ने वितृष्णा से उनकी ओर देखा। कुछ ने थू-थू भी किया। धीरे-धीरे यह सब भी बन्द हो गया।

शहर का परम्परात्मक सर्वधर्म समभाव विजयी हो गया था तथा प्रत्यक्षतः लोग इस घटना को भूल चुके थे लेकिन कुछेक कट्टरपंथी हिन्दू और मुसलमान ऐसे भी थे, जिनके गले से नीचे नहीं उतरा था वह सब, जो हो गया था। ये कट्टरपंथी यद्यपि प्रत्यक्षतः तो धार्मिक सद्भाव बनाये रखने के प्रत्येक प्रयास में सबके साथ थे लेकिन अपने-अपने सीमित क्षेत्र में चुपके-चुपके विषबेलि को सींच भी रहे थे। मौलवी दिलशाद ने दस-बारह लड़कों को बिठाकर समझाया–

"इस्लाम में गोकुशी जायज़ है। मालेरकोटला क़दीम मुस्लिम रियासत है। यहाँ पर गोकुशी की मनाही का कोई मतलब नहीं है। उन चार मुसलमान नौजवानों ने अगर एक आवारा गाय को पकड़कर ज़िब्ह कर दिया तो क्या गुनाह हो गया? गाय अगर इतनी ही अज़ीज़ है हिन्दुओं को तो उसको आवारा क्यों छोड़ देते हैं जब वो दूध देने के लायक़ नहीं रहती? बछड़ा बिकता है, बेच देते हैं। बछिया बिकती नहीं, खुली छोड़ देते हैं। गलियों-बाज़ारों में जगह-जगह मुँह मारती फिरती है। मुसलमानों को उनकी हिमायत में निकलना चाहिए था मगर अफ़सोस ये मज़म्मत करने लगे उन चारों की। ये तक नहीं सोचा कि वो मुसलमान भाई हैं। उनकी मदद तो दरकिनार, काफ़िरों ने जामा मस्जिद की बेहुर्मती की, उस पर भी ख़ून नहीं खौला मुसलमानों का। कैसे मुसलमान हैं आप लोग, लानत है आपके ऊपर।"

मौलवी दिलशाद यू.पी. के किसी गाँव के रहने वाले थे। कई साल पहले यहाँ के एक मदरिसे में क़ुर्आन पढ़ाने चले आये थे। बीस रुपया महीना तय हुआ था उनके लिए। मस्जिद का हुजरा रहने को मिल गया था। रोटी कपड़ा मुहल्ले के लोग दे देते थे। साधारण-स्तर के कातिब भी थे। लुधियाना के उर्दू प्रेस से थोड़ा-बहुत काम मिल जाता था किताबत का। अच्छा गुज़ारा चलने लगा था तो वे यहीं बस गये थे। अपने परिवार को भी गाँव ले आये थे।

उधर प्रेम प्रकाश भारती ने हनुमान मन्दिर में बुलवाकर दसेक नवयुवकों को डाँट पिलाई–

"कैसे हिन्दू हो तुम? तुम्हारी आँखों के सामने गौ माता को काट डाला मुसलमानों ने और तुम देखते रहे। तुम्हारी धमनियों में बहता हुआ रक्त पानी कैसे हो गया? माँ की हत्या का बदला लिये बिना रोटी कैसे उतर गयी तुम्हारे गले से नीचे? मुझे पता है, जामा मस्जिद पर पथराव करने का कारनामा तुमने किया मगर किया क्या? चार शीशे तोड़े खिड़कियों-रोशनदानों के बस। एकाध मीनार ही गिराया होता कम-से-कम। दूकानों के साइन बोर्ड तोड़ दिये। दूकानें जलाने में क्या जाता था तुम्हारा? किसी के घर से भी मिट्टी के तेल की एक बोतल आ सकती थी। लाया क्यों नहीं कोई तुममें से? इस तरह करोगे तुम हिन्दू राष्ट्र का निर्माण? इस तरह बनाओगे हिन्दुत्व का वर्चस्व? शर्म आनी चाहिए तुमको।"

मालेरकोटला में कितने मौलवी दिलशाद और कितने प्रेम प्रकाश भारती थे, यह जानने का अवकाश ही नहीं था किसी के पास। दिनेश और उसके साथियों को इसकी भनक भी नहीं थी की मालेरकोटला में कुछ अण्डर द ग्राउंड भी हो रहा है। विष के बीज बोए जा रहे हैं, जिनको एक न एक दिन अंकुरित होना है।

गो-वध की घटना के ठण्डी पड़ जाने के बाद अचानक विश्व हिन्दू परिषद् और बजरंग दल की स्थानीय इकाइयों ने सदस्यता-अभियान चला दिया। रमज़ान का महीना आया तो तब्लीग़ी जमात के जत्थे पर जत्थे आने लगे। सूचना तो मिलती

रही विरासत वालों को लेकिन सब ने इसे रुटीन की गतिविधियाँ समझा, किसी ने इसके अन्यार्थ की ओर ध्यान नहीं दिया। ध्यान गया ही नहीं किसी का इस बात की ओर कि समय की परीक्षा में सफलता का प्रदर्शन करने वाली सुदृढ़ परम्परा की चिरकालीन दीवार में कहीं खोरा भी लगा हुआ है।

गेंदू ने एक दिन आकर बताया दिनेश को।

"अंकल! विश्व हिन्दू परिषद् ने अपने मैम्बर्स से वैपन्स खरीदने को कहा है।"

"तुम्हें कैसे पता चला?"

"हमारे कुछ फ्रैण्ड्स हैं परिषद् में।"

"तुमसे बात कर लेते हैं वे इस तरह की?" दिनेश जानना चाहता था कि गेंदू के मित्र काडर के लोग हैं या सिम्पेथाइसर्स हैं।

"बात तो नहीं करते। सब कुछ गुप्त रखते हैं लेकिन पिछले दिनों ये जाते रहे हैं एस.डी.एम. की कोर्ट में लाइसेंस बनवाने के चक्कर में।"

दिनेश ने अपने ढंग से पता किया जगतार सिंह से। जगतार सिंह की अपनी समझ में नहीं आ रहा था कि पिछले कुछ दिनों में अचानक तीस-पैंतीस आदमियों ने रिवाल्वर का लाइसेंस क्यों एप्लाई किया था। दिनेश की तरह जगतार को भी भरोसा था कि इस शहर की शान्ति को साम्प्रदायकिता से कोई ख़तरा नहीं है।

फिर कुछ दिन बाद जगतार सिंह का माथा ठनका। एक साथ बीस-पच्चीस मुसलमान लड़कों ने लाइसेंन्स एप्लाई कर दिये थे। उसने दिनेश से पूछा—

"सर! आप क्या समझते हैं कि यह सब क्यों हो रहा है?"

"एड्वेंचरिज़्म। खाते-पीते घरों के लड़के हैं।" दिनेश ने सहज प्रतिक्रिया दी।

"लेकिन पहले हिन्दू लड़कों का एक साथ एप्लाई करना और अब मुसलमान लड़कों का, को-इन्सीडेंट तो नहीं हो सकता।"

"को-इन्सीडेंस ही है महज़। मात्र संयोग। इस शहर की मिट्टी में मिलिटेंसी पैदा करने के जरासीम ही नहीं हैं।" पूर्णतया आश्वस्त दिखाई दे रहा था दिनेश।

जगतार सिंह की दृष्टि में भी मामले की गम्भीरता कम हो गयी। उसे अपने अध्यापक की पैनी दृष्टि पर भी पूर्ण विश्वास था और उनकी नीयत पर भी।

अगले कुछ दिनों में दो-तीन ऐसी घटनाएँ घटीं, जिन पर साम्प्रदायिक प्रतिक्रिया होने की आशंका हो सकती थी।

दो सम्भ्रान्त मुसलमान परिवारों की लड़कियों ने शहर ही के हिन्दू लड़कों से शादी कर ली। दोनों शादियाँ शहर से बाहर हुई थीं लेकिन सारे शहर में चर्चा चली थी इनकी कई दिन।

मुसलमानों का एक लड़का स्थानीय ब्राह्मणों की एक लड़की भगाकर ले गया था। बैंगलोर पहुँच कर लड़की ने ज़िद पकड़ ली थी कि जब तक वह हिन्दू धर्म स्वीकार नहीं करेगा, वह उससे शादी नहीं करेगी। आर्य समाज मन्दिर में शुद्धि हो

गयी थी मुसलमान लड़के की और दोनों ने शादी कर ली थी वेद-मन्त्रों के बीच, अग्नि को साक्षी मानकर। कई दिन इसकी भी ख़ूब चर्चा रही।

लेकिन किसी भी घटना ने किसी प्रकार से भी न साम्प्रदायिक भावना को जगाया तथा न कोई प्रतिक्रिया हुई कहीं पर। लोकमुख में निन्दा-रस वितरित करती रहीं ये घटनाएँ कई दिन और फिर लोगों ने इन घटनाओं को भी आयी-गयी कर दिया।

दिनेश और भी आश्वस्त हुआ कि उसका सपना सच हो रहा था। जगतार सिंह को भी लगने लगा कि प्रोफेसर साहिब को लेकर जो दुश्चिन्ता प्रायः उठती रहती थी उनकी सुरक्षा को लेकर, निर्मूल सिद्ध हो रही थी।

हिमायत अली मौलवी अब्दुस्सत्तार को मिलवाने लाया दिनेश से। मौलवी जी बाराबंकी से आये थे, जमाते-इस्लामी के किसी काम से और इंडस्ट्रियलिस्ट अब्दुल ग़फ़ूर के अतिथि थे।

"आपके बारे में इतने लोगों से इतना कुछ सुना कि जी चाहा आपसे मुलाक़ात की जाए।"

"बहुत करम किया आपने जो यहाँ आने की ज़हमत फ़र्माई।"

"प्रोफ़ेसर साहिब, अगर हम आपसे बग़ैर मिले लौट जाते तो हमें बेहद अफ़सोस होता कि हम एक ऐसे शख़्स से मिले बिना लौट आये जिसकी इल्मियत, मुसलमान-दोस्ती और नेक कारनामों के चर्चे मालेरकोटला में हर आदमी की ज़बान पर हैं।"

"आप मुझे शर्मिन्दा कर रहे हैं मौलवी साहिब। मैं किस क़ाबिल हूँ। एक मामूली आदमी हूँ। इस शहर की रिवायती अम्नपसंदी और मज़हबी रवादारी की जिस फ़ज़ा में पला-बढ़ा हूँ, चाहता हूँ ज़िन्दगी के आख़िरी सालों में उसकी पायदार बहाली के लिए कुछ कर जाऊँ।"

"सुब्हान अल्ला! क्या ज़बान बोल रहे हैं आप माशाअल्ला। ख़ालिस हमारी तरफ़ की उर्दू है ये।" मौलवी साहिब शायद कुछ ज़्यादा ही प्रभावित होकर आये थे दिनेश के बारे में लोगों की राय से।

"ज़बान तो कोई भी हो मौलवी साहिब, सीखनी पड़ती है। यहाँ तक कि मादरी ज़बान को भी सीखना पड़ता है। हम जो पंजाबी बोलते हैं या लिखते-पढ़ते हैं, उसके शायद बीस फ़ीसद अल्फ़ाज़ ही हमने अपनी माँ से सीखे होंगे। बाकी के अल्फ़ाज़ तो हमने स्कूल में, गली-कूचों में, हाट-बाज़ारों में, किताबों-रिसालों में से हासिल किये हैं। उर्दू तो हमारे मुल्क की तहज़ीब की ज़बान है। आपकी मादरी ज़बान भी उर्दू नहीं, अवधी होगी। जिस तरह आपने उर्दू को अपनाकर एक तहज़ीब को गले से लगा लिया, उसी तरह हमने उर्दू को अपनाकर उसी तहज़ीब से रिश्ता जोड़ लिया।" दिनेश ने भाषाओं के अर्जन पर अपना मत व्यक्त किया।

"हिमायत अली शाह साहिब ने बताया आपके पोस्टरों के बारे में। इनसे फ़ोटो -कॉपी लेकर हमने पढ़े। आपने बहुत बड़े काम का आग़ाज़ किया है। मुसलमानों के बारे में इतनी ग़लतफ़हमियाँ फैली हुई हैं इस मुल्क में कि अल्लह की पनाह।"

"इसके लिए ज़िम्मेदार भी तो मुसलमान ही हैं। मुसलमानों के पास प्रेस है, अपने अख़बार हैं, रिसाले हैं, पब्लिशर्स हैं। क्यों नहीं हक़ीक़त सामने रखी उन्होंने लोगों के कि पाकिस्तान बनाने की जितनी ज़िम्मेदारी मुसलमानों पर आयद होती है, उतनी ही हिन्दुओं पर भी आयद होती है। क्यों चुप बैठे हैं आज तक मुसलमान? कहते क्यों नहीं कि हमें पाकिस्तान से कुछ लेना-देना नहीं है। भाड़ में जाए पाकिस्तान। हम हिन्दुस्तानी हैं, हमें अपने वतन से प्यार है।" दिनेश खुलने लगा अपनी पसन्द के विषय की बातचीत में।

"मगर प्रोफेसर साहिब, हम लिखें भी तो किसके लिये? हिन्दू तो न उर्दू के अख़बार पढ़ते हैं, न किताबें-रिसाले।" मौलवी साहिब ने पंगु तर्क निकाला।

"मुआफ़ कीजिए मौलवी साहिब, यह कोई बात नहीं हुई। आप हिन्दी में लिखिए, अंग्रेज़ी में लिखिए, गुजराती-मराठी में लिखिए।"

"मगर पढ़ने वाला पहले से ही प्रेजुस्डि भी तो है।"

"तो उसका प्रेजुडिस तोड़िये आप। जब तक आप अपना वर्ज़न नहीं रखेंगे उसके सामने, उसे क्या पता चलेगा कि आप क्या सोचते हैं। अब आप मालेरकोटला को ही लीजिए। यहाँ का मुसलमान पाकिस्तान नहीं गया सैंतालीस में। रियासत की मुख़्तसर चारदीवारी में रहते हुए इसे यह भी पता नहीं चला कि पाकिस्तान कब बना, कैसे बना, किसने बनाया, क्यों बनाया। आज अगर यहाँ का हिन्दू मुसलमानों को क़यामे-पाकिस्तान के लिए ज़िम्मेदार ठहराता है तो उसकी वजह ये है कि यहाँ का मुसलमान मुँह में घुँघनियाँ डालकर चुप बैठा रहता है। पूछता नहीं हिन्दू से कि भाई पाकिस्तान बनाने में हमारा क्या रोल है? वो चुप है इसलिए समझा ये जाता है कि वो बुनियादी-तौर पर पाकिस्तान को हिन्दुस्तान से ज़्यादा मुह ब्बत करता है।" दिनेश तनिक भावुक हो गया।

"बजा फ़र्माते हैं आप। पाकिस्तान तो न मुसलमानों ने बनवाया, न हिन्दुओं ने। एक साज़िश के तहत बन गया। चौदह अगस्त की रात को मुहम्मद अली जिन्ना को बताया गया कि पाकिस्तान बनाने का ऐलान कर दिया गया है तो उनका फ़ौरी रद्दे-अमल था 'हू आस्कड फ़ॉर इट', किसने माँगा था ये पाकिस्तान?" मौलवी जी इतिहास के पन्नों की ओर चल दिये।

"यह भी ग़लत है जो आप कह रहे हैं। जिन्ना के इस जुमले का मतलब हर्गिज़ ये नहीं था, जो आपने निकाला है। कांग्रेस ने इस ख़्याल को हवा दे रखी थी कि मुसलमान जिस पाकिस्तान की माँग कर रहे हैं, वो पाकिस्तान उनको नहीं दिया जा रहा है बल्कि उसकी जगह एक लँगड़ा-लूला, ट्रंकेटिड पाकिस्तान दिया जा रहा

है। इस ख़्याल को हवा देने में वल्लभ भाई पटेल पेश-पेश थे। मक़सद ये था कि मुसलमान किसी तरह से टू-नेशन-थ्यूरी को रद्द कर दें। जिन्ना को पाकिस्तान बनने का दुःख नहीं था, ट्रंकेटिड पाकिस्तान मिलने का अफ़सोस था।"

चुप रहे मौलवी जी। उनको इसका पता ही नहीं था, जो दिनेश बता रहा था।

"टू-नेशन-थ्यूरी को ठुस करने के लिए कांग्रेस ने लार्ड माउंटबेटन को दोनों मुल्कों का साँझा गवर्नर जनरल बनाने का सुझाव भी दिया। जवाहर लाल नेहरू ने तो तहरीरी तौर पर माउंटबेटन से वादा कर लिया था कि वो आज़ाद भारत के पहले गवर्नर जनरल होंगे मगर जिन्ना ने दूर-अन्देशी से काम नहीं लिया और वो इसके लिये राज़ी न हुए।"

"जी।" मौलवी जी अब मूक श्रोता बन गये।

"माउंटबेटन बड़ी घाघ चीज़ था। उसके जैसा शातिर दूसरा पैदा नहीं हुआ इंग्लैण्ड में। उसे भेजा ही इसलिए गया था कि जो काम लार्ड बेवल से नहीं हो रहा था, उसे सर-अंजाम दे, यानी हिन्दुस्तान के टुकड़े करे। यहाँ आकर उसने देखा कि सारे शोर-शराबे के बावजूद न हिन्दू बँटवारा चाह रहा है, न मुसलमान। उसने लन्दन में बैठे अपने अफ़सरों से मशवरा करके एक प्लान बनाया, जिसे 'डीमिशन प्लान' कहा गया। इस प्लान के मुताबिक़ अगर मुस्लिम लीग बँटवारे को तैयार नहीं भी होती तो भी ब्रिटिश सरकार को दो महीने के अन्दर-अन्दर सत्ता से हाथ खींच लेना था। इस प्लान के तहत सूबा सरहद समेत आठ सूबों का कंट्रोल चौदह अगस्त को सीधा कांग्रेस के हवाले किया जाना था। पंजाब में क्योंकि गंवर्नर रूल था, इसलिए यहाँ भी सत्ता भी यूनियनिस्ट पार्टी और अकालियों की मदद से कांग्रेस को मिल रही थी। सिर्फ़ सिन्ध और बंगाल में मुस्लिम लीग की वज़ारतें थीं, जहाँ सत्ता मुसलमानों को सौंपी जानी थी। केन्द्र की सत्ता ट्रांज़िट गवर्नमेंट को मिलनी थी, जिसमें छह कांग्रेसी, पाँच मुस्लिम लीगी और तीन कांग्रेस के हम-ख़्याल मुस्लिम नुमायंदे होने थे। इस फ़ार्मूले का मुसव्वदा मेज़ पर रखकर माउंटबेटन नें गाँधी जी को डराया कि अगर कांग्रेस ने बँटवारे को न माना तो सिविल वार की ज़िम्मेदारी उनकी होगी। यही मुसव्वदा जिन्ना के सामने रखकर माउंटबेटन तो उसे पाकिस्तान या डीमिशन प्लान में से एक को चुनने को कहा। ऐसे में दोनों ही क्या करते? जिन्ना के सामने तो दूसरा रास्ता ही कोई न था। डीमिशन प्लान के तहत हमेशा के लिए मुसलमानों की पीठ लगवाते तो ज़िल्लत की मौत मरते। पाकिस्तान जैसा भी मिल रहा था, जैसा भी दिया जा रहा था, क़ुबूल कर लिया उन्होंने।"

अभी तक चुप बैठा सारी बातचीत सुन रहा था हिमायत। बड़े भोलेपन से उसने पूछा,

"अंकल! माउंटबेटन क्यों बज़िद था पार्टिशन के लिये?"

"बेटा, ब्रिटिश सरकार ने उसे भेजा ही इस काम के लिए था।"

"मगर ब्रिटिश सरकार को क्या पड़ी थी हिन्दुस्तान को बाँटने की?" उसी भोलेपन के साथ हिमायत ने एक और प्रश्न पूछा।

"बेटा! अंग्रेज़ों को मजबूरी की हालत में हिन्दुस्तान से जाना पड़ रहा था, वो अपनी मर्ज़ी से या अपनी ख़ुशी से नहीं जा रहे थे। वो चाहते थे कि जाते-जाते इस मुल्क की हालत ऐसी कर दें कि दोनों मुल्क एक-दूसरे के ख़िलाफ़ तलवारें खींचे रहें ताकि अंग्रेज़ों से क़ीमती हथियार ख़रीदते रहें। अपनी-अपनी तरक़्क़ी के लिए अंग्रेज़ों से बार-बार क़र्ज़ा लें और अपनी दौलत बार्डरों की हिफाज़त पर खर्च करते रहें।" समझाया दिनेश ने।

बात की समझ पड़ गयी हिमायती अली को।

"अब लोग ये भूल रहे हैं कि इसी मुहम्मद अली जिन्ना ने 6 जून, 1946 को कैबिनेट मिशन प्लान के तहत मुतहिद्दा हिन्दुस्तान का नज़रिया पेश किया था। 25 जून, 1946 को कांग्रेस ने भी इसे क़ुबूल कर लिया था। मतलब न कांग्रेस बँटवारा चाह रही थी, न मुस्लिम लीग। अंग्रेज़ों को अपनी चाल उल्टी पड़ती दिखाई देने लगी और उन्हों ने डीमिशन का हौवा दिखाकर दोनों को चित कर दिया।"

"काश ये बातें अवाम को मालूम होतीं तो ये ग़लतफ़हमियाँ कभी पैदा न होतीं, जो आज हो चुकी हैं।" मौलवी साहिब बोले।

"अब कौन-सी गाड़ी छूटी जा रही है। आप कीजिए इन हक़ायक़ को रोशन अपने ख़ुत्बों में, अपनी तक़रीरों में, अपनी तहरीरों में।" दिनेश ने परामर्श दिया।

"इंशाअल्लाह।" शत-प्रतिशत सहमत दिखायी दिये मौलवी जी।

"जिन्ना तो कांग्रेसी ही थे इब्तिदा में। वो अंग्रेज़ों के हाथों में क्यों खेलते रहे?" पूछा हिमायत अली ने।

"जिन्ना बड़े ईगोइस्ट थे। उतने ही बड़े ईगोइस्ट थे जवाहर लाल नेहरू। अहम् टकराता रहा दोनों का। तुम्हें शायद पता नहीं होगा कि जब जिन्ना कांग्रेस में थे तो गोपाल कृष्ण गोखले ने उन्हें हिन्दू-मुस्लिम एकता का सबसे बड़ा अलमबरदार कहा था। गाँधी और जिन्ना में नहीं पटी। 1920 में जिन्ना ने मुसलमानों के हुक़ूक़ के नाम पर कांग्रेस छोड़ दी। अंग्रेज़ों को 'फूट डालो राज करो' की पॉलिसी के तहत एक मोहरा चाहिए था। उन्होंने जिन्ना को मोहरा बना लिया। जिन लोगों की वजह से जिन्ना को कांग्रेस छोड़ना पड़ी, उनको नीचा दिखाने के लिए, वो अंग्रेज़ों की सरपरस्ती और भी बढ़-चढ़कर क़ुबूल करने लगा।" समझाया दिनेश ने।

"अब इजाज़त दें प्रोफेसर साहिब। आज की मुलाक़ात याद रहेगी हमें उम्र भर। आपकी इल्मियत का क़ायल तो मैं पहले ही से था, अब आपकी रोशनख़्याली का क़ायल भी हो गया हूँ।" मौलवी जी सचमुच प्रभावित हुए थे।

"मौलाना, जो कुछ मालूम था, अर्ज़ कर दिया। आप सोचियेगा ज़रूर मेरी तजवीज़ पर। अपनी जमात से भी कहिएगा कि सही वाक़यात को अवाम के सामने

रखें और मुसलमानों के माथे पर लगा पाकिस्तान-प्रेमी होने का इल्ज़ाम हटाने में पेशरफ़्त करें।

"इंशाअल्लाह।" मौलवी जी ने कहा और दिनेश से हाथ मिलाकर चले गये।

यह समाचार भी सारे शहर में द्रुतगति से फैला कि जमाते-इस्लामी के नेता मौलवी अब्दुस्सत्तार दिनेश से मिलने गये थे। आमतौर पर लोगों ने इसे शुभ समाचार समझा। हिन्दुओं को यही लगता था कि जमांते-इस्लामी के उकसाने से ही मुस्लिम युवा हिन्दुओं के विरुद्ध जिहाद करते हैं। मुसलमानों ने सोचा, जब मौलवी अब्दुस्सत्तार जैसे नेता दिनेश को उसके घर पर जाकर मिलते हैं तो ज़रूर कोई बात होगी प्रोफ़ेसर में। भारती जैसे कुछ लोगों ने किसी अदृश्य षड्यन्त्र की आशंका देखी इस भेंट में और मौलवी दिलशाद जैसों को इससे जमाते-इस्लामी की साख बिगड़ती हुई दिखाई दी।

गुरकीरत सिंह, पतवन्त सिंह, राम लाल और किशोरी लाल जैसे अपेक्षाकृत पूर्वाग्रह-मुक्त लोगों ने इस मुलाक़ात में हुई बातचीत का ब्यौरा जानना चाहा। दिनेश ने बता दिया कि हिन्दू-मुस्लिम समस्या पर बातचीत हुई थी और मौलवी जी उसके विचारों से सहमत थे। राम लाल ने एक शंका का निवारण चाहा दिनेश से,

"क्या आपको विश्वास है कि मुसलमान कभी भारतीय मुख्य धारा को अंग बनेगा?"

"बनेगा क्या मतलब? वह अंग है मुख्य धारा का।" दिनेश ने तुरन्त उत्तर दिया।

"मुख्य धारा क्या है आधुनिक भारतीयता की? अनेकता में एकता ही तो मुख्य धारा है। इसमें हिन्दू, मुसलमान, सिख,ईसाई, बौध, पारसी सब शामिल हैं। "लेकिन इनका ईरानी-अरबी संस्कृति के प्रति मोह इनको अलग-थलग किये रखता है।" किशोरी लाल ने कहा।

"देखिए किशोरी लाल जी, जिन चिन्हों या प्रतीकों को लेकर आप ईरानी-अरबी संस्कृति की बात कर रहे हैं, वे वास्तव में भौगोलिक-सामाजिक परिवेश की देन हैं। हरे रंग को ही लें, जो पूरे विश्व में इस्लाम का प्रतीक बना हुआ है। आपको पता ही है कि इस्लाम का जन्म अरब के रेगिस्तान में हुआ था। कल्पना कीजिए मीलों-मील फैली, धूप से चिलचिलाती रेत की। ऐसे में क्या है जो वहाँ के निवासियों की आँखों को ठण्डक प्रदान कर सकता है? केवल हरियाली ही तो। अरब में हरियाली का अर्थ भी केवल हरियाली नहीं था, इसका अर्थ था कि जहाँ हरियाली होगी वहाँ पीने के पानी का झरना भी होगा, ऊँटों-भेड़ों के चरने के लिये घास भी होगी, खाने के लिए खजूरें भी होंगी। अब आप ही बताइए, इन भौगोलिक परिस्थितियों में आपको चुनाव करना होता तो आप कौन-सा रंग चुनते?"

सहमति में सिर हिलाया सबने।

"और लीजिए, इस्लाम के दूसरे चिन्ह हैं मीनार और गुम्बद। रेगिस्तान में दिखाई क्या देता है दूर-दूर तक? रेत के टीले ही ना? माउंड्स ऑफ़ सैंड। वहाँ का कलाशिल्पी और किस चीज़ की कल्पना कर सकता था? उसने टीले की कल्पना की तो गुम्बद बन गया। दूर से दिखाई देने वाले खजूर के वृक्ष की कल्पना की तो मीनार बन गया। जिस प्रकार दूर से खजूर का लम्बा-ऊँचा पेड़ पथिक को इस बात की सूचना देता है कि यहाँ छाया है, पानी है, घास है, उसी प्रकार मस्जिद का मीनार दूर से लोगों को पता देता है कि यहाँ मस्जिद है, नमाज़ पढ़ने के लिए आ सकते हो।"

दिनेश की ओर इस प्रकार देख रहे थे सब लोग जैसे सचमुच ही वह अपनी क्लास ले रहा हो।

"धूप निकलते ही तपने लगती है रेत। रेगिस्तान के निवासियों की दृष्टि में उनका सबसे बड़ा शत्रु सूर्य है। दिन भर जलाता-तपाता है रेत को, चलना दूभर कर देता है, प्यास के मारे दम निकलने लगता है। इसके विपरीत उनको सबसे अधिक प्रिय है चाँद, जिसकी चाँदनी रेत को ठण्डा करती है। इसलिए चाँद हो गया इस्लाम का प्रतीक। चाँद की गति के साथ ही बना मुस्लिम कैलेण्डर।"

"सोचा ही नहीं कभी हमने इस तरह से।" कहा पतवंत सिंह ने।

"तो सोचिए ना। चीज़ों को उनके सही परिप्रेक्ष्य में रखकर देखना सीखिए, भ्रान्तियाँ समाप्त हो जाएँगी। भारत गर्म-ठण्डा देश है। यहाँ प्रकृति की छटा व्याप्त है चारों ओर। पानी का बाहुल्य है। नदियाँ ही नदियाँ हैं देश भर में फैली हुईं। गंगा जैसी संसार की तीसरी सबसे लम्बी नदी है। यहाँ हमें सूर्य से कोई घबराहट नहीं होती बल्कि सूर्य की सहायता चाहिए होती है कड़ाके की सर्दी के दिनों में। फस्लों को पकाने के लिए कड़ी धूप चाहिए होती है। इसलिए आर्यों ने सूर्य और चन्द्र दोनों को देवता माना। हमारे यहाँ हर धार्मिक कृत्य के साथ स्नान जोड़ दिया गया क्योंकि मौसम भी इसकी अनुमति देता था और पानी भी बहुतायत से उपलब्ध था। अरब वाले कहाँ से लाते पानी? पानी मिलता भी तो उसका खुला उपयोग कैसे कर सकते थे वे? इसलिए उन्होंने लोटे के आगे टोंटी लगाई ताकि पानी की एक बूँद भी नष्ट न हो। अब आप यदि इन भौगोलिक-सामाजिक चिह्नों को परिवेश से जोड़कर नहीं देखेंगे तो बात समझ में नहीं आएगी। इस सन्दर्भ में देखेंगे तो सब कुछ सहज लगेगा, प्राकृतिक लगेगा। अपने ही राजस्थान की कल्पना करके देखें तो बात समझने में आसानी हो जाती है।"

"लेकिन इनकी निष्ठा तो अरब स्थित मक्का-मदीना से ही है ना।" दिनेश से भलीभाँति सहमत होते हुए भी विद्वत्ता-प्रदर्शन के मोह में राम लाल ने कहा।

"कमाल करते हैं आप भी राम लाल जी। चीन, जापान, कोरिया, थाइलैंड, श्रीलंका जैसे देशों में रह रहे करोड़ों बौद्धों की निष्ठा है बोध गया में तो क्या वहाँ

की सरकारें उनको भारत के एजेण्ट्स मानती हैं?"

चुप हो गया राम लाल। इस तर्क का कोई उत्तर नहीं था उसके पास।

"मुसलमानों को मुख्य धारा में आने के लिए कहना, वास्तव में उनका अपमान करना है। उनको सन्देह की दृष्टि से देखना है। भारतीय मुसलमान, जिसे आप कट्टर मुसलमान समझ रहे हैं, कहाँ कट्टर है, ज़रा सोचिए। उसके रीति-रिवाजों को देखिए। उसके लड़के हिन्दुओं की तरह सेहरा बाँधते हैं, घोड़ी पर चढ़कर बारात लेकर निकलते हैं, लड़की की डोली विदा होती है, वधू जब श्वसुर गृह में प्रवेश करती है तो स्त्रियाँ उस पर पानी वारती हैं, दहेज दिया जाता है लड़की को विदाई के समय। आप जानते हैं, यह सब अन-इस्लामिक है। लेकिन यह सब प्रचलित है क्योंकि यह सामाजिक संस्कार है। आदमी अपना धर्म-परिवर्तन कर सकता है लेकिन संस्कार से मुक्ति में सदियाँ लगती हैं किसी भी समाज को।"

इस दृष्टिकोण से कभी नहीं देखा था किसी ने मुस्लिम समुदाय को। दिनेश कह रहा था–

"भारत में सूफ़ियों की कितनी दरगाहें हैं। बड़ी-बड़ी दरगाहें, अजमेर शरीफ़, हज़रत निज़ाम-उद्-दीन, सरहिन्द शरीफ़ जैसी दरगाहें। लाखों की संख्या में जाते हैं मुसलमान इन दरगाहों पर माथा रगड़ने। जालियों से धागा बाँधकर मन्नतें माँगते हैं। यह सब भी अन-इस्लामिक है। ऐसे मुसलमान को आप कट्टर कहेंगे? हाँ, वह लड़ने-मरने पर उतर आता है, जब उससे आर्थिक शोषण सहन नहीं होता, जब उसकी सामाजिक प्रतिष्ठा को चुनौती मिलती है, जब उसे म्लेच्छ कहकर दुत्कारा जाता है, जब उसके साथ दूसरे दर्जे के शहरी का सुलूक किया जाता है। यही सब दलितों के साथ होता है। तो क्या दलित मरने-मारने पर उतारू नहीं होते? बिहार में जब रणवीर सेना दलितों पर अत्याचार करती है तो वहाँ के दलित बदला नहीं लेते ठाकुरों की सामूहिक हत्या करके? ये दलित हिन्दू हैं मगर आप इनको तो कट्टर हिन्दू नहीं कहते।"

जैसे आँखें खुल गयी थीं सबकी।

कैसा प्रकाश बाँट रहा था दिनेश इस छोटे-से शहर में। इसके लिए तो बड़ा मंच मिलना चाहिए इसे, अन्तर्राष्ट्रीय मंच, सोचा गुरकीरत ने।

उधर ख़ूब काम कर रहा था रजनी का महिला विंग। मिसिज़ कश्यम, मिसिज़ वालिया और मिसिज़ डेविड के रूप में उसे बहुत कर्मठ और उत्साही मित्र मिली थीं। सकीना भी भरपूर सहयोग दे रही थी। मिसिज़ वालिया ने कई दिनों के श्रम से महिला सर्वधर्म सम्मेलन का आयोजन कर डाला था राज मोदी की धर्मशाला में। रजनी मुख्य अतिथि थी।

बहुत सुचारु प्रबन्ध किया था महिला विंग की कार्यकारिणी ने धर्मशाला में। प्रांगण में दरियाँ बिछाकर उन पर चाँदनियाँ बिछा दी थीं। छोटी ऊँचाई की चार

चौकियाँ जोड़कर मंच बना दिया था। डोरियों में चमचम करते कागज़ों के फूल लगाकर छत बनायी गयी थी। मुख्य द्वार पर गेंदे के फूलों का एक और गेट बनाया गया था। गेट पर 'विरासत' (महिला विंग) का बैनर लगा था। अनेक महिलाएँ आयी थीं सम्मेलन में। हिन्दू औरतें, मुसलमान औरतें, सिख-ईसाई औरतें। रोज़ी वालिया की छोटी बहन जैन कन्या विद्यालय की प्रधानाचार्या थी। उसने बीस-पच्चीस लड़कियाँ भेज दी थीं वोलेन्टियर बनाकर। एक भी पुरुष वहाँ पर उपस्थित न था। ताँता-सा बँधा हुआ था अभी भी आने वाली महिलाओं का। सजी-धजी हिन्दू औरतें, बुर्क़ों में बन्द मुसलमान औरतें, दुपट्टों से सिर ढाँपे सिख औरतें। औरतें ही औरतें।

जब तक रजनी धर्मशाला पहुँची, धर्मशाला का प्रांगण महिलाओं से भरा पड़ा था। गेट पर भव्य स्वागत किया कार्यकर्त्रियों ने रजनी का। फूल मालाएँ पहनाईं। एक लड़की गुलाबपाशी से सुगन्ध छिड़कती रही। द्वार सुगन्धि से महक रहा था।

रोज़ी ने अद्भुत नूतन प्रयास किया था। जैन स्कूल की एक मुसलमान छात्रा ने मीरा का पद गाया। एक सिख लड़की ने 'सेव मी लॉर्ड फ्रॉम एव्री सिन' गाया एक हिन्दू लड़की ने नाअत गायी। एक ईसाई लड़की ने गुरु गोविन्द सिंह का 'देहि शिवा वर मोंहि इहै' गाया।

श्रीमती कश्यप ने संक्षेप में महिला विंग के उद्देश्यों पर प्रकाश डाला। मिसिज़ डेविड ने सर्वधर्म समभाव के महत्त्व पर कुछ कहा। रोज़ी ने श्रोताओं का स्वागत किया। मुख्य भाषण दिया रजनी बेनिवाल ने। रजनी ने कहा—

"धर्म का मूल कर्म जोड़ना है। यह आत्मा को परमात्मा से जोड़ता है, आदमी को आदमी से जोड़ता है। इसलिए कोई भी धर्म ऐसा नहीं है, जो हमें तोड़ना सिखाता हो। जब तोड़ना धर्म ही नहीं है तो धर्म के नाम पर लड़ने-भिड़ने वाले लोगों को धार्मिक कैसे कहा जा सकता है? आप यहाँ आयी हैं। कोई महिला जामा मस्जिद की ओर से आयी है, कोई दीवानख़ाने की ओर से। कोई सदर बाज़ार की ओर से आयी है तो कोई ढाबी गेट की ओर से। मगर पहुँची तो सब यहाँ हैं ना। आज यही मंज़िल थी आपकी। आप जिस किसी रास्ते से भी आयी हों, था तो वह रास्ता ही। घरों की छतों पर से होकर तो नहीं आईं आप। सीधे रास्ते से चलकर यहाँ पहुँची हैं आप। तो अगर हम सबकी मंज़िल भगवान है तो रास्ता कोई भी हो, इस्लाम का रास्ता हो, सिख धर्म का रास्ता हो, हिन्दू या ईसाई धर्म का रास्ता हो, हमें हमारी मंज़िल तक ले जाएगा। पूजा-पाठ के, अर्चना-वन्दना के रास्ते भिन्न होने से धर्म भिन्न नहीं हो जाता। धर्म का काम तो अपने अन्दर की दिव्यता का उस अदृश्य दिव्यता से मिलन कराना है।

हम सब आत्माएँ हैं। वह परम आत्मा है। आत्मा वह भी है लेकिन वह परम है, इसलिए हम उसको परमात्मा कहते हैं। आप उसे अल्लाह कहिए। अल्लाह है अल-इला। वेदों ने भी उसे इला कहा है। आप उसे गॉड कहिए, वाहिगुरु कहिए,

कुछ भी कहिए। वह तो अनाम है। उसका कोई नाम नहीं है। हमने उसके गुणों को उसके नाम समझ रखा है। हम उसे रब कहते हैं। रब का अर्थ है ढाँपना। वह हमारे गुनाहों पर पर्दा डालता है, इसलिए हम उसको रब कहते हैं। नाम हमारे दिये हुए हैं।

सभी धर्म मानते हैं कि हमारे अन्दर जो आत्मा है, जो रूह है, जो सोल है, वह दिव्य तत्त्व है, प्रभु का अंश है। इस अंश को अपने मूल से बिछुड़ने का दुःख बराबर बना रहता है, इसलिए हम उसे देखने को, उससे मिलने को लालायित रहते हैं। अगर संसार के समस्त प्राणियों में एक ही दिव्यता काम कर रही है तो हम सब एक हैं, हममें दूसरा कौन है। यह शरीर तो मिट्टी है। इसे एक दिन मिट्टी में मिल जाना है। यदि हम किसी को अपने से भिन्न समझते हैं तो हम उसके भीतर की दिव्यता का अपमान करते हैं।

किसी धर्म ने मनुष्य को लड़ना नहीं सिखाया। प्रेम सिखाया है, निष्ठा सिखाई है, विश्वास सिखाया है। हिन्दू सवेरे उठकर प्रार्थना करता है—

सर्वे भवन्तु सुखिनः सर्वे सन्तु निरामयाः।
सर्वे भद्राणि पश्यन्तु मा कश्चिद् दुःखभाग् भवेत्॥

सभी प्राणी सुखी हों, स्वस्थ रहें, कल्याण को प्राप्त करें, कोई भी प्राणी दुःख का भाजन न बने। मुसलमान अपने रब को रब्बिल् मुसलमीन नहीं कहता, रब्बिल् आलमीन कहता है। सारी सृष्टि का रब, प्राणिमात्र का रब। वह मुसलमानों का ही रब नहीं है, समस्त मानवता का रब है। और उससे प्रार्थना करता है 'एहदिनस्सिरातिल मुस्तक़ीम'। ऐ अल्लाह! मुझे सीधे रास्ते पर चलाना। सिख कहता है 'एक नूर ते सब जग उपज्या' और हर अरदास में 'सरबत दा भला' माँगता है।

आप माँएँ हैं। अपने बच्चों को अपने दूध के साथ धर्म का संस्कार पिलाती हैं। सोचकर देखिए, आज तक आप धर्म का नहीं, कर्मकाण्ड का संस्कार पिलाती रही हैं क्योंकि धर्म का अर्थ जानती ही नहीं थी। इसलिए मेरी आपसे विनम्र प्रार्थना है कि अपनी सन्तान को धर्म का वास्तविक अर्थ समझाकर उसके भीतर की दिव्यता का पोषण करें। तभी आप माँ के कर्त्तव्य का पालन करेंगी। जब आप अपने बच्चे को गलत और ठीक का अन्तर समझाएँगी, मिथ्या और वास्तविक का भेद बताएँगी तो वह कभी मानव से दानव नहीं बनेगा। आपका मातृधर्म यहीं समाप्त नहीं हो जाता कि आपने अपने बच्चे को मानव से दानव नहीं बनने दिया बल्कि इसकी पराकाष्ठा तब होगी जब आप अपने बच्चे को मानव से महामानव बनाएँगी। संकल्प कीजिए कि आप अपनी सन्तान को दूध का क़र्ज़ तब तक नहीं बख़्शेंगी, जब तक वह मानव से महामानव बनने का प्रयत्न शुरू नहीं करेगा।''

ख़ूब सराहा रजनी के भाषण को महिलाओं ने। सम्मेलन समाप्त हुआ तो

तीन-चार महिलाएँ तो इतनी भावुक हो रही थीं कि उन्होने भावावेश में रजनी के पाँव छू लिये आकर। मिसिज़ रोज़ी वालिया भी भावुक हो गयी थी। आभार-प्रदर्शन करते समय उसका गला भर आया बोलते-बोलते और अनायास आँखें भीग गयीं।

दिनेश के पूछने पर कि सम्मेलन कैसा रहा, रजनी ने 'अच्छा था' कहकर काम चला लिया लेकिन सकीना ने जब रजनी के भाषण का सारांश बताया और उसे महिलाओं की प्रतिक्रिया से अवगत कराया तो उसकी प्रसन्नता का ठिकाना न रहा। खींचकर गले से लगा लिया दिनेश ने रजनी को और कहा—

"आज से तुम मेरी कामरेड हुईं।"

"पहले नहीं थी क्या?"

"पहले पत्नी थीं। लिबरल होने की कोशिश में मैं कभी-कभी मित्र समझ लेता था तुम्हें लेकिन आज तुम मेरी कामरेड हो गयीं।"

हवेली की बहुओं में से कोई नहीं आयी थी सम्मेलन में हालाँकि रोज़ी ने स्वयं हवेली जाकर उन सबको आमन्त्रित किया था। लेकिन जब मुहल्ले से गयी कुछ औरतों ने आकर रजनी की अतिशय प्रशंसा की तो सुकशनी ने फ़ोन पर बधाई दे दी रजनी को।

"भाभी जी! भाई साहिब की प्रशंसा तो सुन ही रहे थे बहुत दिनों से लेकिन सुना है आज तो आपने भी कमाल कर दिया।"

"तुममें से कोई नहीं आयी सम्मेलन में। आतीं तो अच्छा रहता। प्रशंसा वाली कोई बात नहीं है। हम लोग एक मिशनरी काम पर लगे हैं। ईश्वर का शुक्र है कि लोगबाग हमारी बात समझ रहे हैं और हमारे अभियान को बल मिल रहा है।" विनम्र भाव से बोली रजनी।

भाई साहिब अभी असमंजस को स्थिति में थे। दिनेश को लेकर उनकी जितनी भी आशंकाएँ थीं, सब निर्मूल सिद्ध हुई थीं। अतः वे उसकी शहर में बढ़ रही वाहवाही पर प्रसन्न थे लेकिन जायदाद के बँटवारे को लेकर जो तल्ख़ी पैदा हो गयी थी, उसके कारण वे फ़ोन करके दिनेश को बधाई देने में संकोच का अनुभव कर रहे थे।

अनेक जगहों से निमन्त्रण आ रहे थे दिनेश को। रामलीला का उद्घाटन करें, इस्लामिया स्कूल के पुरस्कार-वितरण समारोह की अध्यक्षता करें, गुरु नानक ख़ालसा स्कूल में अखण्ड पाठ के भोग पर आएँ, सनातन धर्म स्कूल के स्थापना-दिवस समारोह में मुख्य अतिथि बनें, हनुमान मन्दिर के परिसर में बन रहे यात्री-निवास का शिलान्यास करें आदि-आदि।

दिनेश किसी को मना नहीं कर रहा था। प्रत्येक निमन्त्रण को सहर्ष स्वीकार करता, समारोह में जाता और अपनी बात कहता। अपनी बात भी वह हर बार इस नूतन ढंग से कहता कि दुहराव की गन्ध तक न रहती बात में। मूल मुद्दा वही

था जिसे मिशन बनाकर दिनेश ने इस कर्मक्षेत्र में पदार्पण किया था।

मालेरकोटला में सामाजिक सम्बन्धों की एक विशेषता यह थी कि ये सम्बन्ध परिवार जैसी आत्मीयता में बदल जाते थे। चण्डीगढ़ में स्थिति इसके बिल्कुल विपरीत थी। वहाँ सामाजिक या कारोबारी सम्बन्धों तथा व्यक्तिगत या पारिवारिक सम्बन्धों की भिन्न-भिन्न कोटियाँ थीं। लोग पत्रों तक में इसका संकेत करने में संकोच अनुभव नहीं करते थे। प्रोफेशनली योरस, या फ्रेटरनली योरस लिख देते थे पत्र के अन्त में निस्संकोच। यहाँ आत्मीयता थी सम्बन्धों में इसलिए ऐसा लिखना असभ्य बल्कि अपमान सूचक समझा जाता था। यहाँ ग़मी-खुशी में बिरादरी-भाईचारे के साथ-साथ उन लोगों को भी विधिवत् आमन्त्रित किया जाता था, जिनके साथ सोशल रिलेशनशिप होती थी। शादी-ब्याह में यदि भूल से किसी ऐसे व्यक्ति को निमन्त्रण देने में चूक हो जाती थी तो वह उलाहना देने आता था कि हम इतने ग़ैर हो गये कि बेटे की शादी तक में नहीं बुलाया। चण्डीगढ़ महानगरीय महामारी में ग्रस्त है, मालेरकोटला अभी तक इसके संक्रमण से सुरक्षित है। ईश्वर करे सुरक्षित ही रहे, सोचा दिनेश ने।

यह सोचना इसलिए पड़ गया था कि सभाओं-समारोहों के अतिरिक्त उसे बहुत-सी शादियों और मरगों पर भी जाना पड़ रहा था। आज ताबिश के भानजे की शादी थी। ताबिश उसका बचपन का मित्र अवश्य था लेकिन उसके बहनोई के साथ दिनेश का परिचय मात्र था। ताबिश पाकिस्तान से न आया होता तो उसके जीजा जी शायद दिनेश को निमन्त्रण भी न भेजते लेकिन अब तो बात ही दूसरी थी। ताबिश वास्तव में आया ही भानजे की शादी में सम्मिलित होने था। देर के बाद आया था इसलिए दो महीने का प्रोग्राम बनाकर आया था। उसने आग्रह किया था कि दिनेश रजनी को भी साथ लाये।

दस बजे रजनी और दिनेश कमानगराँ जा पहुँचे। ख़ूब चहल-पहल थी ताबिश की बहन के घर में। घर के अन्दर औरतें शादी के गीत गा रही थीं। बाहर आँगन में चाँदनी बिछाकर दीवारों के साथ-साथ कुर्सियाँ लगा दी गयी थीं। ताबिश की बहन आकर रजनी को अन्दर ले गयी। दिनेश बाहर बैठ गया आदमियों में ताबिश के पास। साफ़-सुथरे कपड़े पहने नौजवान लड़के अतिथियों को काजू बर्फ़ी, काजू पकौड़ी, कॉफ़ी, कोल्ड ड्रिंक पेश कर रहे थे।

थोड़ी देर बाद बाहर से बाजे वालों ने सलामी धुन बजाई। लड़का तो उसके चाचा की लड़की से ही ब्याहा जा रहा था, जो उसी गली में रहते थे लेकिन चाचा ने शादी घर पर न करके मैरिज पैलेस में करनी थी इसलिए बारात को ठण्डी सड़क जाना था। ताबिश के बहनोई ने चार-छह कारों और दो-तीन सूमो गाड़ियों का प्रबन्ध कर रखा था। अपने-अपने वाहनों से जाने वाले लोग भी थे ताकि वहाँ से निवृत्त होते ही अपने-अपने काम पर जा सकें।

कोट-पैंट पहने, टाई लगाये हुए, लड़का सज-धजकर आँगन में आया। उसके बैठने के लिये कोई मसनद नहीं बनायी गयी थी, लाल रंग की एक ऊँची कुर्सी रखी गयी थी। वह आकर कुर्सी पर बैठ गया। ताबिश के बहनोई अन्दर से सेहरा ले आये। बिरादरी के किसी बुज़ुर्ग ने सेहरा उनके हाथ से लेकर सेहरे को सभी उपस्थित लोगों का हाथ लगवाया और ताबिश को दे दिया। ताबिश ने उठकर पहले भानजे के सिर पर पगड़ी बाँधी फिर उसे सेहरा बाँध दिया। लोगबाग उठ-उठकर शगुन देने लगे, दूल्हे को नहीं, बल्कि दूल्हे के निकट बैठे उसके एक सम्बन्धी को, जो कापी में नोट कर रहा था कि किसने क्या दिया।

कोई आधा घण्टा यही क्रम चलता रहा। इसके बाद ताबिश सहित सम्बन्धियों ने लड़के को घर के बाहर खड़ी शादी की घोड़ी पर बिठा दिया। घर की लड़कियों ने घोड़ी को चने की दाल खिलाई, घोड़ी की बाग गूँधी और बाराती गाड़ियों में सवार हो गये। ताबिश की बहन सहित तीसेक बिरादरी की औरतें भी बारात में चलीं। बाजे वालों को एक सूमो में बिठाकर पहले भेज दिया गया ताकि वे बारात के पहुँचने से पूर्व मैरिज पैलेस के निकट जा खड़े हों।

दूल्हे को घोड़ी पर से उतारकर फूल मालाओं से सजाई एक कार में बिठा दिया गया। घोड़ी वाला स्वयं घोड़ी पर चढ़ बैठा। एड़ी देकर उसने घोड़ी को सरपट दौड़ाया क्योंकि उसे भी बारात से पहले बाजे वालों के पास पहुँचना था।

मैरिज पैलेस के सौ गज़ इधर ही घोड़ी और बाजे वाले खड़े हुए थे। दूल्हा कार में से निकल कर फिर से घोड़ी पर बैठ गया। आगे-आगे बाजे वाले थे, पीछे-पीछे बाराती मैरिज पैलेस के द्वार पर लड़की वालों ने बारात का स्वागत किया। दोनों समधी गले मिले। वधू पक्ष की लड़कियाँ दूल्हे को घोड़ी पर से उतारकर अन्दर ले गयीं। बारात को चाय-चाश्ता दिया गया।

मैरिज पैलेस से बड़े-से हॉल में एक ओर पक्की स्टेज बनी हुई थी, जिस पर क़ालीन बिछाकर बिजली की रंग-बिरंगी झालरें लगाई हुई थीं। दूसरी ओर दीवार के साथ-साथ खाने की मेज़ें लगी थीं, जिन पर वेटर्स बर्तन सजा रहे थे।

चाय-नाश्ते के बाद सब लोग हॉल के बीचोंबीच लगी कुर्सियों पर बैठ गये। दूल्हा अपने मित्रों सहित स्टेज पर जा बैठा। कुछ ही देर में एक मौलवी साहिब आ गये। उन्हें सीधे मंच पर ले जाया गया। मौलवी ने रजिस्टर में वर-वधू के नाम पिता के नामों सहित लिखे। काबेननामा में रिक्त स्थानों की पूर्ति की। दोनों पर दूल्हे, उसके पिता, श्वसुर और गवाहों के हस्ताक्षर कराये और पूछा कि दुल्हिन कहाँ है। यह पूछने से उसका आशय यह पता लगाना था कि पुरानी परम्परा के अनुसार लड़की की रज़ामन्दी भीतर जाकर ली जाएगी या नयी हवा के चलते लड़की भी यहीं मंच पर आएगी। बताया गया कि दूल्हा-दुल्हिन मंच पर बैठेंगे साथ-साथ निकाह के लिए।

कुछ ही क्षणों में दुल्हिन को मंच पर ले आयीं उसकी सहेलियाँ। मौलवी ने आयतें पढ़कर दोनों से पूछा कि अमुक पुत्र अमुक को अमुक पुत्री अमुक के साथ बशरह इतने रुपये महरे-मुवज़्ज़िल सिक्का रायजुल्वक़्त अक़्दे-निकाह क़ुबूल है? दोनों ने तीन-तीन बार 'क़ुबूल है' कहा तो मौलवी साहिब ने दुआ के लिये हाथ उठा लिए। उनके साथ ही हॉल में उपस्थित सभी लोगों ने दुआ के लिए हाथ उठाये। 'आमीन' कहकर दुआ पढ़ने वालों ने मुँह पर हाथ फेरे और ताबिश के भतीजों-भानजों ने प्रत्येक बाराती को छुहारों का एक-एक छोटा-सा पैकेट बाँट दिया।

एक ओर बैठा सोचता रहा दिनेश।

कितना परिवर्तन आ गया है हमारे सामाजिक जीवन में। पहले कहाँ आकर बैठती थीं लड़कियाँ बारात के सामने। लड़के को बारातियों के सामने निकाह पढ़ाया जाता था। मौलवी वहाँ से चार गवाह लेकर ज़नाने में जाता था और वहाँ लड़की को निकाह पढ़वाता था। प्रायः लड़कियाँ 'कुबूल है' नहीं बोलती थीं, केवल सिर हिलाकर स्वीकृति देती थीं। बाहर आकर मौलवी निकाह हो जाने की घोषणा करता था तो खुले बर्तनों में रखे छुहारे मुट्ठियाँ भर-भरकर फेंके जाते थे मण्डप में। होड़-सी लग जाती थी बारातियों में छुहारे एकत्र करने की।

खाना शुरू हुआ। लोग खाने की मेज़ों पर से अपनी-अपनी प्लेट में खाना डालकर खड़े-खड़े ही खाने लगे। जिनको खड़े होना अच्छा नहीं लगा, वे अपनी-अपनी प्लेट लेकर पुनः कुर्सियों पर आ बैठे। प्रत्येक व्यक्ति के हाथ की प्लेट को देखकर ऐसा लगता था जैसे मालेरकोटला पहलवानों का शहर है और यहाँ हर व्यक्ति दो या तीन आदमियों का भोजन अकेले कर सकता है। सबकी प्लेटों में भुना हुआ गोश्त, शामी कबाब, नर्गिसी कोफ़्ते, चावल, दही, सलाद ज़रूरत से ज़्यादा दिखाई दे रहे थे।

रजनी और दिनेश भी अपनी-अपनी प्लेट में खाना लेकर कुर्सियों पर आ बैठे।

"क्या फ़र्क है हमारी और इनकी शादियों में, केवल निकाह और फेरों का ही अन्तर है।"

"हाँ, रीति-रिवाज तो एक-से ही हैं। ये रीति-रिवाज ही तो वह सूत्र हैं जो हमें एकता में बाँधते हैं।"

रजनी ने देखा कई मुसलमान औरतें अपने पतियों के साथ एक ही प्लेट में खाना खा रही थीं।

"आपके ज़माने में शायद यह नहीं होता होगा कि औरत-मर्द एक ही प्लेट में एक साथ खाना खाते हों खुले आम।"

"हमारे ज़माने की मत पूछो रजनी। मैं पुरातनता-प्रेमी हूँ लेकिन मुझे यह सब अच्छा लग रहा है। मुस्लिम मैरिज धार्मिक कर्म नहीं, सोशल कॉन्ट्रेक्ट है लेकिन हमारे ज़माने में औरत को कमोडिटी समझा जाता था। ये बदले हुए रीति-रिवाज

औरत को सम्मान दे रहे हैं, यह मुझे अच्छा लग रहा है। परम्परावादी मुसलमान इसकी कड़ी आलोचना करते हैं लेकिन औरत को औरत का सम्मान न देना भी सामाजिक अन्याय था, जिसे बदले हुए रीति-रिवाज ने निर्मूल कर दिया है।" दिनेश ने कहा।

सेहरा उतारकर ताबिश का भानजा भी अपनी दुल्हिन के साथ खाना खा रहा था मित्रों और उनकी पत्नियों के बीच खड़े होकर। दिनेश ने देखा और मन ही मन कहा—'ब्रेवो माइ चिल्ड्रन।'

खाना खाकर लोग अपने-अपने घरों को जाने लगे तो दिनेश ने ताबिश से जाने की अनुमति माँगी। ताबिश चाहता तो था कि वे विदाई तक वहीं रुकें लेकिन उसे पता था कि विदाई होते-होते पाँच बज जाएँगे। इतनी देर तक इन दोनों को यहाँ बाँधकर रखना उचित नहीं, सोचा उसने और एक लड़के से उनको गाड़ी में घर तक पहुँचाने को कहकर विदा कर दिया।

ग्यारह

इस बार दीवाली सोमवार की थी। बुध को गुरू नानक जयन्ती थी। बीच के मंगल की आकस्मिक छुट्टी लेकर अखिलेश ने शनिवार-रविवार साथ मिलाकर पाँच छुट्टियाँ बना लीं और पत्नी-बच्चों सहित शुक्रवार रात को मालेरकोटला आ गया। नेहा और लोकू शनिवार शाम को आ गये लेकिन अविनाश रविवार शाम को ही आ पाया। वह किसी काम में उलझा हुआ था।

दिनेश के घर में ज़िन्दगी आ गयी थी जैसे। डब्बू, गुड़िया और लोकू की शरारतें, इन्दु और नेहा की बतियाहट, अखिलेश और अविनाश का स्निग्धालाप छाती ठण्डी कर रहा था दिनेश और रजनी की। यद्यपि मालेरकोटला आने के बाद रजनी और दिनेश को कभी एकान्तवास की अनुभूति नहीं हुई थी लेकिन बच्चों की याद तो आती ही थी। मन भी चाहता था, कभी एक बेटे के पास रहें कुछ दिन, कभी दूसरे के पास लेकिन दिनेश ने रिटायरमेंट के बाद जो मिशन अपने लिया चुना था और जिसमें रजनी ने सहर्ष भागीदारी कर ली थी, उसे लेकर ऐसा करना सम्भव नहीं रहा था। तब भी आज घर भरा-पुरा दिखाई दे रहा है तो प्रसन्नता के अतीव होने में कोई सन्देह नहीं है।

रजनी ने तो अणिमा को भी फ़ोन किया था कि रजत और बच्चों को लेकर दीवाली पर आ जाए। उसके बच्चों को तो पूजा हॉलिडेस भी होती हैं लेकिन उसका निकल पाना मुश्किल हो रहा था सास की बीमारी के कारण। अणिमा आ गयी होती तो परिवार अपनी सम्पूर्णता के साथ दीवाली मना लेता इस वर्ष।

जब से अखिलेश आया था उसने दो बातें विशेष रूप से नोटिस की थीं। पहली यह कि पिछले दो दिनों में न हवेली से किसी का फ़ोन आया था, न इधर से ही किसी ने फ़ोन किया था। डैडी ने एक बार भी नहीं पूछा था कि तुम हवेली जाकर ताया जी से मिले कि नहीं। दूसरी यह कि डैडी और मामा अत्यधिक व्यस्त थे। दिन भर दोनों के फ़ोन खनकते रहते हैं। मिलने वालों का आना-जाना लगा रहता है। डैडी कुछ न कुछ लिखने में लगे रहते हैं।

रविवार शाम को अविनाश आया तो अखिलेश ने उससे बात की। उसने

बताया कि उसे कुछ पैसों की ज़रूरत आ पड़ी थी तो डैडी ने ताया जी से पैत्रिक ज़मीन बेचने के लिए कहा था। ताया जी ने मना कर दिया है। डैडी उनसे गुस्सा हैं। दूसरी बात के विषय में उसने बताया कि डैडी का मिशन बहुत सफल हुआ है और मम्मी-डैडी इस समय शहर के मोस्ट वांटेड बने हुए हैं।

दूसरी बात सुनकर अच्छा लगा अखिलेश को लेकिन पहली बात के विषय में उसका मन चिन्तित हो गया।

“अब हम तो क्या कहते कभी भी, लेकिन डैडी को बहुत पहले ही प्रॉपर्टी का डिवीज़न कर लेना चाहिए था। चालीस साल चण्डीगढ़ में थे डैडी। उनको पता था कि साठ साल के होने तक वे वहीं रहेंगे। उसके बाद प्रॉपर्टी का अपना शेयर लेना आसान नहीं होगा लेकिन तब उन्होंने सोचा ही नहीं। शायद भाइयों का मोह ही इतना था उनको कि सोचना ही नहीं चाहा कभी उन्होंने।”

“अब जो भी रहा हो, उसको तो अन-डू नहीं किया जा सकता। आज की बात करें तो डैडी का शेयर चालीस वर्षों से मज़े से एक्सप्लॉयट कर रहे हैं ताया जी और चाचाजी लोग। अब छोड़ दें। बहुत हो गया।”

“क्या कहा ताया जी ने?” पूछा अखिलेश ने।

“डैडी से ही पूछ लो ना।” अविनाश ने उत्तर दिया।

“डैडी से भी बात करेंगे, पहले मालूम तो हो कि फेक्ट्स क्या हैं।”

“ताया जी बोले प्रॉपर्टी डिवाइड करने से ख़ानदान की नाक कटती है।”

“शिट्।” नाक-भौं सिकोड़ी अखिलेश ने।

“वही पुरानी घिसी-पिटी कहानी इमोशनल ब्लैकमेलिंग की। हू बॉदर्स फ़ॉर हूम दीज़ डेज़?”

“काफी परेशान हैं डैडी। उनकी समझ में नहीं आ रहा है कि क्या करें।”

“लीगल रेमिडी लें, और क्या करें।” अखिलेश ने कहा।

“यही तो वे नहीं करेंगे। यह शायद बियॉन्ड हिम है।”

“तो राइट ऑफ़ कर दें। दान कर दें अपना हिस्सा भाइयों को।” क्रोधित हो उठा अखिलेश।

“मुझ पर क्यों गुस्सा हो रहे हैं आप भैया? मैं क्या कर सकता हूँ?”

“तुम इतना निकट रहते हो। सप्ताह-दो सप्ताह में आते हो यहाँ। डैडी को समझाया नहीं तुमने कि किसी वकील से बात करके नोटिस भिजवा दें हवेली वालों को?”

“अभी इसकी नौबत नहीं आयी है। ताया जी टालमटोल कर रहे हैं। डैडी को आशा है कि यश और कुलदीप चाचा उन्हें समझा-बुझाकर राज़ी कर लेंगे।”

“क्यों करेंगे वे? उनका बिज़नेस तो कॉमन है तीनों का। प्रॉपर्टी से जो कुछ भी लाभ मिल रहा है, तीनों के साँझे खाते में ही तो जा रहा है।......हम बात करेंगे डैडी से।”

“भैया! मैं तो डैडी को प्रेस नहीं करना चाहता। उनको अपनी टेंशन भी नहीं देना चाहता वर्ना फेक्ट यह है कि मुझे पैसों की सख़्त ज़रूरत है। मेरी कई पेमेंट्स फँस गयी, हैं विदेशों में। मरेंगी नहीं। आएँगी निश्चित लेकिन समय अनप्रेसिडेन्टिडली अधिक लग रहा है। पैसे हाथ में नहीं थे इसलिए एक ऐसी डील हाथ से निकल गई, जिससे मुझे चार लाख का फ़ायदा हो सकता था।” अविनाश ने बताया।

“इतना उदास क्यों हो रहे हो? एक डील हाथ से निकल गयी तो दैट इज़ नॉट एंड ऑफ़ दी वर्ल्ड। और मिल जाएगी।” अखिलेश ने समझाया।

“चलिए, वह तो गयी, सो गयी। अब एक और मुसीबत खड़ी है सिर पर। आपको पता है जब मैंने फैक्ट्री लगायी थी तो तीस लाख रुपया लोन लिया था पी. एफ.सी. से। चार साल तो उसकी किस्तें देता रहा मैं विदाउट डिले। फिर कुछ प्रॉबलम्स आ गयीं और मुझसे किस्तें नहीं दी गयीं। बाकी की रकम पर पी.एफ.सी. कम्पाउंडिड इंटरेस्ट और पेनेलिटी डालने लगी। दस लाख देना था उनका, बढ़ते-बढ़ते बीस-बाइस लाख हो गया। सोचता रहा किसी मंत्री-वंत्री से सिफारिश कराके मामला निबटा लूँगा। कोशिश भी की मगर मंत्री जी ने अपना ही मुँह खोल लिया कि पहले इसमें निवाला डालो। अब रिज़र्व बैंक की नयी पॉलिसी आयी है कि प्रोमोशन ऑफ़ इंडस्ट्री के लिए डिफाल्टर्स को ब्याज और पेनेलिटी छोड़ दो और उनसे मूल ले लो। इस मौके को मैं हाथ से नहीं जाने देना चाहता। पी.एफ.सी. भी क्लिंच करने के मूड में है। एम.डी. तक पहुँच भी है मेरी। मगर अभी मेरे पास दस लाख भी नहीं हैं।”

ध्यान से सुनता रहा अखिलेश।

“थे मेरे पास। दस-पन्द्रह लाख का कैश था। डील नहीं बनी तो सोचा राअ-मेटीरियल उधार पर उठाकर ब्याज क्यों भरूँ। कैश पर ले लूँ तो नकद की कटौती मिलती है। यह सोचकर मैंने इस बार राअ-मेटीरियल कैश पर ले लिया। सारा कैश उसमें लग गया।”

“डैडी के पास है एफ.डी. में, उसे भुना लो। महीने-दो महीने में लौटा देना।” अखिलेश ने सुझाव दिया।

“डैडी को बहुत बुरा लगा था जब मैंने डील के दिनों में एफ.डी. भुनाने की बात कही थी। उन्हें लगता है कि यह उनकी बुढ़ापे की सिक्योरिटी है। इसे नहीं छूने देना चाहते किसी को।”

“हूँ।” एक लम्बा, चिन्ता भरा साँस छोड़ा अखिलेश ने।

“अब तुम्हें चाहिए भी दस लाख। एकाध लाख होता तो मैं ही दे देता।”

सहसा कमरे का द्वार खुला और दिनेश अन्दर आ गया। अखिलेश का अन्तिम वाक्य उसके कानों में भी जा पड़ा था।

“ये दोनों भाई क्या खिचड़ी पका रहे हो दरवाज़ा बन्द करके कब से?” पूछा

दिनेश ने।

"कुछ नहीं डैडी। बहुत दिनों के बाद मिले हैं ना, गपशप कर रहे थे।"

"हम भी सुनें क्या गपशप हो रही है।" बैठ गया उनके पास ही डबलबैड पर दिनेश।

"डैडी, हमें इस बात की तो बहुत प्रसन्नता है कि आप जिस मिशन को लेकर मालेरकोटला रहने आये थे, उसे खूब सफलता मिल रही है लेकिन मैं देख रहा हूँ कि आप अपनी हेल्थ की कॉस्ट पर यह सब कर रहे हैं। पिछले महीनों में आपने काफी वेट लॉस किया है। रिटायरमेंट के बाद अपने को बिज़ी रखने के लिये सोशल एक्टिविटी और बात है, नर्वज़ पर लेकर चौबीस घण्टे की इन्वॉल्मेंट दूसरी बात है।" अखिलेश ने पहले इसी विषय पर बात करना उचित समझा।

"बेटा! मैं तुम्हारा कन्सर्न, तुम्हारी चिन्ता समझ सकता हूँ लेकिन तुम्हें ग़लतफ़हमी यह है कि मैं सोशल सर्कल की तलाश में रिटायरमेंट के बाद मालेरकोटला आया था शायद। नहीं बेटा! मैं एक मिशन लेकर आया था, अपनी मिट्टी का क़र्ज़ उतारने का मिशन लेकर। बग़ैर इन्वॉल्व हुए, सफलता तो दूर, इसका टेक- ऑफ़ भी पॉसिबल नहीं था।"

"बट नॉट एट दिस कॉस्ट डैडी।" बोला अविनाश।

"मिट्टी का क़र्ज़ मिट्टी देकर ही तो उतार रहा हूँ। महँगा क्या है इस सौदे में। यह शरीर भी तो मिट्टी ही है बेटा। पता नहीं कितने दिन और है। इसके रहते-रहते क़र्ज़ा उतर जाए तो और क्या चाहिए।"

"हम एप्रिसियेट करते हैं आपकी फ़ीलिंग्स को, आपकी कमिटमेंट को, लेकिन हम आपके बेटे हैं। हमें आपकी हेल्थ चाहिए। आपकी ज़िन्दगी चाहिए।"

"उसकी गारंटी हमसे ले लो। जब तक जिऊँगा चाक़-चौबन्द रहूँगा।" दिनेश को छू गयी थीं भीतर से बच्चों की बातें।

दोनों बहुएँ किचन में घुसकर पकौड़ी तल रही थीं। पकौड़ी की प्लेट लेकर आयी रजनी तो देखा बाप-बेटे एक ही बैड पर चढ़े बैठे हैं।

"क्या मजलिस हो रही है यहाँ?" पकौड़ी की प्लेट उनकी ओर बढ़ाते हुए रजनी ने पूछा।

"कुछ नहीं मामा, डैडी से कह रहे हैं कि अपने को इतना टॉर्चर मत करें। थोड़ा रेस्ट भी कर लिया करें।" रजनी के हाथ से प्लेट लेते हुए अखिलेश ने कहा।

"ही इज़ डैम टू बिज़ी एट दिस एज।"

"मामा से क्या कह रहे हो भैया। मामा का तो अपना यही हाल है। शुरू-शुरू में, जब यहाँ आये थे मम्मी-डैडी तो मामा कहती थीं 'माइ लोनलीनेस इज़ माइ सॉलिट्यूड।' अच्छा था कम-से-कम रेस्ट तो कर रही थीं। डैडी की देखादेखी ये भी कूद पड़ीं इस मिशन में और अब ये भी उतनी ही बिज़ी रहती हैं दिन भर, जितने

बिज़ी डैडी रहते हैं।" अविनाश बोला।

"सच मामा?" पूछा अखिलेश ने।

"बेटा, तुम्हारी मामा ने जो सहयोग हमें दिया है, वह हमारी शक्ति बना है। इस मिशन को जो थोड़ी-बहुत सफलता मिली है आज तक, उसमें रजनी का बहुत बड़ा कंट्रीब्यूशन है। यू शुड बी प्राउड ऑफ़ योर मदर।"

"चलिए पकौड़ी खाइए, ठण्डी हो जाएगी। हमें बहुत छका लिया आपने।" कहकर रजनी दरवाज़े की ओर मुड़ी तो अखिलेश ने आवाज़ दी—

"मामा।"

"क्या है?" वहीं से मुड़कर पूछा रजनी ने।

"थोड़ी सॉस प्लीज़।" अखिलेश ने प्लेट ऊपर उठाकर कहा।

"लाती हूँ।" कहकर रजनी बाहर निकल गयी।

एक मिनट बाद डब्बू सॉस की बोतल लाकर दे गया। रजनी शायद किचन में उलझ गयी थी।

"डैडी! मुझे ग़लत मत समझना, एक बात पूछूँ?" अखिलेश ने डरते-डरते कहा।

"पूछो।" मुस्कुराया दिनेश।

"आपने ताया जी से प्रॉपर्टी के बँटवारे की बात की थी?"

"हाँ।" कोई संकोच नहीं था दिनेश को अपने जवान बेटों से बात करने में।

"वे नहीं माने?"

"बेटा! तुम्हारे तायाजी पुराने विचारों के आदमी हैं। संयुक्त परिवार की वेल्यूज़ को लेकर जिये हैं सारी उम्र। दोनों भाइयों को साथ लेकर बाबूजी का बिज़नेस संभाला उन्होंने। मेरा एप्टिट्यूड नहीं था बिज़नेस का, इसलिए मैं टीचिंग में चला गया। नहीं तो, मुझे भी इसी बिज़नेस में लगा लिया होता उन्होंने। अब ऐसे आदमी का यह सोचना ग़लत भी नहीं है कि बँटवारा होगा तो शहर में बात निकलेगी ही और उनका जो फ़ादर-हैड। का इमेज बना हुआ है परिवार को संयुक्त रखने का, उस पर ज़र्ब आएगी।"

"मना कर दिया था उन्होंने?" सीधा प्रश्न पूछा अखिलेश ने।

"नहीं, मना तो नहीं किया साफ़ लफ़्ज़ों में। शायद अभी अपने को मेंटिली तैयार कर रहे हैं।"

"यश चाचाजी और कुलदीप चाचाजी का क्या एटीट्यूड है?"

"वे दोनों तो बच्चे हैं हम दोनों के सामने। वे क्या मुँह खोलेंगे। ये दोनों तो न भाई साहिब के सामने ज़बान खोल सकते हैं, न मेरे सामने। इनकी ग्रूमिंग ही ऐसी हुई है।"

"मतलब यह कि निर्णय केवल और केवल ताया जी को करना है।"

"तुम ठीक समझ रहे हो।"

"तो उनका निर्णय कभी नहीं होगा डैडी। आप किसी भ्रम में मत रहिए प्लीज़।"

"बेटा, लेफ़्ट टू मी एलोन, मैं तो कभी बँटवारे की बात ही न करता, अपना हिस्सा तीनों भाइयों के नाम कर देता लेकिन अब मुझे तुम लोगों की बढ़ती हुई ज़रूरतें दिखाई दे रही हैं, इसलिए मैंने बात की थी। हो जाएगा सॉर्ट आउट, तुम क्यों चिन्ता करते हो।"

"चिन्ता इसलिए हो रही है डैडी कि कल और आज, दो दिन बीत गये, न हवेली से किसी ने फोन किया, न कोई यहाँ आया। हवेली से बाहर रहने का मतलब यह तो नहीं कि आप और मम्मी उनमें से किसी के कुछ लगते ही नहीं। उन्हें आप दोनों की कुशल तो पूछते रहना चाहिए कम-से-कम।" अभी तक चुप बैठा अविनाश बोल पड़ा।

"अविनाश! हर आदमी अपने में बिज़ी है, अपने में मस्त है। हमने भी कहाँ फ़ोन किया है हवेली वालों को इन दो दिनों में। तुम लोग भी कहाँ गये हो उनसे मिलने।" समझाया दिनेश ने।

"मैं तो अपनी लेथार्जी के कारण नहीं गया। ये आया ही आज शाम को है। उन लोगों को बताया तो होगा आपने कि हम लोग दीवाली पर यहाँ आ रहे हैं। शिबू या मकरन्द ने ही फ़ोन करके पूछ लिया होता कि हम आये हैं या नहीं।"

"बेटा! सच तो ये है कि मैं बहुत दिनों से हवेली नहीं गया हूँ। न हवेली से ही कोई इधर आया है। मैं तुम्हें अँधेरे में नहीं रखना चाहता। बँटवारे की बात के बाद से मेरा दिल खट्टा हो गया है भाइयों की तरफ़ से। वो भी शायद यही चाहते हैं कि मैं उनसे दूर रहूँ क्योंकि पास जाऊँगा तो अपना हिस्सा माँगूँगा।" अभी तक सच को छिपाते-छिपाते भीतर से टूट गया था दिनेश, इसलिए सच उगल डाला उसने।

"अब आप काइंडली एक काम कीजिए। ताया जी से कह दीजिए कि दो महीने के अन्दर-अन्दर जायदाद का बँटवारा नहीं करेंगे तो हम कानूनी चाराजोई करने पर विवश हो जाएँगे।" अखिलेश सीधी कार्यवाही पर उतर आया।

"यह मुझसे नहीं होगा अखिलेश। इम्पॉसिबल फ़ॉर मी टू डू।"

"तो मुझे इजाज़त दीजिए, मैं उनसे बात कर लेता हूँ।"

"नहीं अखिलेश, तुम बात नहीं करोगे। हर्गिज़ नहीं। अभी मैं ज़िन्दा हूँ। मामला हम भाइयों का है। तुम्हारी जेनरेशन का हक़ हमारे बाद बनता है प्रॉपर्टी पर, हमारे रहते नहीं।" भयभीत हो गया था दिनेश अखिलेश के सुझाव से।

"छोड़िए भैया। मैंने आपसे पहले ही कहा था, डैडी यह नहीं करेंगे।" अविनाश चाहता था कि जब कुछ करना ही नहीं है तो बात को क्यों लटकाया जाए अकारण।

"तुमको फिर पैसे की ज़रूरत आ पड़ी है क्या अवि? वो डील वाली बात तो ख़त्म हो गयी थी, तुम बता रहे थे।" कमरे में घुसते ही जो बात दिनेश के कानों में पड़ी थी, उसे अभी तक होंठों पर नहीं आने दिया था उसने।

"डैडी! अविनाश पी.एफ.सी. का डिफ़ॉल्टर है। इसने उनका दस लाख नहीं दिया, जो अब बढ़कर बाईस लाख हो गया है ब्याज और पेनेलिटी समेत। रिज़र्व बैंक की नयी औद्योगिक नीति के अन्तर्गत डिफॉल्टर्स को ब्याज और पेनेलिटी छोड़ी जा रही है अगर वे मूल यकमुश्त देने को तैयार हों।" अखिलेश ने बात खोलकर सामने रख दी।

"तुम्हारे पास पन्द्रह लाख कैश था अवि?" पूछा दिनेश ने।

"उसका इसने कच्चा माल खरीद लिया। अब इसके पास कैश नहीं है। मेरे पास एक-डेढ़ होगा। पचासेक हज़ार ले भी सकता हूँ किसी न किसी से बिना ब्याज के। दो हो जाएगा। आठ और चाहिए, तब इसकी मुक्ति होती है।" उत्तर दिया अखिलेश ने।

"इसके लिए डेट लिमिट क्या है?" दिनेश ने पूछा।

"डेड लाइन तो कोई नहीं है डैडी लेकिन अभी किसी के थ्रू एम.डी.को एप्रोच किया था। बहुत निकट का सम्बन्धी है एम.डी. का। रिज़र्व बैंक की नयी पॉलिसी को हेण्डिल बनाकर वह इंटेरेस्ट और पेनेलिटी बेव-ऑफ़ करने पर राज़ी हो गया है। हम डिले करेंगे तो मौका हाथ से निकल जाएगा। तब बाईस-पच्चीस ही देना पड़ेगा। नहीं तो वे हमारी फैक्ट्री अटैच कर लेंगे।"

दिनेश के लिए यह सचमुच ही बड़ी भारी चिन्ता का विषय था। एक क्षण मौन रहकर सोचता रहा वह।

"डैडी, आप ताया जी से कहिए कि दस लाख अभी दे दें, हमें सख़्त ज़रूरत है। जब कभी प्रॉपर्टी का डिवीज़न होगा, उसमें समझ लें वे इस रकम को।" अखिलेश ने सुझाव दिया।

"हाथ में कठौता लेकर न निकल पड़ूँ भीख माँगने?" क्रोध में आ गया दिनेश।

वास्तव में उसे बड़े भाई से आशा ही नहीं थी कि वे उसके हिस्से का कुछ देना भी चाहेंगे कभी। यह क्रोध भी उसका भाई साहिब पर ही था, जो इस वाक्य में लिपटकर बच्चों पर व्यक्त हो गया था।

"चलिए उधार माँग लीजिए। हम छह महीने में वापिस कर देंगे।" अविनाश ने पिता की भावुक दुर्बलता को देखते हुए सुझाव दिया।

"सोचते हैं।" कहकर दिनेश उठा और बाहर जाकर लॉन में टहलने लगा।

कुछ क्षण सोचता रहा दिनेश। विषय के सभी पक्षों पर गम्भीरतापूर्वक विचार करने के बाद उसने अपने से ही निर्णय ले लिया।और अन्दर चला आया। बच्चे अभी तक कमरे में ही बैठे हुए थे। बहुएँ और रजनी टेबल पर खाना लगा रही थीं।

पोती-पोते ड्राइंग रूम में वीडियो गेम्स खेलने में मस्त थे।

"अविनाश! तुम बुध को आकर दस लाख ले जाना मुझसे।" दिनेश ने बहुत संयत स्वर में घोषणा की।

"आप कहाँ से देंगे डैडी?" अखिलेश ने पूछा।

"कहीं से भी दें, इसको पैसा मिल जाएगा।" दिनेश बोला।

"डैडी, हम आपकी औलाद हैं। बिना सोर्स जाने यह ले जाएगा पैसा आपसे?" पूछ अखिलेश ने।

"हम अपनी एफ.डी. तुड़वाएँगे। कल दीवाली की छुट्टी है। परसों गुरू नानक जयन्ती की। दो दिन बैंक बन्द होंगे। बुध को खुलेंगे। हम पैसा लाकर घर पर रख लेंगे। दोपहर बाद जब चाहे आकर ले जाना।"

"डैडी....." अविनाश कुछ कहने ही लगा था कि दिनेश ने तुरन्त टोक दिया।

"अब कोई बात नहीं। रिटर्न का एंशोरेन्स देने की ज़रूरत भी नहीं। पी.एफ. सी. का झंझट ख़त्म करो और अपनी फैक्ट्री के काग़ज़ात वापिस लो उनसे जितनी जल्दी मुमकिन हो।"

चुप हो रहा अविनाश।

उसे पता था कि डैडी किसी कीमत पर भी एफ.डी. तुड़वाने को तैयार न थे। साफ़ शब्दों में मना कर दिया था उन्होंने पिछली बार। कैसा असुरक्षा का भाव पैदा हो रहा होगा इस समय उनके मन में। बेटे की आवश्यकता को देखते हुए उन्होंने अपने आप को तैयार तो कर लिया इसके लिए लेकिन उन पर क्या बीत रही होगी, इसका अनुमान लगाना न अखिलेश के लिए कठिन था और न अविनाश के लिये।

खाने की मेज़ पर महीनों बाद एक साथ बैठीं परिवार की तीन पीढ़ियाँ। दिनेश एफ.डी. तुड़वाने का निर्णय लेकर चिन्तामुक्त हो चुका था, इसलिए एकदम सहज हो गया था। अविनाश और अखिलेश दुखी दिखाई दे रहे थे उसको, इसलिए वह उनकों भी सहज करने का प्रयास कर रहा था।

"गुड़िया! अब तो मम्मी-पापा तुम्हें गवर्नेस के पास छोड़कर पिक्चर देखने नहीं जाते ना?" दिनेश ने छोटे बच्चों से बात करनी आरम्भ की।

"नहीं दादा जी, अब तो ये लोग पिक्चर ही नहीं जाते। हमने वी.सी. आर. ले लिया है ना। शॉप से प्रिंट लाकर घर पर ही पिक्चर देखते हैं हम लोग।"

"और वे चना-मूँगफली की रिश्वत? उसका क्या हुआ?"

"दादा जी! एक्टुअली पहले जब मम्मी-पापा पिक्चर जाते थे ना हम लोगों को गवर्नेस के पास छोड़कर तो मुझको पाँच रुपया दे जाते थे कि भाई-बहन चना-मूँगफली खा लेना। हमसे ये लोग ये कहकर नहीं जाते थे कि पिक्चर जा रहे हैं। हमसे कहते थे एक अर्जेंट काम के लिए जा रहे हैं। हमें पता तो चल गया था लेकिन हम पाँच रुपये की रिश्वत पर ही सेटिस्फ़ाइड थे।" जवाब दिया डब्बू ने।

"हम तुमसे बैटर हैं भैया। हमारे डैडी को एक दिन मम्मी को रेसलिंग सिखाना था। हमें जल्दी सुलाने के लिए इन्होंने हमें चार टॉफ़ियाँ दीं हमने कहा इतने में काम नहीं चलेगा, कैड्बरी का चॉकलैट भी दो साथ में। डैडी ने फ़ौरन अपना ब्रीफकेस खोला और चॉकलेट निकालकर दे दिया। सोये हम फिर भी नहीं लेकिन रिश्वत ली थी ना, इसलिए सोने का ड्रामा करते रहे।" लोकू बोला।

एकदम पानी-पानी हो गयी नेहा। अविनाश को भी मुँह छिपाने को जगह नहीं मिल रही थी। रजनी और इन्दु मुस्कुरा भी रही थीं, लजा भी रही थीं।

यही तो चाहता था दिनेश कि टेंशन रिलीज़ हो। माहौल बदले। बातचीत का विषय बदले। कमाल कर दिया था लोकू ने अपने भोलेपन में।

दिनेश ने अनुभव किया कि लोकू ने अनजाने में ऐसी बात कह दी है, जिसकी वजह से सब लोग कछुए की तरह अपनी-अपनी खोपड़ी के भीतर सिमट गये हैं। उसने खोपड़ी में छिपे सिरों को बाहर निकालने के उद्देश्य से कहा–

"चलो, अभी खाना खाकर अन्तक्षरी खेलते हैं। जो टीम हारेगी, उसे हनीफ़ की दूकान से लाकर फ़ालूदा खिलाना होगा।"

हनीफ़ का फ़ालूदा मालेरकोटला का लोकप्रिय डिज़्ज़र्ट था। विशेषता यह थी कि हनीफ़ की दूकान चौबीस घण्टे खुली रहती थी बल्कि दिन की अपेक्षा रात में अधिक चलती थी।

"टीमें तय कीजिए।" डब्बू ने कहा।

"एक टीम डब्बू, गुड़िया, इन्दु और अविनाश की। दूसरी टीम लोकू, नेहा और अखिलेश की।"

"मंज़ूर है।" गुड़िया बोली।

"दादी माँ किधर होंगी?" पूछा लोकू ने।

"दादी माँ दोनों तरफ़ रहेंगी।" रजनी बोली।

"ये तो चीटिंग है दादी माँ। एक तरफ़ होना पड़ेगा। आप हमारे साथ रहेंगी।" लोकू ने फैसला सुनाया।

"नहीं, दादी जी हमारे साथ होंगी।" गुड़िया को दादी से बहुत मोह था।

"अरे कोई रख लो दादी को, बेकार ही रहेंगी। एक भी फ़िल्म का गाना इनको याद नहीं है।" दिनेश बोला।

मुस्कुराकर दबी आँख से देखा रजनी ने दिनेश की ओर जैसे कह रही हो–चुप रहे हम अदब से महफ़िल में, वर्ना किस बात का जवाब न था।

सचमुच ही बाप-बेटों के सिरों पर घिरा चिन्ता का, टेंशन का बादल छँट गया था और अब गृहाकाश निरभ्र था, स्वच्छ था, मनमोहक था।

देर रात तक खेलता रहा सारा परिवार अन्ताक्षरी। वर्षों बाद दिनेश और रजनी

ने बच्चों के साथ बच्चे बनकर सुरैया, शमशाद बेगम, मुहम्मद रफ़ी और मन्ना डे के गाये गानों को गाया। घर जैसे सूखा हुआ उद्यान था आज तक, आज अचानक ऐसी बहार आयी थी कि इसका कोना-कोना हरियाली से लहक उठा था। चारों ओर सुगन्ध ही सुगन्ध फैली थी—मोतिया, चमेली, रात की रानी की महक।

देर रात गये दोनों बेटे अपने-अपने परिवारों सहित अपने-अपने कमरे में जाकर लेट गये तो रजनी और दिनेश भी अपने कमरे में जा लेटे।

बड़ी देर तक व्यस्त था दिनेश बच्चों की महफ़िल में। सब कुछ भूल गया था उसे थोड़ी देर के लिए। घर बार, हवेली, पैसे का जुगाड़, यहाँ तक कि अपना मिशन भी। आकर बिस्तर पर लेटा तो हवेली वालों का व्यवहार फिर से अन्वेषणाधीन आ गया। पिछली बार भाई साहिब कह रहे थे अविनाश के लिए क़र्ज़े का प्रबन्ध मैं कर देता हूँ। यदि कम ब्याज पर दिला दें तो क्या हर्ज है। दूसरे क्षण उसने स्वयं ही रद कर दिया यह प्रस्ताव। ब्याज पर ही लेना है तो भाई साहिब का अहसान क्यों लें, एफ.डी. तुड़वाने पर भी तो वह ब्याज जाता रहेगा जो जमा धनराशि पर मिल रहा है। यह भी ब्याज पर लेने वाली बात ही है। अन्तर मात्र इतना है कि ब्याज देना नहीं पड़ेगा बल्कि मिल रहा ब्याज खोना पड़ेगा।

"क्या सोच रहे हैं आप?" उसे गहन चिन्तन में डूबे देख रजनी ने पूछा।

"कुछ नहीं। सो जाओ तुम।" दिनेश ने कहा।

"यह क्या ज़रूरी है कि अकेले अन्दर ही अन्दर घुलते रहो किसी बात को लेकर। एक तरफ़ मुझे पार्टनर कहते हो, दूसरी तरफ़ कुछ शेयर भी नहीं करना चाहते मुझसे।" रजनी ने कहा।

"ऐसी बात नहीं है रजनी........"

और उसने संक्षेप में सारी बात बता दी रजनी को।

सुनकर उदास हो गयी रजनी।

"मुझे कोई जॉब नहीं लेकर दे सकता जगतार? अच्छा लड़का है।" रजनी बोली।

"जॉब तलाश करने की क्या ज़रूरत है? मैंने जब एफ.डी. तुड़वाने का फ़ैसला किया है तो यह भी सोच लिया होगा कि रोटी का जुगाड़ कैसे होगा।"

"क्या सोचा है आपने, मैं भी तो सुनूँ।"

"ट्यूशन करूँगा।" दिनेश ने दृढ़ता से कहा।

और भी उदास हो गई रजनी। कैसा प्रमुदित रहता था दिनेश रात-दिन अपने मिशन के काम को लेकर। अब फिर से लेकर बैठेगा बच्चों को वर्डस्वर्थ-कीट्स पढ़ाने। लेकिन दूसरा कोई उपाय भी नहीं था। रजनी को पता था कि दिनेश उसे नौकरी नहीं करने देगा। शादी के तुरन्त बाद ही उसने त्यागपत्र दिलवा दिया था रजनी से हालाँकि शादी से पहले उसके पास नॉन-ट्रांस्फ़रेबल गवर्नमेंट जॉब थी

चण्डीगढ़ में।

''ठीक ही सोचा है आपने। अपने गुज़ारे लायक़ दो-एक ग्रुप्स कर लो।''

''यही सोचा है।''

''तो फिर अब क्या सोच रहे हो? सो जाओ।''

करवट बदलकर मुँह दीवार की ओर कर लिया दिनेश ने और सोने की कोशिश करने लगा।

अगले दिन सुबह-सुबह भाई साहिब का फ़ोन आया।

''शाम को इधर आ जाना। लक्ष्मी-पूजन मिलकर करेगा सारा परिवार।''

सारा परिवार? कौन-सा परिवार? मैं हूँ कहाँ इस परिवार में अब? सोचा दिनेश ने।

''भाई साहिब, शाम को तो नहीं आ पाएँगे। बच्चे आए हुए हैं। इस घर में पहली दीवाली है, उत्साह से मनाने के मूड में हैं।''

धक्का-सा लगा भाई साहिब को। बच्चे आए हुए हैं और हवेली में किसी को ख़बर तक नहीं।

''कौन? अखिलेश-अविनाश? कब आए है?'' पूछा भाई साहिब ने।

''उनकी बीवियाँ-बच्चे भी आए हैं।'' यह नहीं बताना चाहता था दिनेश कि बच्चों को आए दो दिन हो गए हैं।

''तब तो और अच्छी बात है। दो पीढ़ियों का गेट-टुगेदर हो जाएगा।''

''मुश्किल ही होगा भाई साहिब निकल पाना।'' दिनेश साफ़ मना नहीं कर पा रहा था।

''शिवदान-मकरन्द आकर ले जाएँगे गाड़ियों में।'' भाई साहिब ने प्रस्ताव रखा।

"वो तो कोई बात नहीं है। मेरा अपना शेड्यूल भी काफ़ी टाइट है आज। अभी दस बजे दीवाली-मिलन रखा है विरासत ने। दोपहर में शहबाज़ शाह ने हिन्दू मित्रों का लंच किया है। आफ़्टर-नून में मिठाई देने जाऊँगा कुछ मित्रों के यहाँ। इसी में शाम हो जाएगी।"

"तो शाम को ही तो कह रहा हूँ, इधर आ जाओ।"

"चलिए, देखता हूँ। वादा नहीं कर सकता।"

"देखता हूँ नहीं। आना है।" आदेश-सा दिया भाई साहिब ने और फ़ोन रख दिया।

हवेली से किसी ने मिठाई नहीं भेजी दिनेश के घर पर, यह सोचकर कि लक्ष्मी-पूजन पर आएँगे तो विदा करते समय बाँध देंगे मिठाई साथ में। दिनेश ने भी उधर मिठाई नहीं भेजी क्योंकि मिठाई भेजने का अर्थ था वह लक्ष्मी-पूजन में नहीं आ रहा।

दिन भर सचमुच ही व्यस्त रहे दिनेश भी, रजनी भी। अनेक लोग दीवाली की बधाई देने आये, पुरुष भी, महिलाएँ भी। जहाँ-जहाँ जाना निश्चित कर रखा था दोनों ने, गये भी।

शाम के सात बजते को शिवदान और मकरन्द ने गाड़ियाँ लाकर दिनेश के दरवाज़े पर लगा दीं और अन्दर आकर भाइयों से इस प्रकार स्नेहपूर्वक मिले जैसे सदियों के बिछुड़े हुए हों।

रजनी किचन में खड़ी पूजा की थाली तैयार कर रही थी। जोत बनाकर उसने थाली में रख दी थी। अक्षत, रोला, चाँदी का रुपया, लक्ष्मी-गणेश की मूर्तियाँ भी थाली में रख दी थीं। केवल मिठाई रखनी बाकी थी। दोनों बहुएँ किचन में उसका हाथ बँटा रहने रही थीं। दिन में बहुओं ने सास के निर्देशानुसार हाटों पर चूना पोतकर रंग-बिरंगी गुलकारी कर दी थी।

दिनेश ने सोचा कुछ क्षण।

क्या ज़रूरी है भाइयों से इस प्रकार सम्बन्ध-विच्छेद कर लिया जाए? आखिर भाई हैं। अपना ख़ून है। सारे सम्बन्ध तोड़ना क्योंकर संभव होगा? अब बच्चे आ ही गये हैं लेने को तो चलना ही चाहिए। अपने घर पर लक्ष्मी-पूजन लौटकर कर लेंगे। वहाँ से जल्दी लौटने का बहाना भी हो जाएगा।

घर के सब लोगों से कई बार कह चुके थे शिवदान और मकरन्द जल्दी चलने के लिए लेकिन किसी का भी हवेली जाने का मन नहीं था। दिनेश के निर्णय की प्रतीक्षा भी कर रहे थे कि चलने का निर्णय लेते हैं या मना करते हैं। आखिर दिनेश ने आवाज दी–

"अखिल! अवि! तुम्हारे ताया जी चाहते हैं हवेली में सब मिलकर लक्ष्मी-पूजा करें। देर मत करो, वापिस आकर अपने घर पर भी लक्ष्मी-पूजन करना है।"

रजनी और बच्चों को पता था कि दिनेश ने यह निर्णय क्यों और किस विवशता में लिया था।

हवेली में लक्ष्मी-पूजन हुआ। सारे परिवार ने मिलकर पूजा की। मुहल्ले के मन्दिर से पण्डित जी बुलाए गये थे। उन्होंने मन्त्रोचार किया। लक्ष्मी-वन्दना के श्लोक पढ़े। परिवार को सुख-समृद्धि का आशीर्वाद दिया और दक्षिणा लेकर चले गये। उन्हें अभी कई घरों में पूजा करानी थी।

भाई साहिब ने बारी-बारी बच्चों को हाटों में से मिठाई निकालने को कहा। जो भी बच्चा मिठाई निकालने लगता, बड़ी भाभी पहले उसका सिर दुपट्टे से ढाँप देतीं। वह मिठाई निकाल लेता तो बड़े भाई पहले उसे मुँह जूठा करने को बोलते फिर कहते, "चलो, सब बड़ों के पैर छुओ।"

सब बच्चे मिठाई निकाल चुके तो अविनाश ने कहा–

"ताया जी, हमारी बारी नहीं आएगी क्या ?"

"बारी लेनी थी तो शादी नहीं करानी थी।" तायाजी ने हँसकर कहा।

"कुँवारे बेटे निकालते हैं मिठाई हाटों से।" कमला ने भतीजे को समझाया।

बड़ी भाभी ने दीवार पर 'होई' बना रखी थी। उसी के सामने बैठकर लक्ष्मी-पूजन हो रहा था। होई के विभिन्न ख़ानों में चारों भाइयों के और उनके बच्चों के नाम लिखे हुए थे। एक ख़ाने में दिनेश के परिवार की नामावली भी थी। दीवार के साथ-साथ ऊख खड़े थे। होई के आगे कुछ अखरोट-बादाम बिखेरे हुए थे।

दिनेश को याद आया, इसी कमरे में, इसी दीवार पर, होई बनाया करती थी उसकी माँ। मिट्टी की छूछियों में विभिन्न रंग घोलकर, झाड़ के तिनके के आगे रूई लपेटकर, वह दीवार के चूना पुते भाग पर चित्रकारी करती थी। उस दिन व्रत भी रहता था माँ का। होई बना लेने के बाद मिट्टी के बर्तनों में पानी भरकर उनके ऊपर मीठी रोटियाँ रखती थी माँ और सिर ढाँपकर, दोनों हाथ जोड़कर, 'बया' मिणस देती थीं। भाई साहिब, दिनेश, यश, कुलदीप सब हाथ बँटाते थे माँ का होई बनाने में। उमा फिनिशिंग टचिस देती थी होई को।

शाम को, बाबू जी के आने से पूर्व, माँ और उमा मिलकर पूजा का सामान सजा देतीं। आठ बजे पण्डित जी आते। लक्ष्मी-पूजन होता। बाबू जी चारों बच्चों को बारी-बारी से गोद में लेकर उनसे हाटों में से मिठाई निकलवाते थे।

क्यों बड़े हो गये हम? आयु की रफ़्तार वहीं क्यों नहीं ठहर गयी? कितना सुख था, कितनी आनन्द था, कितनी आत्मीयता थी, कितनी स्निग्धता थी उस समय के अंक में। अब....? सोचना ही नहीं चाहता था दिनेश अब के बारे में।

"चलो पटाखे छुड़ाएँ।" दीवार के पास रखा बड़ा-सा थैला उठाते हुए निशान्त बोला।

"हमें तो आज्ञा दीजिए भाई साहिब।" दिनेश ने जाने की अनुमति चाही।

"ऐसे कैसे चले जाओगे? अभी पटाखे-आतिशबाज़ी चलाएँगे बच्चे। फिर खाना खाएँगे सब एक साथ। तब चले जाना।" भाई साहिब बोले।

"अभी उधर भी लक्ष्मी-पूजा करनी है। पूजा की थाली ही तैयार कर रही थी रजनी जब शिवदान और मकरन्द पहुँचे थे।"

"तो खाना खा लो, तब तक बच्चे आतिशबाज़ी कर लेंगे।"

"खाना तो बहुओं ने बना रखा है उधर भी, बेकार जाएगा।" दिनेश जाने का हठ कर रहा था।

"अच्छी बात है।" भाई साहिब की समझ में आ गया कि अब इनको रोकने का प्रयास व्यर्थ है। भाभी की ओर देखकर बोले, "लाओ भई, बच्चों को मिठाई-इठाई दो।"

भाभी ने अल्मारी में रखे मिठाई के दो डिब्बे भाई साहिब को पकड़ा दिये। भाई साहिब ने डिब्बे दिनेश को दे दिये और जेब में से पर्स निकालकर सौ-सौ रुपया

अखिलेश, अविनाश, उनकी पत्नियों और बच्चों को दे दिया।

घर लौटकर पूजा का वही क्रम दुहाराया गया। पूजा करके लॉन में निकल आये सब। बच्चे पटाखे फोड़ने लगे। बहुओं द्वारा लॉन की बाहरी दीवार और छत के छज्जों पर लगाई दर्जनों मोमबत्तियाँ पूजा से पहले ही जला दी गयी थीं। पूरा घर रोशनी में नहा रहा था इस समय। बाहर सड़क पर रखकर बम फोड़ रहे थे बच्चे। आतिशबाज़ियाँ फुर्र-से ऊपर चढ़तीं और आकाश में जाकर फट जातीं रंगों की इन्द्रधनुष-सी बिखेरते हुए। अनार प्रकाश के फव्वारों-से छूट रहे थे। लोकू और गुड़िया महताबी डिब्बी की रंगदार प्रकाश वाली तीलियाँ जलाकर प्रसन्न हो रहे थे। बच्चों से भी बड़े बच्चे बने हुए थे अखिलेश, अविनाश, इन्दु और नेहा। डब्बू को तनिक भय नहीं आता था। वह हाथ में बम लेकर उसे मोमबत्ती की लौ से छुआंता और हवा में उड़ा देता। शगुन के तौर पर एकाध फुलझड़ी रजनी ने भी गोल-गोल घुमाई।

अगली सुबह सारा लॉन बमों-पटाखों पर लिपटे काग़ज़ों के छोटे-छोटे टुकड़ों, अनार के कुल्हड़ों, फुलझड़ियों की सीखों और बीज-साँप की राख से अटा पड़ा था। रजनी ने सवेरे पाँच बजे उठकर लॉन में झाड़ू लगायी। अन्दर के द्वार से लेकर गेट तक सारी जगह को बुहारा उसने और मुख्य द्वार के बाहर एक ओर कूंड़े की ढेरी बनाकर उसके ऊपर दिया जलाकर रख दिया।

बच्चे देर से सोये थे, इसलिए देर से ही जागे। दोपहर तक उनका नहाना-धोना चलता रहा। इस बीच में रजनी थोड़ी देर के लिए स्टेशन पास के मन्दिर हो आयी थी, जहाँ मुहल्ले की औरतें अन्नकूट तैयार कर रही थीं।

दोपहर को इन्दु ने पूछा कि खाने में क्या बनेगा तो रजनी ने बताया कि आज गोवर्धन-पूजा है, इसलिए खाना मन्दिर से आएगा। इन्दु और नेहा के लिए यह नयी बात थी। दोनों ने अन्नकूट देखा-सुना नहीं था। गोवर्धन-पूजा उनकी समझ में आ गयी थी क्योंकि दोनों ने कृष्ण की लीलाओं के विषय में सुन-पढ़ रखा था।

दोपहर को चार महिलाएँ आयीं। उनके साथ एक हथ-रेहड़ी पर देगें रखे एक आदमी चल रहा था। प्रत्येक घर के सामने रेहड़ी रुकती। गृह-स्वामिनी अन्दर से अपने बर्तन लेकर आती और परिवार के लिए कढ़ी-चावल, पूड़ी-भाजी ले जाती। दिनेश के घर पर भी अन्नकूट का प्रसाद आ गया।

"यह कम्यूनिटी किचन है बेटा।" दिनेश ने बहुओं को बताया।

"कई दिन पहले से औरतें मिलकर चन्दा जमा कर लेती हैं। उन पैसों से चावल, आटा, बेसन, घी, नमक, लकड़ी आदि खरीद लेती हैं। देगें और लोहे की भट्ठी मन्दिर की होती है। आज के दिन मुँह-अँधेरे उठकर औरतें मन्दिर जाती हैं और सब मिलकर अन्नकूट पकाती हैं। बारह बजे भगवान को प्रसाद चढ़ता है। उसके बाद सारा भोजन मुहल्ले के घरों में बाँट दिया जाता है। जो बच रहता है, उसे भिखारियों

में बाँट दिया जाता है।"

"सब मन्दिरों में होती है गोवर्धन पूजा या कुछेक विशेष मन्दिरों में?" पूछा नेहा ने।

"सब में होती है। यहाँ तो कोई मन्दिर ऐसा नहीं है, जहाँ अन्नकूट न बनता हो।" दिनेश ने बताया।

शाम को हवेली से फ़ोन आया। सुधा और दीप्ति दोनों ने बारी-बारी से बात की अखिलेश से।

"भैया! कब तक रहेंगे आप?"

"अविनाश तो आज जा रहा है। मैं कल दोपहर बाद निकलूँगा। क्यों, बोलो।"

"कल भाई-दूज़ है। हमें टिक्का करना है आप दोनों को।" दीप्ति ने कहा।

"अविनाश तो आज शाम को चला जाएगा। मैं यहीं हूँ। तुम आ जाना टिक्का करने।"

"अविनाश भैया को भी रोकिये ना भैया। उन्हें तो लुधियाना ही जाना है। सुबह आठ बजे भी निकलेंगे तो नौ बजते को लुधियाना पहुँच लेंगे।" दीप्ति ने आग्रह किया।

"अविनाश तो अभी घर पर नहीं है। मैं फ़ोन देता हूँ तुम्हारी नेहा भाभी को, बात कर लो।"

नेहा को मना लिया दीप्ति ने। उनके कार्यक्रम में तनिक-सा परिवर्तन हो गया। अब ये लोग कल सुबह आठ बजे जाएँगे। सात बजे दीप्ति और सुधा आकर टिक्का करेंगी भाइयों को।

भरपेट अन्नकूट खाकर निद्रामग्न हो गये सब। शाम की चाय और रात का खाना हँसी के फव्वारों, चुटकुलों, छेड़छाड़ और मस्ती के बीच हुआ। देर रात तक चलता रहा यह सुखद क्रम।

सुबह जल्दी उठकर बहुओं ने बच्चों को जगा दिया। सात बजते को उनको नहा-धुलाकर तैयार कर दिया। साढ़े सात बजे यश और कमला आये दीप्ति और सुधा को लेकर।

रजनी ने थाली में थोड़ी मिठाई परोसी। रोली और चावल रखे। पानी की कटोरी रखी और थाली कमला को पकड़ा दी। पहले अखिलेश और अविनाश बारी-बारी से पूर्व की ओर मुँह करके चौकी पर बैठे। दीप्ति और सुधा ने बारी-बारी से उनको तिलक किया। थाली में से उठाकर मिठाई उनके मुँह में दी, जिसे ज़रा-सा दाँत से काटकर भाइयों ने बहनों के मुँह में ठूँस दिया। दोनों भाइयों ने बहनों को शगुन के रुपये दिये। फिर उसी चौकी पर बारी-बारी से लोकू और डब्बू को बिठाकर गुड़िया ने उनको तिलक किया इसी प्रकार से।

साढ़े आठ बजा दिये नेहा ने निकलते-निकलते। दिनेश ने अलग कमरे में

लेजाकर अविनाश से कहा,

"अवि! तुम रुक ही जाओ आज का दिन। कल पैसे लेकर दोपहर तक निकल जाना।"

"डैडी! मेरा जाना बहुत ज़रूरी है।" अविनाश ने कहा।

वास्तव में जाने का मन तो अविनाश का भी नहीं था लेकिन दो दिन से एक योजना घूम रही थी उसके दिमाग़ में, जिसे वह आज शाम तक इस पार या उस पार कर देना चाहता था। योजना में सिरे चढ़ने का पूरा भरोसा नहीं था उसको, इसलिए वह इसके विषय में किसी को कुछ नहीं बता रहा था।

"तो ठीक है। कुल सुबह दस बजे बैंक खुलेंगे। मैं साढ़े दस तक जाकर एफ. डी. भुनवा लूँगा। तुम दिन में किसी समय भी आकर कैश ले जाना।"

"जी डैडी।" कहकर उसने दिनेश के पाँव छुए। दिनेश ने उसे खींचकर छाती से लगा लिया।

मालेरकोटला से निकलते ही उसने नेहा से पूछा,

"तुम्हारी बहन कल वापिस जा रही है ना लॉस ऐन्जलस?"

"कल रात को बारह पचास पर उसकी फ़्लाइट है दिल्ली से।" नेहा ने बताया।

"नेहा, उससे पता करो, वह जाते ही बीस हज़ार डॉलर भेज सकती है हमको?"

"क्यों, क्या ज़रूरत आ पड़ी?"

"वही, पी.एफ.सी. वाली मुसीबत।" बताया अविनाश ने।

"भेज देगी। शी इज़ क्वाइट वैल ऑफ़। कह भी चुकी है कई बार कि ज़रूरत हो तो संकोच मत करना।"

"मुझे अच्छा नहीं लग रहा है कि हम उससे उधार लें लेकिन पैसे का प्रबन्ध न हुआ तो डैडी कल अपनी एफ.डी. तुड़वा लेंगे, जो मैं किसी प्रकार से भी नहीं चाहता।"

संक्षेप में उसने उसके और अखिलेश भैया के बीच तथा उसके और डैडी के बीच इस विषय पर हुई बातचीत का सारांश बता दिया नेहा को।

लुधियाना पहुँचकर वे सीधे अपने घर जाने के स्थान पर सिविल लाइन्ज़ गये, जहाँ ऋतु ठहरी हुई थी अपने देवर के पास। काफी देर तक मौक़ा ढूँढ़ती रही नेहा बात करने का लेकिन एकान्त न मिल सका। किसी बहाने से वह ऋतु को लेकर मार्किट तक गयी और रास्ते में बात कर आयी। ऋतु ने अमरीका पहुँचते ही सहर्ष ड्राफ़्ट भेजने का आश्वासन दिया और नेहा को अब तक संकोचवश पैसा न माँगने पर डाँट भी पिलाई।

घर पहुँचते ही अविनाश ने दिनेश को फ़ोन कर दिया।

"डैडी! प्लीज़ आप एफ.डी. मत तुड़वाना कल। पैसे का प्रबन्ध हो गया है।" हैरान हो गया दिनेश यह सुनकर।

"कहाँ से हो गया?"

"नेहा की बहन ऋतु भेज रही है अमेरिका से। उसे यहाँ प्रॉपर्टी खरीदनी है। डील होने में चार-छह महीने लगेंगे, तब तक हम पैसा यूज़ कर लेंगे, डील होने पर लौटा देंगे।" थोड़ा-सा झूठ बोल दिया अविनाश ने प्रतिष्ठा-मोह में।

"लेकिन उसकी डील होने तक तुम्हारे हाथ में पैसा न हुआ तो ख़्वामख़्वाह की शर्मिंदगी उठानी पड़ेगी। सम्बन्ध भी बिगड़ेंगे।"

"गॉड फॉरविड। ऐसी स्थिति हुई तो तब भुना लेंगे आपकी एफ.डी.।" अविनाश ने पिता के लिये किसी दुश्चिन्ता की गुंजाइश न छोड़ी।

"चलो, ठीक है।"

"अखिल भैया को फ़ोन देना।"

और उसने अखिलेश को बिना झूठ बोले सब कुछ बता दिया। वह झूठ भी बता दिया जो उसने अभी-अभी डैडी से बोला था।

दिनेश और अखिलेश दोनों ने अपने-अपने ढंग से स्वयं को चिन्ता-मुक्त पाया।

अखिलेश ने कुर्सियाँ लॉन में बिछा दी थीं। सर्दियों की ढलती हुई धूप थकी-थकी-सी प्रतीत हो रही थी। तब भी अच्छा लग रहा था धूप में बैठना। इन्दु अन्दर तैयार हो रही थी। उसे मालेरकोटला से कुछ विशेष वस्तुएँ ख़रीदकर ले जानी थीं, जो यहाँ की स्पेशेलिटी थीं। बच्चे भी साथ जाने की ज़िद कर रहे थे।

"क्या ख़रीदना है इसे?" पूछा दिनेश ने।

"डैडी! एक लोहे का ट्रंक, दो बाल्टियाँ, तवा, कड़ाही वगैरा।" अखिलेश ने बताया।

"दिल्ली से ही ले लेना। क्यों बोझा उठाते हो यहाँ से।"

"इसको किसी ने बता रखा है कि लोहे का सामान जैसा मालेरकोटला में मिलता है, वैसा कहीं नहीं मिलता।"

मुस्कुराया दिनेश। पूछा–

"और?"

"थोड़ी मेथी और एक नली का लहसुन।"

"हाँ, ये दोनों चीज़ें ज़रूर और कहीं नहीं मिलतीं। मालेरकोटला की मेथी ऐसी है कि इसकी महक कभी ख़त्म नहीं होती। यकनलिया लहसुन भी पंजाब में शायद ही उगता हो किसी दूसरी जगह। खाने में तो स्वादिष्ट है ही, गठिया भी नहीं होता इसके खाने से।" दिनेश ने बताया।

"यह सब तो न मुझे पता है, न इसको। सुने-सुनाये में ले जा रही है।" अखिलेश ने कहा।

"चलो जाओ, फिर अन्धेरा क्यों करते हो। सर्दियों में दिन छोटे होते हैं, अभी

रात हो जाएगी थोड़ी देर में।" दिनेश ने परामर्श दिया।

दोनों बच्चों को लेकर इन्दु आ गयी और अखिलेश उनको लेकर बाज़ार चला गया।

दिनेश अभी उठकर अन्दर जाने की सोच ही रहा था कि पण्डित भैरों नाथ ने अपनी बिना स्टैंड की साइकिल गेट के साथ टिकाई और अन्दर आ गये।

"जय हो। जय हो, जजमान।"

"आइए पण्डित जी, प्रणाम। क़ैसे हैं आप?" दिनेश ने पहचान लिया ये पण्डित भैरों नाथ थे पण्डित उदय शंकर के बेटे, जो हवेली के पुरोहित होते थे। भैरों नाथ की आयु पैंसठ-सत्तर की थी लेकिन अभी चुस्त-दुरुस्त, चाक-चौबन्द पड़े थे। खादी का सफ़ेद कुर्ता, जिस पर जगह-जगह हल्दी-रोली के निशान लगे थे, सफ़ेद सूती धोती, पैरों में देसी जूता, कन्धे पर लाल गमछा और सिर पर रियासती पगड़ी।

"बैठिए।" उठकर कुर्सी उनकी ओर बढ़ाते हुए दिनेश ने कहा।

"हवेली गया था सवेरे। पता चला कि तुम भी रिटायर होकर आ गये हो और यह कोठी खरीद ली है। चलो अच्छा किया। मैं तो दोपहर से ही आने की सोच रहा था मगर क्या करता। कई घरों में जाना था, बस इसी में शाम पड़ गयी।"

"कैसे आना हुआ? हुक्म करें।" दिनेश ने सोचा किसी काम से आयें होंगे।

"भाई-दूज का तिलक लाये हैं भैया। आज के दिन ब्राह्मण और क्या करने जाएगा जजमान के घर? तिलक देने ही तो जाएगा ना।"

खीसे में हाथ डालकर कलेवा निकाला पण्डित ने और उसे सुलझाने लगा।

दिनेश को याद आया, बाबूजी के ज़माने में रक्षा-बन्धन के दिन बहनें तो भाइयों को राखी बाँधती ही थीं, ब्राह्मण, नाई, भंगी आदि भी आते थे रक्षा-बन्धन लेकर। ब्राह्मण तो बाक़ायदा बहनों की तरह जजमान की कलाई पर धागा बाँधता था, नाई और भंगी फ़र्श पर रख देते थे धागा और हरी दूब। बाबू जी राखी स्वीकार करते जाते और एक-एक को दक्षिणा देते जाते। यही सिलसिला भाई-दूज पर दोहराया जाता था। ब्राह्मण तिलक करने आते थे और दक्षिणा ले जाते थे।

धागा सुलझाकर पण्डित जी कुर्सी पर से उठे और 'स्वस्ति नः इन्द्रो वृद्धश्रवा स्वस्ति नः पूषाः विश्ववेदा' कहते हुए दिनेश के निकट आ खड़े हुए। दिनेश ने कलाई आगे बढ़ा दी। पण्डित भैरों नाथ ने 'मंगलम् भगवान विष्णु मंगलम् गरुड़ध्वजा' बोलते हुए धागा दिनेश की कलाई पर बाँध दिया और उसके मस्तक पर तिलक लगा दिया। दिनेश ने जेब में से निकालकर पचास रुपये का नोट पण्डित जी को दे दिया। पैसे खीसे में रखते हुए पण्डित जी फिर से कुर्सी पर आ बैठे।

"बढ़ो-फूलो, परमात्मा घर में सुख-शान्ति दे, धन-सम्पत्ति में वृद्धि करे, तेज-प्रताप बढ़े।" पण्डित जी अनवरत आशीर्वचन बोले जा रहे थे।

"रजनी।" पत्नी को आवाज़ दी दिनेश ने।

"जी?" अन्दर से ही पूछा. रजनी ने कि क्या है।

"अपने पुरोहित जी आये हैं। चाय बना दो ज़रा।"

"ना ना ना जजमान। चाय तो आज तक छूकर भी नहीं देखी। यह विलायती पेय क्रिस्तानों का पेय है, जो हमारे देश में छूत की तरह फैल गया है। ईश्वर की कृपा से हम इससे बचे रह गये हैं।"

पण्डित जी ने चाय पीने से मना कर दिया।

"तो दूध ले लीजिए थोड़ा।" कहते हुए दिनेश उठकर अन्दर गया और रजनी से दूध का गिलास लाने को बोल आया।

"जजमान! गृहलक्ष्मी से कहिए शीशे के गिलास में न दे दूध। पीतल के गिलास में दे।"

"पीतल का गिलास तो शायद ही हो घर में। स्टील का चलेगा?"

"हाँ, इश्टील में कोई दोष नहीं है।" पण्डित जी बोले।

दिनेश पुनः अन्दर जाकर रजनी से बोल आया कि दूध स्टील के गिलास में लाये।

"सब कुछ बदल गया जजमान। पिताजी के साथ जाया करता था मैं हवेली। कड़े वाले पीतल के गिलास होते थे वहाँ। तीन पाव दूध आता था एक गिलास में। तुम्हारी माताजी, स्वर्ग में बास हो उनका, ऊपर से मलाई की तह बिछाकर उसके ऊपर बताशे भुरा देती थीं। घर का दूध, गाय-भैंसों की पौष्टिक खुराक, रबड़ी जैसा होता था दूध।"

"हाँ, पण्डित जी, सब कुछ ही बदल गया है। .....मेरा ख़्याल है अब आपके अलावा दूसरा कोई ब्राह्मण तिलक या राखी का धागा लेकर भी नहीं जाता हो जजमानों के यहाँ।"

"नौकरियाँ जो करने लगे हैं ब्राह्मणों के बेटे पढ़-लिखकर। धर्म को त्याग ही दिया ब्राह्मणों ने। जनार्दन पण्डित का बेटा साइकिल मुरम्मत करता है लाल बाजार में। जानकी वल्लभ के बेटे की चाय की दूकान है बस स्टैंड पर। लोगों के जूठे बर्तन धोता है दिन भर। धर्म-कर्म को रह गये हैं मालेरकोटला में हम और जमालपुरा के पण्डित मधुसूदन शास्त्री।" पण्डित जी ने अपनी व्यथा बतायी।

"जी।" दिनेश ने सोचा कह डालने दो पुरोहित को जो कहना चाहता है। विरेचन ही हो जाएगा बेचारे का।

"कलजुग आ गया है जजमान। चारों पैरों पर उतर आया है। पूजा-अर्चना बन्द कर दी है लोगों ने। दिन-त्योहार मनाने बन्द कर दिये हैं। मुसलमानों में बैठकर मांसाहार करने लगे हैं यहाँ के हिन्दू। ब्याह-शादियों पर काक्टेल पार्टियाँ करते हैं। राम....राम....राम।"

पण्डित ने देखा जजमान ध्यानपूर्वक सुन रहा है। बोले—

"अब बसन्त-पंचमी बन्द हो गयी। कोई पीली पगड़ी नहीं पहनता बसन्त के दिन। बासड़े बन्द हो गये। दुर्गा माता की मटियाँ सुनसान पड़ी हैं। मरने पर बड़े बेटे का धर्मी-कर्मी बैठना बन्द हो गया। दसाही नहाना बन्द हो गया। शादी-ब्याह में लागियों का 'लाग' कोई नहीं निकालता। अपने भोजन में से ग्रौ-ग्रास कोई नहीं निकालता। अधर्म ही अधर्म फैला है चारों ओर। प्रभु ही रक्षक हैं।"

रजनी दूध का गिलास और कटोरी में रखकर बर्फ़ी ले आयी।

"जय हो गृहलक्ष्मी, जय हो। साक्षात् लक्ष्मी हो। लाओ।"

बर्फ़ी की टुकड़ी मुँह में डालकर दूध का घूँट भरा पण्डित जी ने और बोले–

"अहा हा, अभी हवेली वालों में पुराना संस्कार बाकी है। धर्म भी तुम जैसे लोगों के सहारे ही टिका हुआ है जजमान, अन्यथा रसातल को जा पहुँचा होता अब तक।"

पुनः आशीर्वचन बोलकर अपनी साइकिल पर सवार होकर चल दिये पण्डित जी तो रजनी ने पूछा–

"कौन थे ये?"

"इनके पिता हवेली के पुरोहित थे बाबू जी के ज़माने में। भाई-दूज का तिलक लेकर आये थे।"

"ये क्या आपकी बहन लगते हैं?" मुस्कुराकर पूछा रजनी ने।

"पार्टनर! ये पुरानी सामन्ती परम्परा है। सामन्त परिवारों पर निर्भर जातियों के लोग हाथ में तिलक या धागा लेकर सामन्तों के पास जाते थे और दक्षिणा पाते थे भाई-दूज और रक्षा-बन्धन के दिन। बहाना यह था कि हमें भी रक्षा का वचन दें। अभिप्राय था दक्षिणा पाना। यह प्रथा कब की बन्द हो चुकी है। एकाध ब्राह्मण है इनके जैसा जो इसे अभी तक निभा रहा है।" दिनेश ने समझाया।

"बहुत रोना रो रहे थे यह बन्द हो गया, वह बन्द हो गया। क्या बन्द हो गया?" पूछा रजनी ने।

"पुराने त्योहारों की बात कर रहे थे कि उनका प्रचलन बन्द हा गया।"

एक क्षण चुप रहा दिनेश।

अचानक उसके बचपन में लौट गया उसका मस्तिष्क और हठात् स्मृति-भवन के पट खुल गये।

"पार्टनर! भैरों पण्डित जिन त्योहारों के बन्द होने का रोना रो रहा था, वे त्योहार थे बड़े दिलचस्प। एक त्योहार होता था औरतों का 'उम्मनी-दुम्मनी'। दिन भर व्रत रखती थीं औरतें। शाम को ब्राह्मणी आती थी। मिट्टी के घोड़े बनाकर लाती थी, जिनको तिनकों पर मिट्टी की बुंदियाँ लगाकर सजाया जाता था। वह एक कहानी सुनाती थी आकर। कहानी तो मुझे याद नहीं कोई बूढ़े-बुढ़िया की कहानी होती थी, बुढ़िया काते, बुड्ढा अटेरे....सम थिंग। इसी प्रकार का एक त्योहार होता था बासड़ा। उस दिन हिन्दुओं के घरों में चूल्हा नहीं जलता था एक दिन पहले बनाकर रख

दिया जाता था भोजन। औरतें दिन भर लगी रहती थीं बासड़ा पकाने में—मीठी पूड़ी, नमकीन पूड़ी, मीठे गुलगुले, नमकीन पकौड़ी, दही-बड़े, क्या-क्या मज़े की चीज़ें बनाती थीं। अगले दिन सवेरे जमालपुरा दरवाज़े के पास बनी दुर्गा की मटियों को पूजने जाती थीं। दो आड़ी ईंटों पर दो सीधी ईंटें रखकर मटी बन जाती थी। मन्दिर की शेप की चार-चार, पाँच-पाँच फुट ऊँची मटियाँ भी बना रखी थीं कुछ खाते-पीते लोगों ने। कल के पकाये हुए अन्न की हर बेराइटी लाती थीं चढ़ाने के लिए। दूध मिला पानी लाती थीं मटियों पर चढ़ाने के लिए। पानी में रात को भिगोई सप्राउटिड दाल-मोठ भी रहती थी।"

रजनी ने देखा स्मृतियों के जंगल में घुसा है दिनेश, मुश्किल ही बाहर निकलेगा।

"मेला-सा लग जाता था। खिलौने वाले, खोमचे वाले, बाइस्कोप वाले। इस मेले में एक अद्‌भुत दृश्य देखा करता था मैं रजनी। मटियाँ जमादारों की बस्ती के सामने थीं। मटियों पर चढ़ा सामान, पैसा-धेला भी वही उठाते थे। कुछ जमादार हाथ में मुर्ग़ा पकड़कर औरतों के पीछे लगे रहते थे। 'जी दा जी छुड़ा लो,जी दा जी छुड़ा लो' कहते हुए। जो औरत जी दा जी छुड़ाने को मान जाती थी, उसके बच्चों के सिरों पर से मुर्ग़ा घुमाकर उसे ज़मीन पर छोड़ देते थे। मुर्ग़ा भागने को होता तो वे उसे तुरन्त दबोचकर फिर से हाथ में उठा लेते थे। बड़ा मज़ा आता था मुझे यह देखने में।"

"यह क्या हुआ जी दा जी....?" पूछा रजनी ने।

"मेरी समझ में भी नहीं आया था कभी। माँ को भी नहीं पता था इसका क्या मतलब है। मगर अब मेरी समझ में आ रहा है इसका अर्थ।"

"ऐं।"

"हाँ रजनी, ये लोग हिन्दू औरतों की संस्कारगत दुर्बलता का फ़ायदा उठाते थे। उनको इमोशनली ब्लैकमेल करते थे। मतलब यह था कि देखो, हम इस मुर्ग़े को काटने लगे हैं। जीव-रक्षा की इच्छा हो तो इसका दाम हमें दे दो, हम इसे जीवित छोड़ देंगे। संस्कार से जीवदया को परमोधर्मा मानने वाली दयालु औरतें दो-चार आना, मुर्ग़े का प्रतीकात्मक मोल, दे देती थीं। जमादार उसकी प्रतीकात्मक जानबख़्शी कर देता था।......ओह माइ गॉड।" ज़ोर से हँसा दिनेश।

"बुढ़ापे में पहुँचकर समझ में आया है बचपन में देखी इस घटना का अर्थ।"

"देर आयद दुरुस्त आयद।" रजनी ने कहा।

"चलिए अन्दर चलें। सर्दी बढ़ रही है।"

उठकर कुर्सियाँ समेटीं दिनेश और रजनी ने और बच्चों की प्रतीक्षा में गेट खुला छोड़कर भीतर चले गये।

बारह

दो दिसम्बर की शाम को शहबाज़ अली शाह को हिमायत से पता चला कि मौलवी दिलशाद मालेर के मुसलमानों को छह दिसम्बर को बाबरी मस्जिद की शहादत का दिन मनाने को उकसा रहे हैं। उसी रात उसने इशा की नमाज़ के आधे घण्टे बाद मस्जिद के हुजरे का दरवाज़ा जा खटखटाया था। मौलवी साहिब अकेले थे। कोयलों की अंगीठी जलाकर कमरा गर्म कर रखा था उन्होंने और लिहाफ़ में घुसकर बिस्तर में लेटे कोई किताब पढ़ रहे थे।

मौलवी साहिब ने उठकर दरवाज़ा खोला।

"अस्सलामालैकुम।"

"वालैकुमअस्सलाम व रहमतुल्ला व बरकात हू। तशरीफ़ लाइए।"

अन्दर आ गये शहबाज़ अली। मौलवी साहिब ने दरवाज़ा बन्द कर लिया। बाहर ख़ूब सर्दी पड़ रही थी।

हुजरे में एक ओर मौलवी साहिब की चारपाई बिछी हुई थी। दूसरी ओर दीवार के साथ-साथ रंगीन चटाई बिछी हुई थी। बीच के खाली फ़र्श पर कोयलों की अंगीठी सुलग रही थी। चारपाई के ऊपर की बिना पट की अलमारी में एक तरफ़ मौलंवी साहिब के कपड़े लटक रहे थे, दूसरी तरफ़ कुछ किताबें-रिसाले रखे हुए थे। चटाई के पैताने के ख़ाली फर्श पर पानी का घड़ा, मिट्टी का लोटा, तामचीनी के कुछ बर्तन और साबुन-तेल पड़े थे।

"मौलवी साहिब, सुना है आप बाबरी मस्जिद के गिराये जाने का दिन मनाने की सोच रहे हैं छह दिसम्बर को।" बिना किसी भूमिका के बात शुरू की शहबाज़ ने।

"जी, सोच तो क्या रहे हैं, हम चाहते हैं कि मालेरकोटला के मुसलमान, जो इतनी बड़ी तादाद में हैं माशाअल्लाह, हुकूमत के पास अपना एहतिजाज दर्ज कराएँ। हिन्दुस्तान के मुसलमान चुप रहेंगे तो काफ़िरों के हौसले और भी बुलन्द हो जाएँगे। हुकूमत तो उनकी ही है।" मौलवी साहिब को भी सीधी बात करने पर कोई आपत्ति न थी।

"आप क्या महसूस करते हैं, मालेरकोटला के मुसलमानों के मफ़ाद में होगा ऐसा करना?" पूछा शहबाज़ ने।

"सवाल मफ़ाद या नुक़सान का नहीं है शाह साहिब, सवाल क़ौम के वक़ार का है, क़ौम की ग़ैरत का है। अगर मुसलमान अपनी इबादतगाहों की हिफ़ाज़त भी नहीं कर सकते तो उनको ख़ुदकुशी कर लेनी चाहिए।" जोश में आना शुरू किया मौलवी साहिब ने।

"मैंने सिर्फ़ ये पूछा था कि आपकी नज़र में ऐसा करना मालेरकोटला के मुसलमानों के लिए मुनासिब होगा क्या?" संयत रहे शहबाज़।

"एहतिजाज फ़र्ज़ है मालेरकोटला के मुसलमानों पर शाह साहिब। क्या ये आले-मुस्तफ़ा का हिस्सा नहीं हैं?"

"अगर ये एहतिजाज नहीं करते तो क्या आप इनके मुसलमान होने पर शक करेंगे?"

"मुसलमान होने पर तो शक नहीं करेंगे हम, इनकी मर्दानगी पर, इनके हुब्बे-इस्लाम पर ज़रूर शक होगा हमें।"

"देखिए मौलवी साहिब, जो सन् बानवे में हुआ, वो हो चुका। मामला सुप्रीम कोर्ट में ज़ेरे-समाअत है। एक न एक दिन फ़ैसला हो जाएगा।"

"हमारी आपकी ज़िन्दगी में तो होने का इमकान नहीं है शाह साहिब। यहाँ की अदालतों को जानते ही हैं आप।"

"हमारे एहतिजाज करने से क्या हुकूमत सुप्रीम कोर्ट के फ़ैसले का इन्तज़ार किये बग़ैर हमें वहाँ मस्जिद तामीर करने की इजाज़त दे देगी?"

"वो कौन होते हैं इजाज़त देने वाले। शाह साहिब

ख़्वाह निवाला हो ख़्वाह प्याला हो,
बन सके तो झपट ले भीख न माँग।"

"मगर हज़रत, अट्ठारह करोड़ लोगों के हाथों में इतनी ताक़त है क्या कि वो बयासी करोड़ लोगों के हाथों से निवाला छीन लेंगे?"

"शाह साहिब आप मुसलमान हैं। हुज़ूर सल्लल्लाहु अलैहि वसल्लम के साथ कितने लोग थे ख़न्दक़ की जंग में? सिर्फ़ तीन हज़ार। और दुश्मनों की फौज थी दस हज़ार। अल्लाह ने फतह का सेहरा किसके सर बाँधा? मुसलमानों के ना? बिरादरे-मन! मुसलमान अपनी ताक़त के भरोसे पर जंग में नहीं उतरता, अल्लाह के भरोसे पर तलवार उठाता है।"

"यहाँ हमारा मुआमिला यहूदियों के साथ नहीं, हिन्दुस्तानियों के साथ है, जिनमें बड़ी तादाद उनकी है जिन्होंने बाबरी मस्जिद गिराये जाने की सख़्त लफ्जों में मज़म्मत की है।"

मौलवी साहिब ने अनुभव किया कि शहबाज़ अली शाह उनसे कुछ पूछने या

समझने नहीं आये, उनको समझाने आये हैं तो उनकी आवाज़ में तल्ख़ी आ गयी।

"गोया आप हमें ये बताने आये हैं कि हम चूड़ियाँ पहन लें।"

"आप मुझे ग़लत समझ रहे हैं मौलवी साहिब। मेरी गुज़ारिश इतनी है कि आप मालेरकोटला के माहौल को मज़हब के नाम पर न गर्माएँ तो बेहतर होगा।" धैयपूर्वक बात करते रहे शहबाज़।

"गोया आपकी नज़र में बाबरी मस्जिद का गिराया जाना वाजिब था?"

"जायज़ कौन काफ़िर कहता है मस्जिद के इन्हिदाम को? मगर आप उन लोगों की नफ़्सियात को भी समझिए जिन्होंने ये शर्मनाक काम किया है। दौर मुग़लों का रहा हो या अफ़ग़ानों का, हिन्दुओं के बाज़ ऐसे मक़ामात पर, ठीक उनके पूजा-स्थलों के सीने पर, मस्जिदें तामीर की गयीं किसी ज़माने में, जिनके लिये उनके दिलों में बेइंतिहा अक़ीदत है। राम जन्मभूमि पर गर्भगृह की बग़ल में, बनारस में विश्वनाथ मन्दिर की छाती पर, मथुरा में कृष्ण जन्मभूमि के सीने पर बनायी गयीं मस्जिदें। उस वक़्त वो महकूम थे, कमज़ोर थे, लाचार थे। अब वो अक्सरियत में हैं, उनकी हुकूमत है, वो चाहेंगे कि उनके पूजा घरों में से मस्जिदें हटायी जाएँ।"

"तो जाइए, आप ख़ुद तशरीफ़ ले जाइए मथुरा और काशी और जाकर मिस्मार कर दीजिए मस्जिदों को।" क्रोधित हो उठे मौलवी साहिब।

"आप नाहक़ बिगड़ रहे हैं मौलवी साहिब, मैं आपसे उन लोगों की नफ़्सियात अर्ज़ कर रहा था, जिन्होंने बाबरी मस्जिद गिराई है।"

"गोया उनकी सोच सही नज़र आ रही है आपको?"

"ये मैंने कब कहा कि सही है? मगर ये समझना तो जरूरी है कि उनकी सोच क्या है।"

"विश्व हिन्दू परिषद् और बजरंग दल की मदद से हिन्दू कार्ड खेला है भाजपा ने बाबरी मस्जिद को गिराकर। ये है उनकी सोच।"

"और इस कार्ड से उनको फ़ायदा पहुँचा है। भाजपा की दो सीटें थीं पार्लियामेंट में। आड़वाणी की रथ-यात्रा के तुफ़ैल ये 1991 में एक सौ बीस हो गयीं। बाबरी मस्जिद गिरने के बाद इनकी सीटों की तादाद एक सौ इकसठ हो गयी। क्यों न खेलें वो ये कार्ड? बताइए।"

"उनका ये कार्ड इसलिए कामयाब हो रहा है क्योंकि हिन्दुस्तान के मुसलमान मुत्तहिद नहीं है। मुसलमानों में इत्तिहाद हो, उनके लहू में इस्लाम की गर्मी हो, तो दुनिया की कोई ताक़त उनको दबाकर नहीं रख सकती शाह साहिब।"

"जो आप चाहते हैं, मैं भी वही चाहता हूँ। ईमान की क़सम खाकर कहता हूँ कि मैं इस मुल्क में मुसलमान को सर उठाकर जीते हुए देखना चाहता हूँ, सर झुकाकर नहीं। मगर मालेरकोटला जैसे शहर में, जहाँ सदियों-सदियों से हिन्दू-मुसलमान हम-अग़ोश हैं, हम उन्हें मौक़ा क्यों दें किसी शदीद क़िस्म के रद्दे-अमल का अपने

किसी फ़ेअल से कि वो हमसे नफ़रत करने लगें। इससे यहाँ की फ़ज़ा ख़राब हो जाएगी। किसी के हाथ-पल्ले कुछ नहीं पड़ेगा। एक बार एहतिजाज करने की ग़लती कर चुके हैं यहाँ के मुसलमान। नतीजा क्या था? कर्फ्यू लगा। गिरफ़्तारियाँ हुईं। पुलिस की मार खायी। हिन्दुओं की नज़र से गिरे। माली नुक़्सान उठाया। उनको दोबारा वही ग़लती करने के लिए मत वरग़लाइए ख़ुदारा।"

"शाह साहिब! मुझे इन्तिहाई अफ़सोस के साथ कहना पड़ रहा है कि इस वक़्त आप मुझे एक इन्तिहाई कमज़ोर मुसलमान और हिन्दुओं के एजेण्ट नज़र आ रहे हैं।"

कोई फ़ायदा नहीं चिकने घड़े पर पानी गिराते रहने से, एक भी बूँद नहीं ठहरेगी। सोचा शहबाज़ ने और उठ खड़ा हुआ।

"आपने मेरी जो इज़्ज़त-अफ़ज़ाई की है, उसके लिए शुक्रिया। चलता हूँ। मगर मेरी बात पर ग़ौर ज़रूर फ़र्माइएगा ठण्डे दिमाग़ से। आप यहाँ के नहीं हैं। आपको यहाँ की रिवायतें मालूम नहीं हैं। यहाँ के तमद्दुन से नावाक़िफ हैं आप इसलिए आपका अंदाज़े-फ़िक्र मुख़्तलिफ़ है हमसे। मगर ख़ुदा के लिए हमें चैन से रहने दीजिए यहाँ, आपका बड़ा करम होगा। अस्सलामालैकुम।"

ज़बान खुजलाई मौलवी साहिब की कुछ तल्ख़-तुर्श कहने के लिये लेकिन् कुछ सोचकर चुप लगा गये।

"वालेकुमअस्सलाम।"

उठकर दरवाज़ा बन्द किया मौलवी साहिब ने और बिस्तर में आ घुसे।

शहबाज़ को विश्वास था कि मौलवी कितना ही ज़ोर क्यों न लगा ले, मालेर के मुसलमान उसकी बातों में नहीं आएँगे। वह स्वयं मालेर में रहता था। उसे पता था कि मालेर में बहुसंख्या किसानों-मज़दूरों की है, जिनको दो वक़्त की रोटी चाहिए, सुख-चैन की ज़िन्दगी चाहिए, दंगा-फ़साद नहीं चाहिए, अशान्ति नहीं चाहिए। लेकिन तब भी उसे अफ़सोस था कि वह मौलवी साहिब को समझाने में असफल रहा था।

जिस समय शहबाज़ अली शाह हुजरे में बैठा मौलवी साहिब से बातचीत कर रहा था, ठीक उसी समय कुछ उत्साही युवकों को लेकर नित्यानन्द शर्मा हनूमान मन्दिर में मीटिंग कर रहे थे। जागृति मंच के नीरज शर्मा और बजरंग दल के मदन मोहन भी उपस्थित थे। नित्यानन्द कह रहे थे—

"आप यदि समझते हैं कि छह दिसम्बर को मुसलमान कोई विरोध-प्रदर्शन नहीं करेंगे तो आप भ्रम में हैं। मालेर में मौलवी दिलशाद ने जुलूस निकालने का कार्यक्रम बना रखा है। कोटला के मुसलमान हो सकता है ऐसा कुछ करने की न सोचें क्योंकि वे हिन्दुओं के बीच में रहते हैं लेकिन मालेर में तो मुसलमान ही मुसलमान हैं, हिन्दू तो बराए-नाम हैं। मालेर में घुसते ही ऐसा प्रतीत होता है मानो

पाकिस्तान में आ गयें हैं।"

"क्या पता चला है आपको? उनकी योजना क्या है?" पूछा नीरज शर्मा ने।

"पता ये चला है कि वे पाँडियों वाली मस्जिद से जुलूस लेकर चलेंगे बाबरी मस्जिद गिराये जाने के विरोध में। यह जुलूस मोती बाज़ार में से होता हुआ पीपल वाले चौक से लोहा बाज़ार को मुड़ेगा और केलों वाले दरवाज़े पहुँचेगा। वहाँ रैली होगी।"

"यह जुलूस तो तब निकलेगा जब हम निकलने देंगे।" एक युवक ने कहा।

"हम जुलूस को निकलने से नहीं रोक पाएँगे। सिविल एडमिनिस्ट्रेशन को भरोसा दिला देंगे मुस्लिम नेता कि शान्तिपूर्ण प्रदर्शन होगा। बड़ी संख्या में पुलिस भेज दी जाएगी। जुलूस भी निकलेगा, रैली भी होगी।" अनुभवी नित्यानन्द बोले।

"तो आपने हमें हथियार किस लिए दे रखे हैं?" पूछा एक अन्य युवक ने।

"सुकान्त! मैं तुम्हारे जोश का आदर करता हूँ लेकिन जोश से ही सब कार्य सिद्ध नहीं होते। होश की आवश्यकता भी होती है। ..... हम जुलूस और रैली को नहीं रोक सकते लेकिन हमें यह अवश्य सुनिश्चित करना होगा कि उत्तेजना में आकर मुसलमान कहीं तोड़-फोड़ शुरू न कर दें। एक बार मोती बाज़ार में तोड़फोड़ कर चुके हैं ये।" नित्यानन्द बोले।

"तब और बात थी। हम लोग धोखे में रह गये थे। हमें आशा ही नहीं थी कि मालेरकोटला का मुसलमान तोड़फोड़ की कार्यवाही भी कर सकता है।" मदन मोहन ने कहा।

"आशा तो इसकी भी नहीं थी कि मालेरकोटला का मुसलमान बाबरी मस्जिद को लेकर विरोध-प्रदर्शन करेगा। इनमें से नब्बे प्रतिशत को तो यह भी मालूम नहीं कि अयोध्या भारत के किस प्रान्त में है। इनको क्या लेना-देना है बाबरी मस्जिद से। लेकिन मौलवी दिलशाद, रहमत इलाही, बदरुद्दीन और जमील अहमद जैसे कट्टपंथी कब से लगे हुए हैं इनके अन्दर के इस्लाम को जगाने में और अब मालेर में काफी बड़ी संख्या है, विशेष रूप से युवाओं की, जिनको धार्मिक उन्माद चढ़ा हुआ है। मुझे उन लोगों से ही ख़तरे की आशंका है।" नित्यानन्द बोले।

"तो क्या करना होगा, आदेश करें।" नीरज शर्मा ने पूछा।

"जुलूस मोती बाज़ार में से निकलेगा। मालेर में तो मुसलमानों की ही दूकानें हैं, तोड़फोड़ की कोई आशंका नहीं है। मोती बाज़ार में तोड़फोड़ की सम्भावना है। आप लोग दाना मण्डी की ओर से मोती बाज़ार के चौबारों की छतों पर ईंटें-पत्थर रखवा दें। अपने लड़के वहाँ तैयार रहें। अगर वे लोग तोड़फोड़ करें तो ऊपर से उन पर ईंट-पत्थर बरसाना शुरू कर दें तुरन्त।" नित्यानन्द ने योजना बताई।

"पहले ही क्यों न शुरू करें हम, जुलूस के मोती बाज़ार में आते ही?" पूछा एक युवक ने।

"ध्यान से सुनें आप और समझ लें। अभी हमारा उद्देश्य शहर की हिन्दू सम्पत्ति को सुरक्षा प्रदान करना है। मुसलमानों के विरुद्ध डायरेक्ट एक्शन का समय अभी नहीं आया। सुरक्षा में ढील नहीं होनी चाहिए हमारी ओर से। छतों पर ईंट-पत्थर पहुँचाने का काम भी इतनी सतर्कता के साथ होना चाहिए कि दीवारों तक को ख़बर न हो कि क्या हो रहा है। .....मदन मोहन जी, यह उत्तरदायित्व आप संभालिए। आपके किसी सम्बन्धी का घर भी है वहाँ। अन्दर ही अन्दर से, बहुत गुप्त रखकर किया जाना चाहिए यह काम।"

"आप निश्चिन्त रहें। मुझ पर छोड़ दें यह काम। काम हो जाएगा।" मदन मोहन ने विश्वास दिलाया।

"छतों पर आपके अलावा कौन-कौन रहेगा, इसकी सूचना हम एक दिन पहले देंगे। आप सब तो रहेंगे ही। ध्यान रहे कि किसी का सिर या चेहरा नज़र नहीं आना चाहिए बाज़ार में खड़े लोगों को। बेहतर तो यह होगा कि ईंट-पत्थर ही आते दिखाई दें, गिराने वाला हाथ किसी को नजर न आये।" नित्यानन्द ने दिशा-निर्देश दिया।

"निशाना बाँधकर तो किसी को आहत नहीं कर पाएँगे हम इस प्रकार से।" आशंका जताई उसी युवक ने।

"क्यों उतावले हो रहे हो उमाकान्त! दूसरी योजना पर भी विचार किया जा रहा है। केन्द्रीय नेताओं से बातचीत चल रही है। ये लोग बाबरी मस्जिद को रो रहे हैं, हमें मथुरा और काशी से भी मस्जिदों का कलंक मिटाना है। आपको पूरा अवसर दिया जाएगा शक्ति-प्रदर्शन का। अभी तनिक धैर्य से काम लें।" अगली योजना की ओर संकेत कर दिया नित्यानन्द ने।

शहबाज़ ने दिनेश को भरोसा दिलाया कि यद्यपि मौलवी दिलशाद और कुछ दूसरे ख़ुदसाख़्ता मुस्लिम नेता विरोध-प्रदर्शन के लिए जुलूस अवश्य निकालेंगे लेकिन किसी प्रकार की हिंसात्मक कार्यवाही की कोई आशंका नहीं है।

दिनेश चाहता था कि यह जुलूस ही न निकले। छह दिसम्बर बिना किसी विरोध-प्रदर्शन के निकल जाए। मुसलमानों का जुलूस-जलसा कट्टरपंथी हिन्दुओं को जवाबी कार्यवाही के लिये उकसाएगा। परिणामस्वरूप वह वातावरण प्रभावित होगा, जो वे लोग इतने महीनों की साधना से बनाने में सफल हुए हैं। रैली में भाषण होंगे। भाषणों में हिन्दुओं के विरुद्ध बोला जाएगा। बातें मिर्च-मसाला लगाकर फैलाई जाएँगी। कट्टरपंथी हिन्दू उत्तेजना का अनुभव करेंगे और मुसलमानों के विरुद्ध कुछ न कुछ कहेंगे। अविश्वास पैदा होगा। एक-दूसरे के विरुद्ध कही गयी बातें अविश्वास को हवा देंगी। लेकिन अभी विरासत के पास इतनी बड़ी संख्या में लोग नहीं थे कि जुलूस-जलसे की योजना ही सिरे न चढ़ने दें।

मौलवी साहिब को शहबाज़ समझा आया, जितना समझा सकता था। दिनेश ने आबिद अली ख़ाँ को रहमत इलाही के पास, इदरीस अहमद को बदरुद्दीन के

पास और हिमायत शाह को जमील अहमद के पास भेजा कि वे उन पर काम करें। प्रयास करें कि उनकी समझ में आ जाए कि भेड़चाल में वे बाबरी मस्जिद का रोना न रोयें, अपने यहाँ का सौहाद्र्य, भ्रातृभाव बनाये रखें। आधार विस्तृत करना होगा विरासत को, सोचा दिनेश ने।

उधर जगतार सिंह ने मालेर के मुस्लिम नेताओं की मीटिंग बुलायी। नेताओं ने विश्वास दिलाया एस.डी.एम. को कि वे कोशिश करेंगे कि जुलूस-जलसा न हो लेकिन अगर वे जुलूस-जलसा न भी रोक पाये तो भी वे किसी क़ीमत पर शान्ति भंग नहीं होने देंगे।

दिनेश भी मिला जगतार सिंह से उसकी कोठी पर जाकर। उसने ज़ोर डाला कि वह दफ़ा 144 लगा दे और जुलूस-जलसा न होने दे। जगतार ने कहा—

"सर! मैं आपकी बात समझता हूँ। ऐसे भी आप मेरे आइडियल हैं। मुश्किल यह है कि दफ़ा 144 लगाने का कोई कारण सामने नहीं है। फिर लोकल एम.एल.ए. भी उनका है। डी.सी. साहिब से बात की थी मैंने। उनका कहना है कि दफ़ा 144 को शासकीय दमन कहा जाएगा। मुसलमान कहेंगे कि उनके प्रजातांत्रिक अधिकार का हनन किया गया है। लोकल एम.एल.ए. विधानसभा में प्रश्न उठा सकता है।"

"मैं नहीं चाहता जगतार कि जुलूस निकले या रैली हो। ज़ाहिर है जो भाषण वहाँ दिये जाएँगे, उनमें बाबरी मस्जिद गिराये जाने को लेकर मुसलमानों के ग़मो-गुस्से की अभिव्यक्ति होगी। हिन्दुओं को निशाना बनाया जाएगा। अधिकतर मुसलमान निरक्षर हैं मालेरकोटला के। भोले भी हैं। चतुर तो बाहर से आये हुए मौलवी और तब्लीग़ी हैं। दो-चार सिरफिरे हैं यहाँ भी मालेर में लेकिन बाई एण्ड लार्ज यहाँ का मुसलमान शान्तिप्रिय है। हमने लम्बी साधना के बाद यह माहौल पैदा किया है कि हिन्दू-मुसलमान एक-दूसरे के सुख-दुख में दिखाई देने लगे हैं। पिछले बीस साल से किसी मुसलमान लड़के-लड़की की शादी पर हिन्दू दिखाई ही नहीं देता था। हिन्दुओं के ब्याह-शादियों में केवल हिन्दू होते थे। अभी पिछले दिनों मैं गया था एक मुसलमान दोस्त के बेटे की शादी पर। दसों हिन्दू थे वहाँ पत्नियों सहित। उनमें से कुछ शाकाहारी भी थे। अलग से शाकाहारी भोजन की टेबल लगा रखी थी लड़की वालों ने। यह माहौल हमारी तपस्या का परिणाम है। बाबरी मस्जिद की शहादत की बरसी मनाकर ये लोग फिर से वातावरण को प्रदूषित कर देंगे, जो मैं किसी क़ीमत पर नहीं होने देना चाहता।" भावुक हो उठ दिनेश।

"सर! आइ विश आइ कुड डू व्हाट यू वांट मी टू डू लेकिन मेरे हाथ में नहीं है सर। मैं एक काम कर सकता हूँ कि सारी की सारी पुलिस फ़ोर्स वहाँ झोंक देता हूँ ताकि कोई अनटूवर्ड घटना न होने पाये।"

"अनटूवर्ड की तो कोई आशंका नहीं है जगतार। आशंका तो हिन्दुओं के

विरुद्ध भावना के उदय की है, जो नहीं होनी चाहिए।.......अच्छा, देखता हूँ मैं इसके लिये क्या कर सकता हूँ। चलता हूँ।"

कोठी के बाहर वाले दरवाज़े तक पहुँचाने आया एस.डी.एम. जगातार सिंह दिनेश को। अपनी गाड़ी से घर तक भिजवाने की ज़िद करता रहा लेकिन दिनेश नहीं माना।

चार और पाँच दिसम्बर के दोनों दिन दिनेश स्वयं जाकर मिला मौलवी दिलशाद, बदरुद्दीन, रहमत इलाही, जमील अहमद और अन्य कई लोगों से। सबने जुलूस के शान्तिपूर्ण रहने का आश्वासन तो दिया लेकिन यह आश्वासन किसी ने नहीं दिया कि जुलूस नहीं निकलेगा।

दिनेश लोकल एम.एल.ए. के पास गया। उसने भूरि-भूरि प्रशंसा की उसके प्रयासों की। विश्वास दिलाया कि जुलूस सर्वथा शान्तिपूर्ण होगा और जलसे में स्वयं उपस्थित रहने का वादा दिया ताकि कोई भाषणकर्त्ता भावनाओं को भड़काने वाला भाषण न दे। उसने यह भी कहा कि ज़रूरत पड़ी तो वह स्वयं उठकर भाषणकर्त्ता को बीच में टोक देगा।

जुलूस तो निकलेगा ही। जलसा भी होगा। भापण भी होंगे। एकमात्र सन्दर्भ होगा बाबरी मस्जिद का गिराया जाना। गिराने वाले तो हिन्दू ही थे, जो अभी भी कह रहे हैं वहाँ पर राम मन्दिर बनकर रहेगा। वे अभी भी बाबरी मस्जिद को मस्जिद नहीं, ढाँचा कह रहे हैं। यहाँ तक कहा जा रहा है कि सर्वोच्च न्यायालय भगवान् राम से ऊपर नहीं है। कोई फ़ैसला भी सुनाए सुप्रीम कोर्ट, मन्दिर वहीं बनेगा। काशी और मथुरा के मन्दिरों में से भी मस्जिदों का नाम-निशान मिटाने की बातें हो रही हैं। ऐसे में क्या है जो नहीं कहेंगे मुसलमान भाषणकर्त्ता? प्रतिक्रिया तो देंगे ही उन बातों पर जो हिन्दू नेता कह रहे हैं अख़बारों में, टी.वी. चैनलों पर।

कैसे रोके इस अपशकुन को दिनेश? कैसे?

रजनी ने कहा, "जब हम कुछ कर ही नहीं सकते तो निकल जाने दो जुलूस को, क्यों हलकान होते हो? हो जाने दो रैली। हम लोग और अधिक शक्ति लगाएँगे वातावरण को फिर से भ्रातृभावपूर्ण बनाने में। और अधिक लोगों को साथ लेकर चलेंगे। अन-डू करेंगे उस प्रभाव को, जो ये जुलूस-जलसा अंकित करेगा साधारण मुस्लिम हृदयों पर। क्यों चिन्ता करते हो? रिलेक्स करो।"

लेकिन दिनेश रिलेक्स नहीं कर पा रहा था। वह नहीं चाहता था उसे नये सिरे से शुरू करना पड़े वह सब, जो वह मालेरकोटला आने के बाद कर चुका है। बड़ी कठिनाई से, विपरीत वायु-वेग के बावजूद आकाश में चढ़ाई अपनी पतंग का 'वो काटा' नहीं देखना चाहता था वह।

छह दिसम्बर को रविवार था। मोती बाज़ार के हिन्दू दूकानदारों ने मीटिंग की पाँच दिसम्बर की शाम को। निर्णय हुआ कि दूकानें तो बन्द ही होंगी लेकिन सब

लोग अपनी-अपनी दूकान के बाहर आकर बैठें ताकि कोई उनके शे--केसों, साइन बोर्डों पर पथराव न कर सके। उनकी अनुपस्थिति के कारण ही हानि हुई थी पिछली बार। तब भी रविवार था। आँख की शर्म मारेगी बहुतों को ।

शहबाज़ के घर से लौट रहा था दिनेश पाँच दिसम्बर की शाम को आठ बजे। कुब्बे ख़ाँ की हवेली के बाहर वाले मैदान में दो-अढ़ाई सौ मुसलमानों को सम्बोधित कर रहे थे मौलवी दिलशाद।

"ग़ाज़ियो! अल्लाह ने तुम पर जिहाद फ़र्ज़ किया है। ख़ुशनसीब है वो मोमिन जो जिहाद करते हुए अपनी जान क़ुर्बान करता है। अल्लाह उस पर जन्नत के दरवाज़े खोल देता है। अयोध्या में बाबरी मस्जिद गिरा दी गयी 1992 में। आज तक उसकी तामीर की इजाज़त नहीं दी गयी हमें । मामला सुप्रीम कोर्ट में ले जाकर छींक पर टाँग दिया गया। हिन्दू दावा कर रहे हैं कि वहाँ उनका राम मंन्दिर हर हाल में बनेगा। हम लोग अगर और कुछ नहीं कर सकते तो एहतिजाज तो कर सकते हैं। ये हमारा जम्हूरी हक़ है। कल सुबह दस बजे पाँडियों वाली मस्जिद से जुलूस रवाना होगा मुस्लिम क़ौम का एहतिजाज ज़ाहिर करने के लिए। ये जुलूस केलों वाले दरवाज़े पहुँचकर जलसे की शक्ल इख़्तियार करेगा। दिल्ली से मौलाना अतीक़ुर्रहमान और लखनऊ से हाजी सिब्ते-हसन तशरीफ़ ला चुके हैं। ये दोनों रहनुमा-ए-क़ौम रोज़े-अव्वल से बाबरी मस्जिद की बहाली के लिए सरगर्मे-अमल हैं। उनसे ख़्यालात की रोशनी लीजिए। इतनी बड़ी तादाद में बिरादराने-इस्लाम को लेकर आइए कि ये दोनों हज़रात ये तास्सुर लेकर जाएँ कि मालेरकोटला शहर मोमिनों के जज़्बा-ए-दीनपरस्ती से मुनव्वर है।"

दिनेश एक पल के लिए चलते-चलते रुका। उसके मन में आया कि जाकर माइक छीन ले मौलवी से और उसे धक्का देकर मंच से उतार दे। बताए मालेरकोटला के मुसलमानों को कि बाबरी मस्जिद गिराने के लिए मालेरकोटला से कोई हिन्दू कार-सेवक अयोध्या नहीं गया था। समझाए उनको कि मालेरकोटला ही एक ऐसा खुशनसीब शहर है, जहाँ सैंतालीस जैसे भयानक वर्ष में भी सम्पूर्ण शान्ति थी। याद कराए उनको कि यह वह शहर है, जहाँ मन्दिर और मस्जिद की दीवारें साझी हैं। जहाँ अज़ान के होते ही माइक बन्द करके रामलीला का दृश्य रोक दिया जाता है। लेकिन वह निर्णय नहीं ले पाया कि मंच पर जाए या न जाए। अनिर्णय की इसी स्थिति में वह आगे बढ़ गया।

मौलवी दिलशाद ने देख लिया था दिनेश को। उसकी आवाज़ स्वतः ही और ऊँची हो गयी।

"मोमिनो! उन लोगों से ख़बरदार रहो जो तुम्हारे दोस्त बनकर तुमसे दग़ा करने वाले हैं। मेरी आँखें देख रही हैं उन मुनाफ़िक़ों को जो ज़ाहिरा तौर पर तो मुसलमानों के हिमायती हैं लेकिन दर-पर्दा चाहते हैं कि मुसलमान क़ौम अपने

ग़मो-गुस्से का इज़हार तक न करे। ये लोग आस्तीन के साँप हैं, इनसे बचकर रहना होगा। ये वो लोग हैं, जो अह्‌ले-ईमान को कमज़ोर बनाकर कछुए की तरह अपनी खोपड़ी के अन्दर छुपना सिखा रहे हैं। कब तक बर्दाश्त करते रहोगे ये ज़ुल्मो-सितम, कब तक जीते रहोगे मुनाफ़िक़ों के रहमोकरम पर। अपने गिरेबान में मुँह डालो और सोचो कि तुम्हारा ख़ून सफेद क्यों हो गया है?"

मौलवी दिलशाद का भाषण दिनेश के कानों पर बज्र-प्रहार कर रहा था लेकिन जैसे-जैसे उसके क़दम आगे बढ़ रहे थे, भाषण की आवाज़ पीछे छूटती जा रही थी।

क्या तकलीफ़ है इन यू.पी. वालों को जो यहाँ आकर सदियों से चले आ रहे भाईचारे का दामन तार-तार करने पर तुले हैं? कैसी सियासत है इनकी? क्या मिलेगा इन्हें मालेरकोटला के मुसलमांनों को बहकाकर, इस्लाम के नाम पर उनको भड़काकर? यही सोचते-सोचते दिनेश मालेर के दरवाज़े की ओर जाने की बजाय सीधा चला आया। सामने एक पतली-सी गली थी, जो मोती बाज़ार में ही निकलती थी। शायद अनजाने में उसके मन ने शार्ट कट लेना चाहा था।

गली में अंधेरा था लेकिन मोती बाज़ार की रोशनियों के प्रकाश में रास्ता दिखाई दे रहा था। जैसे ही दिनेश दो पायदानों की सीढ़ी चढ़कर गली में पहुँचा, पीछे से आकर चार-छह लोगों ने ताबड़तोड़ घूँसे-लातें बरसानी शुरु कर दीं। नितान्त अप्रत्याशित आक्रमण से विस्मय और किंकर्त्तव्यविमूढ़ता की स्थिति में आ फँसा दिनेश। एक आदमी ने ज़ोर से डण्डा मारा दिनेश के सिर पर। ख़ून की धारा बह निकली। माथा खुल गया दिनेश का और वह लड़खड़ाकर गली में गिर पड़ा। उसकी जाँघों पर ज़ोर से पैर मारा किसी ने। भारी-भरकम, लोहे के स्टडों वाले जूते ने कंई ज़ख़्म कर दिये दिनेश की टाँग पर।

आँख झपकते में ही हो गया यह सब और आँख झपकते में ही वे दिनेश को वहीं ख़ून में लथपथ छोड़कर मालेर की ओर लौटे और ग़ायब हो गये।

बाँस बाज़ार के हकीम अब्दुल्ला से दवा लेकर लौट रही दो पढानियों ने गली में घुसते ही बुर्क़े की नक़ाबें उलटीं तो देखा एक आदमी गली में गिरा पड़ा है। पहले उन्होंने सोचा कोई शराबी होगा, ज़्यादा शराब पीकर गिर पड़ा होगा। पास जाकर देखा तो उन्हें उसके कपड़ों पर ख़ून ही ख़ून दिखाई दिया। वे घबरा गयीं। उलटे कदमों मोती बाज़ार की तरफ लौट गयीं। बाज़ार में जो भी सामने पड़ा उन्होंने उससे कहा कि गली में जाकर देखो, कौन ज़ख़्मी पड़ा है।

नीचे का शोर सुनकर गली के ऊपर चौबारों में रहने वाले लोग भी उतर आये। एकदम पहचान लिया लोगों ने दिनेश को। हाहाकार मच गयी चारों ओर। बाजार बन्द हो चुका था। लोग घरों को जा चुके थे। लेकिन जो कोई भी वहाँ से निकला, वहीं रुक गया। मालेर से भी बड़ी संख्या में आ गये लोग। हर ज़बान आक्रमण की निन्दा कर रही थी, आक्रमणकारियों पर लानत भेज रही थी।

इर्फ़ान सईद ने तुरन्त अपनी गाड़ी निकाली, रिवर्स करके गली के मुँह से लगाई और तीन-चार आदमियों ने बेहोश पड़े दिनेश को उठाकर गाड़ी में लिटा दिया। इर्फ़ान सईद का पड़ोसी शकूर अहमद्द भी गाड़ी में चढ़ बैठा। स्पीड से गाड़ी भगाकर इर्फ़ान ने दिनेश को तुरन्त सिविल हस्पताल पहुँचा दिया।

सिविल सर्जन डॉक्टर सोढ़ी राउन्ड पर आये हुए थे। तुरन्त दिनेश को ऑपरेशन थियेटर ले गये। उसके ज़ख़्मों को साफ़ किया। माथे पर टाँके लगाये। जाँघों पर मरहम-पट्टी की। सिर तथा कमर का एक्स-रे लिया और उनको ले जाकर स्पेशल वार्ड के एक कमरे में लिटा दिया।

इस बीच पूरे शहर में यह समाचार आग की तरह फैल गया। सुनते ही रजनी दौड़ी हस्पताल की तरफ। हवेली के लोग आ पहुँचे। आबिद अली ख़ाँ, शहबाज़ अली शाह, हिमायत अली, इदरीस अहमद, सकीना, मिसिज़ डेविड, रोज़ी वालिया, श्रीमती कश्यप आ पहुँचीं। दिनेश के ऑपरेशन थियेटर से वार्ड तक पहुँचने में डेढ़ घण्टा लगा। इस डेढ़ घण्टे में हज़ारों की भीड़ हस्पताल के बाहर एकत्र हो चुकी थी। जितने मुँह थे, उतनी बातें हो रही थीं। लेकिन क्योंकि एकत्र भीड़ में हिन्दुओं और मुसलमानों की संख्या एक जैसी ही थी इसलिए कोई भी खुलकर यह नहीं कह रहा था कि आक्रमण मालेर के कट्टरपंथी मुसलमानों ने किया है।

मकरन्द ने अविनाश को फ़ोन कर दिया। अविनाश ने अखिलेश को फ़ोन पर बता दिया। घण्टे भर में अविनाश आ पहुँचा। सवेरे चार बजते को अखिलेश आ गया।

ऑपरेशन थियेटर ले जाने से पूर्व डॉक्टर सोढ़ी ने अपने असिस्टेंट से कह दिया था कि वह फ़ोन करके डी.एस.पी. साहिब को दुर्घटना के विषय में बता दे। फ़ोन सुनते ही डी.एस.पी. ने एस.डी.एम. को फोन करके बता दिया। देखते ही देखते सारा सिविल एडमिनिस्ट्रेशन हस्पताल में जमा हो गया।

दिनेश को अभी तक होश नहीं आया था। डॉक्टर सोढ़ी ने बताया कि ख़ून बहुत बह गया है। ख़ून देना पड़ेगा। सैंकड़ों लोगों ने आग्रह किया कि उनका ख़ून ले लिया जाए। पहले ही टेस्ट में हिमायत अली शाह का ए पॉज़ेटिव दिनेश के ए पॉज़ेटिव से मैच कर गया। एक बोतल ख़ून हिमायत अली की बाँह में से ले लिया गया। दूसरी बोतल गेंदू के रक्तदान से भर ली गयी।

एस.डी.एम. और डी.एस.पी. डॉक्टर सोढ़ी के कमरे में आ बैठे। एस.एच.ओ. ने पर्चा तैयार किया। प्रतीक्षा की दिनेश के होश में आने की।

लगभग ग्यारह बजे दिनेश को होश आया। उसने आँखें खोलकर देखा, सामने रजनी, अविनाश, यश, कुलदीप, आबिद अली ख़ाँ खड़े थे। उसकी बाजू पर ड्रिप लगी हुई थी और स्टैंड पर ख़ून की बोतल उलटी लटक रही थी। बहुत पीड़ा अनुभव हो रही थी उसे। माथा भीतर से चट-चट जल रहा था। कमर में भी दर्द था। शरीर के

विभिन्न अंगों के सुन्न किए जाने और एण्टी-इन्फ़्लेमेटरी टीकों के बावजूद पीड़ा अनुभव हो रही थी। डॉक्टर सोढ़ी दौड़ते हुए आये। साथ में एस.डी.एम. और डी.एस.पी. भी थे। डॉक्टर ने मुआयना किया। दो इंजेक्शन और दिए तुरन्त।

आधे घण्टे बाद दिनेश पूरी तरह होश में था। एस.एच.ओ. ने सबसे बाहर चले जाने की प्रार्थना की। केवल रजनी और अविनाश को कमरे में रहने दिया। उसने दिनेश से बयान देने को कहा। दिनेश ने कहा, "गली में अंधेरा था। पता नहीं कौन थे हमला करने वाले। मैं किसी को देख नहीं सका।"

"किसी को आवाज़ से पहचान सकते हों आप?"

"कोई बोला ही कुछ नहीं। चुप-चुप वार कर गये और मैं बेहोश हो गया। मुझे नहीं पता, मुझे यहाँ कौन लाया है।"

बयान लेकर एस.एच.ओ. सिविल सर्जन के कमरे में गया और उसने एस.डी.एम. और डी.एस.पी. को बताया कि दिनेश ने क्या बयान दिया है।

"कच्चे पर ही लिखा है ना अभी?" पूछा डी.एस.पी. ने।

"जी, जनाब।"

"पक्के पर मत चढ़ाना अभी। प्रोफेसर साहिब जान-बूझकर कल्प्रिट्स को बचा रहे हैं।"

"मैं बात करता हूँ जाकर।" एस.डी.एम. ने कहा और दिनेश के कमरे की ओर चल दिया। डी.एस.पी. पीछे-पीछे आ रहा था, उसे मना कर दिया एस.डी.एम.ने।

जगतार सिंह कमरे में पहुँचा तो केवल रजनी और अविनाश ही थे वहाँ। उसने कहा–

"आपको अधिक नहीं बोलना है सर। मैं बहस करने नहीं आया हूँ, केवल यह प्रार्थना करने आया हूँ कि आप कल्प्रिट्स को शील्ड न करें, प्लीज़।"

मुस्कुराया हल्का-सा दिनेश।

"तुम इतने दुखी क्यों हो रहे हो, मैं जानता हूँ। मैंने जो बयान दिया है, वह सही है।"

"बयान अभी पक्के पर नहीं चढ़ा है। आप सोच लीजिए और ठीक समझें तो सुबह तक कल्प्रिट्स के नाम बता दीजिए। यह मेरी प्रार्थना है। गुड नाइट, सर।"

"जीते रहो।" कहकर विदा कर दिया दिनेश ने जगतार सिंह को।

धीरे-धीरे बाहर की भीड़ छँटने लगी। बाहर एकत्र हुए लोगों की संख्या हज़ारों से सैकड़ों, सैकड़ों से पचासों, पचासों से बीसेक और बीसेक से दसेक पर आ गयी। बारह बजे रजनी ने भाई साहिब, यश, आबिद अली, शहबाज़, हिमायत और गेंदू को भी समझा-बुझाकर भेज दिया। सकीना से उसने अपने घर पर रुकने को कहा क्योंकि वहाँ नेहा और लोकू अकेले थे।

जगतार सिंह ने घर जाकर डी.सी. और एस.एस.पी. से बात की। लोकल एम.

एल.ए. से सम्पर्क किया। पुलिस ने रातों-रात मौलवी दिलशाद, बदरुद्दीन, रहमत इलाही, जमील अहमद और कई अन्यों को धर दबोचा।

एक बजे के क़रीब दिनेश को नींद आ गयी। शायद इसमें ट्रेंकुलाइज़र का भी योगदान था। सुबह आठ बजे तक सोया रहा वह।

सुबह छह बजते को आबिद अली ख़ाँ चाय की थर्मस भरकर ले आया। सात बजते को दिनेश के कमरे में पच्चीस चाय की थर्मसें जमा हो गयीं। रजनी, अविनाश और अखिलेश रात भर के जगे हुए थे। आबिद अली ने उनको ज़बरदस्ती घर भेज दिया और स्वयं वहाँ बैठकर दिनेश के जागने की प्रतीक्षा करने लगा।

आठ बजे जागा दिनेश।

"कैसी तबीयत है?" पूछा आबिद अली ने।

"अच्छी है।" कमरे में दृष्टि दौड़ाकर उसने देखा रजनी और अविनाश नहीं थे।

"भाभी और बच्चों को मैंने घर भेज दिया था थोड़ी देर पहले। रात भर के जागे हुए थे।"

"अच्छा किया।"

"कौन लोग थे दिनेश?"

दिनेश ने होंठों पर उँगली रखकर चुप रहने का इशारा किया।

"जगतार मेरे बेटों जैसा है, जाने क्या कर बैठे। चुप रहो, बाद में बताऊँगा सब।"

"तुम पहचानते तो हो ना उनको, जिन्होंने हमला किया है?"

"कहा ना, चुप रहो।" ''जुलूस की क्या स्थिति है?'' गेंदू को अन्दर बुलाकर पूछा दिनेश ने,

"जुलूस शायद नहीं निकलेगा। सभी मुस्लिम नेता एरेस्ट कर लिए हैं पुलिस ने।" गेंदू ने बताया।

"किस-किस को एरेस्ट किया गया है?"

"मौलवी दिलशाद, बदरुद्दीन, रहमत इलाही, जमील अहमद और कुछ दूसरे।"

"जगतार सिंह को फ़ोन करो। तुरन्त आकर मिले मुझसे।" दिनेश ने आदेश दिया।

पन्द्रह मिनट में जगतार सिंह हस्पताल आ पहुँचा। दिनेश ने सबको कमरे से बाहर चले जाने का इशारा किया। केवल आबिद अली को बैठे रहने दिया। जगतार ने दरवाज़ा बन्द करके दिनेश के पाँव छुए।

"कैसे हैं आप सर?"

"मैं ठीक हूँ। तुमने मुसलमान लीडरों को गिरफ़्तार किया है?"

"जी।"

"उन्हें तुरन्त छोड़ दो।" दिनेश ने ऐसे आदेश दिया जैसे वह उसका पुराना

अध्यापक नहीं, उसका बॉस हो।

"सर, इन लोगों ने आपके ऊपर हमला किया है। ये ......" भावुक हो रहा था जगतार।

"ये दोषी नहीं हैं।"

हैरानी से देखा जगतार ने दिनेश की ओर।

"इनका कोई हाथ नहीं है मेरे ऊपर हुए हमले में। इनको छोड़ दो तुरन्त।"

"तो फिर कौन लोग थे हमला करने वाले?" पूछा जगतार ने।

"इसका मुझे नहीं पता। लेकिन तुमने जिनको पकड़ा है, वे हर्गिज़ नहीं थे।"

पहेली जगतार की समझ में नहीं आ रही थी। प्रोफेसर साहिब विश्वास के साथ कह रहे हैं कि हमला करने वाले ये नहीं थे। हमले में इनका हाथ भी नहीं था। और ये भी कह रहे हैं कि उन्हें नहीं पता हमला किसने किया, क्यों किया।

"शाम को छोड़ दीजिए हुज़ूर। ये लोग बाहर आकर जुलूस निकालेंगे।" आबिद अली ने परामर्श दिया विनम्रतापूर्वक।

"कहा ना तुरन्त छोड़ दो।" लगभग डाँट दिया दिनेश ने।

"ये हवालात में रहेंगे तो शायद जुलूस निकले। ये बाहर होंगे तो ज़ुलूस नहीं निकलेगा। टेक इट फ्रॉम मी।"

दिनेश ने आबिद अली को समझाया और जगतार की ओर देखते हुए कहा—

"दफ़ा एक सौ सात-इक्यावन के तहत ही पकड़ा है ना? ज़मानत लो, छोड़ दो।"

"लेकिन सर.........." असमंजस में था जगतार।

"मेरी बात नहीं मानोगे? मेरे बेटे नहीं हो तुम?"

"जी, छोड़ देता हूँ।"

"अभी। जाते ही।"

"जी।"

दिनेश के पाँव छूकर जगतार सिंह ने दरवाज़ा खोला और बाहर निकल गया।

ग्यारह बजे हिमायत अली समाचार लाया कि कल रात की पकड़-धकड़ में बन्दी बनाए सब लोग छोड़ दिये गये हैं। दस बजे पाँडियों की मस्जिद से जुलूस को चलना था। साढ़े दस बजे तक लोगों की राह देखते रहे कुछ सिर-फिरे नौजवान। दस आदमी भी नहीं पहुँचे। रिहा हुए नेता अपने-अपने घरों में जा बैठे।

समाचार सुनकर गद्‌गद् हो गया दिनेश।

"हम जीत गये हिमायत अली शाह। हमारी विजय हुई। हमारे मिशन की, हमारे आदर्शों की विजय हुई।"

दिनेश ने दोनों हाथ जोड़े और आँखें बन्द करके अपने भगवान का धन्यवाद किया।

"आबिंद ख़ाँ साहिब! देखा आपने? मालेर के मुसलमानों ने मना कर दिया जुलूस में शामिल होने से। ये है हमारे मालेरकोटला की आत्मा। ये है हमारी सदियों पुरानी रिवायत की पायदारी।" भावुक हो रहा था दिनेश।

"जुलूस नहीं निकला तो रैली भी नहीं होगी। रैली नहीं होगी तो भाषण भी नहीं होंगे। भाषण नहीं होंगे तो भोले-भाले मुसलमानों के जज़्बात से भी नहीं खेला जाएगा।.....कल शाम तक मुझे लगता था घनघोर काली घटा घिर आयी है। ज़ोरों की बारिश होगी और हमारी पकी खड़ी सोने जैसी फ़स्ल की बाली-बाली गिरा देगी। सारा अनाज पानी की भेंट चढ़ जाएगा। हमें नये सिरे से ज़मीन तैयार करनी होगी। नये सिरे से हल चलाना होगा, बीज बोना होगा, निराई-रोपाई करनी होगी लेकिन ईश्वर ने हमारी फ़स्ल की रक्षा कर ली। हमारी लम्बी साधना को अकारथ जाने से बचा लिया।" सचमुच आन्दोलित हो उठी थी दिनेश की भावुकता।

"मगर किस क़ीमत पर हुआ ये सब? तुम किस हालत में पड़े हो यहाँ हस्पताल में।" आबिद अली का दिनेश के प्रति गहरा प्यार बोल रहा था।

"क्या है ये क़ीमत? ख़ून के चन्द क़तरे ही तो दिए हैं मैंने। अगर जान देकर भी अपनी मिट्टी का क़र्ज़ उतार पाता मैं, तो ज़रा मलाल न होता मुझे। ये मालेरकोटला की मिट्टी ही बड़ी दयालु है जो पाव-आध पाव ख़ून से ही सन्तुष्ट हो गयी।"

डॉक्टर सोढ़ी राउंड पर आ गये। सबको कमरे से बाहर भेज दिया गया। दिनेश को प्रमुदित देखकर आश्वस्त हुए सिविल सर्जन।

"अब मैं घर जा सकता हूँ?" पूछा दिनेश ने।

"यह भी तो आपका ही घर है। हम आपके, यह हस्पताल आपका।" डॉक्टर सोढ़ी ने स्नेहपूर्वक कहा।

"अभी नहीं जाने देंगे हम आपको। आज अगर बुख़ार न हुआ तो कल भेज देंगे।"

पूरा दिन शान्ति से निकल गया।

बाबरी मस्जिद सम्बन्धी बैनर्स धरे के धरे रह गये पाँडियों की मस्जिद में। बड़ी संख्या में तैनात की गयी पुलिस मक्खियाँ मारती रही दिन भर। मोती बाज़ार के चौबारों की छतों पर जमा किये ईंट-पत्थर पड़े के पड़े रह गये। केलों वाले दरवाज़े के मैदान में टेंट हाउस से मँगाई गयी दरियाँ, तख़्तपोश, चाँदनियाँ, लाउडस्पीकर बिना खोले ही पड़े रहे। दिल्ली के मौलाना अतीकुर्रहमान और लखनऊ के हाजी सिब्ते-हसन गिरफ़्तारी से बचने के लिए रात में ही निकल लिए।

दिनेश का हाल पूछने आने वालों का ताँता लगा रहा दिन भर। डॉक्टर सोढ़ी ने एस.डी.एम. द्वारा दिनेश के कमरे के बाहर बिठाए गये सिपाहियों को आदेश दिया कि केवल परिवार के सदस्यों और विशेष मित्रों को ही कमरे में जाने दिया जाये।

अविनाश, अखिलेश, यश, कुलदीप, शिवदान, मकरन्द, गेंदू, हिमायत अली

हस्पताल के दरवाज़े पर खड़े होकर दिन भर लोगों को बताते रहे कि प्रोफेसर साहिब ठीक हैं।

शहर में सिवाय इस घटना के और किसी बात की चर्चा ही नहीं थी।

हिन्दू-मुसलमान सब निन्दा कर रहे थे आक्रमणकारियों की।

प्रेम प्रकाश भारती ने कहा, "देख लिया ना प्रोफेसर ने मज़ा मुसलमानों से प्रेम करने का। और घुसें उनकी......।"

श्रुति प्रकाश ने कहा, "गुरु गोविन्द सिंह ने कहा है कि अगर मुसलमान तेल से भिगोई बाँह तिलों की बोरी में घुसा ले और उसके ऊपर जितने तिल चिपकें उतनी कसमें भी खा ले, तो भी उसका विश्वास मत करो।"

नीरज शर्मा ने कहा, "राग अलाप रहे थे हिन्दू-मुस्लिम एकता का इतने दिनों से प्रोफेसर। अब पड़े हैं हस्पताल में हड्डियाँ तुड़वाकर।"

नित्यानन्द शर्मा दुखी थे कि हिन्दुओं की सम्पत्ति को सुरक्षा प्रदान करने का अवसर हाथ से निकल गया था।

मौलवी दिलशाद मालेरकोटला के मुसलमानों को कायर कह रहे थे।

बदरुद्दीन और जमील अहमद ने चुप्पी साध रखी थी।

रहमत इलाही को अफ़सोस हो रहा था कि प्रोफेसर जब समझाने आये थे, उनकी बात मान लेनी चाहिए थी।

शाम तक दिनेश की हालत बहुत बेहतर हो गयी। डॉक्टर सोढ़ी को बुख़ार की आशंका थी। बुख़ार नहीं हुआ तो वे भी आश्वस्त हो गये।

रात को रजनी, अखिलेश और अविनाश ही थे दिनेश के कमरे में काफी देर तक। आबिद अली और सकीना को ज़बरदस्ती भेज दिया था उन्होंने कि जाकर थोड़ा आराम कर लें।

भावावेश में दिनेश का हाथ अपने हाथों में लेकर अखिलेश ने कहा—

"डैडी! बहुत हो ली समाज-सेवा। अब प्लीज़ दिल्ली चलिए मेरे साथ। आप यहाँ बहुत अन-फ़ेक़ हैं।"

मुस्कुराया दिनेश। दूसरे हाथ से अखिलेश का माथा सहलाते हुए बोला—

"अगर मैं मालेरकोटला में अन-सेफ़ हूँ तो पूरे देश में कहीं भी सेफ़ नहीं हूँ। तुम देख नहीं रहे हो मेरे मिशन की सफलता? बाबरी मस्जिद को लेकर जुलूस नहीं निकला, जलसा नहीं हुआ हालाँकि मौलवी दिलशाद जैसे लोगों ने भरसक कोशिश की मुसलमानों को भड़काने की।"

यह सब तो सुबह से अब तक देख ही रहा था अखिलेश लेकिन पिता का इस प्रकार आक्रमण का शिकार होकर हस्पताल में ज़ख़्मी पड़े होना उसके गले से नीचे नहीं उतर रहा था।

"तुम जाओ अखिल। बेकार में अपनी केजुअल ज़ाया मत करो। मैं ठीक होकर

आता हूँ दिल्ली। तुम्हारे पास रहूँगा कुछ दिन। अब मैं दस-पाँच दिन मालेरकोटला से निकल सकता हूँ। आज अग्नि-परीक्षा पास कर ली है मेरे शहर के लोगों ने।"

अगले दिन भी देर शाम को अनुमति दी डॉक्टर सोढ़ी ने दिनेश को घर जाने की। मना किया ज़्यादा बोलने से और ज़्यादा चलने-फिरने से। कहा कि पट्टी बदलवाने के लिए अस्पताल आने की ज़रूरत नहीं, नर्स घर पर आकर ड्रेसिंग चेंज कर दिया करेगी।

घर पहुँचे तो बड़ी देर तक तो पास-पड़ोस वालों का ताँता बँधा रहा। जिन लोगों को अस्पताल में दिनेश से मिलने नहीं दिया गया था, वे आते रहे।

आठ बजे तक भीड़ छँट गयी। बच्चों को समझा-बुझाकर जाने के लिए मना लिया दिनेश ने। अविनाश ने अखिलेश को अपनी गाड़ी में बिठा लिया कि लुधियाना से दिल्ली की ट्रेन में बिठा देगा। रजनी किचन में चली गयी।

दिनेश के पास केवल आबिद अली ख़ाँ बैठा हुआ था।

"कौन लोग थे वो?" पूछा आबिद अली ने।

"थे कोई।" टालना चाहा दिनेश ने।

"मुझसे भी पर्दा रखोगे?" आबिद ने आत्मीयता से निहोरा दिया।

"यही तो मुश्किल है कि तुम्हारी सूई अटक जाती है किसी बात पर तो वहीं पर घर्र-घर्र करती रहती है।" हँसा दिनेश।

"मज़ाक़ मत करो। तुम पहचानते हो ना उनको?" आबिद सीरियस था, मज़ाक़ के मूड में नहीं था।

"हाँ, पहचानता हूँ।" दिनेश बोला।

"कौन थे?" उत्सुकता चरम सीमा पर आ गयी आबिद की।

"हिन्दू क्रान्ति दल के लड़के थे।" दिनेश ने पहली बार रहस्योद्घाटन किया।

"क्या?" मुँह खुले का खुला रह गया आबिद अली का।

"सारा शहर समझ रहा है कि यह हमला मालेर के मुसलमानों ने किया है।"

"नहीं, मालेर के मुसलमानों का इसमें कोई हाथ नहीं है।" निश्चयपूर्वक कहा दिनेश ने।

"क्या है ये क्रान्ति दल?"

"कॉलेज में पढ़ने वाले आठ-दस लड़कों का अण्डर ग्राउंड संगठन है।"

"कौन लड़के हैं ये? गिरफ़्तार कराओ इनको। मैं जगतार सिंह से कहूँगा कि इनको ऐसी सज़ा दे कि फिर कभी किसी की हिम्मत न पड़े ऐसी ज़लील हरकत करने की।" उत्तेजना में आ गया आबिद।

"पागल मत बनो मेरे यार। मुझसे वादा करो कि ये बात तुम्हारे और मेरे बीच ही रहेगी। जगतार मेरे बेटे की तरह है। परख़चे उड़ा देगा इन लड़कों के। लेकिन मैं इनको आतंकवादी नहीं बनाना चाहता। इनके रास्ता भूले हुए जोश को अपनी

ताक़त बनाना चाहता हूँ। गेंदू सीक्रिटली काम कर रहा है इनके ऊपर। जल्दी ही ये नौजवान हमारी विरासत की ताक़त बनेंगे।" दिनेश ने कहा।

"गेंदू जैसा खिलण्डरा लड़का कर सकेगा इतना बड़ा काम?" शंका व्यक्त की आबिद ने।

"यही तो मुसीबत है कि हम लोग नयी पीढ़ी की जीवन-शैली को देखकर उस पर से विश्वास खोते जा रहे हैं। मुझे इस लड़के में जो पोटेंशल दिखाई दिया है, वो कमाल का पोटेंशल है। हीरा है हीरा यह लड़का–फुल ऑफ़ कमिटमेंट, फुल ऑफ़ डेडिकेशन।"

फटी-फटी आँखों से देखता रहा आबिद अली दिनेश की ओर।

"कहना नहीं किसी से। तुम्हें मेरी क़सम।" दिनेश ने निश्चय करना चाहा कि आबिद अली अपने पेट में पचा लेगा इस रहस्य को।

"नहीं कहूँगा। अब ख़ुश?"

दिनेश ने चैन की साँस ली और आबिद अली का हाथ अपने हाथ में लेकर आँखें बन्द कर लीं।

□□